权威·前沿·原创

皮书系列为
"十二五""十三五"国家重点图书出版规划项目

民宿蓝皮书
BLUE BOOK OF HOMESTAY

中国民宿发展报告（2020~2021）

ANNUAL REPORT ON HOMESTAY IN CHINA (2020-2021)

主　编／过聚荣

社会科学文献出版社
SOCIAL SCIENCES ACADEMIC PRESS（CHINA）

图书在版编目（CIP）数据

中国民宿发展报告. 2020 - 2021 / 过聚荣主编. --
北京：社会科学文献出版社，2021.5
（民宿蓝皮书）
ISBN 978 - 7 - 5201 - 8270 - 6

Ⅰ.①中…　Ⅱ.①过…　Ⅲ.①旅馆 - 服务业 - 产业发
展 - 研究报告 - 中国 - 2020 - 2021　Ⅳ.①F726.92

中国版本图书馆 CIP 数据核字（2021）第 073947 号

民宿蓝皮书
中国民宿发展报告（2020~2021）

主　　编 / 过聚荣

出 版 人 / 王利民
责任编辑 / 陈　颖　桂　芳

出　　版 / 社会科学文献出版社·皮书出版分社（010）59367127
　　　　　　地址：北京市北三环中路甲 29 号院华龙大厦　邮编：100029
　　　　　　网址：www.ssap.com.cn
发　　行 / 市场营销中心（010）59367081　59367083
印　　装 / 天津千鹤文化传播有限公司

规　　格 / 开　本：787mm × 1092mm　1/16
　　　　　　印　张：26.25　字　数：395 千字
版　　次 / 2021 年 5 月第 1 版　2021 年 5 月第 1 次印刷
书　　号 / ISBN 978 - 7 - 5201 - 8270 - 6
定　　价 / 168.00 元

民宿蓝皮书编委会

《中国民宿发展报告（2020~2021）》
编写组

于　洁　　殷晓茵　　胡凌波　　马　洁
马会会　　李贝贝　　沈耀腾　　李晨曦
李海军　　刘琳琳　　柯银斌　　彭伟兰
钱继良　　宋新硕　　唐海燕　　田　野
王贤军　　徐灵枝　　徐宁宁　　许茜茜
杨　虎　　杨治武　　杨　震　　姚　缘
尤　劲　　张　燕　　张云耀　　张　叶
柴思远　　李汶亨　　李道伟　　许　峰
王　鹏

学 术 秘 书　周菁雯　尹超琪

主要编撰者简介

过聚荣　管理学博士，教授，第十一届孙冶方经济科学著作奖获得者，现任上海医药大学执行校长。中国会展经济和旅游管理专家，曾在南京海军指挥学院、上海交通大学任教。曾任青岛工学院党委书记、校长。从2005年起，作为主编连续出版了七部《中国会展经济发展报告》，上海、四川、郑州、哈尔滨、杭州等省市会展经济规划专家顾问，杭州西湖博览会评估专家。中国国家会展中心综合体主报告负责人。2013年，于中华人民共和国商务部国际贸易经济合作研究院工作，担任研究院学术委员会秘书长、科研处处长；中华人民共和国商务部商务成果奖秘书长。出版《旅游民宿经营管理实务》《进入权：公司治理中的关键资源配置》《会展概论》等十余部著作，在《管理世界》《中国管理科学》《中国软科学》《世界经济与政治论坛》《生产力研究》《当代财经》《现代管理科学》等学术期刊发表论文数十篇。近年来主持了国家社科基金重大项目及省部社科基金等科研项目多项。宿宿网创始人。

摘　要

发展民宿是我国实施乡村振兴战略与美丽中国建设的重要举措，经过多年探索，随着一系列政策的不断落实，乡村民宿也成为精准扶贫的重要抓手。《中国民宿发展报告（2020～2021）》组织有关领域专家、地方行业协会、民宿实践者，突出在新冠肺炎疫情的大背景下，以2020～2021年为研究时段，就中国民宿发展的重要问题、重点区域，基于问卷调查与客观数据对民宿发展进行整体分析并提出建议，为中国民宿进一步发展提供智力支持。

本报告总结归纳了新冠肺炎疫情对中国民宿业的冲击，其经历了停摆、重启、复苏、热爆到回归常态的历程。春节假期前后，民宿行业遭遇订单退改大潮，民宿全面关停，民宿主们面临着是紧急止损还是艰难维继的选择。随着国内疫情控制、经济形势向好，2020年4月前后全国除湖北地区外，陆续开始有序复工。清明小长假部分地区周边游、省内游呈现复苏反弹的好势头。4月以后，国内疫情好转，但国外疫情严重，出境游全面停止。随着我国跨省（区、市）团队旅游放开以及暑期到来，民宿业迎来客流小高峰。从疫情刚开始的"灭顶之灾"，到清明节的"复苏抬头"，再到五一劳动节的"强势反弹"，民宿行业经过了过山车一样的上半年。随着中秋国庆黄金周的到来，不仅旅游市场整体回升，民宿业也迎来一波火爆行情。在此背景下，报告着重对中国民宿发展基本情况及特征做分析，包括疫情以后我国民宿行业实际发展、行业趋向、行业特征以及对民宿行业的基本展望，诠释了2020～2021年民宿产业的发展，得益于国内积极抗疫、网络营销信息技术、大数据的发展与普及，与此同时，报告认为民宿行业已成为旅游发展框架中的重要组成部分，在乡村振兴的背景下，国家层面和地方各级政府出台的规范化政策为民宿发展提供了有力支持。报告也指出，社会文化环境发生了新的变化，形成了有利于民宿产业发展的良好土壤。

　　本书包括总报告、区域篇、专题篇、案例篇、专家观察和附录六部分，总报告重点总结2020～2021年民宿发展的特点、进展及发展展望。区域篇对河南省、北京市、江苏省、浙江省和云南省等典型区域民宿的发展现状、存在的问题和未来发展进行重点专题研究，提出了对我国民宿产业发展的政策建议。专题篇通过专家对民宿经营模式的研究，发现问题，提出建议。案例篇集中在民宿发展比较有特点的一些地区，并且具有地方代表性的案例。专家观察通过对大健康产业深入分析，结合文旅民宿行业融合发展做出研究，通过构建"基于网络社群的旅游民宿品牌塑造模型"，提出旅游民宿与消费者"共创品牌价值"的营销创新路径。

　　关键词： 民宿　民宿产业　全域旅游

目　录 ⬈▨▨▨▨

Ⅰ　总报告

B.1 2020年中国民宿发展形势分析与展望 …………… 本书课题组 / 001

　　一　2020年中国民宿产业发展环境分析 ………………… / 002

　　二　2020年中国民宿的基本情况 ………………………… / 004

　　三　2020年中国旅游民宿的基本特征 …………………… / 016

　　四　2021年民宿行业发展展望 …………………………… / 025

Ⅱ　区域篇

B.2 北京民宿行业发展现状、问题及建议

　　……………………… 邹统钎　陈　欣　李晨曦 / 029

B.3 山西省晋城市康养民宿发展报告 ……………… 本书课题组 / 041

B.4 江苏省旅游民宿发展环境与现状调研 ………… 王　晨　马会会 / 061

B.5 河南旅游民宿发展报告 ………………………… 本书课题组 / 077

B.6 浙江旅游民宿研究报告 ………………………………… 周成功 / 104

B.7 云南旅游民宿发展报告 ………………………………… 殷晓茵 / 117

B.8 重庆市民宿产业发展报告

.... 宋新硕 龚 娜 张云耀 邓 华 / 141

Ⅲ 专题篇

B.9 中国民宿发展的新趋势、关注焦点与系统创新

.... 马 勇 唐海燕 / 163

B.10 民宿旅游对居民社会生活影响的城乡差异与精准施策

.... 郭英之 徐宁宁 李海军 董 坤 许茜茜 / 179

B.11 虔心小镇农旅康养与民宿发展研究

.... 李贝贝 侯满平 彭伟兰 田 野 / 205

B.12 红花梁景区文旅与民宿产权创新研究 .... 王贤军 / 219

B.13 中国旅游民宿政策研究 .... 刘琳琳 徐灵枝 / 229

Ⅳ 案例篇

B.14 小有洞天山居:民宿"三套车"模式的探索者 .... 柯银斌 / 247

B.15 陵川康养旅游:行 + 驿 + 农生态系统的探索 ...... 本书课题组 / 260

B.16 西坡·中卫:在地与开放,融合的品牌之路

.... 钱继良 马 洁 张 燕 / 274

B.17 奥伦达:实现健康幸福人生梦想 .... 本书课题组 / 286

Ⅴ 专家观察

B.18 基于网络社群的旅游民宿品牌塑造与营销创新研究

.... 于 洁 / 299

B.19 民宿设计与空间布局

　　——莫干有家为例 ……………………………… 胡凌波 / 316

B.20 中国民宿评价体系的建设与应用 ………… 尤　劲　杨　虎 / 332

B.21 百万亿级大健康产业与文旅民宿行业融合发展 ……… 董万章 / 353

VI 附 录

B.22 旅游民宿大事记 ……………………………………… / 360

Abstract ……………………………………………………… / 384

Contents ……………………………………………………… / 387

皮书数据库阅读 **使用指南**

总 报 告

General Report

B.1

2020年中国民宿发展形势分析与展望

本书课题组*

摘　要：　受疫情影响，2020年初全球旅游业遭受打击，民宿行业也整体随之波及。经过国内积极抗疫，市场逐渐回暖，国内民宿行业也得到了有效复苏，并且提前洗牌进入了平稳有序规范的发展阶段。同时，全国在乡村振兴政策的大背景下，民宿产业发展向好，已经成为旅游发展框架中的重要组成部分。民宿网络运营手段在疫情之下积极大力发展，成为必备营销趋势。民宿人才培养成为民宿行业发展之下亟待关注的领域，得到各方重视。民宿产业成为人民获得美好生活的幸福产业之一。

---

* 课题组成员：过聚荣、郭英之、尤劲、杨震、杨治武、周菁雯、张叶、李汶亨、柴思远、陆文婧等；执笔：过聚荣，博士，上海医药大学执行校长，教授，主要研究方向为旅游管理、管理学。

关键词： 民宿 营销 乡村振兴

一 2020年中国民宿产业发展环境分析

2020年是极不平常的一年，新冠肺炎疫情突如其来，并全球蔓延，对世界经济影响巨大，全球旅游业是受影响最严重的产业之一，而民宿等住宿业面临着严峻的"生死"考验。中国民宿产业同样如此，2020年春节期间经受一波退订潮，民宿业主人心惶惶。幸运的是，我国各级政府及时出台了一系列稳定扶持政策，民宿业迅速企稳，到2020年底描绘出了一幅欣欣向荣的发展图景。

（一）新冠肺炎疫情下的中国经济宏观基本面

据国家统计局公布的数据，2020年中国全年国内生产总值（GDP）达到1015986亿元，同比增长2.3%。2020年上半年，新冠肺炎疫情对我国经济带来巨大冲击，第一季度国内生产总值增速下滑，相较2019年同期下降6.8%，各大产业均受不同程度的打击，国内经济市场呈现低迷状态。我国的整体有效防控，降低了疫情对经济和民生的影响，从第二季度起，在一系列稳增长定人心的政策组合拳的治理下，国内生产总值有了由负转正的质的变化，同比增长3.2%，环比增长11.5%，经济实现有效复苏，各产业复工复产，消费、农业、工业、服务业等较第一季度已经呈现大幅度恢复；三、四季度经济复苏更为显著，同比增长分别为4.9%和6.5%。

在全球疫情形势严峻、经济下行压力加大的背景下，2020年下半年我国经济形势愈来愈好，企业逐步恢复正常生产，市场也不断兴旺起来，全年国内生产总值从一季度的负增长，到二季度至四季度正向涨幅持续上升。从各个产业的情况看，2020年第一产业增加值77754亿元，比上年增长3.0%；第二产业增加值384255亿元，增长2.6%；第三产业增加值553977亿元，增长2.1%，可以看出我国各产业在2020年表现为逐步恢复，增势良好。

2020 年，我国消费者物价指数（CPI）总体上涨 2.5%，涨幅比上年回落 0.4 个百分点。2020 年 1~2 月由于新冠肺炎疫情、春节等因素叠加，CPI 同比增长 5.4% 和 5.2%；不过从 3 月开始，CPI 逐渐回落，年中涨幅略有扩大，直至年底 CPI 上涨稳定，全年物价走势基本平稳。生产价格指数（PPI）整体呈现先降后升的走势，在国家扎实做好"六稳"工作、全面落实"六保"任务下，经济运行稳定恢复，尤其是我国各级政府精准施策，就业、民生保障有力，市场供应关系不断好转，CPI 从高点逐渐回落，PPI 从低位稳步回升，我国在 2020 年整体经济发展恢复良好。

（二）旅游业发展中观产业面

2020 年在疫情的冲击下，全球旅游市场低迷不振，我国出境旅游发展受到重挫。据中国文旅部公布的数据，2020 年上半年出境旅游人数同比增长率皆为负数。相较基本停滞的境外旅游市场，国内旅游市场率先复苏。我国消费者诉求在全球严峻疫情形势下发生了变化，开始尝试从境外游转为境内游、省内游、本地游。值得指出的是，尽管我国 2020 年全年旅游人次负增长，但年末仍实现旅游总收入 356.7 亿元，同比恢复至 68.6%。

从饭店住宿业态来看，2020 年整体受疫情居家政策影响表现各有不同。根据中国饭店协会的数据，第一季度酒店民宿入住率仅有 18%，第二季度及下半年逐步回暖，年底达到 60% 左右。另外，根据美团 App 数据①，2020 年下半年假期时段酒店订单超过同期两倍，民宿订单量较同期相比也获得 114% 的增长。在此次疫情中，商务型及豪华型宾馆酒店都受到巨大影响，但对民宿业来说或许是一个机遇。原因在于民宿环境更舒适，接触人员范围更小，聚集人数也更少，人们认为民宿更便捷安全；加上地方人文特色在民宿上的体现较为突出，选择性价比也高，因此，人们在周边游休闲度假的偏好上更倾向于民宿。

---

① 美团发布《2020 十一长假生活消费报告》，2020。

（三）乡村振兴战略与脱贫攻坚对民宿业的影响作用

2020 年既是"十三五"规划的收官之年，也是"十四五"规划的谋划之年，更是脱贫攻坚决战决胜之年。习近平总书记提出"绿水青山就是金山银山"，指明了脱贫攻坚的方向。

2020 年，乡村振兴与脱贫攻坚对民宿的发展影响更加突出。一是交通与电商合作发力。乡村振兴，交通为先。我国交通事业在 2020 年发展迅猛，同时与"电商"飞速发展相叠加，极大地推动了农村市场的扩大，商品流通更畅，乡村生活更便捷，农业产品也因此得以跨越地方，走出国门，走向国际，实现了国内外双循环发展格局。相关政策的推动大大促进了乡村旅游的发展，农民收入也得到了增加。民宿产业是乡村旅游的必要基础，它为游客提供富有特色的住宿设施，由此带动乡村其他产业的发展。二是美丽乡村建设与精准扶贫双向互动。我国民宿业发展得益于美丽乡村建设与精准扶贫的双向互动。随着"美丽乡村"建设的不断推进，民宿行业也受到愈来愈多投资者的追捧。尤其是 2020 年脱贫攻坚中，民宿发展被赋予了特殊的含义，村民获得了脱贫致富的造血机能。政府的精准扶贫，使乡村民宿在全国呈普遍化、规模化发展。民宿业作为第三产业与一、二产业的特殊纽带，带动了资金流、信息流、物流、人流向农村汇集。2020 年只是一个时间节点，其后的发展前景可期。

二 2020年中国民宿的基本情况

（一）民宿产业规范化程度在提高——正步入合法有序的新阶段

2019 年，各省市纷纷就民宿建设的有关规定提出要求，系列政策、法规旨在深入推进民宿合法经营、健康有序发展。2020 年各省区市结合本地实际情况，贯彻落实具体实施方案，包括落实民宿旅游经营登记制度，组建民宿行业协会及专家委员会等，切实将相关工作落实到位，民宿发展逐渐标准化、行业管理办法日趋完善。

受全球新冠肺炎疫情的影响，2020年初旅游行业瞬间进入冰冻期，对民宿产业影响巨大。令人欣喜的是，各省市政府部门对民宿扶持与规范相结合，民宿业自身也在疫情期间苦练内功，行业进入了一个规范化运营阶段。

本课题组2020年问卷调查显示（见图1），98.47%的经营民宿的受访者①都具备营业执照，其他相关证照还包括餐饮经营许可证、公共场所卫生许可证、特种行业经营许可证、消防安全检查合格证等。其中76.15%的受访者拥有餐饮经营许可证，其合规合法地经营餐饮业务，为民宿客人提供放心、有保障的特色服务。

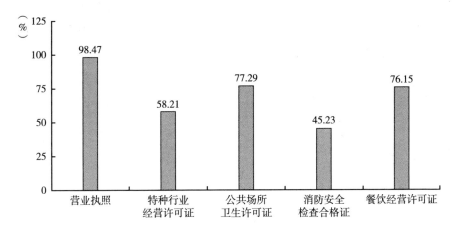

图1　2019～2020年民宿拥有证照情况

（二）疫情催化民宿产业成为本地及周边游发展框架中的重要组成部分

疫情防控常态化，境外旅游市场进入寒冬，国内旅游市场却展现出新

---

① 民宿蓝皮书课题组编《2020民宿发展调查问卷》，2020。如无特殊说明，调研数据均来源于此问卷。

机。2020 年上半年国内旅游人数 11.68 亿人次[①]，数据显示各省区市客源倾向于周边游，随走随订演变成一种出行方式，自驾游加上一个环境优美的民宿成为主流选择。2020 年 10 月中旬，途家发布数据[②]，其平台上国内民宿房源总量已突破 230 万间，乡村民宿交易量更是增势迅猛，乡村民宿平台交易量占比从上年的 24% 提升到 2020 年的 41%。可以看出，民宿产业恢复快，已呈现逐渐向好的走势。

本报告调查数据显示（见图 2），现有民宿接待的客源 74.81% 是大陆居民。数据也显示，民宿作为本地及周边游的重要方式，已经显现出其优势，尤其是民宿中的旅游民宿。木鸟民宿[③]数据显示，非城市民宿订单占比为 60%，而城市类民宿订单仅占 40%。具有能够欣赏自然景观、呼吸新鲜空气、安静休闲度假等特点的民宿将成为疫情常态化下人们心所向往的出游选择。

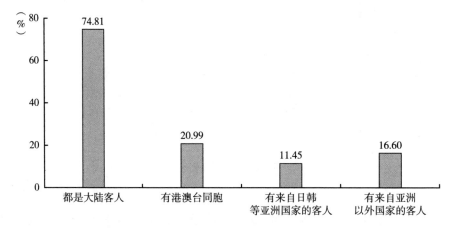

图 2　民宿接待大陆客人、港澳台同胞和外国人情况

注：因各选项为多选，所以分项之和大于 100%。

---

① 中国旅游研究院发布《中国国内旅游发展报告 2020》，2020。
② 途家发布《中秋国庆假期民宿出游大数据报告》，2020。
③ 木鸟民宿发布《2020 年度数据报告》。

（三）民宿业再次"洗牌"，自有物业和民宿品牌抗风险能力强

本课题组调研发现，民宿业已经历过几轮"洗牌"，2020年新冠肺炎疫情使民宿行业再次进入洗牌时期，许多民宿主带着遗憾黯然离场，歇业撤退。美团民宿①数据显示，2020年2月，民宿行业入住间夜量触底，相较2019年12月，最大下降幅度超过80%。如何从困局中走出来，尤其是其中抗风险能力较弱的民宿主们迫切需要做出抉择。

调研也发现，自有物业与民宿品牌连锁在这次大"洗牌"中表现不俗，抗风险能力较强，而众所周知的"二房东"已成为这场"洗牌"运动最大的"牺牲"群体。本课题组调研数据显示（见图3），民宿物业中63.74%为自有/自建，11.64%为集体所有（如村委会），两者占比将近80%。根据现有各省区市颁布的民宿相关政策，自有物业的民宿主也是精准扶持对象，即民宿发展中的重要发展对象，因此，从一定意义上增加了其抗风险的能力。

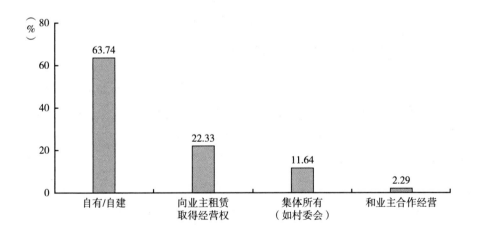

图3 民宿物业属性

与此同时，全国民宿集群的优势明显。单体民宿在市场与资源的双重压力下，逐渐萌发合并、形成民宿联盟的念头。本课题组调研数据显示（见

---

① 美团民宿发布《后疫情时代：2020年民宿行业发展趋势展望报告》，2020。

图4），44.08%的受访者表示愿意尝试或接受与其他民宿通过特许经营的方式共享同一个民宿品牌，另有16.6%的民宿主强烈表示很期待形成合力。两者加总有六成多的民宿业主有品牌联盟的打算。

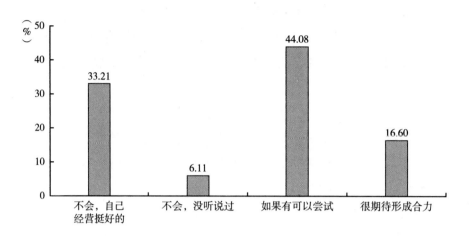

图4　民宿主接受与其他民宿通过特许经营的方式共享同一个民宿品牌情况

（四）民宿投资偏高且回报周期较长

经过前些年民宿行业蓬勃发展期后，投资民宿行业渐渐趋于理性化。对于新进入民宿行业的民宿主来说，投资与回报预期不应盲目停留在状态最好时期，而需要了解目前行业的成本与营收的整体趋势，理性看待民宿行业，以免造成投资失误。

本课题组调研数据显示（见图5），民宿建设总投资中，18.32%的民宿主投入额在101万～200万元，25%的投入额在201万～400万元，11.83%的投入额在401万～800万元，800万元以上的占了22.14%。可以看出，近60%的民宿投资在200万元以上，投入资金的来源有76.34%为自有资金（见图6）。调研表明，除了前期的房源成本、建设成本、装修成本等静态投入外，民宿还有后期运营等动态成本，整体投资对于个体来说并不是一笔小的投入。

课题组研究表明，民宿行业的投资回报周期比较长，即使是在发展条件

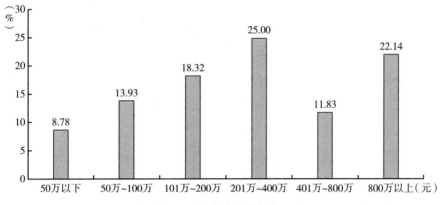

图5　民宿建设总投资情况

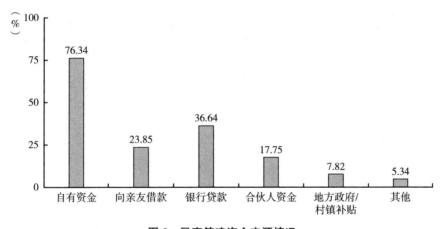

图6　民宿筹建资金来源情况

注：因各选项为多选，所以分项之和大于100%。

比较好的头部区域，其收回投资也需8～10年时间。从民宿经营实际情况分析，民宿运营最初的2～3年通常很关键，是生存与否的关口期，所以，民宿运营是考验民宿生存能力的试金石，即便成为某个时期的网红民宿，同样也逃不过持续运营本领的长期考验。

（五）民宿评级成为发展道路上重要的推动因素

疫情缓解后，2020年的下半年出现了一个现象，即游客对休闲度假去

民宿有了更强烈的需求。从课题组问卷调研的实际需求中了解到，游客对民宿的品质有了更加明确的指向，尤其在卫生安全方面，能否让住客放心，成为民宿是否受人欢迎的重要因素。本课题组调研数据显示（见图7），2020年下半年，98.09%的民宿主从实际中体会到必须坚持做好布草卫生，90.84%的民宿主表示还要及时提供安全的饮用水。

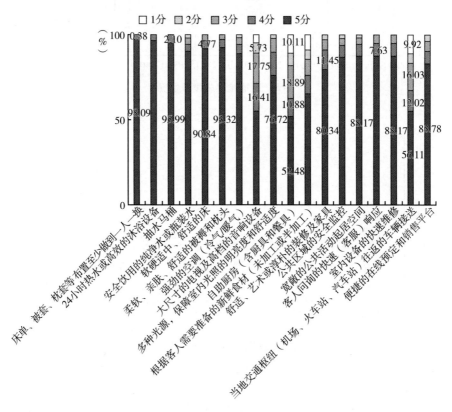

图7　民宿基础特征重要程度

政府颁布的民宿规范及认定标准，或是第三方机构出台的民宿评定标准，成为民宿主们下半年积极关注的主要内容。因此，2020年也有一个比较可喜的现象：各省级、地市级相关评级标准如雨后春笋般相继颁布，为民宿行业健康发展提供准则。"民宿蓝皮书"课题组专门成立了评价专业委员会，联合法国必维集团，采用通行的国际标准制定程序与评价方法，结合中国民宿的发展特点，制定了具有可操作性的民宿评价标准（具体内容框架详见本书相关章节），为我国民宿产业的发展提供标准体系。

通过权威的民宿评级，消费者们可以方便选择所需的民宿。接受评价的民宿在硬件设施、安全卫生、服务保障等方面有标准背书，住客不再被"照片"迷惑，住宿体验更为放心、安心与舒心。从这个意义上说，民宿评价是民宿健康有序发展的重要推动因素。

（六）疫情考验下，互联网营销使民宿化"危"为"机"

2020年初被按了暂停键的民宿行业经受检验，突发疫情激发了民宿主、各民宿预订平台等各类经营主体采取自救行动。各地方政府也同时出台相关政策，帮助民宿行业渡过难关。

本课题组调研数据显示（见图8），民宿经营者多采用同时选择多种线上旅游平台（OTA）进行销售整合的方式，其中70.42%的民宿主选择携程，54.01%选择美团，22.14%选择爱彼迎，32.82%选择途家。与此同时，民宿主们自行建成了自媒体营销宣传渠道。调研结果显示（见图9），有53.63%的民宿拥有微信公众号（订阅号/服务号），43.32%有抖音，17.75%有独立网站，17.18%有小红书，15.65%有微博，从这些数据可以看出自媒体营销手段在民宿经营中受到普遍欢迎。

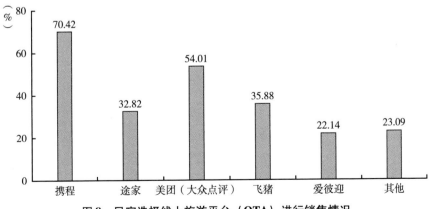

图8 民宿选择线上旅游平台（OTA）进行销售情况

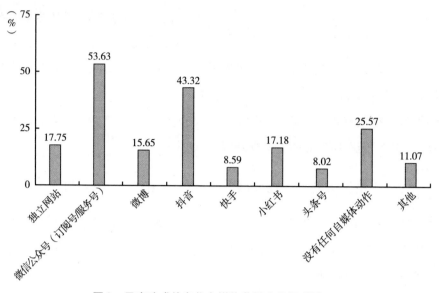

图9 民宿建成信息化自媒体营销宣传渠道情况

与民宿主同频共振的是，各大民宿预订平台也在积极采取各种互联网营销手段，将疫情冲击的"危"转化为发展之"机"。本课题组调研数据显示（见图10），53.82%的受访民宿主表示通过线上旅游平台的获客贡献率在30%以下，从这个角度看，平台在推广效果上仍需继续努力，将互联网营销提到一个新阶段。

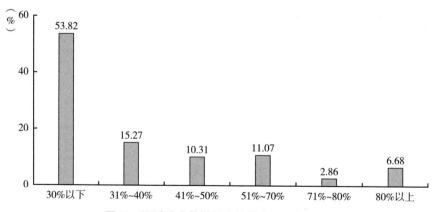

图10 通过线上旅游平台的获客贡献率占比

（七）民宿从业人员学历偏低现象仍很突出

本课题组调研问卷显示，2020年民宿从业员工中63.26%为高中学历，26.46%为专科学历，9.55%为本科学历，专科及以下占到了近90%，表明行业的发展水平仍处于初级层次。从另一个方面看（见图11），员工的用工成本也普遍较低，51.15%的民宿主表示年人均用人成本低于5万元。员工年龄分布在21～30岁的占23.61%，31～45岁的占42.86%，46～60岁的占27.36%，可以看出，民宿员工30岁以上的占70%以上。同时，受访的民宿主普遍表示专业的民宿员工难招，需要专业的民宿人才一起助力民宿运营，59.35%的民宿主或管家渴望从专业的外部支持中获得员工培训的帮助。

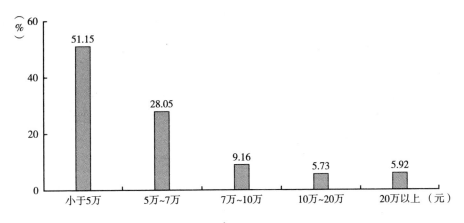

图11　年人均用工成本

问卷调查也显示（见图12），有42.18%的民宿主认为人才管理的问题是较大的挑战，人才问题居民宿主最担忧问题第三位。培养高素质民宿人才已经成为当务之急，民宿行业迫切需要民宿人才职业化。

（八）乡村民宿发展持续升温，盈利模式逐渐多样

乡村旅游是乡村振兴的重要抓手，本课题组调研数据显示（见图13），

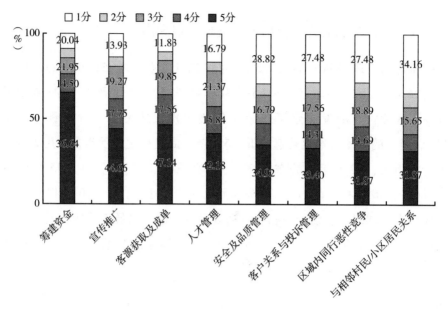

图12 民宿经营面临的挑战与困难调查

注：1分为不困难，5分为很困难，随分数递增表示困难的增加。

2020年有76.91%的民宿位于乡村地区。因此，在推进全域旅游发展力量上，乡村民宿可以起到生力军的作用，成为促进文旅融合与新兴旅游消费的新的引擎。

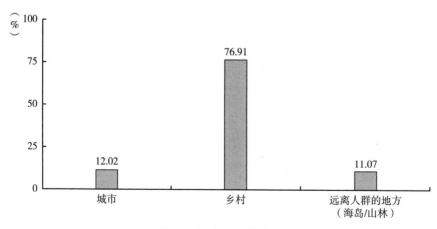

图13 民宿所在地情况

本课题组调研数据显示（见图14），排名前三的民宿服务分别是住宿服务（99.43%）、餐饮服务（80.15%）、会议接待服务（50.38%）；除房费营收外，排名前五的明确收入类型分别是（见图15），餐饮收入77.29%，土特产礼品销售收入55.34%，活动策划收入18.32%，景区门票销售收入16.79%，以及旅游线路销售收入11.64%。民宿盈利模式呈现多样化特征，因此，民宿经营个性化特征将展现广阔空间。

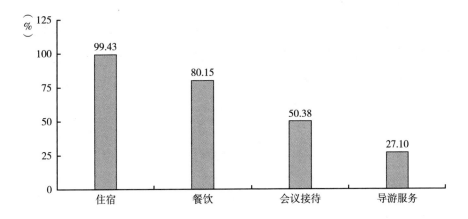

图14 民宿的经营范围情况

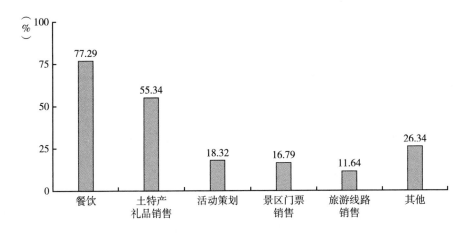

图15 民宿除房费以外的营收项目

三 2020年中国旅游民宿的基本特征

（一）国家及地方为发展民宿出台的政策更加系统全面

2020年，我国发展民宿产业政策在前几年出台较多数量的基础上，进一步呈现系统全面性。

一是民宿分类标准进一步全面。2020年9月29日，国家市场监督管理总局与国家标准化管理委员会联合发布《乡村民宿服务质量规范》国家标准，该标准以浙江德清乡村民宿的地方标准为底本，通盘考虑了我国其他省区乡村民宿的现实情况和客观条件，在设施设备、安全管理、环境卫生、服务要求等方面提出了详细规定。可以看出，这一标准对我国乡村民宿建设成果进行了归纳提炼，为我国乡村民宿服务和管理提供了基本标准，有指导意义。2020年12月17日，《湖南省关于规范和推进乡村民宿建设的指导意见》正式发布，对民宿建设的范围、风貌特色、生态环境、基础配套设施、建筑设计水平、消防能力、结构和设施安全、建设监管八个方面作了规定。提升民宿建筑水平，对促进民宿业健康可持续发展，推进稳增长、稳就业，助力乡村振兴等具有重要意义。武汉市印发的《关于促进全市旅游民宿规范管理和健康发展的意见》，明确旅游民宿开办基本条件和部门监管职责，优化简化审批流程，解决长期困扰旅游民宿经营者无法办证、管理无章可循等突出问题。

二是民宿发展中的产权问题有了破题方向。2020年，各地多种利用闲置宅基地向城里人进行租赁服务的模式都在加快探索，乡村民宿正在盘活农村闲置宅基地，从某种程度来说，从宅基地入股、产权共享到宅地资产评估、融资共建等，这些探索正在"倒逼"宅基地制度的改革。乡村民宿本质上是一种租赁，是宅基地领域最积极的一种探索，同时也面临用地、资金、产权等约束，需要制度破题。自然资源部在《产业用地政策实施工作指引》中曾经明确，在符合宅基地管理规定和相关规划前提下，允许返乡下乡人员和农民合作改建自住房，探索集体经济组织以出租、合作等方式盘活利用空闲农房及宅基地，改造建设民宿等农业农村体验活动场所。2019年12月26日，北京市文化和旅游局联合相关部门发布《关于促进乡村民宿发展的指导意见》《京郊精品酒店建设试点工作推进方案》，这两个文件重点解决了北京乡村民宿经营合法性问题和审批监管问题等难点，明确了京郊精品酒店项目的开发模式，为北京郊区如何依托资源发展乡村民宿及怎样建设精品酒店，分别提供了方向指导和操作依据。

三是扶持政策导向规模与优质发展。为提升旅游民宿规范化、专业化水平，打造具有地方特色的旅游民宿品牌，各地纷纷根据自身资源特色，出台了相关的指导意见。比如，2020年4月27日，福州市文化和旅游局、福州市财政局共同出台《福州市旅游民宿扶持奖励办法》，向旅游民宿业者推出星级培育、市场开拓、宣传营销等方面的奖补扶持政策，积极引导旅游民宿向规模化、精品化方向发展；2020年6月，浙江岱山也制定出台了《岱山县支持民宿产业高质量发展的实施意见》，旨在打造岱山"仙岛怡宿"等具有海岛特色的精品民宿品牌。所有这些政策都指向发展民宿的规范、专业与特色，表明我国民宿发展的政策导向更加理性和具体。

四是城市短租民宿积极探索差异化管理。利用居住小区内的住房，按日或者小时收费，提供住宿休息服务的经营场所，也就是行业俗称的"城市民宿"备受各方关注。2020年12月24日，北京市住房和城乡建设委员会、市公安局、市网信办、市文旅局四部门印发了《关于规范管理短租住房的通知》，通知指出，北京市将对该市短租住房按区域实行差异化管理，首都功能核心区内禁止经营短租住房。此征求意见稿被业内称作对城市民宿行业的"最严监管"。一方面，按照目前公布的监管方式与力度，个人创业型的城市民宿能否通过监管要求，面临严峻考验；另一方面，通知对北京城市民宿行业立规，是行业走向合法化的开始。因此，在城市短租民宿的初级阶段，阵痛无法避免，但行业终将走向健康发展之路。

（二）发展乡村民宿成为乡村振兴与精准扶贫的重要抓手

2020年是我国脱贫攻坚的决胜之年，在多年的探索后，随着一系列政

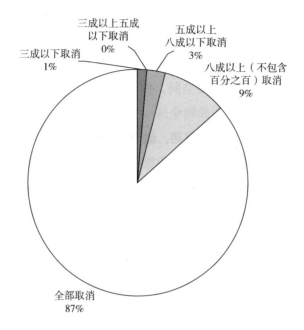

图16　春节取消订单情况

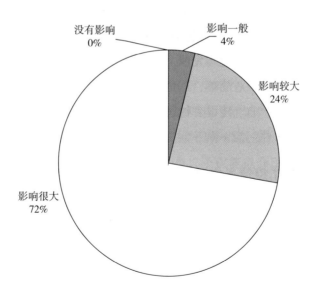

图17　新冠肺炎疫情对民宿经营所带来的负面影响程度

从政府层面，国家发改委、文化与旅游部、商务部、农业农村部等部门迅速出台相关扶持政策，地方各级政府闻令而动，首先是加强民宿的疫情防控。地方政府纷纷发出关于民宿防控的通知，要求本地区在做好星级饭店等大中型饭店新冠肺炎疫情防控工作的基础上，进一步加强对民宿、家庭旅馆等中小型住宿场所的疫情防控工作，强化防控措施，担当作为，做到守土有责、守土尽责。

从行业协会层面，民宿协会也以公开信、倡议书的形式，倡议当地民宿行业做好防疫工作，为游客提供免费退订或延期入住服务。湖南等民宿协会呼吁民宿业主（房东）减免租金，望其能主动减、免、延租金，共克疫情难关。

从民宿预订平台层面，鉴于疫情发展情况，为尽最大努力减少用户损失，预订平台也积极行动起来，出台了一系列优惠政策。比如途家民宿针对疫情退改保障政策时间范围一再延长；小猪短租采取"订单佣金减免政策"，对4月份平台全国民宿每一笔订单实行佣金减免政策，并密切关注疫情防控变化，持续评估延长佣金减免调整范围。木鸟民宿增加中长租的入口和推荐位，平台给予流量倾斜，鼓励和支持民宿房东短租转中长租，帮助民宿主快速止损；针对疫情当下民宿用户的出游偏好，主推周边游和民宿预售业务，实现部分资金回流，与民宿房东共渡难关。

从民宿主层面，盘活现金流成为民宿经营者面临的首要任务。一方面，大多民宿主采取客房团购促销、预售优惠、售卖农副产品及周边产品等方式回流资金。除了开源，还要节流。在暂停营业期间，关闭不必要的设施设备，尽可能减少水电消耗，减少人员支出，尽最大限度节约成本。另一方面，通过网络直播引流成为不少经营者的自救方式，一大批经营者活跃在各大平台，分享民宿所在地的风俗趣闻、周边玩乐路线，勾起消费者兴趣，开发潜在客源。

（四）民宿业成为旅游板块中最具希望的亮点

2020年对民宿业是一个难忘年份，经历了从停摆、重启、复苏、热爆

到回归常态的过程。春节假期前后，民宿行业遭遇订单退改大潮，民宿全面关停，民宿主们面临是紧急止损还是艰难维继的选择。随着国内疫情逐渐控制，复工生产有了基本条件，2020年4月前后全国除湖北地区外，陆续开始有序复工。清明小长假部分地区周边游、省内游呈现复苏反弹的好势头。4月以后，国内疫情好转，但国外疫情严重，出境游全面停止。而随着我国跨省（区、市）团队旅游放开以及暑期的到来，民宿业迎来客流小高峰。从疫情刚开始的"灭顶之灾"，到清明节的"复苏抬头"，再到五一劳动节的"强势反弹"，民宿行业经历了过山车一样的上半年。随着中秋国庆黄金周的到来，不仅旅游市场整体回升，而且民宿业迎来一波火爆行情。文化与旅游部发布的数据显示，八天长假期间，全国共接待国内游客6.37亿人次，同比恢复79%；实现国内旅游收入4665.6亿元，同比恢复69.9%。

数据显示①，上半年国内旅游人数同比下降62%，国内旅游收入同比下降77%。但伴随着疫情防控加强，民宿行业也逐渐恢复至同期水平。2020年10月28日，携程与途家联合发布了"2020成都民宿指数报告"，2～10月成都民宿订单量同比恢复率达到了85%，民宿交易量同比恢复率达到76%，民宿数量在经历了2020年的疫情后，较上年同期增长34%，房源数量占据了全省60%，商户数量恢复至上年同期91%，接待游客人数恢复至上年同期88%。值得指出的是，乡村民宿订单占比超上年同期，占全市订单总数的20%。

由于出境游的停滞，国内游的谨慎，国内周边游成为人们出行休闲的首选，民宿作为周边游的重要载体，成为旅游板块中最具希望的亮点。

（五）直播带货等网络营销手段成为民宿经营的"新宠"

2020年3月以来，随着全球疫情的变化，线上直播种草、预售囤货等直播带货活动逐渐为民宿业所倚重，成为民宿主经营的"新宠"。

本课题组的调查问卷统计，仅有25.57%的民宿企业没有任何自媒体动

---

① 中国旅游研究院发布《中国国内旅游发展报告2020》，2020。

作，而已建成信息化自媒体营销宣传渠道的民宿企业中，17.75%拥有独立网站，53.63%建立微信公众号，43.32%拥有抖音账号。

疫情悄然改变了人们的出游和住宿习惯，尤其是年轻人喜欢打卡种草，民宿企业在抖音、小红书等社交平台上的内容发布为其带来大量年轻客群。2020年直播浪潮来袭，直播带货更是成为民宿企业新的传播销售手段，如"黄河宿集"的通用券，爱彼迎的早鸟预售，网红房东、平台老总以直播的形式"带货"，促进房东房客的双端复苏。

（六）民宿从业人员技能培训已为各方所重视

进入2020年，由于疫情的冲击，民宿业出现了一段时期的停业状态，从政府、行业协会到民宿自身，充分利用了这个时间对从业人员进行技能培训，这在2020年体现得最为特殊。

重庆、山西、陕西、浙江等有关部门，与大型旅游企业合作，联合开展民宿从业人员技能提升培训，从服务质量、安全管理、特色活动等内容着手，培养民宿运营管理复合型人才，以提升住宿品质，探索、归纳、总结自身旅游产业跨越发展的方法路径。

（七）集群模式成为民宿发展的"星星之火"

作为旅游发展的重要内容和新热点，民宿在推进全域旅游发展方面起到了特殊的载体作用，成为促进文旅融合与新兴旅游消费的重要生力军。在发展的进程中，民宿集群模式逐渐被各地所运用，成为推动民宿及全域旅游的"星星之火"。

一是民宿与人文相结合。这是政府主导的发展方式，地方政府充分发挥当地旅游资源优势，依托山清水秀的自然环境和底蕴深厚的在地人文内涵，建成颇具特色的民宿旅游项目。比如，江西井冈山乡村民宿发展由点及面，形成了一个个民宿集群，促进了乡村旅游产业升级，极大地推进了全域旅游的发展。

二是民宿与科技相结合。这是企业主导的发展方式。比如，国内智慧民

宿连锁品牌"一支百合"与黄山桃花岛签订战略合作协议，双方就打造全国首个智慧民宿产业集群展开深度战略合作，携手促进文旅和科技融合高质量发展，打造智慧旅游民宿产业新模式。

三是民宿与"官产学研"相结合。比如，湖南文旅厅、郴州市人民政府同华侨城、巅峰智业、寒舍、浮云牧场等文旅/民宿企业与专家学者相结合，搭建"产业＋智库＋资本＋运营"四位一体的智慧交流、模式创新与资源整合平台，全面推动郴州民宿品牌化、集群化、产业化发展，共同促进民宿业的健康快速发展。

（八）民宿旅游成为城乡人民获得美好生活的幸福产业之一

本课题组于2020年7～9月分别在我国东部的上海、安徽、河北等省市，中部的湖北、江西、山西等省，西部的云南、新疆、重庆、四川等民宿旅游典型地区，对30位企业和政府高层管理者以及民宿旅游城乡居民进行了深度访谈与调研。研究结果表明，民宿旅游对城乡居民的当地生活、家庭生活、娱乐生活、社交生活、治安生活、休闲生活等方面影响具有显著的区域差异。具体表现为，在农村民宿旅游的居民对以下六方面社会生活影响感知均显著高于在城市民宿旅游的居民。

一是城乡居民的当地生活（包括"民宿旅游使得当地物资供应比以前更充足""民宿旅游使我比以前更有归属感和自豪感"等方面）；二是城乡居民的家庭生活（包括"民宿旅游使得我和家人比以前更以诚相待""民宿旅游使我和家人比以前更和睦相处""民宿旅游使得我和家人联系比以前更紧密"等方面）；三是城乡居民的娱乐生活（包括"民宿旅游使我比以前更愉快度过闲暇时间""民宿旅游使我比以前更能充分享受生活""民宿旅游使我通过旅游设施得到更多乐趣"等方面）；四是城乡居民的社交生活（包括"民宿旅游使得社会关系总体比以前更融洽""民宿旅游使我和其他居民相处比以前更好""民宿旅游使我和他人相处时间比以前更长""民宿旅游使得我的社交圈比以前更加广泛"等方面）；五是城乡居民的治安生活（包括"民宿旅游使得当地的犯罪率比以前下降了""民宿旅游使得个人财

产比以前有更好保护""民宿旅游使得人身安全比以前有更好保护"等方面）；六是城乡居民的休闲生活（包括"民宿旅游能够提高社区娱乐设施利用价值""民宿旅游能够满足居民日常休闲活动需求""民宿旅游使得社区内外消防环境得到改善""民宿旅游使我受高等教育和培训机会更多""民宿旅游能够改善社区对外道路运输系统""民宿旅游使得社区的居民生活得到了改善"等方面）。

本课题组研究结果充分表明，民宿旅游已成为缩小城乡区域差异、使城乡人民获得美好生活的幸福产业之一。因此，发展民宿旅游不但成为平衡城乡居民生活区域差异的重要抓手，而且可以有效破解民宿旅游产业在城乡发展上不平衡和业态发展上不充分的矛盾，使民宿旅游成为城乡人民获得美好生活的幸福产业之一。

四　2021年民宿行业发展展望

（一）疫情防控常态化，民宿行业内在发展动力机制将形成

进入2021年，新冠肺炎疫情在我国得到了有效控制，由于新冠肺炎疫情的复杂多变，疫情防控将呈现常态化。在此背景下，民宿行业将通过政府助力与自我革新，实现行业升级，加快行业发展步伐。

一是政府扶持与规范双向发力。一方面，政府将推出更多的扶持政策，推动民宿行业成为美丽乡村建设、全域旅游发展的重要助推器。2020年，各级政府深入了解民宿行业需求，相继出台扶持政策与奖励办法，客观上带动了民宿行业整体回暖。2021年，政府将更进一步通过信贷扶持、培训扶持、资金扶持等诸多措施，帮助民宿主在新的市场环境下寻找到新定位。另一方面，各级政府也将出台更为严格的民宿行业管理办法条例，制定行业管理标准，使民宿行业整体在安全管理、服务质量、客房卫生等方面步入发展正轨，提高行业整体运营水平，为旅客的旅行安全与旅行体验提供相应保障。

二是民宿行业内部也将积极主动顺应市场需求，实现自我升级。民宿发展经过 2020 年新冠肺炎疫情的洗礼，行业内部优胜劣汰的机制已经初步形成，一批不适应民宿发展的企业被淘汰出局，一批仅靠"情怀"从事民宿行业的从业人员也逐步认识到了民宿经营需要经营管理知识与能力，民宿经营的理性将进一步回归。

三是民宿相关主体协调推进。2021 年，与民宿行业相关的各民间组织，举办民宿行业发展论坛，为民宿行业的未来发展出谋划策；各民宿预订平台积极推出相应措施，提升平台内各民宿的安全水平与服务水平；民宿行业从事者也积极利用互联网资源进行宣传推广，带动更多客流入住。民宿行业各有关主体将进一步利用现有的智库资源与互联网资源，助力行业内部在质量与业务量两个方面实现齐头并进；同时，行业内各主体也将积极合作交流，形成合力，共同推动行业实现跨越式提升。

（二）人才培养将成为助推民宿行业发展的重要支撑点

目前，民宿行业正以稳中向好的趋势深入发展，但在发展过程中，也伴随着不断出现内生的行业发展痛点，其中，行业内专精人才不足，成为当下制约民宿行业发展的重要因素，也将是解决民宿行业发展难题的重要着力点。

民宿行业在近几年的高速发展，使得行业规模不断扩大、水平不断提升，但是从整体来看，民宿行业人才的增长速度无法满足行业发展需求，民宿经营管理方面的人才，主要靠行业内部自主培育。究其原因，主要是我国高等院校的学科设置，无法及时跟进新兴行业的发展；同时社会上也缺乏相应的成人教育机构，以提供与民宿经营管理相关的有关培训。

2021 年，政府有望成为推动民宿行业人才培育的牵头人。目前，我国部分有关政府机构，为行业从事者提供专业培训，提升民宿行业从业者的综合业务水平，进而提升行业发展质量，助推行业实现规模增长。未来，相关培训有望进一步扩大规模，将培训范围覆盖到有意从事民宿经营的社会人士中来。

学术领域对民宿行业的不断研究，也有望助力民宿经营管理有关课程进入高校，为行业培育更多青年人才。学术界对民宿行业的不断深入研究，有利于提高民宿行业的社会影响力，同时也有利于提升高校对民宿领域人才培养的关注。随着民宿行业等新兴行业成为旅游业的重要组成部分，以及学术界对民宿行业整体现状、经营管理模式等方面的了解逐步完整，有关课程有望实现进一步的研发与完善，设置有关课程的高等院校数量也有望进一步增加。

（三）民宿行业的线上营销方式将迎来进一步升级

受疫情影响，线上营销成为民宿行业自救的重要方式，也是民宿行业回暖的重要助推器。目前，民宿行业的营销主要是通过短视频、小红书与微信公众号推介以及线上直播等方式来进行，民宿主通过展示其民宿的视觉元素，以及介绍民宿的整体设计理念，吸引相关爱好者与游客。

2021年，民宿品牌互联网营销的内在形式与思路也将进一步转型升级。随着自媒体行业的不断发展，自媒体的运营形式以及内容呈现多平台、多形态、全方位的发展格局，民宿主也将依据自媒体行业的运营思路，对自家品牌的线上营销进行进一步的完善与升级。

民宿品牌的线上营销，一是要实现营销内容的升级。互联网营销日益成熟的今天，人们对营销内容的质量有了更高的期待，这就需要民宿主们能够对营销思路进行精准定位，对营销的内容质量进行更为严格的把关，注重营销内容的创新；同时，民宿主需要依据各平台的大数据，对旅客的兴趣进行进一步的比对分析，将自家民宿品牌的营销内容与市场导向相结合。

二是要实现营销形式的不断创新。随着互联网内容的多样化，人们不再满足单一的线上内容形式，这就要求民宿主们对自身的营销手段进行形式上的扩充，同时能够依据自家民宿品牌特性，对宣传手法进一步创新。

（四）民宿将进一步成为全域旅游发展的重要组成部分

当下的民宿行业发展，整体上有着风格多样化的特性。有着不同视觉元

素与品牌特性的民宿，能够满足不同游客对住宿的需求，甚至一些民宿本身，由于能够反映当地的自然特性与文化属性，而成为其所属地对游客的主要吸引点。民宿的住宿功能与文化特性，使得民宿成为带动当地旅游发展的重要助推器。

同时，部分民宿还会依据当地的特殊资源，为旅客提供如农家乐、导游、文化推介、特色餐饮等多样化服务，因此民宿成为连接当地各种旅游资源的重要纽带，以及推动旅游资源向景区周边发展的重要桥梁。2021 年，在各地不断深入推进全域旅游发展的现实情况下，民宿行业在各地旅游行业发展布局当中的地位将进一步提高，成为转化当地资源成为旅游资源的重要转换器。

参考文献

陈薇薇：《民宿，不只是看上去很美》，《广州日报》2020 年 11 月 17 日。

王立彬：《乡村民宿正在盘活农村闲置宅基地》，新华社，2020 年 10 月 21 日。

郭鸿云：《再谈流量红利：内容引流成非标住宿新机遇？》，民宿圈，2020 年 8 月 6 日。

孟佩佩：《民宿业迎来新发展：抱团办宿集　直播来种草》，《中国青年报》2021 年 1 月 17 日。

王有捐：《2020 年 CPI 逐步回落　PPI 低位回升》，中国经济网，2021 年 1 月 19 日。

孔祥智：《乡村振兴："十三五"进展及"十四五"重点任务》，人民论坛网，2020 年 11 月 19 日。

张建军、陈强伦：《文登区民宿经营专题培训班今日开班》，威海市文登区人民政府网站，2020 年 8 月 7 日。

邹如意：《文旅民宿发展论坛举行》，《广西日报》2020 年 7 月 7 日。

赵岗、刘畅：《昆明市旅游民宿与精品酒店协会成立　业者民宿论坛研讨昆明旅游新业态》，云南网，2020 年 12 月 29 日。

牛雨萌：《"旅游 + 民宿"打造全域旅游新格局》，中国日报网，2020 年 9 月 22 日。

区 域 篇
Regional Reports

B.2
北京民宿行业
发展现状、问题及建议

邹统钎　陈　欣　李晨曦*

摘　要：　近年来，民宿越发受到民众的青睐与资本的追捧。加之政府政策的支持以及住宿多样化需求的不断涌现，我国民宿行业快速发展。北京拥有丰富的旅游资源和高密度的人口分布，民宿客源市场庞大，成为近几年来民宿业发展中备受关注的城市。然而，北京民宿产业呈现出的规模化、功利化、宾馆化和大众化趋势也导致问题丛生。本报告从北京民宿行业的发展现状入手，指出其存在安全隐患、品牌意识淡薄以及立法保障缺乏等问题，未来需从行业监管、运营模式等方面着

* 邹统钎，教授，博士生导师，北京第二外国语学院校长助理、中国文化和旅游产业研究院院长，研究方向为遗产旅游、旅游目的地管理；陈欣，北京第二外国语学院硕士研究生，主要研究方向为国际文化贸易；李晨曦，北京第二外国语学院硕士研究生，主要研究方向为旅游目的地管理。

手，把握新动向，促进北京民宿行业健康有序发展。

关键词：　民宿　乡村旅游　北京

一　2019~2020年北京民宿发展现状

（一）民宿资源丰富，郊区民宿质量高于城区

北京市的民宿资源丰富，存量基础扎实，截至2020年10月，全市共有699家精品民宿，包含院落1668个，客房8211间，日接待能力达1.7万人；增量空间广阔，3万余家闲置农宅资源亟待盘活。2019年北京民宿数量全国第一。[①] 根据艾媒数据中心（data.iimedia.cn）提供的数据，2019年在全国各城市的民宿数量统计中，北京房源数量为4.2万家，排名第一。[②]

就区域分布来看，城区民宿数量明显多于郊区。朝阳、海淀、东城区民宿房源居多，其次为丰台、西城和通州等地。郊区房源数较少，但区域集群亮点非常明显。郊区精品民宿经济效益明显高于城区精品民宿，且品牌矩阵效应初步形成。根据北京市召开的乡村民宿发展推荐工作会提供的数据，2020年双节期间，延庆、怀柔、密云三大区域乡村精品民宿接待量和营业收入占全市的75%以上，品牌经营特色明显。比如，密云的"大城小院"民宿项目已成为世界旅游联盟旅游减贫全球百个案例中北京市唯一入选项目。

（二）乡村旅游爆发蓬勃生机，京郊高端民宿发展前景好

根据农业农村部、国家发改委、财政部等14个部门发布的《关于大力发展休闲农业的指导意见》（农加发〔2016〕3号）和市委、市政府《关于

---

① 北京观光休闲农业行业协会发布《北京市乡村民宿发展推进会召开》，2020。
② 艾媒网发布《民宿行业数据分析》，2020。

坚持疏解整治促提升扎实推动城乡一体化发展的意见》（京发〔2017〕9号）等文件精神，乡村旅游转型升级，正爆发出更加蓬勃的生机。人民网数据显示，2019年北京乡村旅游的游客量达6000万人次。[①]"十一"假期期间，环京郊高端民宿十分抢手，一瓢客栈、老木匠、山楂小院等网红民宿提前售罄。随着人们生活水平的提升，消费者对更安全、私密且个性化的高端民宿需求量大幅增加。途家网提供的数据显示，截至2020年6月底，途家豪华型民宿订单同比上年同期上涨35%。美团民宿的数据也显示，端午期间平台500元以上民宿间夜量相比较清明节期间增长幅度达到70%，[②]高端民宿复苏状态明显。

（三）建"大棚房"和"强拆"民宿现象，破坏行业生态平衡

随着人们精神生活的不断富足，越来越多的人选择在假期前往风景优美的地区体验当地风土人情，民宿也成为游玩者出游首选的居住地。北京民宿的需求和数量也随之大幅提升，极大地带动了北京经济发展。但目前，北京部分地区出现违章建"大棚房"和"强拆民宿"现象。一方面，一些个体户私自承租农业大棚，并将其改建成住房，打着发展农业设施的名义，擅自或变相将农业设施改造成民宿并以此赚取利益；另一方面，延庆、昌平等区出现以环境保护的名义强拆当地民宿的现象。不顾具体实情的"一刀切"式的认定方式，大大有碍北京地区民宿行业的发展平衡。

对此，相关部门亦开始采取整治行动。生态环境部出台《禁止环保"一刀切"工作意见》，要求按照当地的相关政策以及污染程度进行区分整治，不能采取"一刀切"式的整治方式。在应对"大棚房"方面，2018年9月，由农业农村部、自然资源部、中宣部、国家发展改革委等12个部门和单位成立大棚房整治运动协调推进小组，开始在全国范围内大规模开展针对大棚房的专项行动。

---

① 《2019年北京乡村旅游的游客量达6000万人次》，人民网，2019。
② 《高端民宿"火"起来了》，新浪新闻，2020。

（四）疫情对北京民宿业冲击巨大，但复苏势头大好

2020 年初的新冠肺炎疫情对北京民宿业影响巨大。正常情况下，春节及寒假北京民宿业收入占民宿全年收入的 15%~30%，但疫情导致市场疲软，损失占全年收入的 30%~50%。[①] 根据有关政府部门对于疫情防控工作的整体要求和部署，爱彼迎（airbnb）等民宿平台暂停了北京地区入住时间在 2020 年 2 月 7 日（含）至 2020 年 4 月 30 日的房源预订。airbnb 在北京地区的民宿运营情况与疫情前相比具有较大差距，品牌遭遇重创。

疫情逐渐控制之后，北京民宿呈现良好的复苏态势。根据北京市乡村民宿发展推进会提供的数据，2020 年 10 月初的双节（国庆节和中秋节）假日期间，北京乡村旅游成为全市旅游亮点，复工复业率超过 75%，乡村精品民宿 8 天入住率接近 90%，日均接待人数和营业收入较"五一"假日分别增长 290% 和 270%。[②]

二 北京相关民宿产业政策

（一）北京市民宿相关规范条例发展脉络

以 2017 年 8 月 1 日实施的《北京市旅游条例》为开端，北京开始制定关于"城市民宿"和"乡村民宿"的管理规定。2018 年，《北京市乡村民宿管理导则》形成初稿，依据该导则，消防部门制定完成了《北京市农家乐（民宿）建筑消防安全基本要求（试行）》，公安部门对乡村民宿设立住宿登记联网管理系统，工商部门拟根据镇政府提供的经营场所房屋产权证明办理民宿工商登记。

增强北京市老城区的保护，突出北京老城区文化体验。按照《北京城

---

① 《北京民宿全面暂停　民宿业面临考验》，环京津网，2020。
② 北京观光休闲农业行业协会发布《北京市乡村民宿发展推进会召开》，2020。

市总体规划实施工作方案》要求，坚持保护传统文化，突出文化特色，在民宿建设过程中提高文化因素所占比重。

民宿的核心文化是"好客文化"，而当前企业投资的民宿则过度强调奢华和舒适度。民宿的核心理念更应该强调文化氛围，突出主人的温馨好客，体现"文化美感""生活哲学"以及"文化意境"与"生活意境"。

2019 年 12 月 26 日，根据《北京市旅游条例》、《北京市乡村振兴战略规划（2018～2022 年）》和《中共北京市委北京市人民政府关于落实农业农村优先发展扎实推进乡村振兴战略实施的工作方案》的要求，北京市文旅局会同多个部门联合印发了《关于促进乡村民宿发展的指导意见》（以下简称《意见》），旨在加强民宿经营合法性，弥补审批监管的短板。民宿的混乱，首先在于其身份的模糊。民宿的经营主体和责权单位模糊，而根据大陆目前民宿行业所呈现的业态，究竟民宿的经营应该归于个人，还是归于企业，还是二者共存，这一属性上的认识，也极其模糊。这一点在北京尤为突出，且极具代表性。

2020 年开年以来，北京加大对民宿行业治理力度。民宿行业一方面饱受冲击，另一方面又加速进入洗牌阶段。而恰恰是在民宿行业一片凋敝的2020 年，北京市多部门联合强势出台《关于规范管理短租住房的通知（征求意见稿）》（以下简称《通知》），向社会公开征求意见，堪称史上最严民宿规范。新冠肺炎疫情为北京提供了民宿治理契机。

据美团民宿联合环球旅讯发布的《后疫情时代，2020 年民宿行业发展趋势展望报告》，一方面各大民宿主在艰难挣扎生存，而另一方面，行业洗牌也在加剧，随着消费者对住宿要求与需求的升级，"房源标准化、房东职业化、合规进程加速"的发展趋势逐渐形成。

北京第二外国语学院谷慧敏教授指出，疫情的影响正加速新的市场机遇的形成，应趁机扩展业务边界、提升服务能力。民宿平台主动扩大合作生态圈，也为旅游行业复苏提供了新思路。

2020 年，北京市政府、北京市农委、北京市文旅局以及各区相关单位，针对乡村观光、休闲农业、乡村民宿以及民俗旅游接待户等问题出台了一系

列政策法规。从土地政策、资金政策、扶持政策等方面，分别对以乡村民宿为代表的休闲农业提出了一系列指导原则与方针。同时，对于民宿星级评比、民宿升级、民宿创业，民宿的审批流程、经营人员、经营标准、经营规范等都做出了进一步细致的规定，并针对疫情等原因，在卫生安全等方面也做出重要指示。一方面给予民宿从业者以政策帮扶，另一方面也鼓励民宿从业者加速自身升级转型，在规范与操作方面为民宿从业者指明方向。

（二）2019～2020年北京民宿行业的产业政策

近几年，北京民宿蓬勃发展，随之而来的问题也不断产生。北京市及各区政府紧跟市场与行业变化，及时出台各方面条例与规范，对市场进行规范与管理（见表1）。

表1　2019～2020年北京民宿政策一览

文件名称	发布时间	发布单位	主要内容
《关于落实农业农村优先发展扎实推进乡村振兴战略实施的工作方案》	2019.6.10	北京市人民政府	补齐乡村人居环境短板，开展专项清洁，推进乡村绿化美化专项行动。加快推进休闲农业与乡村旅游提档升级。进一步完善土地、资金支持政策，配套建立消防、安全等一系列管理制度，引导建设一批乡村民宿精品，促进传统农家乐提档升级。加强农村精神文明建设，强化乡村治理能力建设
《旅游民宿基本要求与评价》(LB/T 065–2019)	2019.7.3	文旅部	规定了旅游民宿的等级与标志，基本要求，等级划分条件与划分办法，规范及服务和接待标准以及设施设备要求，加强对卫生、安全、消防等方面的要求，健全退出机制
门头沟区民宿"政策服务包"	2019.8.20	北京市门头沟区商务委员会	梳理民宿项目申报、房屋流转、财政评审、建筑许可、联合开办等10余项全流程图解，制定合作协议模板，为民宿企业提供简明、清晰、操作性强的创业指导，鼓励年轻人参与民宿创业，打造精品民宿，专项基金盘活农宅，探索农村宅基地"三权分置"改革

续表

文件名称	发布时间	发布单位	主要内容
《关于促进乡村民宿发展的指导意见》	2019.12.18	北京市文旅局	促进乡村民宿从规模到质量的全面提升,构建"三产联动、多业融合"的业态,对用房、环境、安全、经营主体、从业人员以及经营规范等方面做出详细规定,同时对各部门组织机构及职责分工做出规定,明确各部门各项管理职责,规范审批流程
《关于应对新冠肺炎疫情影响促进旅游业健康发展的若干措施》	2020.3.13	北京市文旅局	2020年发放补助资金,暂退保证金,缓解企业资金压力。推动融资担保与京郊出游保险服务。鼓励景区推出在线旅游产品和电子文创产品。支持乡村旅游特色业态、乡村民宿等旅游企业应对疫情渡难关
《北京市休闲农业"十百千万"畅游行动实施意见》	2020.4.30	北京市农业农村局、北京市财政局	打造休闲农业精品线路,改造民俗接待户,鼓励支持民俗接待户规范经营管理、完善安全设施、美化内外环境。立足本地农耕文明,深入发掘民俗文化,打造鲜明文化印记,提升休闲农业产业文化软实力和核心竞争力
《"门头沟小院"精品民宿扶持办法(征求意见稿)》	2020.8.3	北京市门头沟区文旅局	为鼓励和支持门头沟区精品民宿提质升级,根据《旅游民宿基本要求与评价》(LB/T065-2019)等相关文件,起草"门头沟小院"精品民宿扶持办法。广泛征求意见,欢迎社会各界积极建言献策
《关于规范管理短租住房的通知(征求意见稿)》	2020.8.10	北京市住建委	短租住房的经营应当取得房屋业主的书面同意,并符合小区管理规约或业主大会决定。此外,房屋还应当符合建筑、消防、治安、卫生等方面的安全条件并依法办理房屋出租登记
《乡村民宿服务及评定》地方标准	2020.9.15	北京市文旅局	确定三、四、五星级民宿,强调乡村民宿文化属性的传承、环境创意的设计;强调食品、卫生、治安、消防等方面等安全保障,增加传染性疾病应急预案等内容

资料来源:北京市各大政府网站。

三 2019~2020年北京民宿行业发展问题

（一）安全隐患较多，消费维权难度大

相较于传统的酒店旅馆行业，民宿行业的法律与管理体系有待完善，存在的安全隐患较多。一些民宿所有者为了民宿能快速投入使用或追求个性化设计等，私自改造扩建，游走在国家监管的"灰色地带"，建筑本身的安全性大打折扣。另外，北京相当数量的民宿位于居民小区楼内且各房客之间存在共享空间。一方面，频繁更换房客会给周围的居民造成极大的不适感，容易引起小区矛盾；另一方面，民宿经营者所经营的民宿为自家房屋，难以形成规模效应。民宿规模小和空间分散等特点使得公安部门的日常监管难以全面实施。目前住客实名认证主要通过在线平台进行，仅需上传身份信息即可入住，低门槛的入住条件容易导致入住人员身份复杂且不易管控等问题。当遇到安全问题时，当前的民宿管理模式也使得消费维权的难度增大。出现服务质量问题消费者只能通过客服电话进行投诉，而网络平台介入的手段单一，也缺乏威胁力和时效性。

（二）品牌培育意识淡薄，用户体验有待优化

近几年，国内民宿行业发展势头良好，越来越多的企业、个人都开始加入民宿行业，使得我国民宿数量飞速增长，北京也是如此。艾媒网提供的数据显示，2019~2020年北京民宿房源数量已达4.2万家，[①] 但北京民宿行业越发呈现规模化、功利化、宾馆化、大众化的发展趋势，民宿经营者的主要目的大多是营利而非情怀。对国内几家主流的在线民宿预订平台进行检索显示，北京民宿以单体经营为主，客房体量较小，人员配备不齐全，大部分缺乏品牌建设意识。且在北京民宿的网站成交额

---

① 《民宿行业数据分析：2019~2020年北京民宿房源数量为4.2万家》，艾媒网，2020。

方面，乡村民宿表现远不如城市民宿。而北京绝大多数的城市民宿与宾馆相差无几，过度的商业化让人们难以体验到老北京的风俗民情，同质化严重。

北京民宿普遍好评率偏低，用户体验有待优化。根据中国文化和旅游大数据研究院发布的《2019 中国大陆民宿业发展数据报告》，2019 年民宿好评率排名前十的城市和民宿平均用户推荐率排名前十的城市中，北京均不在列。受传统风俗习惯和生活习惯的影响，相比于南方城市的民宿主，北京土著民宿主们不愿意花费大量精力优化用户体验，"随缘"的心理导致北京民宿用户体验停滞不前。目前北京的民宿主往往会过于依赖单一的第三方渠道且忽视在相关产品开发方面的投入。主要表现在：特色产品开发不足、文化内涵挖掘较少、没有有效地结合当地特色等方面。总之，无论是硬件还是软件条件上都亟待提升。

（三）缺乏立法保障，行业监管不规范

2019 年 7 月 3 日，中华人民共和国文化和旅游部发布的《旅游民宿基本要求与评价》对于民宿进行了相关的规范，但就北京市而言目前还暂未出台专门针对民宿经营管理的法律法规。因民宿在一定程度上与旅馆业十分相似，因此在民宿行业经营管理实践中大多采取旅馆业的法规作为指导。但这种直接采取旅馆业近似标准的行为使得民宿经营者经常因为标准不达标而不能合法经营，非常不利于民宿行业的健康发展。具体而言，一方面民宿行业准入标准存在缺陷，对于什么样的房屋可以进行民宿运营、什么是民宿运营者尚未有一个清晰的界定；另一方面民宿法律界定过于宽泛，造成行业监管不规范。当前《北京市旅游条例》将民宿界定为"城乡居民利用自己拥有所有权或者使用权的住宅，结合当地人文环境、自然景观、生态资源以及生产、生活方式，为旅游者提供住宿服务的经营场所"。"拥有使用权"使得一些租房既被用作出租房也被用作民宿用房，导致投资者无法对民宿总量有具体认识，消费者预订时难以判断民宿质量的优劣。

四 2019～2020年北京民宿行业发展新动向

（一）抓住疫情消费回流窗口机遇期，积极调整经营方式

在疫情消费回流窗口机遇期，以乡村精品民宿为抓手，开发乡村旅游消费的三个"新市场"。第一，市民周边微度假消费市场，以精品民宿推荐为核心，让市民从京郊游的当日往返变为乡村度假深度体验，提升过夜率；第二，传统节庆旅游消费市场，推出"京郊过大年"等主题活动，引领市民"住民宿、享民俗，过大年"；第三，综合服务消费市场，以精品民宿为核心，综合亲子研学、观光采摘等多品类服务。

疫情后用户消费需求发生变化，民宿主也在积极调整经营方式。一些民宿经营者发挥自身特长，开始在线上售卖自家制作的特产，比如青团、扎染等产品，这样既能获得一些利润，又能和顾客保持沟通，维系客源。从经营方式的转变可以看出，民宿从业者正在积极迎合市场，转变经营方式，然而，北京京郊民宿的未来，一定会在住宿安全与公共卫生条件方面增加很多的需求。途家报告显示，由于疫情的暴发，当下，游客出游以及预订酒店时，其最关心的问题，除了酒店或民宿自身的品质与特色，更增加了对安全与卫生等方面的考量，搜索频率最高的四个关键词，分别是卫生、安全、品质和特色。而民宿，由于其区别于传统酒店，拥有家庭式生活的特色属性，包括广阔的庭院，自然风光的环境，惬意的自然体验，自主进行洗衣做饭，收拾院子等充满生活气息与生活情趣的田园生活体验，一些高品质的民宿往往更加受到消费者的青睐。而关于民宿目的地，其周边相关的吃住行等，包括娱乐等配套服务，围绕民宿的闭环消费，也开始成为许多游人新的选择。

（二）新型技术助力下发展智慧民宿

近年来，"新基建"的概念日益深入人心，其对于民宿行业的重要性也不言而喻。以人工智能、5G等为代表的新兴互联网技术的出现给民宿行业带来巨大的发展机遇，可通过"新基建"将互联网技术运用到民宿的装修和运营上，促进民宿"智能化"发展，有助于同步提升民宿行业的经济效益和社会效益。位于北京延庆东南部山脚下的窑湾的"大隐于世·富春山居"智能度假别墅便是大隐于世精品民宿产业布局的重要一环。其秉承智慧民宿的理念，依托"互联网＋"的发展模式，全方位打造智能化民宿，餐厅、酒吧、卧室以及盥洗设施，全部采取智能化技术，AR、VR 等设备应用的增加，智能门锁、智能音响、智能投影仪以及远程智能遥控等职能服务的满足，无不让这里充满创新与生机，既融合了人工智能的发展，又兼顾文化、智慧、康养、旅居等要素。未来，随着人工智能技术的不断成熟，智能家居有望成为民宿中的"标配"。

（三）关注个性化运营，打造良性民宿产业生态

民宿是最有情怀的旅游投资项目之一，民宿如果不与醇厚的、纯粹的、原真的文化相结合，单纯的宾馆式服务，就失去了民宿存在的意义，也很难获得成功。

首先，打造高品质民宿品牌，提升品牌美誉度。一个好听且富有特殊意义的名字对民宿品牌提升起到至关重要的作用，而好看的装修风格也会给游客带来极具新鲜感的住宿体验，吸引新老客户，再借助新媒体宣传造势，发挥"病毒式营销"的作用。抖音上大火的"鲁西西的院子"吸引超过两千万人，点赞数超过八十万，"冬奥小镇 1 号院"还成了《女儿们的恋爱》拍摄地。其次，创新多元化模式，提升运营能力。摈弃单一的住宿体验促进多元化经营，实现从单一形态到多种形态发展的模式转换，使民宿不仅仅提供住宿服务，还可通过"农副产品""工艺品"等带货，以及"果蔬采摘"等体验服务多元创收。位于怀柔区渤海镇的慕田峪箭扣长城脚下的国奥乡居，通过多种灵活的租赁方式与多样化的价格组合，增强自己的营销能力，采取不同承租方式吸引游客前来入住，承租方式主要是以日、周、年等时间单位为周期来出租。

（四）完善法制建设，规范民宿行业管理

法律是规范行业监管的具有国家强制力的重要保障，因此规范北京民宿

行业立法建设至关重要。北京市文旅局于 2019 年 12 月发布《关于促进乡村民宿发展的指导意见》，规定乡村民宿经营者需依法办理"一照、两证、一系统"，即营业执照、公共场所卫生许可证、食品经营许可证，安装使用信息采集系统，促进民宿行业管理迈向标准化。由此可见，北京市在规范民宿法制建设上未来可期。在市场准入方面，需要规范民宿的准入条件，将准入条件量化，写入法律条文。只有具有明确法律标准的民宿，政府监管部门才能依法行政；在民宿安全方面，规范民宿安全制度。通过完善法律对不同的民宿分类制定不同的安全标准；在违反监管方面需要加大惩罚力度和措施，只有严惩才能达到有效管理的目的。

参考文献

北京旅游学会：《北京旅游发展报告（2019）》，社会科学文献出版社，2019。

赵健君、白珊珊、张子仪、田松林、苟天来、周旭平：《乡村振兴背景下京郊民宿发展现状研究——以密云区张泉村为例》，《中国集体经济》2020 年第 19 期。

杨应星：《乡村民宿政府监管的法律问题研究》，江西师范大学硕士学位论文，2020。

陈平：《拓展新路径助力民宿提质升级》，《中国商界》2020 年第 6 期。

戴湘毅、张鑫：《北京民宿的现状、问题和发展建议》，《中国经贸导刊》2019 年第 5 期。

王英杰：《共享经济下民宿治安管理研究》，中国人民公安大学硕士学位论文，2020。

赵佳琳、胡毅然：《乡村旅游民宿产业发展对策探究——关于北京市平谷区乡村旅游民宿产业发展的调查与思考》，《中国市场》2020 年第 13 期。

彭婷婷：《迎难而上 民宿市场复苏可期》，《中国商界》2020 年第 6 期。

B.3
山西省晋城市康养民宿发展报告

本书课题组*

摘　要：　自党的十八大以来，晋城市作为山西省国家资源型经济转型配套改革试验中的低碳城市试点，地方经济发展进入全面转型的重要阶段。在生态环境恢复与文旅市场开发的过程中，晋城市逐渐探索出一条以"文旅＋"和"康养＋"相互融合为特征的经济发展路径。在康养产业市场化运作过程中，文旅产业是与康养产业天然融合度最高的关联产业。康养产业与文旅产业的融合，又是突破旅游产品结构单一、延伸拉长旅游全产业链的最好选择之一。连接旅游和康养两大行业的重要纽带是地方的接待能力。民宿产业作为地方接待能力的重要组成部分，又在乡村振兴这一国家战略的落地中发挥着重要作用。通过对民宿的发展现状的研究，可清晰地了解到晋城市在文旅康养产业发展融合方面所付出的努力。在山西省晋城市全力打造文旅康养名片的时代背景下，通过实地走访、问卷采集、典型民宿经营者访谈、政府机关座谈等多种研究方法，晋城市康养民宿发展的现状得到清晰刻画。比照我国文旅康养产业发展路径，结合当地在生态和文化方面的优势，康养产业环境的提升、康养产品与服务的建设将成为晋城市文旅康养民宿未来建设和可持续发展的关键。

---

* 课题组成员：尤劲、柯银斌、杨震、徐雄飞、周菁雯；执笔：尤劲，博士、国脉（上海）管理咨询有限公司总经理，研究方向为行业研究、组织发展咨询等；柯银斌，察哈尔学会创会秘书长、高级研究员，研究方向为企业战略与案例、跨国公司与公共外交等。

关键词： 民宿　文旅　康养　产业融合　晋城市

伴随着文旅融合、美丽乡村和乡村振兴的建设步伐，民宿经济在全国经济领域内持续升温。山西省在资源型经济转型配套改革试验的持续推进中，结合全省各地市丰富的自然生态资源和人文历史积淀，持续推动文旅产业的深度发展。晋城市结合自身优势，提出建设"全国康养旅游目的地"的发展目标，围绕文旅产业与康养产业融合发展的方向，通过"百村百院"工程为突破口，大力推动全域康养民宿的建设，引导文旅康养产业品牌的打造。

一　"转型发展"：晋城市文旅康养发展背景

民宿的发展与地方文旅产业的发展密切相关。长期以来，煤炭产业一度作为山西省经济的主要支柱。区域经济"因煤而兴、因煤而困"。当煤炭经济疲软时，全域旅游服务等新兴产业为晋城市从"黑色经济"向"绿色经济"的转变指明了新的发展方向和实现路径。康养民宿在晋城、山西和中国产业创新升级中具有重要意义。

（一）城市产业转型的背景

晋城是一个煤铁资源非常丰富的城市，全市含煤面积占总面积的56.4%，而无烟煤储量占全国1/4以上，占山西省1/2以上。作为典型的资源型城市，晋城市自建市以来，其整体经济发展是以能源、原材料为主体的初级产业结构。曾经依靠煤炭资源创造出地方经济奇迹，但对当地的自然生态环境也造成了严重的破坏。

党的十八大将生态文明建设的地位提升到新的高度，在地方经济转型和可持续发展战略的深刻影响下，长期拉动晋城市经济增长的煤炭开采、煤化工、房地产、基础设施建设等产业遭受强烈冲击，地方经济增速面临巨大的下行压力。

2013 年 4 月，《山西省国家资源型经济转型综合配套改革试验 2013 年行动计划》发布。晋城市被指定为低碳城市试点。在煤炭市场低迷的整体背景下，地方经济发展水平显著下滑，人口流失现象表现明显。人口流失进一步增大了城市转型发展的阻力。在中部崛起的时代强音下，晋城市政府肩负经济发展与生态保护的双重使命。恢复地方生态、寻找新的支柱产业、高效推动地方经济发展，成为摆在晋城市市委市政府面前的时代选择。

（二）文旅产业作为晋城经济转型的重要方向

晋城市拥有丰富的自然生态和历史人文资源，为当地的经济转型发展提供了坚实的基础。地方统计数据显示，自 2014 年以来，第三产业对晋城市生产总值的贡献率持续上升。国家和山西省的总体发展战略与政策调整为晋城市的经济转型升级提供了机遇和政策条件。合理利用地方在人文和自然资源方面的优势，大力发展文旅产业成为晋城市通过实际探索寻找到的一条经济发展的新出路。

晋城市位于黄土高原向华北平原过渡的地带。境内的太行山和王屋山与河南交界。与中原地区相比，生态环境存在明显差异。全市森林面积为 336330 公顷，森林覆盖率为 35.7%，其中天然林占全市森林面积的 70.2%。自古以来，晋城就是名副其实的生态宜居城市，是中原民众休闲度假和避暑纳凉的首选胜地，是中原城市的后花园。每年吸引超过 10 万的中原城市市民在夏季前往此地休闲纳凉。

晋城是中华文明起源之城。8000 年前，伏羲部落在阳城县析城山活动，考古发现这里就是传说中的"昆仑丘"；5000 年前，神农炎帝在这里尝百草、种禾粟；2500 年前，孔子在这里留下"孔子回车"的典故；1000 年前，程颢在这里授程派理学，明清两个朝代共产生 267 位进士；300 年前，出自晋城的康熙帝师陈廷敬编康熙字典，陈氏家族被誉为"中国北方第一文化巨族"。晋城文物古迹众多，历史人文资源丰富。唐代佛像全国共 3 处，晋城有 1 处（青莲寺）；元代民居全国 12 座，晋城有 9 座；大型壁画山西有

2 幅，晋城有 1 幅（高平开化寺壁画）；沁河流域分布着 117 座大型明清古堡，平均每平方公里就有 0.7 处文物。

（三）文旅康养产业融合发展的关键挑战

2020 年 5 月 12 日，习近平总书记在视察山西时指出山西省要"在转型发展上率先蹚出一条新路来"。习总书记提出的"希望"就是中央对山西省经济社会发展的总要求。2020 年 6 月，山西省委书记楼阳生在《求是》杂志撰文指出：坚定不移沿着资源型地区经济转型发展金光大道奋勇前行，坚决扛起"在转型发展上率先蹚出一条新路来"的历史使命。他特别提到，聚力打造黄河、长城、太行"三大旅游板块"，做好文旅、文创、文艺融合文章，推动文化旅游业融合化、品牌化发展。这为晋城市转型发展指明了方向。在决胜全面小康和转型发展的重要历史关头，晋城市在市委七届九次全会中提出"转型发展是晋城的根本出路、唯一出路、舍此别无他途"。

2020 年 9 月 21 日，2020 中国·山西（晋城）康养产业发展大会在晋城市隆重举行。在大会开幕式上，山西省委书记楼阳生发表《康养山西　夏养山西》的主旨演讲。他表示，山西推进康养事业正当其时，发展康养产业大有可为。要不断优化产业布局，高标准编制山西"十四五"康养产业发展规划，加快构建康养产品体系，建设全国重要康养目的地。要不断优化营商环境，鼓励吸引各类资本和社会力量积极参与康养事业、康养产业发展，全力培育和打造品牌化、连锁化、规模化的康养企业和机构。要不断强化政策保障，全面落实已出台的康养产业发展优惠政策，进一步加大支持力度，运用现代信息技术打造智慧康养，全面提升康养服务水平。

晋城市委书记张志川指出：要借 2020 中国·山西（晋城）康养产业发展大会在晋城市成功举办的势头，认真梳理盘点全市康养产业，发扬"凤城速度"，加快补齐基础设施短板，打造精品"百村百院"，牵引带动全市康养产业整体上档升级，进一步叫响晋城的康养品牌，打牢高质量转型发展换道赛跑的康养产业基础。

但是，晋城市文化旅游康养产业总体上还存在产业发展大而不强，康养产业发展处于起步阶段,文化内涵挖掘不够,集约化程度不高,以及碎片化、低端化、封闭化等诸多问题。具体表现为:一是空间布局上,文化旅游康养资源集约化程度不够,没有很好地串珠成链、连片成面,整体优势发挥不足;二是产品结构上,观光类产品比例偏大,康养等产品发展不够;新产品、新业态、新空间不足,冬季、夜间产品不够丰富,亟待升级;三是融合发展上,文化、旅游、康养之间的融合度不高,涉及高层次康养服务的医疗保障能力与资源还相对薄弱。为解决上述文旅康养产业融合发展方面的难题,晋城市践行"在转型发展上率先蹚出一条新路来",提出并实施"百村百院"工程。

二 2020年晋城康养民宿产业发展概况

2020年是晋城市深入落实推进文旅和康养产业融合的第一年。康养民宿成为加快推进产业融合的突破口。晋城市政府在《山西省太行板块旅游发展总体规划》的基础上,结合自身的具体生态资源条件和文旅市场经营管理的历史经验,在全省率先提出并实施"百村百院"工程。发挥政府在产业规划和引导方面的价值,通过康养示范村及康养示范民宿的建设,晋城全域文旅康养生态的科学构建迈出关键一步。

(一)晋城康养民宿发展基础

根据原国家旅游局2016年出台的《国家康养旅游示范基地标准》(LB/T 051 - 2016),"康养旅游示范基地应包括康养旅游核心区和康养旅游依托区两个区域";"康养旅游核心区具备独特的康养旅游资源优势,而康养旅游依托区能为核心区提供产业联动平台,并在公共休闲、信息咨询、旅游安全、休闲教育等公共服务体系上给予有利保障"。

在对2020年晋城市全域民宿的问卷调研中,民宿选址特征如图1所示。从图1上不难看到,晋城市的民宿中大多数为乡村民宿,相对分散,普遍距离城市中心较远。在这些民宿中,以其处于风景名胜区和拥有良好的生态与

悠久的历史为主要特征优势。近一半的民宿已经在尝试通过提供休闲住宿外的其他服务增强自身吸引力。这些特征为康养民宿的转型发展奠定了一定的基础。

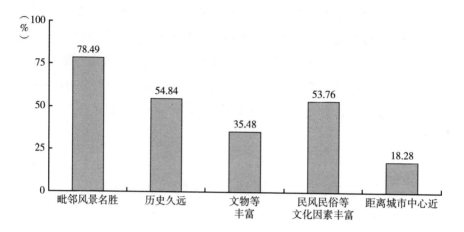

图1 晋城市民宿选址与分布特征（2020 年）

资料来源：晋城市全域民宿问卷调研，下同。

通过对民宿持有的经营证照的比较可以发现：提供餐饮的民宿相较于提供住宿的民宿多出 39.78 个百分点，超过 1 倍多（见图 2）。这表明晋城市全域内的民宿在 2020 年之前主要是以提供餐饮为特征的"农家乐"，其附加值开发及业态提升存在较大的成长空间。

在对物业的持有和经营主体的调研上（如图 3、图 4），综合比较后可以看到，在 2020 年晋城全域的民宿还是以农户个体根据自身农家院落进行独立经营的特征为主。

在对民宿的具体经营管理者的调查中（如图 4 所示），除自主经营外，专业的民宿运营公司和旅游公司已经开始参与到晋城市境内民宿的实际经营管理中。整合地方乡村的民宿资源，提供更加规范的接待配套服务，已经在部分村镇开始了试点。在实地调研过程中，这类民宿主要集中分布在皇城相府、炎帝陵、大阳古镇等全域内重点旅游景点周边，对留住游客、为其提供更深入的休闲体验进行了尝试，并取得了可观的经营回报。

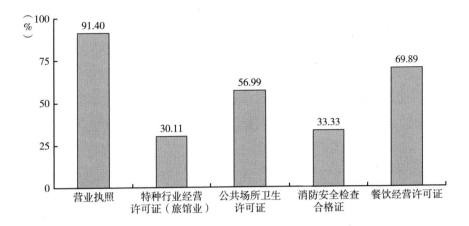

图2 晋城市民宿经营证照持有情况（2020年）

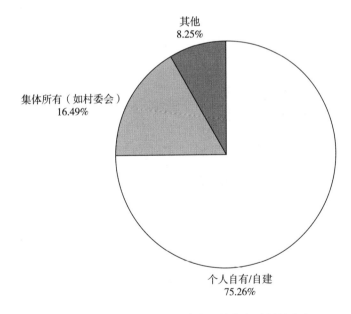

图3 晋城市民宿房屋物业持有属性分布（2020年）

　　在对民宿入住客人来源的调查中（如图5所示），晋城市民宿的主要客源来自于本地及周边。这与晋城市的地理位置和交通能力不无关系。晋城在地理方位上，位于黄土高原向华北平原过渡的地区，境内太行山与王屋山和

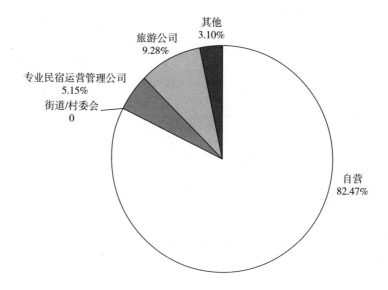

图 4　晋城市民宿经营管理主体分布（2020 年）

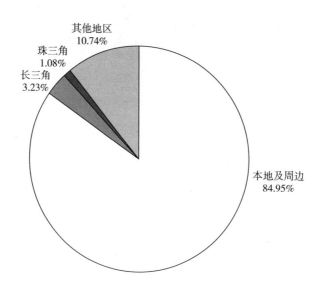

图 5　晋城市民宿客源分布（2020 年）

河南交界。与中原地区各城市呈现出不同的生态和气候特征，气候温和宜人，自古以来就是中原民众的休闲避暑胜地。晋城市境内虽然自然生态和历史文化资源丰富，但长期以来客运能力薄弱限制了地方文化旅游产业的发展。2020年底晋城东站高铁站的运营通车和未来晋城市太行山机场的建设，将有望给晋城文化旅游产业的发展提供巨大的推动力。

在面向提供住宿的民宿拓展服务的调研中，不到13%的民宿提供与康养相关的活动策划。民宿经营的拓展服务主要集中在餐饮和地方土特产礼品销售等传统旅游产品与服务上，民宿经营者与康养产业发展结合度有待提高（见图6）。

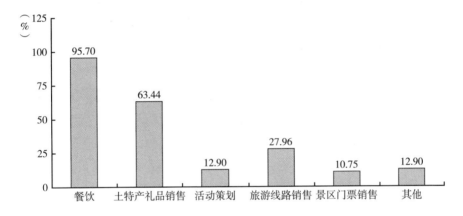

图6　晋城市民宿拓展服务状态（2020年）

在今天，互联网是加速产业发展与产业融合的重要工具和路径。然而，实际调查结果却显示，晋城地区民宿对于互联网的应用还处于比较低的水平。仅有1/2的民宿通过微信公众号和抖音进行服务宣传与营销；接近1/5的民宿没有任何自媒体动作，坐等游客上门（见图7）。综合考虑当地民宿在互联网上的营销能力和推文频次，民宿在获客方面的低互联网化，必将极大地影响当地民宿产业的蓬勃发展。支持和服务好地方民宿充分利用互联网自媒体平台和工具、加强宣传营销，将有助于地方整体文旅市场的服务传递和体验价值感知，是地方在民宿经营服务中的重要内容之一。

在对地方民宿使用的互联网销售渠道的调研中可以看到，在使用在线销售平台（OTA）提供客房的预定和销售方面，晋城市的民宿经营者还处于

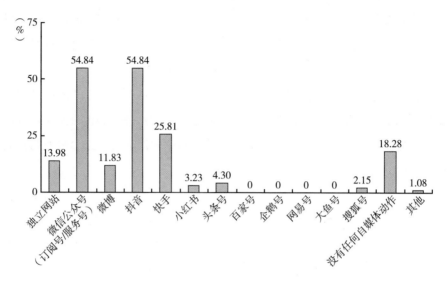

图 7　晋城市康养民宿互联网营销使用情况（2020 年）

相对被动的状态。携程成为使用率相对最高的平台，美团（大众点评）紧随其后。作为国内以民宿在线交易为主营业务的途家的使用占比不足 1/4（见图 8）。

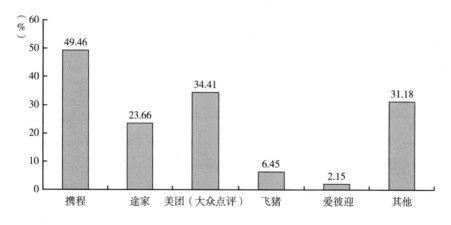

图 8　晋城市康养民宿对 OTA 的应用情况（2020 年）

从"黑色经济"转型到"绿色经济"是一个渐进发展的过程。历史上长期以来对煤铁资源开采的依赖，使得晋城市整体的执政管理处于以资源为导向的相对宏观和粗放的状态。然而，文旅康养产业的发展要求能吸引游客、留住游客、感动游客，侧重于以人、以游客为导向的精细化、现代化的管理方式，这要建立在地方政府管理思路彻底转型创新的基础之上。发展乡村旅游，有利于推动美丽乡村建设，保护和提升乡村生态及人居环境。伴随着游客在旅游和康养中对个性化、特色化、原生态等方面的追求不断提高，村庄院落在文化价值和功能价值等方面的独特性受到高度关注，"千村一面"的问题被高度重视。在晋城市布局康养产业和推动文旅康养产业融合的背景下，山西省和晋城市两级政府高屋建瓴的科学规划与引导对民宿产业的发展具有决定性作用。

（二）从"太行人家"到"百村百院"

2018 年 6 月，山西省人民政府办公厅印发《关于印发山西省黄河、长城、太行三大板块旅游发展总体规划的通知》（晋政办发〔2018〕58 号），并就规划、组织、实施等方面要求各地各部门全力塑造黄河、长城、太行三大旅游新品牌。

2019 年 4 月，根据山西省旅游发展大会的安排，为结合提升乡村旅游发展模式，加快乡村旅游规模化和标准化的步伐，发挥乡村旅游示范村的引领作用，促进全省乡村振兴，在山西省市场监督管理局的指导下，山西省文化和旅游厅、山西省旅游标准化技术委员会指定山西省文化和旅游培训中心在充分调研的基础上，起草了《黄河人家、长城人家、太行人家基本要求与评价》地方标准。《黄河人家、长城人家、太行人家基本要求与评价》地方标准是山西省委、省政府关于大力推进康养产业发展的具体行动，也是晋城市大力发展康养民宿的重要规范性文件。该标准于 2019 年 6 月 20 日在全省乡村旅游示范村命名暨推进大会上进行了发布。该标准的起草注重将传统村落、人居环境示范村、旅游扶贫示范村的基本条件纳入评价体系中，体现相关工作的协调性和互补性，目的在于带动全省乡村旅游提质升级。

太行人家以晋东南地区（即晋城市所在地区）太行山水、红色文化资源、革命故事、民俗文化、地方非遗、地理标志产品为主要吸引物，从环

境、公共设施、服务要求、住宿要求、餐饮要求、特色文化、综合管理及评价等方面进行了规范。

2020年9月，2020中国·山西（晋城）康养产业发展大会的举办，令晋城市委、市政府更加明确加速推进文旅康养产业融合是地方经济转型发展的不二选择。在全力塑造"太行人家"旅游品牌的工作方向下，晋城市提出"百村百院"工程：首批建设100个康养特色村，打造一批休闲度假、康复疗养、避暑度夏、养身养心的康养特色主题村落和高品质康养民宿，培育形成规划更加合理、发展更加有序、产品更加丰富、特色更加鲜明、服务更加规范、市场体系更加健全的康养产业集群，在全国叫响擦亮"宜居、宜养、宜游，晋善、晋美、晋城"的康养品牌。"百村百院"工程遵照如下四项建设原则。

1. 统一规划，统筹布局

在符合省及市县总体规划的前提下，制定并实施《晋城市"十四五"文化旅游康养产业发展规划》《晋城市康养特色村庄发展规划》，选择一批自然生态良好、文化底蕴深厚、基础设施相对完善、具备一定发展潜力和发展基础的村庄率先发展康养特色村和高品质康养民宿。制定实施地方标准《太行人家康养村落建设服务与规范》，市级进行总体规划编制，聘请中规院文旅所进行设计抓总。各县（市、区）因县、因村、因院制宜进行设计，确保统一规划、统筹布局、统一标准，分级设计、分级实施。

2. 主题突出，特色导向

根据区域特点、资源禀赋，明确各康养特色村发展及功能定位、空间布局，打造"一村一特""一村一品""一户一景"不同类型的康养村落和康养民宿，提高产品的吸引力和竞争力。避免千村一面、千户一面，低水平重复建设。

3. 开放合作，成果共享

引进品牌企业、知名平台公司、专业化团队参与康养特色村和高品质康养民宿开发建设与经营管理，探索发展以内涵提升、空间活化、多元休闲、精细管理为主的新业态新模式，实现主客共享、发展成果惠及各方。

4.政府引导，市场主导

强化政府在统筹布局、政策扶持、公共服务、规范管理、环境营造等方面的作用，发挥村集体经济组织作用，强化市场在资源配置中的决定性作用，引导和支持由村集体经济组织统筹，农户和社会资本参与的经营建设，努力打造政府引导、市场主导、全社会参与的康养特色村和高品质康养民宿集群发展格局。

经各县（市、区）康养特色村建设工作小组申报，市康养特色村建设工作领导小组审核，晋城市确定的"百村百院"重点康养特色村（28个）名单如表1所示。

表1　晋城市"百村百院"重点康养特色村分布

区县	数量	重点康养特色村
城区	2	洞头村五村联建（洞头、东武匠、西武匠、小白水、寺底）、翟河底村
泽州县	6	大张村、小张村、东庄村、南寨村、土岭村、贺坡村
高平市	6	苏庄村、良户村、南河村、果则沟村、沟北村、秦庄村
阳城县	4	中庄村、李圪塔村、横河村、押水村
陵川县	7	丈河村、浙水村、松庙村、马圈村、高老庄村、里进掌村
沁水县	4	杏则村、下沃泉村、南阳村、冯村村

资料来源：晋城市文旅局。

（三）"百村百院"打牢康养民宿建设基础

晋城市康养民宿发展的起点是"百村百院"工程，目标是成为"全国康养旅游目的地"。良好的开端是成功的一半，为顺利推进"百村百院"项目的落地，晋城市委、市政府制定并提供了一系列政策保障。

1.组织保障

建立市、县、乡（镇）三级工作机制。市级层面成立康养特色村建设工作领导小组，领导小组办公室设在市文化和旅游局，负责宏观指导、统一规划、统筹布局和政策引导，对康养特色村规划、建设和运营管理过程中涉及的全局性、政策性问题进行协调。县级成立康养特色村建设工作小组，负

责拟订康养特色村建设设计方案，制定实施细则，完善和细化各类政策，强化完善村落基础设施建设。各乡镇政府明确相应机构，配备人员，落实好管辖区域内康养特色村的审核申报、日常服务及属地监管责任。

2. 资金支持

坚持政府引导、市场主导、社会参与，多元化投资。"百村百院"工程总投资约 50 亿元，其中大型国企 20 亿元、国外资本 1 亿元、社会资本 10 亿元、市国有资本投资运营有限公司投入资本 10 亿元、农村合作社 9 亿元左右，通过直接投资方式进行建设、运营、管理。

3. 标准引导

制定《太行人家康养村落建设与服务规范》等地方标准，引导康养特色村及高品质康养民宿主题化、专业化、特色化、品牌化发展。

4. 人才培养

开展康养运营管理服务人员专题培训，不断提升从业人员的岗位技能和服务水平。加大人才引进政策扶持力度，支持外出务工农民、高校毕业生等回乡进行创业，培养一支懂经营、善管理、高素质的专业骨干队伍，为康养特色村和高品质康养民宿持续健康发展提供人才保障。

5. 统一运营

由晋城市国有资本投资运营有限公司出资注册成立"太行人家有限公司"，选聘专业运营团队，打造标准化运营平台，实行统一运营，形成"百村百院"的整体运营模式。

6. 环境营造

进一步解放思想、转变观念，推动规划对接、政策联动、资源共享、简政放权，充分发挥"一颗印章管审批""承诺制无审批管理"优势，简化流程，强化协同配合、提高行政效能，营造一流营商环境和投资服务。

在地方政府的支持和推进下，康养示范村镇建设已经在硬件环境改造方面取得了巨大的进展：旧屋老宅得到修葺利用，村容村貌得到美化改善，卫生设施得到完善加强，民宿与景区进一步融合相得益彰。到 2021 年 5 月 1 日，晋城市"百村百院"首批 20 个重点村、50 个特色院落基本建成并对外营业。"百村百院"项目的推进，以村庄和农舍的基础建设为抓手，为康养民宿的建设和地方文旅康养产业的发展打牢了坚实的基础。

三 文旅康养产业发展路径下的晋城民宿

在地方经济发展转型上"蹚出一条新路"是晋城的历史使命。站在文旅康养产业融合发展路径的视角，系统审视康养民宿的建设和运营才能够将晋城经验打造成为中国康养民宿的"晋城样板"。

（一）文旅康养产业融合发展矩阵

文旅产业发展和康养产业发展对环境资源拥有相似的条件需求。在"健康中国"、"文旅融合"及"大力发展内向型经济"等国家战略背景下，康养产业为文旅融合的深化发展与创新提供了一个具体情境。在我国传统文化基因中，"养生""养心""养性"融为一体，怡情怡心的自然和文化资源是康养服务不可或缺的基本保障。有利于身心健康的自然生态环境和人文精神传承更是构成优质康养产品与服务的重要组成部分。反过来，卓越的康养产品与服务的提供，能够为地方带来更大吸引力的区域竞争优势。

文旅产业的发展是伴随着我国整体经济发展而不断成长的。随着国内居民可支配收入的持续提升，在文旅方面的消费能力和诉求也得到持续发展。文旅产业从定向景区的组团观光游（文旅1.0）到商旅自由行（文旅2.0），再到深入体验式旅居（文旅3.0），充分体现出人们在休闲旅游中对于文化价值的重视程度的提升。虽然地方文旅产业的发展阶段与地方文化价值并不是同一概念，却同地方文化价值的挖掘、包装与宣传以及服务传递质量等综合因素呈现线性相关。民宿正是丰富地方方位价值深入体验的一种服务产业形态，其经营状态与盈利能力可看作地方文旅产业发展阶段的晴雨表。

地方康养产业的发展更是可以根据服务的目标客户的广度和康养服务的专业门槛，从简到难划分为三个不同的层级：面向健康人群的身心保养型

（通过健康运动、休息睡眠以及其他心理与精神方面的康养行为提升身心健康状态。康养产品主要集中于：体育、健身、休闲、旅游以及文化教育和影视等方面）、面向亚健康人群的慢病疗养型（对应的康养产品集中在健康检测、疾病防治、保健等）、面向临床病患的康复医养型（对应的康养产品主要集中在专病的诊疗与术后医护）。

从文旅价值和康养价值两个维度，可以快速建立起文旅康养产业融合发展的分布矩阵，如图9所示。

知名休闲旅游目的地	知名康养旅游目的地	知名医疗康养理想目的地
区域性休闲度假地	区域性健康疗养目的地	临床康复保障型目的地
不推荐旅行的地区	短期康养理疗目的地	医疗功能性发展地区

（纵轴：文旅价值，从低到高；横轴：康养价值，从低到高）

图9　文旅与康养产业融合发展矩阵

文旅产业与康养产业的融合发展建立在地方对文旅价值和康养价值的挖掘建设基础之上。晋城市虽然具有大量优质的文旅资源，但是文旅产品缺乏深度的开发和宣传，一些世界级的资源仍处于低效利用的状态。文旅价值当前还处于中等水平，未达到极高的状态。

在康养价值提供方面，"十三五"以后，晋城市加强健全各类医疗服务体系。全市五所县级公立中医医院全部为二级甲等中医医院，84个基层医疗机构提供中医服务100%全覆盖，中医特色乡镇卫生院建设达到98.8%。

中医药文化背景下的康养产业和中医药文化旅游事业蓬勃发展。然而，晋城市全域范围内仅有晋城市人民医院、晋城大医院和晋城市妇幼保健医院三所三甲医院，整体医疗资源和医疗水平相对落后。地方缺乏提供较高层次康养价值的、开放的康养机构。康养民宿的建设处于起步阶段，康养类产品和服务尚在规划和建设阶段。为此，晋城在文旅与康养产业融合发展矩阵中，目前尚处于"区域性休闲度假地"向"知名康养旅游目的地"努力过渡的阶段。

《中共晋城市委关于制定国民经济和社会发展第十四个五年规划和二〇三五年远景目标的建议》中明确提出"全国康养旅游的'目的地'"的目标：依托得天独厚的气候、古建、生态、文化等优势，形成业态跨界融合、集群效应显现，以养心、养身、养性、养神、养老、养成为主题的"太行人家"品牌全系列康养产业，打造全龄化、全时段、全生态的国内知名康养旅游胜地。围绕创建国家全域旅游示范区的目标，以文化为引领、古堡申遗为支撑、康养产业为着力点，构建"一核、两环、两带、六片、多点、全域"的产业发展格局。加快推进王莽岭国家5A级旅游景区和皇城相府国家级旅游度假区创建工程。推动古堡文物密集区试点改革进一步深化，扎实推进古堡申遗，创建省级和国家级文物保护利用示范区。加大传统古村落和历史文化名村的开发与保护。坚持特色化、市场化、生态化、品牌化"四化"同步，以"太行人家"为统一品牌，高标准打造"百村百院"康养特色村和特色院落及白马寺山大健康产业园，培育覆盖全季节、全年龄的康养产业体系。持续举办全国康养产业发展大会，打造全国康养的标杆。

从晋城市政府所采取的一系列行动，可以比较清晰地看到，地方政府在推动文化旅游和康养产业融合发展方面，首先从"文旅价值"的提升上发力。发展为"全国知名康养旅游目的地"并不是文旅与康养产业融合发展的终极目标，在全国文旅康养城市的竞争角逐中，晋城市需要持续提高本地在生态环境、文化基础、民生幸福、医疗水平、产业融合、康养政策等多个维度的表现。康养价值的提升需要民间力量的介入，其

中民宿经营者通过开发和提供更多优质的康养产品和服务影响地方整体的康养指数。

（二）全国文旅康养城市比较

在全国文旅康养城市的整体分布上，有很多地市在康养城市建设方面的经验值得晋城市学习借鉴。四川的雅安、攀枝花，湖北的宜昌、陕西的安康和河北的秦皇岛等地市都有很多可圈可点之处。它们与山西晋城一样，都拥有得天独厚的自然、生态及气候资源，共同处于文旅与康养产业融合发展矩阵的中间偏左的位置。其中，同作为内陆城市的攀枝花市，在康养城市建设方面做出了很多创新和尝试，值得晋城市在地方康养产业建设的过程中吸收借鉴。

网上数据显示，2012~2017年，攀枝花市每年接待游客总量从852.57万人次增加至2317.09万人次，旅游总收入从66.85亿元增加至279.31亿元。攀枝花市已初步构建起全方位、多层次、高品质的"年轻人养身、中年人养心、老年人养老"的康养基地，"阳光花城·康养胜地"的城市品牌知名度、影响力不断提升。近年来，攀枝花成功创建国家森林城市、国家园林城市，成为首批国家医养结合试点城市、四川省首个养生旅游示范基地，被纳入中国大香格里拉旅游推广联盟、中国自驾游目的地试点城市，入选全国呼吸环境十佳城市、全国十大避寒名城等，成功打响"阳光花城·康养胜地"城市新品牌。

耀眼成绩的获得离不开攀枝花市在康养产业的深入耕耘。攀枝花市通过五个"康养+"（农业、工业、医疗、旅游、运动）串起产业融合发展链，不断丰富产业的内涵和外延。攀枝花市坚持全力抓项目、抓政策、抓资金，力促"康养+"产业活力得到不断释放。攀枝花市已培育出适合不同阶层、不同年龄段群体的康养业态，构建起全方位、多层次、高品质的"运动蔬果养身基地、生态美景养心基地、阳光医疗养老基地"。2017年1月，攀枝花"大力发展阳光康养产业，加快城市转型升级步伐"入选"2016四川十大改革转型发展案例"，引起广泛关注。

攀枝花市"全方位建设康养产业，形成合力"的经验值得借鉴。晋城市在康养建设方面刚刚起步，在康养产业发展方面的政策、资源和保障需要山西省及晋城市两级政府高度重视。例如，地方对于康养专业人才的培养和储备是提升康养产业发展潜力的巨大前提，也是康养民宿运营保障的需要。

与攀枝花不同的是，晋城市在人文旅游的资源方面具备更显著的优势，政府在产业融合创新发展的方向上，不仅要提升晋城市在文旅资源方面的优势，还要通过不断的迭代升级促进地方康养价值的持续提升。

（三）在融合创新的基础上迭代升级

"百村百院"工程仅是晋城市在文旅康养产业融合发展过程中迈出的第一步。康养民宿是晋城市在建设康养城市，落实经济转型过程中的重要支点，也是促进文旅产业与康养产业协同发展的载体。在乡村振兴的战略背景下，晋城市在康养民宿方面的实践是全面深化提升地方文化旅游硬件环境与服务品牌的关键举措。

在康养民宿的经营方面，要警惕民宿经营的地产化，应将重点放在康养产品与服务的打造方面。在大力发展地方康养民宿的过程中，要关注土地资源的保护和利用开发之间的矛盾，坚持乡村现有资源的充分利用。

康养品牌的建设是建立在地方整体康养产品和价值提供的能力建设基础之上的。加大提升地方文旅价值的挖掘与宣传并不能替代地方康养产业能力的构建。晋城市在推动本地康养产业建设的过程中，可以借助康养民宿的创新经营与发展，持续探索"民宿＋康养"的实际需求，并在政策、机制、人才等多个方面为康养民宿的经营提供支持保障。

从康养产业的需求与供给分析：一方面，晋城市作为永久性会址每年举办"中国·山西（晋城）康养产业发展大会"是树立行业地位、培育产业交易博览平台的重大举措。在此基础上，应进一步引发康养市场需求，引导康养市场需求向晋城市域加速流动，从面向当地和中原地区发展到面向全国提供文旅康养服务。另一方面，晋城市应大力培育康养产业供给侧，使资本、技术和人才等要素逐步形成强大的康养合力。出台相关政策，大力引进和培育森林康养、康养农业、智慧康养、中西医服务与康复治疗、康养制造业、文旅运动康养等相关产业。

参考文献

张志川：《中共晋城市委常委会工作报告》，2021年2月7日。

工震：《晋城市政府工作报告》，2021年2月23日。

曾真、向澍：《康养旅游城市的内涵解析与规划建议》，《城乡规划》（城市地理学术版）2017年第4期。

赵彪、周成、刘彬：《资源型城市转型视角下晋城市融入中原经济区问题研究》，《山西高等学校社会科学学报》2020年第6期。

贾梦璐：《山西晋城生态文明建设研究》，山西大学硕士学位论文，2016。

郭仰博：《〈黄河人家、长城人家、太行人家基本要求与评价〉标准解读》，《大众标准化》2019年第6期。

孟香香、刘德亚、刘娇：《文旅4.0时代休闲康养与文化旅游产业融合发展路径探析》，《职大学报》2020年第4期。

B.4
江苏省旅游民宿发展环境
与现状调研

王 晨　马会会*

摘　要：　受新冠肺炎疫情影响，江苏省文旅企业普遍经营困难，部分
企业遭受重创，许多旅游景区在没有营业收入的情况下，还
要承担人工成本和前期投入损失；在江苏，40%以上的星级
饭店都不能正常营业，处于半停业状态的饭店达到了45%；
部分旅行社既要面对退团退款压力，又要解决无法追索预
（垫）付款的问题。本文针对2020年新冠肺炎疫情下江苏省
民宿发展所面临的特殊状况展开调研，从省内旅游业发展概
况、政策措施、基础设施、运营策划等多方面分析民宿产业
的发展环境；并以正在经营中的旅游民宿为研究对象，围绕
其发展基础、发展现状、发展特色等问题展开讨论，并归纳
出其阶段特点与主要问题。

关键词：　旅游民宿　民宿产业　江苏省

一　江苏省旅游产业发展概况

（一）疫情前江苏省旅游产业接待人数与旅游收入稳中有升

江苏省是我国旅游大省，其在经济、文化、科技以及对外开放中，于我

---

* 王晨，博士，南京艺术学院教授，研究方向为文化资源学、文化产业；马会会，南京艺术学
院学生，研究方向为文化产业研究。

国所有省份中都位居前列。近年来,江苏省旅游业总收入呈不断上升趋势,以 2019 年数据为例,旅游业总收入为 14321.6 亿元,上升 8.1%。在这一年中,共服务 8.8 亿人次游客,上升 7.6%。国内旅游收入达到 13902 亿元,上升 8.2%,占旅游总收入的 97.07%。入境过夜游客数有所下降,为 399.5 万人次,降低 0.3%。其在旅游外汇上的收入达到 47.4 亿美元,上升 2%。①在景区旅游板块,2019 年江苏省 5A 和 4A 级景区服务游客人数为 64271.7 万人次,上升 4.5%。对旅游景区评级是中国旅游资源标准化管理的重要手段,较为突出的南京市、苏州市表现出成熟的旅游管理水平,全年接待游客人数分别是 12868.49 万人次、10462.54 万人次,同比增长分别是 9.9%、4.5%(见表1)②。

表 1　2019 年江苏省各市 5A、4A 级景区接待情况

城　市	人数(万人次)	同比(%)
全　省	64271.71	4.5
南　京	12868.49	9.9
无　锡	9558.84	1.6
徐　州	5436.13	0.6
常　州	7557.94	5.0
苏　州	10462.54	4.5
南　通	2253.18	8.5
连云港	2075.05	5.4
淮　安	1789.99	0.7
盐　城	2916.17	1.1
扬　州	4400.23	4.5
镇　江	2398.12	-2.3
泰　州	1572.77	1.6
宿　迁	982.26	4.6

资料来源:江苏省文化和旅游厅。

① 《2019 年江苏省国民经济和社会发展统计公报》,http://tj.jiangsu.gov.cn/art/2020/3/3/art_4031_8993801.html,最后检索时间:2021 年 3 月 18 日。
② 《2019 年江苏省旅游发展现状及发展优劣势分析》,https://www.chyxx.com/industry/202007/886227.html,最后检索时间:2021 年 3 月 18 日。

"十三五"时期,江苏省旅游文化版块发展出自身特色:把目光投向乡村、帮助乡村发展。这期间,江苏省乡村旅游兴盛,接待游客数量每年平均上升16%,年总收入平均上升11%。不同等级的乡村景区达到686个①,一些乡村民宿品牌逐渐进入大众视野。在江苏,国家级乡村景点达到39家,省级乡村旅游重点村36家,省文旅厅推荐江苏乡村旅游精品线路50条。②新冠肺炎疫情发生后,省级文化单位和财政单位都积极推出优惠政策,给予1650万元的资金支持,定点帮助重点乡村缓解困难,推动其乡村旅游能够首先实现恢复。至2020年10月底,江苏省各地陆续推出100多项特色乡村旅游系列活动。

(二)疫情期间江苏出台多项措施助力旅游业复苏

受新冠肺炎疫情影响,江苏省文旅企业经营普遍遭遇困难,部分细分行业遭受重创,许多旅游景区不仅没有营业收入,在此基础上还要承担人工成本和前期投入损失;在江苏,40%以上的星级饭店都不能正常营业,处于半停业状态的饭店达到了45%;部分旅行社既要面对退团退款压力,又要解决无法追索预(垫)付款的问题。

江苏省文化与旅游体系,在新冠肺炎疫情背景下,有效创建防控疫情机制。在经过一系列研究基础上,江苏省文化与旅游体系给予文化产业帮助,提供更多的线上旅游文化平台,出台"文艺强军"方案,增强文化旅游消费。《关于暂退部分旅游服务质量保证金支持旅行社应对经营困难的通知》出台,根据有关数据,江苏省暂时退掉保证金达7亿多元。《关于支持文旅企业应对疫情防控期间经营困难的若干措施》提到在省级文化以及用于旅游发展的专有资金中,抽出1亿元,帮助旅游业缓解困难,尤其对文旅企业给予辅助;针对2019年旅游公司的经营规模,结合

① 《我省乡村旅游接待人数年均增长16%》,http://www.jiangsu.gov.cn/art/2020/10/8/art_60095_9529259.html,最后检索时间:2021年3月18日。
② 《江苏省乡村旅游节:文旅融合助推乡村振兴发展》,https://new.qq.com/rain/a/20200926A0E3FY00,最后检索时间:2021年3月18日。

其贡献程度，再依据其信誉度等，将 2020 年的旅行企业奖的补助资金提早发放；对申报 A 级旅游景区或重点乡村旅游单位的企业给予更多优惠帮扶，不仅给予项目资金支持，还给予贷款贴息。

疫情冲击倒逼旅游业洗牌，政府的一系列措施取得了较好效果。2020 年 5 月 1～5 日，江苏共服务游客 806.15 万人次，同 2019 年相比，恢复了 37.6%，旅游收入达 47.66 亿元，同 2019 年相比，恢复了 26.3%。① 而在十一黄金周假期时间，江苏服务游客 4663.07 万人次，同 2019 年十一黄金周相比，恢复了 81.95%，旅游收入达 512.55 亿元，同 2019 年十一黄金周相比，恢复了 71.04%。② 盐城市在服务游客数量上较多，达到 420.94 万人次，同 2019 年十一黄金周相比，恢复了 85.8%，实现旅游收入 2.36 亿元，上升 45.1%，其中门票收入 7184.98 万元，上升 20.89%，市场秩序良好。③ 常州市金坛区共接待游客 61.08 万人次，和 2019 年十一黄金周相比，上升 12.46%，营业收入共计 7995.25 万元，上升 4.54%。④ 南京服务了 967.3 万人次的游客，以 1～7 日的数量计算，同比恢复率达到了 82.2%，比全国高出 3.2 个百分点；实现旅游收入 93.4 亿元，同比恢复率为 77.9%，比全国高出 8 个百分点。⑤ 不管是 2018 年，还是 2019 年，在我国各省的十一旅游收入中，江苏都居第一位。2018 年收入 578.62 亿元，2019 年收入更高，达到了 631.27 亿元。自 2020 年 3 月以来，江苏省 5A、4A 级景区接待人数也基本稳步上升（见表 2）。

---

① 《疫情防控下我省假日消费展现别样风采》，http：//www.jiangsu.gov.cn/art/2020/5/6/art_ 76928_ 9068749.html，最后检索时间：2021 年 3 月 18 日。

② http：//www.js.xinhuanet.com/2020－10/12/c_ 1126593268.htm，最后检索时间：2021 年 3 月 18 日。

③ 《盐城 19 家重点景区　长假期间迎客 420.94 万人次》，http：//epaper.yzwb.net/pc/con/ 202010/10/content_ 835066.html，最后检索时间：2021 年 3 月 18 日。

④ 《江苏省人民政府　交通出行　常州金坛区国庆中秋长假接待游客 61.08 万人次》，http：//www.njpk3z.cn/jichu/57526.html，最后检索时间：2021 年 3 月 18 日。

⑤ 《国庆长假，南京共接待国内外旅游者 967.3 万人次》，http：//app.myzaker.com/news/ article.php？pk＝5f7f17d31bc8e0797e0000c3，最后检索时间：2021 年 3 月 18 日。

表 2　江苏省 2019 年 7 月至 2020 年 7 月 5A、4A 级景区接待情况

单位：万人次

时间	人数	时间	人数
2019 年 7 月	4969.93	2020 年 2 月	168.14
2019 年 8 月	5460.12	2020 年 3 月	1078.96
2019 年 9 月	5018.18	2020 年 4 月	2094.97
2019 年 10 月	7837.58	2020 年 5 月	2663.26
2019 年 11 月	4716.25	2020 年 6 月	2463.69
2019 年 12 月	4138.43	2020 年 7 月	2787.47
2020 年 1 月	1916.33		

资料来源：江苏省文化和旅游厅。

二　江苏省旅游民宿产业发展概况

（一）旅游民宿发展基础

1. 从旅游资源来看

就旅游资源而言，江苏有 615 家 A 级旅游景区，包含 23 家 5A 级，204 家 4A 级（见表 3）。以上景区早已开发完善，有着良好的公共基础设施，服务比较完备，于其所在地区中，不论是辐射能力还是影响力，都占据重要位置。因此，不少投资人将民宿创建在此。

近几年，江苏发展了一批优良项目，创建风情小镇、指引创建乡村旅游品牌等谋求集聚化发展，这为江苏发展乡村旅游民宿铺下了垫脚石。直至 2018 年末，江苏创建了 39 所中国乡村旅游模范点，开发了 40 个模范户，评选确认了 43 个具有中国特色的旅游名镇。[①] 此外，江苏还拥有 1 家优秀国际乡村，5 家国家级以及 1 家省级乡村旅游创客示范点，2 家省乡村旅游综合实验点。超过三级的省乡村旅游景点就有 757 家。

---

① 过聚荣主编《中国旅游民宿发展报告（2019）》，社会科学文献出版社，2020，第 47～52 页。

表 3 江苏省 A 级旅游景区（点）分布情况

地　区	个数	5A	4A	3A	2A
江苏省	615	23	204	255	133
南京市	51	2	24	18	7
苏州市	53	6	34	13	0
无锡市	52	3	27	14	8
镇江市	35	2	7	12	14
常州市	32	3	10	11	8
扬州市	55	1	14	29	11
南通市	53	1	8	32	12
泰州市	45	1	10	19	15
盐城市	54	1	16	24	13
宿迁市	47	0	9	26	12
连云港市	39	1	10	19	9
淮安市	35	1	16	9	9
徐州市	64	1	19	29	15

资料来源：江苏省文化和旅游厅。

江苏省创建了一大批乡村旅游集聚区，像苏州的吴中区、六合竹镇等。2019 年南京市江宁区、秦淮区和徐州市贾汪区被评为首批国家全域旅游示范区，6 家单位获评首批省级全域旅游示范点。2020 年 7 月 9 日，《关于公示第二批全国乡村旅游重点村名单的公告》出台，江苏共有 26 个村入选（见表4）①，位居全国第二。乡村旅游重点村和文旅发展方向一致，并且其资源已经开发得较为完善，产品也有着较高的水平，能够起到极好的带头效果。

---

① 中华人民共和国中央人民政府网站，http：//www. gov. cn/zhengce/zhengceku/2020－09/04/content_ 5540367. htm，最后检索日期：2021 年 3 月 18 日。

表4　江苏省第二批全国乡村旅游重点村名单

序号	名　　　称
1	南京市江宁区横溪街道石塘村
2	常州市溧阳市溧城镇礼诗圩村
3	泰州市姜堰区三水街道小杨村
4	镇江市句容市茅山镇丁庄村
5	苏州市高新区通安镇树山村
6	南通市如东县栟茶镇三园村
7	盐城市东台市五烈镇甘港村
8	徐州市铜山区汉王镇汉王村
9	泰州市兴化市千垛镇东罗村
10	常州市武进区雪堰镇城西回民村
11	连云港市连云区西连岛村
12	南京市溧水区白马镇李巷村
13	镇江市丹徒区江心洲生态农业园区五套村
14	徐州市铜山区柳泉镇北村
15	南京市高淳区东坝街道三条垄田园慢村
16	无锡市滨湖区马山街道群丰社区
17	无锡市江阴市华士镇华西新市村
18	常州市溧阳市南渡镇庆丰村
19	南通市如皋市城北街道平园池村
20	连云港市灌云县伊山镇川星村
21	徐州市睢宁县姚集镇高党村
22	无锡市宜兴市西渚镇白塔村
23	盐城市盐都区郭猛镇杨侍村
24	淮安市金湖县前锋镇白马湖村
25	南京市江宁区谷里街道双塘社区大塘金村
26	徐州市贾汪区茱萸山街道磨石塘村

资料来源：文化和旅游部网站。

2. 从交通可进入性来看

江苏的公路设施较为完善，总里程为15.9万千米，三大公路网均衡分布，10万人口可以在半小时内进入高速公路。临县之间有一级公路相连，县和乡镇之间有二级公路相通，且乡镇和建制村之间有三级公路相

连。江苏有着完备的当代综合交通系统。徐宿淮盐铁路早已通车，连淮铁路也早已完工。苏北的五大城市高铁遍布。此外，南沿江城际铁路在建设中，盐通以及连徐高铁也即将完工开通。一些过江通道，像常泰等，也即将投入建设，沪通长江大桥早已和峰山长江大桥实现了合龙。南京禄口以及苏南的硕放机场也在进一步扩建之中。2020 年，江苏省全部区市间两个半小时就能铁路通达。据估测，至 2025 年，高快速铁路网将全面覆盖整个江苏。

现代农业和乡村旅游发展迅猛，在此基础上，江苏开辟了一种新型模式，即农村公路搭配旅游、搭配电商。截至 2020 年 10 月，江苏建设了 14.2 万千米的农村公路，密度非常之大。同全国相比，其农村高于中二级的公路居第一位。村镇公交配套道路不断完善，公路也遍布于田园乡村中。在江苏，超过一千个镇村实现了公交畅通，开通率已高于 95%。一年下来，服务的人口已多于 1 亿人次。快递可以到达全部乡镇，"村邮站"在全部行政村中可见。①

为了让沪苏浙皖联系更紧密，孵化符合现代消费者需要，特别是满足疫情防控常态化下人们出游需求变化的产品，江苏省文化和旅游厅与上海、浙江以及安徽的文化旅游行政部门一起，在高效的高铁支持下，依托各种资源配套，计划建设六十条长三角"高铁＋"旅游路线，并开发六条长三角"高铁＋"跨越省份的主题旅行路线，同时启动长三角"高铁＋"自由行。通过"高铁＋门票"方便高效的路线，游客可以领略世界级的自然文化，可以踏足国家 5A 级的风景点，可以欣赏国家级别的度假区，可以参观文化博物馆。通过"高铁＋酒店"的模式，游客可以在文化底蕴深厚的度假酒店休闲，可以在主题鲜明的度假村游玩，也可以在特色民宿中享受别样的宁静。

3. 从政策导向、发展环境方面来看

近年来，江苏文旅系统一直秉持着新发展观念，坚持把人民放在重要位置，把目光放在高水平的发展上，进行融合，打造高品质的生活，实行高效

---

① 资料来源：江苏省人民政府网站，http://www.jiangsu.gov.cn/art/2020/10/7/art_63909_9530802.html，最后检索时间：2021 年 3 月 18 日。

治理。江苏省在推动乡村旅游发展的道路上，稳扎稳打，积极发展乡村民宿。2019 年，江苏的乡村旅游获得了 1000 亿元以上的收入。目前，江苏国家级的乡村旅游重点村有 39 家，省级的有 36 家。

站在宏观角度，以乡村旅游和乡村振兴为出发点，江苏省积极发展乡村旅游，和脱贫攻坚紧密联系，并结合乡村振兴战略，整体推动乡村旅游发展。一是加强顶层设计。江苏出台了乡村旅游三年计划，由其政府办公厅颁布。同时，政府办公厅与省发改委及其他 14 个单位颁布了《江苏省乡村旅游发展指引（2018－2020)》。二是对项目发展给予辅助。从省出发，给予财政补助，发放基金给予支持，并实行融资担保。几项举措推动乡村旅游发展的完善，为其加油助威，使其有更强劲的发展势头和动力。自 2016 年，江苏省文化旅游体系一直致力于乡村旅游的升级，注重乡村旅游产品的开发，不断完善公共服务，打造有自身特点的品牌，并培养专业人才。于"十三五"时期，省级财政单位给予了 2 亿元的专项资金，并同时给予了 8 亿元的低利息贷款。此外，农业银行江苏分行也发放了 100 亿元的信用额度，以此扶持乡村旅游。在风情小镇的创建过程中，省级财政单位给所有的创建单位每家 200 万元，用于其开发建设。江苏的乡村旅游不单是简单的农家乐，已逐渐发展为乡村度假以及旅居。此外，该省还致力于政策的创新。自 2020 年，在疫情防控的基础上，并结合文化旅游发展，先是颁布了"苏六条"，之后又出台了十二条举措来扶持文化旅游消费。其中，江苏省给予了 1650 万元，用以缓解疫情形式下的文化企业的困境。同时，开发了针对疫情之后的 30 条旅游路线，也推出了 50 条来自乡村的特色路线。经过数年的实际摸索，江苏不再是粗放的进行乡村旅游的开发，而是开始追求高品质、高质量。

从微观上来看，江苏省以旅游民宿为对象发布一系列针对性政策（见表 5）。针对民宿立法问题，《江苏省民宿业促进条例》被江苏省人民代表大会常务委员会视作重点调查研究项目，同时提出，省文旅厅在此项目中起重要引领作用。针对民宿发展难点问题，2019 年镇江市出台《关于提升全市乡村民宿发展水平的实施意见》，成立全省首家市级乡村民宿发展协调

表5　江苏省地方政府发布的民宿业法规一览

时间	发布单位	政策名称
2017 年 1 月 22 日	南京市人民政府办公厅	《关于促进乡村民宿业规范发展的实施办法》
2017 年 7 月 14 日	苏州市人民政府办公室	《关于促进苏州市乡村旅游民宿规范发展的指导意见》
2018 年 1 月 30 日	常熟市人民政府办公室	《关于促进常熟市旅游民宿业发展的实施意见》
2018 年 3 月 13 日	南京市栖霞区政府办公室	《关于促进栖霞区乡村民宿业规范发展的实施办法》
2018 年 9 月 10 日	苏州市旅游局	《苏州市乡村旅游民宿等级划分与评定办法(试行)》
2018 年 9 月 12 日	太仓市人民政府办公室	《太仓市关于促进旅游民宿发展实施办法》
2018 年 9 月 30 日	苏州市吴江区政府	《苏州市吴江区推进乡村民宿(农家乐)发展实施办法(试行)》
2019 年 1 月 10 日	昆山市人民政府办公室	《关于促进昆山市旅游民宿规范发展的实施细则(试行)》
2019 年 3 月 7 日	苏州市委办公室、市政府办公室	《关于加快发展共享农庄(乡村民宿)促进农文旅深度融合的实施意见》
2019 年 12 月 20 日	镇江市文化广电和旅游局	《乡村旅游特色村建设规范》
2019 年 12 月 20 日	镇江市文化广电和旅游局	《乡村旅游民宿建设与服务规范》
2020 年 2 月 26 日	镇江市人民政府	《镇江市人民政府办公室关于提升全市乡村民宿发展水平的实施意见》

资料来源：根据已有资料整理。

小组，着力解决乡村民宿中消防治安、环境卫生、食品安全、规范管理等痛点难点问题，形成上下联动、部门合力、农民参与的乡村民宿发展机制，充分实现"民宿在民、民宿利民"。不管是在用房，还是在有关的基础设施上，被南京江宁重点关注的民宿示范区均获得了更优惠的政策，乡村村民可以建设更高的房屋，房屋的空间也可更大，由此就有更大的容积率。宜兴市也积极推出有效政策，进行建筑房屋的完善，对重新进行翻盖抑或是修缮的建筑项目进行细致的规整，宅基地的面积较大，达 135 平方米，农民如果建筑楼房，可以盖三层。而湖父镇一直致力于民宿集聚区的发展，不断完善电气设施，进行污水治理，安装并修缮路灯，建设停车场以及公厕等。此外，该镇还实现了公交与重要地方之间网络的全面覆盖。

关于民宿财政补助，南京江宁创建了专项资金。如果民宿满足了要求，验收也完全合格，其就会获得每间民宿5000元的补贴。如果经营的民宿成为"南京智慧民宿服务平台"的一员，那么其经营者可获得5000元的奖金。此外，在该平台中，全年入住率较高，排在前十的民宿会得到6万元奖金。

新冠肺炎疫情暴发后，政府补贴力度持续增加。不管是省级的文化单位，还是财政单位都推出优惠政策。江苏省共给予1650万元的资金支持，定点帮助重点乡村缓解困难，推动其乡村旅游能够首先实现恢复。溧阳发布《关于支持企业共同抗击疫情推动经济平稳发展的实施意见》，根据该意见，溧阳将推动各种旅游企业，比如A级景点以及各种旅行社等，进行积极的营销推广。不包括事业单位在内的A级景点都能在上一年2月份服务游客数量基础上获得一次性补助，最高可获100万元。市内的旅行社能得到2019年开票数量10%的补助，最高可获得30万元，溧阳还对江苏省星级乡村旅游区、全国休闲农业与乡村旅游星级企业结合星级和房间数给予一次性补贴，补贴最高可达30万元。为了促使旅游业重新复苏，提升居民旅游消费，江苏省各市、区都推出了优惠政策。像南京以及宿迁等地区选择将旅游年卡的实效进一步顺延，而常州市推出了"文化惠民月"政策，可以半价进行游玩，还可获得免费旅游车服务。为达到政策的有效性以及实施性，江苏省进行政策汇编，包含省直至县的各个景点和民宿政策，为游客提供优惠举措。

（二）发展现状

根据旅游民宿综合服务平台"宿宿网"统计，2020年初江苏省各市旅游民宿上架数量和旅游民宿房间商家数量均受到疫情影响，5月疫情有所控制，旅游民宿上架数量和民宿房间上架数量较1月基本都在2倍以上。

从民宿地域分布来看，江苏省旅游民宿分布并不均衡，主要集中在苏南地区发展。具体比例为苏南（南京、苏州、无锡、常州、镇江）占比84%，苏中（扬州、泰州、南通）占比10%，苏北（徐州、连云港、宿迁、淮安、盐城）占比6%（见图1）。

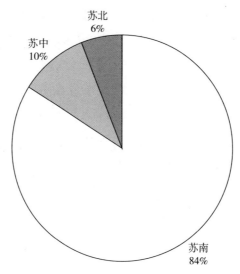

图1 苏南、苏中、苏北旅游民宿占比

资料来源：宿宿网。

从旅游民宿的每日平均价格来看，均价在500元以上的城市有淮安市、南通市、苏州市、常州市，其他城市旅游民宿每日平均价格均在500元以下，集中在200~300元（见图2）。

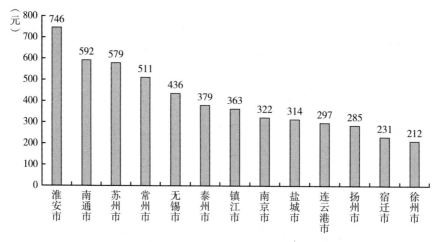

图2 2019年12月江苏省各市民宿每日平均价格

资料来源：宿宿网。

（三）发展特色

1. 村企共建盘活乡村资源

企业有动力、乡村有需求、市场有空间，村企共建模式是江苏省民宿发展创新型模式。到 2020 年 7 月末，江苏已有 2332 家企业与 2571 个村达成密切联系，通过了联建合作协议，启动并开发了 2834 个项目，14.8% 的村已加入这次联合行动中。南京地区的联建率居首位，扬州以及连云港地区也名列前茅，镇江以及淮安地区同样有着较高的联建率。黄龙岘茶文化旅游村，是南京江宁地区位居第一的民宿集聚群，借助社区土地的不停流转来壮大乡村旅游。整个村的收入也是大幅度上升，由原来的 20 万元，达到了现在的 2300 万元。相应地，居民的收入也大幅度提升，从原来的平均 1.8 万元，达到现在的 8.1 万元。① 2018 年以来，仙姑村与常州市景尚旅业集团开展了村企联建，常州市景尚旅业集团整合了仙姑村居民的闲置房屋，配套农家乐发展仙姑村的民宿经济，打造茅山仙姑村休闲旅游农业项目和民宿"仙姑十八房"，23 家农家乐先后发展起来，2019 年服务游客人数达 50 万人次，实现收入 8000 万元。②

2. 创新全域发展理念

江苏省各地深入挖掘和利用山、水、林、田、湖等自然资源以及农耕文化、人文历史、传统民俗等人文资源，充分利用城市和乡村以及景点结合的优势，创建景城联动、以景促村的新型乡村旅游发展形势。当前江苏出现了以南京江宁等地区为首的多家乡村旅游集聚区，如镇江乡村旅游集聚区将民宿中重要的旅游因素发挥到极致，重视个性，倡导慢生活，加深体验，推进乡村民宿的深化；注重多元化的经营方式，不单提供食宿，也提供购物等一条龙服务，将民宿的产业链进一步扩长。除集聚区外，还打造出了十八家风情小镇，比如大丰荷兰花海。

---

① 《全省村企联建项目已有 2834 个村 企合作助推乡村振兴》，http://www.jiangsu.gov.cn/art/2020/8/12/art_ 63909_ 9446138.html，最后检索时间：2021 年 3 月 18 日。

② 《农村创业创新在江苏蔚然成风》，http://www.jiangsu.gov.cn/art/2020/9/23/art_ 65450_ 9516313.html，最后检索时间：2021 年 3 月 18 日。

3. 打造乡村民宿特色品牌

在全国乡村旅游迅猛发展的大环境里，大众对个性、特色以及品质有着更高的要求。尤其在疫情之后，畅游乡村更是大众诉求。江苏抓住这一时机，为了满足大众旅游消费的诉求，适应市场的变化，不单抓住供给侧，也抓住了需求侧。通过特色品牌民宿发展壮大，赢得乡村旅游胜利。一方面，注重产品的供给，独具特色的资源是吸引游客的重要载物。江苏充分利用其当地的独特资源发展特色旅游，比如利用当地的温泉开发出温泉康养，借助其森林资源打造森林观光项目等。倡导不同的旅游主题，比如古建探幽，吸引游客游览在古老的建筑中来探寻一抹幽静。同时，推出了一系列的民宿品牌，游客由此可以享受最为真实的乡村生活。镇江打造"美丽镇江乡村游"乡村民宿系列特色品牌，培育一批地方特色品牌产品，对一些旅游景点、度假区以及乡村旅游区进行整合开发，打造出特色品牌，由此，民宿具备一定品位和自身文化特点，可以满足各种消费层次的游客，形成多元化的产品体系。另一方面，注重"双线"发展。"水韵江苏"通过将乡村旅游收入其中，来展开相关品牌的打造和推广，并且借助线上和线下实际相结合的方式，联合推进。2020 年 7 月，江苏智慧文化旅游平台问世，重点宣传"苏心游"项目，让游客感受到高品质的乡村文化、精致的民宿产品。

（四）存在问题、建议

1. 地区差距显著，苏南、中、北空间梯度差异显著

就江苏省民宿产业而言，苏南、中、北三个地区存在显著的梯度差异。同苏南地区相比，苏北民宿较少。就政策而言，仅南京、镇江以及苏州等地有着较为完善的政策，且对民宿发展给予帮助。与之相比，其他地区引导严重不到位。可将苏北地区潜在还未开发出来的民宿力量挖掘出来，开发苏北的自然生态，打造特色民宿。同时，就地方政府而言，相应的配套资金必须要优化分配，将公共设施的完善放在重要位置，促使旅游民宿集聚化。

2. 监管有待继续完善，证照办理依旧存在困难

民宿管理实际上是一项系统工程，涵盖的部分众多，比如公安、卫生以及旅游等。在江苏，就其民宿管理而言，尚不存在一个机构能够对其进行统筹管理。各个政府单位没有十分确切的权责划分。不管是在审批上，还是在监察等方面，都没有恰当完善的设计，各个单位之间也不能有效协作，在协作以及监察上，不具备恰当的机制，这就导致给予部分民宿的一些帮扶措施并不能真正落实，也导致各个民宿资源较为散落。当下，要想创建一个民宿，一定要有四大证件——工商营业执照、卫生许可证、食品经营许可证以及特种行业许可证。以上四大证件中，特种行业许可证是最难获得的。这是由于消防的原因。如果不具备这个证件，民宿就不能成为政府管理系统中的一员，相应的优惠帮扶也就不能获得。文旅单位对民宿进行五星评估时，如果没有此证，则会被一票否决。在无锡市，民宿管理者要想获得这一证件，那么其至少要配备 20 间民宿房间。这一要求与民宿运营现状不相符。所以，不仅要做好监管，还要将一些标准做适当的调整。由此，越来越多的民宿会被统计管理，为民宿发展提供更有利的营商环境。

3. 民宿经营水平有待提高

江苏家庭化、作坊式民宿占比超过一半，由自有房屋改造而来，房主即在地居民自主经营。因经营成本低、市场定位不高、投资风险小，受到追捧，就农民而言，他们原本主营务农，现在让其成为民宿的主人，并作为服务员进行服务，他们在操作技能和专业性上存在一定的局限性。农民都非常淳厚质朴，善良本分，但不可否认的是，进行微笑服务并不属于他们的强项，也没有达到这些服务的行业标准。其经营的民宿可能清洁程度达不到，某些床单或是枕头的质量也不高，所以对他们进行民宿经营管理的培训是必不可少的，也要不断向其传达新的服务理念和培训相关服务技巧，督促他们进行安全管理，帮助他们达到食品卫生和环保的有关要求。将《旅游民宿基本要求与评价》深入宣传，使其深入人心。同时，对民众的民宿进行测评，进行等级划分。组织星级饭店专家培训会，对其进行相关知识和技能的培训，促使其在民宿卫生、管理等各个方面水平的提升。

4. 同质化问题依旧严重

特色化、个性化对于民宿发展极为重要。在互联网环境下，江苏省各地民宿在发展过程中极力凸显自身特色，但又不可避免地走向趋同，出现同质化现象。2019年8月，南京27%的民宿只提供住宿服务，而能够提供两项或更多服务的，如采摘、垂钓、民俗体验等服务的民宿，只占5%。地方民宿可带走的旅游产品也趋同，如宜兴乡镇旅游产品大多是笋干、百合、乌米饭，这些特色很容易被周边其他地区的同类产品代替，同质化的发展使得江苏民宿后续发展乏力、竞争力不足。产生这种问题的原因往往在于民宿管理者的不专业性和民宿产业的不规范性。以上难题的解决不能只靠单一方面的努力，其离不开民宿管理者的努力，离不开地方民宿协会的帮助，也离不开政府的扶持和管理。民宿经营管理者一定要进行有关的市场调研，同时考量自己的现实情况，给予自己恰当的定位。此外，游客个性化的需要也是民宿管理者要考虑的问题，对此要进行差异化的主题定位，使自身的产品更符合游客的需求。民宿协会要和政府等相关单位以及一些高等院校紧密联系，为各个民宿赋能，推动其更为精细地发展。政府要为民宿提供更多帮扶，出台更有效的意见和计划，不断完善公共设施服务，对民宿提供税收优惠等，使江苏民宿向着精品优质的目标发展壮大。

参考文献

过聚荣：《旅游民宿经营实务》，社会科学文献出版社，2018。

安娜青：《以民宿旅游推进乡村振兴——以宜兴市乡村民宿发展为例》，《经济研究导刊》2019年第28期。

过聚荣主编《中国旅游民宿发展报告（2019）》，社会科学文献出版社，2020。

B.5
河南旅游民宿发展报告

本书课题组[*]

摘　要：　近年来，河南省十分重视民宿的发展，在政策推动下，依托
　　　　　其丰富的文旅资源、区位优势、人口红利等，取得了良好的
　　　　　发展成果，表现为总量迅猛增长、发展呈精品化趋势等。
　　　　　2020年新冠肺炎疫情虽对入住率有一定影响，然而进入常态
　　　　　化防疫阶段，入住率稳步提升并超同期。在乡村振兴大背景
　　　　　下，政府应将民宿作为推动乡村振兴的重要抓手，加强顶层
　　　　　设计、进一步提高标准化运营管理水平、挖掘消费潜力、加
　　　　　强民宿人才培育、推动民宿数字化智能化发展。

关键词：　旅游民宿　高质量发展　河南省

一　河南省旅游民宿发展基础

（一）文旅产业规模不断增长

2014～2019年六年间，河南省旅游人数不断增长。2019年河南省接待
海内外游客共9.02亿人次，同比增长14.76%（见图1）。其中，接待入境

---

* 执笔：姚缘，博士，南京艺术学院副研究员，研究方向为文化治理、文化与科技；杨震、高
级经济师、上海新晋商学院执行院长，研究方向为创新创业文旅文创；周菁雯，景观设计
师，上海蕴思文化传播有限公司设计总监，专业方向为文旅文创。

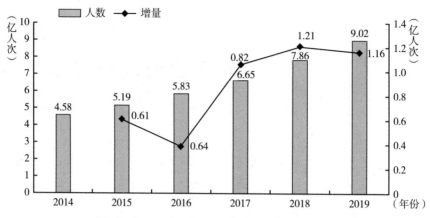

图1　2014～2019年河南省旅游人数及变化趋势

资料来源：河南省文化和旅游厅。

游客351.47万人次，同比增长9.24%①。

在旅游收入方面，2014～2019年六年间收入增长迅速，年均复合增长率达17%。2019年全省旅游总收入高达9607.06亿元，同比增长18.31%（见图2）。其中，入境旅游创汇13.04亿美元，较上年同期增长26.16%。

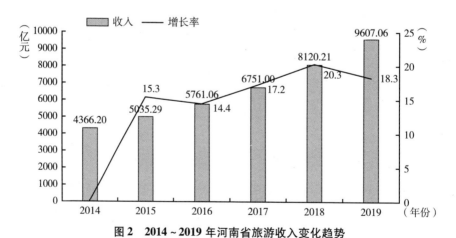

图2　2014～2019年河南省旅游收入变化趋势

资料来源：河南省文化和旅游厅。

---

① 《2020河南旅游业发展现状分析》，https：//www.sohu.com/a/411830631_ 642249。

（二）自然、历史文化资源丰富

河南地处我国地势第二阶梯向第三阶梯的过渡带，地势西高东低，太行山、伏牛山、桐柏山、大别山四大山脉将其从北、西、南三面环绕。境内有黄河、淮河、卫河、汉水四大水系。河南省属北亚热带与暖温带过渡区气候，过渡性明显，地区差异性显著。冬季少雨雪、时间较长，春季较短且干燥，夏季雨量充沛、较为炎热，秋季日照充足、天气晴朗。1月平均气温 -3℃~3℃，7月平均气温24℃~29℃，年均降雨量500~1380毫米。自然景观兼有"北雄南秀"之特色，地跨海、黄、淮、江四大水系，拥有"三山一岳"山地景观。

河南省是全国旅游资源较丰富的地区之一，现有1处世界遗产——洛阳龙门石窟，54处国家级重点文物保护单位，527处省级文物保护单位，国家级历史文化名城8座，中国优秀旅游城市11座，国家5A级景区14处（见表1），4A级旅游景区26处，国家级风景名胜区6处，国家级森林公园9处，国家级自然保护区8处，国家级特色小镇15家（见表2）[1]，全国乡村旅游重点村21个（见表3）。

"十三五"时期，河南省培育了15个文化产业示范园区、10个康养旅游示范基地、10个体育旅游示范基地、163个文化产业示范基地、20个文化产业特色乡村。洛阳市荣获国家级文化和旅游消费示范城市，郑州市、开封市荣获国家级文化和旅游消费试点城市。命名10家文化和旅游消费示范区、25家省级夜间文旅消费集聚区[2]。

河南省的名山秀水，吸引着大批国内外游客，其灿烂的文化、丰富的历史文化遗迹，为历史文化旅游的发展提供了丰富的资源。

---

[1]　河南省人民政府、河南文物局、国家旅游局、国家林业局、中国政府网站数据。
[2]　河南省人民政府、河南文旅厅、河南体育局、河南卫健委网站数据。

表1　河南省国家5A级景区

名　称	简　介
登封市嵩山少林景区（2007年）	地处洛阳的嵩山少室山北麓，是孝文帝为了安置他所敬仰的印度高僧跋陀尊者所建
洛阳市龙门石窟景区（2007年）	是中国石刻艺术宝库之一，与莫高窟、麦积山石窟、云冈石窟并称中国四大石窟
焦作市（云台山·神农山·青天河）风景名胜区（2007年）	是一处科普生态旅游景区，体现了太行山岳水景，以及峡谷类地质地貌景观和历史文化
开封市清明上河园（2011年）	以《清明上河图》为蓝本，展现了宋朝市井文化、民俗风情、皇家园林和古代娱乐，注重游客参与体验的文化主题公园
洛阳白云山景区（2011年）	有37座海拔1500米以上的山峰，是看日出、观云海的佳地
安阳市殷墟景区（2011年）	因发掘甲骨文而闻名于世，是中国商朝后期都城遗址
平顶山市尧山·中原大佛景区（2011年）	位于河南省平顶山市鲁山县尧山佛泉寺，是目前世界上最高的佛教造像
河南省洛阳栾川老君山·鸡冠洞旅游区（2012年）	原名景室山，位于洛阳栾川县县城东南，八百里伏牛山脉拥有海拔2297米的主峰
洛阳市龙潭大峡谷景区（2013年）	是一条以典型的红岩嶂谷群地质地貌为主的峡谷景区，是洛阳黛眉山世界地质公园的核心景区
南阳市西峡伏牛山老界岭·恐龙遗址园旅游区（2014年）	主要由中国西峡恐龙遗迹园、西峡老界岭、西峡龙潭沟等八大核心景区组成
驻马店市嵖岈山旅游景区（2015年）	位于河南省驻马店市遂平县，系伏牛山东缘余脉
安阳市红旗渠·太行大峡谷旅游景区（2016年）	是20世纪60年代从太行山腰修建的引漳入林的工程，被称为"人工天河"
永城市芒砀山汉文化旅游景区（2017年）	是集山水、人文、民俗为一体的旅游胜地，芒砀山因汉高祖刘邦斩蛇起义而闻名于世，孔夫子在此避雨讲学留下了夫子崖、夫子山等景观
河南省新乡市八里沟景区（2020年）	总面积109平方公里，同时也是国家地质公园、自然猕猴保护区、河南省著名风景区、河南省十佳景区

资料来源：国家文旅部，截至2020年1月。

表2　河南省国家级特色小镇

名　称	简　介
郑州市巩义市竹林镇	竹林镇是巩义市镇区面积最小、人口最少、人均纳税最多、人均纯收入最高的镇
洛阳市孟津县朝阳镇	朝阳镇历史遗迹众多、文化底蕴深厚，是闻名遐迩的"三彩之乡"

名　　称	简　　介
许昌市禹州市神垕镇	神垕古镇区保留有较为完整的明清古街,俗称"七里长街",被评为"中国钧瓷之都"
焦作市温县赵堡镇	赵堡镇人杰地灵,名扬中外的太极拳发源于该镇陈家沟,古代属于怀庆府
濮阳市华龙区岳村镇	杂技历史源远流长,于夏商萌芽而兴盛于明清,系中国杂技文化的重要发祥地之一,与河北吴桥并称"杂技南北两故里"
恼里镇	恼里镇有着"河南省环境优美小城镇"的称号。全镇已建成优质麦农业园和生态旅游示范园
安阳市林州市石板岩镇	石板岩的自然风光优美,独特的居住房屋也堪称一景,不管走到哪个村,见到的都是石头房,极具特色
南阳市镇平县石佛寺镇	石佛寺镇是南阳玉雕的发源地,也是河南省唯一的玉雕产销重镇,是全球最大的玉文化创意产业中心
南阳市西峡县太平镇	太平镇物产丰富,生态旅游资源丰富,是避暑胜地,年均气温12.5℃
南阳市邓州市穰东镇	穰东镇古称涅阳,更有张仲景故里——张寨村,自明清时就"商贸辐辏,商户千余家,为邓之首镇"
商丘市永城市芒山镇	芒山镇历史悠久,秦置砀郡,汉置砀县,唐称凤凰城,清为保安镇
周口市商水县邓城镇	三国时魏大将邓艾在此屯兵,故名邓城。境内古迹较多,著名的有饮马台、千年白果树、叶氏庄园等
平顶山汝州市蟒川镇	蟒川镇历史文化厚重,拥有不可移动文物达43处,非物质文化遗产80多项
三门峡市灵宝市函谷关镇	函谷关是老子道家文化的发祥地,拥有景点20余处,境内更是有国家AAAA级旅游景区函谷关景区
驻马店市确山县竹沟镇	竹沟镇现有中共中央中原局旧址、刘少奇办公室旧址、李先念办公室旧址等革命旧址26处

资料来源:国家文旅部,截至2020年8月。

表3　河南省全国乡村旅游重点村

序号	省市	村名
1	河南省郑州市	新密市米村镇朱家庵村
2	河南省信阳市	罗山县铁铺镇何家冲村
3	河南省商丘市	民权县北关镇王公庄村
4	河南省信阳市	新县田铺乡田铺大塆村
5	河南省巩义市	竹林镇石鼓村
6	河南省驻马店市	遂平县嵖岈山镇红石崖村
7	河南省郑州市	二七区侯寨乡樱桃沟社区
8	河南省漯河市	临颍县城关镇南街村
9	河南省鹤壁市	淇县灵山街道凉水泉村
10	河南省安阳市	林州市石板岩镇高家台村

续表

序号	省市	村名
11	河南省许昌市	襄城县紫云镇雷洞村
12	河南省安阳市	林州市黄华镇庙荒村
13	河南省南阳市	南召县云阳镇铁佛寺村
14	河南省洛阳市	栾川县庙子镇庄子村
15	河南省焦作市	孟州市西虢镇莫沟村
16	河南省南阳市	淅川县仓房镇磨沟村
17	河南省焦作市	修武县云台山镇岸上村
18	河南省三门峡市	渑池县段村乡赵沟村
19	河南省洛阳市	嵩县黄庄乡三合村
20	河南省洛阳市	栾川县陶湾镇协心村
21	河南省信阳市	新县周河乡西河村

资料来源：文旅部，截至2020年8月。

（三）地处全国枢纽，交通便捷

河南省位于中国中东部，黄河中下游以南，全省总面积约16.7万平方千米。河南是丝绸之路经济带的东方起点，地处中国腹地，是全国综合性交通枢纽，京广、陇海、京九等铁路干线纵横交错，公路网络连接城乡，交通十分便利。目前以铁路、公路为骨干，民航、水路运输为辅助的交通体系已在全省域内建立，具有重要的区位优势。

（四）人口规模优势提供了人才及消费保障

2019年末河南省总人口10952万人，排名全国第三，比上年末增加46万人，常住人口9641万人，比上年末增加36万人（见图3），其中包含5129万城镇常住人口，常住人口城镇化率53.21%，比上年末提高1.50个百分点，城镇化率增幅位居全国第一[1]。作为国家中心城市之一的郑州，人口的吸纳力持续增强，36.8%的外省流入河南人口以及59.8%的省内跨市流动人口均流入郑州市[2]。

---

[1] 《2019年河南省国民经济和社会发展统计公报》。
[2] 《2018年河南人口发展报告》。

河南省人口众多，劳动力充足，消费潜力巨大，为文旅产业、民宿发展提供了人才及消费保障。

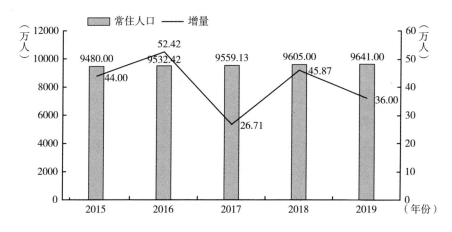

图3 2015～2019年河南常住人口统计

（五）政策推动旅游民宿产业快速发展

河南省旅游民宿起步较晚，起初一批个人投资者抱着"诗与远方"的情怀进入这一空白市场，是探索者。在河南省文旅厅领导的全力推动下，河南省多地出台一系列政策推动民宿发展（见表4），河南省旅游民宿进入快速发展期。根据2020年颁布的《关于加快乡村旅游发展的意见》，河南将依托精品民宿打造高端乡村旅游目的地，并规划到2025年，将创建1000家星级民宿。

表4 河南省推动旅游及民宿发展相关政策

时间	部门	政策	主要内容
2019年11月29日	河南省人民代表大会	《河南省旅游条例》	城乡居民应当遵守国家和本省有关民宿旅游管理的相关规定，依法办理相关证照，提供休闲度假、游览观光或乡村体验服务，可利用拥有所有权或者使用权的住宅从事民宿旅游

续表

时间	部门	政策	主要内容
2019 年 12 月 10 日	河南省文化和旅游厅	《关于促进乡村民宿发展的指导意见》	加强乡村民宿资源调查和乡土文化保护传承，推进乡村民宿发展"走县进村"活动。
2020 年 2 月 26 日	河南省旅游协会民宿与精品酒店分会	《河南省旅游民宿复工营业防控工作指导》	积极引导民宿企业做好疫情防控工作，民宿复工经营前须做到防控机制到位、员工排查到位、设施物资到位、内部管理到位"四个到位"。制定一个严格的复工营业方案（含应急处置方案）并开展一次民宿卫生、安全自查自纠自验
2020 年 9 月 11 日	河南省人民政府办公厅	《关于加快乡村旅游发展的意见》	到 2025 年，实现全省乡村旅游年接待游客 4 亿人次，年经营总收入达到 3000 亿元。从市场需求出发，丰富产品供给，优化乡村旅游环境，打造乡村旅游发展体系，重点发展乡村旅游示范县（市、区）、生态旅游示范乡（镇）、乡村旅游特色村

资料来源：根据公开资料整理。

在政策推动下，河南省相关部门采取一系列举措（见表 5），开展了系列活动，切实推动了旅游民宿产业发展。

表 5　近年来河南省推动旅游及民宿发展举措

时间	内　容
2013 年 9 月 21 日	首个洛阳河洛文化旅游节举办
2017 年 11 月 2 日	河南精品民宿备受追捧，地方特产走向全国
2018 年 2 月 26 日	郑州市旅游局赴巩义考察指导乡村民宿试点建设
2018 年 9 月 19 日	河南省旅游民宿等级评定工作会在焦作召开
2018 年 9 月 27 日	信阳市旅游局召开全市旅游民宿和乡村旅游经营单位标准宣贯培训会
2018 年 10 月 22 日	推进民宿发展、助力脱贫攻坚——河南省旅游局组织民宿进鲁山、淅川活动
2019 年 3 月 4 日	三门峡市渑池县首批特色民宿柳庄民宿项目、赵沟古村民宿项目分别举行启动仪式

续表

时间	内　　容
2019 年 4 月 9 日	河南首届民宿投资大会正式亮相
2019 年	河南省文化和旅游厅组织"民宿发展走村"系列活动。从 2018 年开始，邀请全国知名民宿创始人及运营团队、民宿专家、投融资公司负责人等 300 余人次走进 41 县区、100 余个村镇，引进了 160 多家全国知名品牌，培育了 100 多家河南省知名品牌。经历了从谋篇布局到全面推进、品质化提升 3 个阶段，形成了民宿数量多、知名品牌多、覆盖面广、影响力大、发展潜力大的发展格局
2019 年 4 月 12 日	"信阳民宿"叫响河南省生态旅游招商暨文化产业项目洽谈会
2019 年 9 月 27 日	"河南省旅游协会民宿与精品酒店分会"在济源成立
2019 年 11 月 13～15 日	第五届全国民宿大会暨全国民宿社团第一次联席会议于河南新县成功召开
2019 年 12 月	在鹤壁淇县召开河南民宿座谈会，对评选 40 家民宿为"河南省精品民宿"进行了发布，对全面带动全省民宿加强管理、优化服务、加快推进河南省民宿健康快速发展有着促进作用
2020 年 9 月 21 日	河南省民宿工作推进会在济源召开
2020 年 11 月 28 日	河南省文化和旅游厅携手携程在上海携程总部，邀请上海几十位知名民宿品牌创始人和业主召开"河南民宿发展座谈会"

资料来源：河南民宿网、河南文旅厅。

二　河南省旅游民宿发展特点

近年来，河南把发展民宿作为发展乡村旅游、推动全域旅游、实施乡村振兴的战略性抓手强力推进，河南的民宿展现了良好的发展态势，河南民宿由小到大、由点及面、积少成多、由无声到知名。尤其是 2019 年 9 月 16 日习近平总书记到新县考察调研，第一次走进民宿，第一次提出"依托丰富的红色文化资源和绿色生态发展乡村旅游，搞活了农村经济，是振兴乡村的好做法"。

2021 年，市场管理部门和民宿分会统计的全省旅游民宿的数量为 600 家，客房约 28600 间，床位 47000 余张，加上现在已签约的和计划中在建

的，总共约 1000 家。河南旅游民宿带动当地就业岗位 11000 余个，帮助贫困户 3000 余人脱贫致富。预计 2021 年还将有 152 家民宿建成开业，整村建设民宿 3 个，新增民宿集群 5 个，新增床位 3200 个①。

2020 年，受新冠肺炎疫情影响，我国旅游业遭受重创。数据显示，新冠肺炎疫情严峻时期，河南省旅游民宿入住率整体下滑。进入 2020 年 5 月，我国疫情进入常态化防控阶段，经济开始复苏，河南省旅游民宿入住率开始回升，截至 2020 年 10 月，入住率 80% 以上的民宿数量几乎与 2019 年末持平，入住率 20%～80% 的民宿数量均有明显增长（见图 4）。

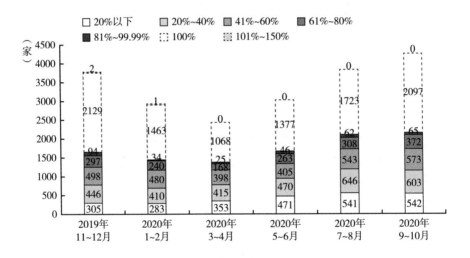

图 4　2019 年 11 月至 2020 年 10 月河南省旅游民宿入住率情况

资料来源：根据途家提供数据整理，截至 2020 年 10 月。

1. 河南民宿迈入高质量发展的"加速通道"

近年来，河南省文化和旅游厅等相关部门制定规划，加快推进乡村民宿的发展，着力打造了一批有地域特色、地方风情、家乡情怀的精品民宿，推动河南各地民宿如火如荼地发展，成为河南省旅游的新动能。

2019 年 4 月，河南省首届国际民宿投资大会签约生态旅游项目 27 个，

①　河南省文旅厅。

金额达447.72亿元，精品民宿项目共计44个、金额达49.45亿元，涉及44个村①。2019年11月14~15日，在河南新县召开了为期两天的以"新时代、新乡村、新民宿"为主题的第五届全国民宿大会，来自全国各地的民宿行业领军人物汇聚一堂，在河南共话民宿发展。目前河南乡村民宿主要分布在信阳、济源、洛阳、焦作、开封、郑州等地区，成为带动河南当地居民直接就业、创业的载体，推动居民收入增加的效果明显，正在成为乡村居民增收致富的重要途径。

2. 民宿走县进村，精品化、自主投资是主要模式

2018年开始，河南省组织开展"民宿走县进村"活动并将其作为发展民宿的重要抓手。县委书记、县长拿出好的资源，完善基础设施，邀请国内知名品牌公司进行建设运营。这项活动起到了民宿发展的"宣言书"作用，让县、乡、村干部统一认识、明确方向、找准路径，探索出了河南民宿发展的独特模式。

目前已建成精品民宿100多家，包括郑州的"禅心居"、洛阳的"云合山间"、信阳的"老家寒舍"、三门峡的"山水隐庐"、焦作的"云上院子"、濮阳的"姜子牙的渡口"、鹤壁的"时光院子"、济源的"小有洞天"等。正在建设的有近百家，包括平顶山的舞钢孤山寨民宿集群、巩义民宿群落、三门峡的"千层坊－朴素里"、修武县的"裴嫁妆天空民宿"、信阳市的"悬崖酒店"、济源市的"南坪村乡宿"等。这些民宿的建设，不仅提升了河南省的旅游品质，而且带动了资本和人才向乡村汇聚，促进了乡村可持续发展②。

河南旅游民宿投资金额多集中于800万元以上（占比28.01%）（见图5），体现了其高端化、精品化发展路线。从资金来源看，主要是自有资金投入（占比71.99%）（见图6）。

---

① 河南省人民政府网站，http://www.henan.gov.cn/2020/05－15/1488733.html，最后检索日期：2021年3月24日。

② 河南省文旅厅提供。

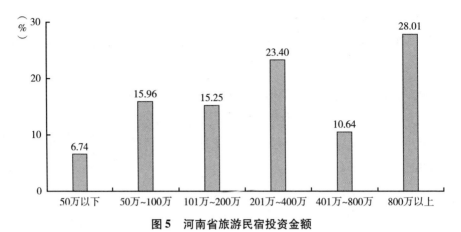

图5 河南省旅游民宿投资金额

资料来源：课题组调研数据。

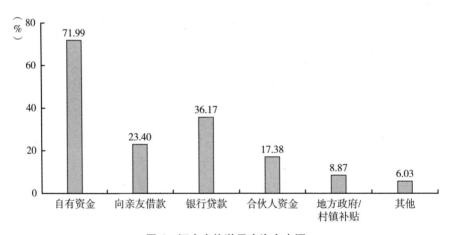

图6 河南省旅游民宿资金来源

资料来源：课题组调研数据。

3. 结合现代传媒探索新型民宿推广与运营模式

2020年7月11日，在河南文旅厅与携程集团合作的直播探店活动中，河南省文化和旅游厅厅长姜继鼎作为"旅游推荐官"，为河南的旅游民宿代言，销售额高达639万元，证实了线上平台强大的推广效果。数据显示，河南民宿中运用微信公众号（53.55%）及抖音（48.23%）等线上平台成为多数民宿经营者选择的推广和营销模式（见图7）。

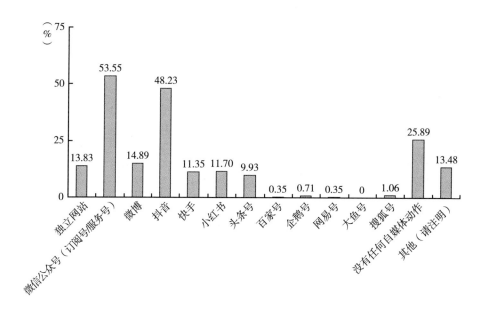

图7 河南省旅游民宿自媒体平台使用情况

资料来源：课题组调研数据。

通过与抖音、快手、携程、腾讯、新浪等互联网企业合作，河南省探索建立"互联网＋民宿"营销模式，尝试住宿、餐饮、娱乐、购物、文化衍生产品一揽子解决方案，进一步拉长休闲民宿产业链。2019 年，河南省文化和旅游厅与河南省互联网信息办公室、北京字节跳动公司共同举办了首届全球文旅创作者大会。不到半年时间，河南文旅线上总传播量已经超过 57 亿次。通过抖音视频，河南省一批民宿在网络上走红，促进了民宿业的快速发展。

在与现代传媒合作的新型推广与经营模式下，河南旅游民宿入驻线上预定平台情况良好，其中入驻携程（60.99%）和美团（大众点评）（46.81%）的民宿居多（见图8），民宿逐渐走向数字化、智能化发展轨道。

4. 开展民宿招商活动，吸引社会资本和各地人才集聚

河南省开展民宿招商活动，吸引社会资本和各地民宿人才向河南聚集，逐步形成高质量民宿人才队伍。2019 年 4 月，郑州举办首届民宿投资大会，

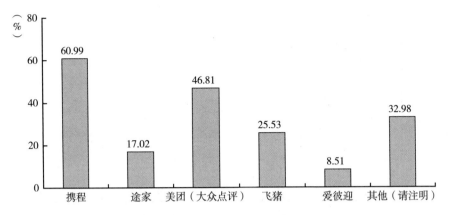

图8 河南省旅游民宿入驻主要线上预定平台情况

资料来源：课题组调研数据。

吸引了 200 余名民宿知名品牌创始人、投资人、运营商、服务商和来自荷兰、意大利、日本等国家的民宿人士到场，70 家优质民宿品牌参与展览，共签约 44 个项目，金额高达近 50 亿元。2019 年 11 月，新县举办了第五届全国民宿大会，全国 30 个省区市的民宿协会会员、专家、企业代表以及河南省有关市县的人员约 700 人出席大会，有关市县借助大会平台积极与省内外民宿行业精英进行沟通、交流，促成了一批品牌民宿项目的成功签约。2020 年河南民宿发展对接洽谈会在上海召开，邀请了上海地区 20 多位民宿创始人、民宿专家与河南省各市主管副市长、文化和旅游部门负责人进行洽谈、对接，达成了一系列建设意向。

引进品牌民宿和优秀策划管理团队是河南省推动民宿发展的又一重要举措。一方面，加强与国内知名品牌民宿和专家团队的联系，尤其是与浙江、上海、广东、四川等民宿业态发育良好地区建立良好的合作关系。另一方面，组织全省文化旅游部门以及民宿业主到先进地区考察与宣传，利用好政策将走出去的精英重新吸引回河南创业，把国内一线品牌邀请进来，让集群化专业品牌公司入驻河南。

5. 重视高素质人才队伍建设，打造民宿行业优秀管理团队

河南省各方越来越重视人才对于民宿产业发展的积极影响，在举办各项

国际交流活动、邀请全国各地民宿精英进行交流对话之外，还致力于创建民宿经营管理学院，培养本地民宿行业优秀管理团队，为河南省开展民宿策划建造、运营管理、标准化服务培训，以及组织民宿主人进行合作交流等提供了专业化、标准化、品质化的人才力量支持。先后建立了鹤壁淇县凉水泉民宿学院、济源王屋山民宿学院、新县大别山民宿学院等。

近三年来，河南将发展民宿作为发展乡村旅游、推动全域旅游、实施乡村振兴的战略性抓手强力推进，河南的民宿展现了良好的发展态势，河南民宿由小到大、由点及面、积少成多、由无声到知名，受到了上级领导的肯定，尹弘省长在 2019 年 6 月 22 日专门就云山院子民宿做出批示"彭志华在民宿方面的设计营造很有创意，在乡村振兴的村庄改造建设中可发挥其作用"；文化和旅游部原部长雒树刚对河南民宿发展工作给予了充分肯定，指出"河南民宿扶贫已走在全国前列"。

6. 根据市场定位定价，民宿房客好评率高

截至 2020 年 10 月，河南民宿约 80% 的房间价位在每间 600 元左右，其中 0～299 元占比 60% 左右。套房价位偏高，500 元以上的房间价位占到了 38%（见图 9），拥有套房的民宿星级较高，服务上乘。

高档精品民宿的价格均在千元以上，如河南济源"小有洞天"民宿，家庭亲子房的单价从 3999 元起，老院的独栋单价从 3499 元起，基础房型的单价从 1299 元起；又如焦作"云上院子"，平日标间在近 2000 元，亲子房在 2000 元以上，景观房在 3000 元以上。

从对河南民宿的评价中可以得出，大多数民宿都能满足房客的各方面需要，入住体验佳，具体体现在：

- 房东热情贴心，服务到位；
- 房间布置干净整洁；
- 房间装修精美；
- 居住环境好；
- 屋内设施齐全；
- 地理位置优越，临近景区、商圈等，交通便利；

● 价格便宜实惠，性价比高。

河南精品民宿的好评率更佳，如"小有洞天"在携程网上的评分达到
4.9 超高分，推荐度达到 100%；"老家寒舍"在携程网上的评分同样达到
4.9 超高分，推荐度也达到 100%；"云上院子"在携程网上的推荐度达到
95%；"姜子牙的渡口"在携程网上的推荐度达到 100%，评分 4.5 分。

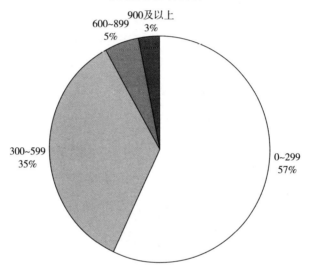

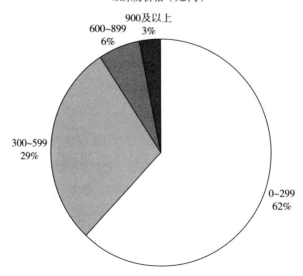

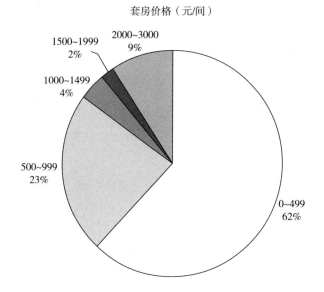

套房价格（元/间）

图9 河南省旅游民宿房间定价

资料来源：课题组调研数据。

三 河南省旅游民宿的发展趋势

《乡村民宿服务质量规范》国家标准正式发布实施，意味着民宿开始成为被国家体系认可的行业，伴随着乡村振兴提出的目标要求、文化产业数字化发展大趋势，加之疫情影响下消费者近郊旅行的偏好，河南省民宿发展将进入前所未有的繁荣期，同时也将面临挑战。为了更好地推动河南省旅游民宿产业发展，需精准发力、合理规划。

（一）民宿产业是一个系统工程，需各部门通力协作共同推进

1. 鼓励全面落实证照齐全经营民宿

民宿产业是一个需要各部门配合的工程，需要国土资源、公安消防、文化和旅游、环保、市场监管、卫生防疫等多个部门共同支持、共同促进。当

前开办民宿必须四证齐全：工商营业执照、卫生许可证、食品经营许可证、特种行业许可证。

截至2020年10月，河南省在旅游民宿经营所需相关证照中，营业执照覆盖率达到99.29%，基本实现了全覆盖。其中，卫生许可证、餐饮经营许可证覆盖率目前为80%，消防安全检查合格证、特种行业经营许可证较低。这其中，公安部门的特种行业许可证的办理难度最大，对房间、床位、建筑面积都有相关要求，建议在加强监管的同时，应将一些标准和准入门槛适当放低。

2. 基础设施建设有进一步完善的空间

虽然整体河南民宿评价良好，但仍有完善的空间。调研问卷的部分网友评价显示河南的一些民宿中存在类似问题，如：民宿洗澡不方便、装修陈旧、卫生环境还不够理想等。同时在实地调研中还发现，由于旅游民宿需依托旅游资源，而自然资源丰富地区往往基础设施配套还不够完善，其中有一些民宿反映，制约其发展的最大壁垒是当地的用水问题，由于其建在山顶，受地质条件限制，无法获取水源，目前仅靠从山下运输，成本巨大。因此，需要政府、企业合力，从顶层设计着手，切实解决旅游民宿发展在基础设施方面的问题。

（二）高品质民宿集群是发展方向

1. 持续打造具有聚合效用的民宿集群

民宿集群是指国内外知名民宿品牌聚集的区域，融合了极具特色的文创、文旅品牌，完美契合了乡村振兴的需求，是一个集聚在地文化特色的旅行目的地。一个好的民宿集群能带活一个景区、一个乡镇，甚至能带活一个城市。

目前河南省民宿分布零散，尚未形成相当规模和较高知名度的民宿集群，总体影响力以及应当具有的聚合效用没有得到充分发挥。可作为工作重心重点培育若干个河南省民宿集群。

2. 专业化策划、运营管理是提升品质的途径

截至2020年10月，河南省旅游民宿以自营为主（占比80.85%），而

专业民宿运营管理公司为 13.83%（见图 10）。

　　未来专业化的策划与运营管理是发展方向。河南已经开始通过加强与国内知名品牌民宿和专家团队的联络，尤其注重与上海、浙江、广东、四川等民宿业态发育良好地区，建立良好的合作关系。先后与宿联（中国）、浙江漫村、广东宿描、四川青山逸品等民宿创始人和管理经营团队，建立了较为紧密的联系和工作互动，包括邀请考察投资、授课和座谈等，普及了民宿发展理念。组织全省文化旅游部门以及民宿业主到先进地区考察与宣传，通过广泛接触与宣传推介，用好政策把河南走出去的精英引回来创业，把国内一线品牌请进来，邀请集群化专业品牌公司入驻河南。

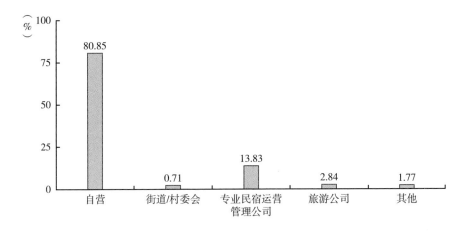

图 10　河南省旅游民宿运营主体

资料来源：课题组调研数据。

（三）民宿人才培育是发展的重点

　　民宿发展本身所需的人才大量短缺，这些年民宿飞跃式发展急需大量相关人才，而培养储备不足。截至 2020 年 10 月，河南省民宿主对于民宿的人才支出成本仍有很大的上升空间，但已有 5.67% 的民宿在人才支出上超过 20 万元（见图 11），有 57.8% 的民宿给员工提供岗位培训。其他方面，河南旅游民宿人才存在流动性大、专业技能水平不足等问题，因此需要加大对

人力资本的投入，加强对河南旅游民宿从业者的培训，为旅游民宿产业发展提供源源不断的高质量人才。

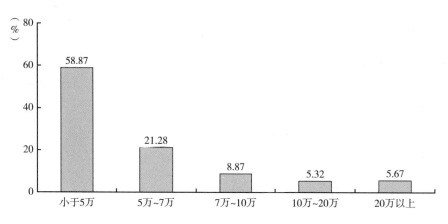

图11 河南省旅游民宿人力成本

资料来源：课题组调研数据。

（四）民宿消费潜力挖掘空间不断扩大

1. 用户黏性不断提升

调研数据显示，河南民宿主营销意识普遍较强，有90.39%的民宿主会保留来店客人的微信，60.14%的民宿主选择为常客提供额外的价格优惠，59.07%的民宿主会定期推送自家民宿的新动向（见图12），以刺激客户持续消费。当前河南民宿消费次数集中在5次以内（占比约98%），未来用户黏性将不断提升。

2. 消费能力发展向好

当前河南省游客越来越展现出倾向于选择有特色的民宿，而不再以价格为导向（见图13），例如河南"小有洞天"几千元房价的房源常常显示满房，客房的入住率可达到90%以上，月营业收入已达百万元级。说明民宿的消费能力有足够的提升空间，精品民宿、精品内容开发配合消费者偏好可同步进行。

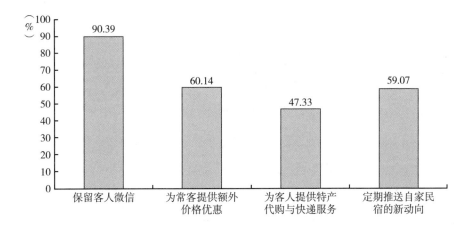

图 12　河南省民宿主会为招揽回头客而额外提供的服务或努力

资料来源：课题组调研数据。

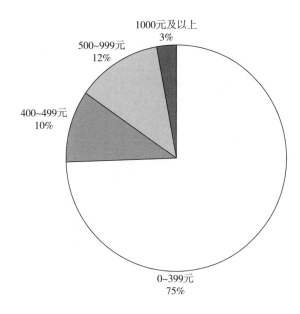

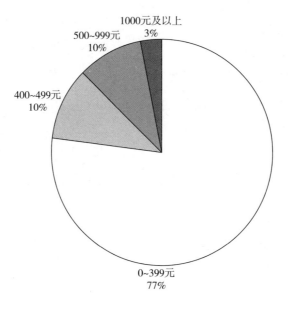

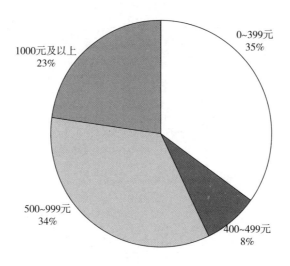

图13　河南省民宿房价消费金额

资料来源：课题组调研数据。

3. 省外及国际消费者群体有待拓展

在参与问卷调查的 281 家河南民宿中，主要客源来自国内大陆地区，有 246 家民宿表示只接待过大陆居民客人。在国内消费人群中，入住客人主要来源于河南省当地，而长三角、珠三角地区的客源较少（见图 14）。河南省人口规模虽为河南省旅游民宿发展提供了强大的人口红利，然而从长远看，可进一步培育省外甚至国际消费群体。

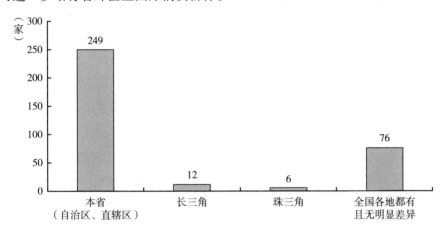

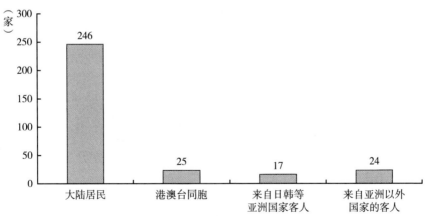

图 14　河南省旅游民宿消费者来源

资料来源：课题组调研数据。

4. 消费内容向多元化发展

数据显示，河南省旅游民宿除住宿外，通过提供餐饮服务、餐厅自助或者厨房租赁获取主要额外营收，约半数的民宿还提供销售当地土特产礼品服务。有小部分民宿通过活动策划、旅游线路销售以及景区门票销售获取收入（见图15）。整体看河南旅游民宿提供的消费内容还可进一步丰富，可根据文化内涵挖掘新的体验内容、增加文创等位于价值链高端环节的服务。

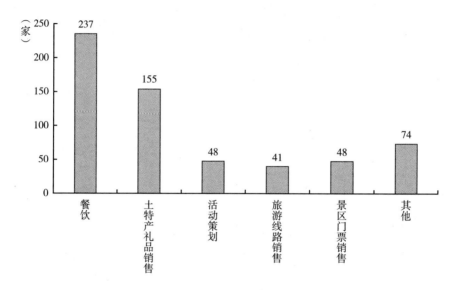

图15　河南省旅游民宿消费内容（除住宿外）

资料来源：课题组调研数据。

四　河南省旅游民宿高质量发展建议

　　"十四五"规划中提出，要丰富乡村经济业态，壮大休闲农业、乡村旅游、民宿经济等特色产业。2020年，文旅部部长胡和平表示，民宿是乡村旅游体系重要内容，是带动乡村经济增长重要抓手。民宿产业在拉动消费（旅游产业链延伸、农产品等）、带动就业、弘扬文化方面均有重要意义。目前河南省文旅厅按照"小民宿、大产业，小民宿、大市场，小民宿、大联动"的发展理念，把发展乡村民宿放在更为突出的位置。为了进一步推动河南民宿高质量发展，发挥其在乡村振兴中的重要作用，应当在以下几个方面重点发力。

（一）加强顶层战略设计，彰显中原文化底蕴

政策层面上，要加强顶层设计，将民宿发展与文化、旅游、乡村振兴、美丽中国的建设有效衔接。加快民宿产业发展，助力乡村振兴、农民增收、优化乡风民俗。做好民宿发展战略规划，由政府牵头，细化区域布局，探索多种形式的民宿房源开发模式和民宿产业经营模式。在民宿发展规划中，要充分挖掘河南好客的人文文化、丰富的历史文化资源，对典型村庄的历史典故进行深入挖掘。

在开发新的具有极强地域性特色的民宿基地的同时，加快推进在建民宿项目，并以沿黄河一带和大嵩山的荥阳、新密、登封、巩义风等地为重点，依托黄河文化、嵩山文化、黄帝文化，整合包装继而打造 3～5 个"黄河民宿""嵩山民宿""河洛民宿""南岸民宿"等民宿集群。

（二）民宿激发产业振兴，助力美丽乡村建设

当前我国已实现全面脱贫，在脱贫攻坚成功向生活富裕转变方面仍然面临一定的挑战。民宿在文化的提升、创造性转化方面的作用不可忽视。为了实现乡村振兴战略目标，河南可将民宿作为乡村旅游、乡村振兴的主力军，继续大力开展"民宿走县进村"特色活动，组织全国知名民宿创始人及运营团队、民宿专家、投融资公司负责人等到河南省 41 个县（市、区）、近 300 个村进行"一对一"的小规模、有针对性的旅游民宿资源考察，从而带动资本和人才向乡村汇聚，助推乡村可持续发展，最终实现乡村振兴。

充分发挥民宿在促进乡村振兴方面的积极作用的同时，政府应当充分发挥引导和监督的作用，要避免出现房地产商圈地问题，做好历史古迹保护工作，杜绝在开发过程中对历史古迹造成不可修复性破坏的现象发生。

（三）数据驱动资源链接，共创优质民宿品牌

随着数字时代的到来，各类社交媒介应运而生，人们获取信息的途径和方式发生巨大变化，因此民宿行业的推进需顺应时代趋势，借助数据媒体的

宣传力量，加强与抖音、快手、携程、腾讯、新浪、借宿等互联网企业合作，完善"互联网＋"民宿推广、营销、管理模式等互联网平台，从而增强行业的曝光率，快速有效且广泛地扩大民宿经营市场。

另外，民宿行业应秉持合作共赢的方针，致力于多方合作共创优质品牌。借助河南国际投资贸易洽谈会（2021 年 4 月 17～19 日，在郑州召开2021 年中国民宿大会），展开招商工作，把全国 200 家知名民宿品牌请进来，与河南省重点县市区进行交流洽谈，促进民宿项目落地。同时利用各地旅游推介会、重大节会平台等，重点引进有实力的民宿投资企业以及具有成熟建设管理经验的知名民宿企业，同时，打造地域特色，赋能民宿经济，促进河南省乡村民宿品质整体提升。

（四）商业运作＋本土运营，引导与监管两手抓

协调好政府引导与市场主体之间的关系，尊重市场为主体、政府通过给予政策与资金等方面支持为辅的发展规律。政府要做好对民宿行业协会的指导与帮扶，充分发挥行业协会在市场、政府、经营户之间的纽带作用。处理好经济效益与社会效益之间的关系，在双效统一发展要求指导下，突出民宿在民生、社会治理等方面的社会意义。

搭建政府和行业沟通交流平台，积极协调行业间服务经营和技术合作，协助规范民宿、旅游市场健康有序发展。加大政府普查与监督力度，加强乡村民宿资源情况调查，依托《河南省民宿监管与服务平台》，全面查清河南省旅游民宿数量、结构、分布、经营等方面情况，为完善河南省旅游民宿发展战略和政策体系、促进民宿长期均衡发展、科学制定发展规划，提供科学准确的信息支持。

（五）人才引进来留得住，素质与技能双提升

建立"培养＋引进＋挖掘"的民宿人才培育机制，有效破解民宿旅游人才数量和质量不足难题。培养"服务型"本土人才，要着力推动农民参与到民俗经营中去，培养一批有经营管理能力的民宿能手。引进"专业型"

高端人才，充分发挥柔性引智效应，建立民宿旅游人才需求目录，采取"项目＋人才""外引＋招商"的方式，以项目吸引人才、以人才创办企业、以企业带动产业。挖掘"创新型"文化人才，探索"民宿＋名人""民宿＋艺术""民宿＋书屋""民宿＋民俗"等融合发展方式，积极引进艺术家、企业家、文化名人等参与民宿建设，提升民宿品质。

参考文献

过聚荣主编《中国旅游民宿发展报告（2019）》，社会科学文献出版社，2020。

谷建全、李立新、杨波主编《河南文化发展报告（2020）》，社会科学文献出版社，2020。

龙飞、刘家明、昌晶亮：《国内民宿研究现状与未来展望》，《城市学刊》2019年第1期。

王璐、李好、杜虹景：《乡村旅游民宿的发展困境与对策研究》，《农业经济》2017年第3期。

张野、李雪飞、赵新生：《乡村旅游发展中民宿经营管理的策略分析》，《农业经济》2019年第8期。

B.6
浙江旅游民宿研究报告

周成功*

摘　要： 2020年，民宿行业经历了生与死的考验，新冠肺炎疫情对全世界的经济发展造成了不可估量的损失，旅游业受冲击尤为明显。这一年，浙江旅游民宿经历了有史以来最深刻的一次考验。本文以此为背景，对2020年浙江旅游民宿的发展现状、特点、趋势等几个方面进行归纳，并且对浙江推行的民宿等级认定工作进行深入剖析。

关键词： 旅游民宿　民宿等级认定　浙江

一　总体情况概述

2020年，对于全国包括民宿在内的旅游业而言有两个重要的时间节点——1月23日和4月8日，前一个时间节点武汉封城，后一个时间节点武汉解封。在此期间，全国的民宿、酒店业除了部分配合抗疫需要接待医护相关人员外，其余的几乎全部处于歇业状态。4月8日以后，复工复产全面拉开，民宿开始复工，可以有条件地接待客人。因此，这一年民宿业的发展特点、趋势也是错综复杂的。

---

* 周成功，浙报集团旅游全媒体中心副主任，浙江省文创产业协会旅游商品专委会秘书长，西湖民宿学院副院长，主要研究方向为民宿经济、旅游商品、休闲经济。

（一）全力抗疫，艰难跋涉

2020 年 1 月 26 日，国家文化和旅游部下发关于做好新冠肺炎疫情防控下暂停旅游企业经营活动的紧急通知，要求全国范围内包括民宿在内的酒店、景点、旅行社等均紧急关停。

如果说 2019 年的行业调整是民宿经营者因自身经营压力、盈利能力欠佳引发的一次由内而外的行业变革，那么，2020 年开年的当头一棒让整个民宿业停摆，这一年真正意义上的新开民宿基本为零（少数因为在前一年已经开工装修延缓到 2020 年投入使用）。这次行业调整，虽然出现了大量的转让和短期的关停，一段时间以后，时间节点应该在 5~6 月，基本全部可以正常运营，但是，客人寥寥，招徕客人成为重中之重。为了帮助企业纾困，渡过难关，3 月国家相关部门专门针对中小企业房租出台了《关于贯彻落实减免中小企业房租相关政策的通知》，通知要求给予一定的房租减免。投入运营的民宿，很大一笔开销是房租成本，在该政策的扶持下，民宿经营者稍微缓解了一点压力。部分个人业主也能给予民宿经营者 1 个月左右的租金减免，如果物业是国有或集体性质的，至少可以减免 2 个月的租金，切实降低了民宿的生存压力。

（二）积极自救，展现风采

2020 年上半年，至少在"五一"小长假以前，"自救"这个词是民宿行业的唯一关键词。在失去春节长假这个盈利高峰后，接着是连续 2 个月以上营业额为"0"，几近灭顶之灾，各地民宿纷纷开展自救。自救主要有以下几种方式：首先是提前预售房间，给予一定的价格优惠，或者是赠送其他旅游产品，如周边景点门票、旅游纪念品等；其次，推出短租产品，伴随复工复产的推进，部分人已经返回工作岗位，受限于社区防控管制，租赁房屋的住户不能进入社区，民宿短租一时间有了市场；最后，多元化营销，尤其是视频直播为民宿开辟了一个新的展示窗口，通过视频全景展示民宿，同时销售房间、房券等产品。民宿在自救的同时，也融和了同周边原住居民的关

系。原来为了春节入住高峰囤积的大量米、面、油、肉等食材因为没有了客人，不少民宿将多余的食材拿出来分享给附近的居民，共度时艰。还有部分因为疫情滞留店内的民宿从业者充当了抗疫志愿者，为周边社区提供服务，这些举措都进一步融洽了民宿和周边原住居民的关系。

（三）深度复苏，高端向好

2020年的五一长假显得非常特殊，不仅第一次延长为五天，而且各地政府领导纷纷出镜，走到户外，部分领导化作游客深入景区、特色小吃店带头"打卡"。消费券也是2020年行业的一大特色，为了推动文旅行业深度复苏，浙江省文化和旅游厅在"519"中国旅游日发放了2.2亿元消费券。

5月5日，国家文化和旅游部发布的信息显示，五一长假，全国共计接待国内游客1.15亿人次，实现国内旅游收入475.6亿元。5月5日当天，全国接待国内游客1023.1万人次，实现国内旅游收入43.3亿元。此前4天国内游客总人数分别为5月1日2319.7万人次、2日3085.7万人次、3日3094.4万人次、4日1931.3万人次。疫情蔓延，在全球范围内对旅游业造成的影响成了一个硬币的两面，出境游受限变相地促进了国内旅游业中高端服务需求的增长，房价堪比五星级酒店的高端民宿入住率明显提升，尤其是一些距离主城区车程1小时左右的，房价在每晚1500～3000元的民宿实现了逆袭，星期五、星期六两晚满房成为常态。

（四）政策助力，利好民宿

"消费券"在2020年的旅游行业扮演了重要利好角色，对于浙江民宿而言，最大的利好莫过于疗休养政策的升级。4月8日，浙江省文化和旅游厅、省总工会印发《关于鼓励开展职工疗休养活动促进文化和旅游产业发展的通知》。该通知积极倡导机关、企事业单位在省内开展职工疗休养活动，明确提出将当地民宿纳入疗休养目的地。至此，全省民宿正式被纳入疗休养服务范畴。在这个特殊的旅游市场环境下，疗休养客户对民宿来说意义重大。首先，客群稳定，单位经费统一埋单；其次，客群质量高，基本为政府企事业单位的工作人员，消费能力强，二次消费概率高；最后，不占用周末客房，大部分单位的疗休养都选在星期一开始，星期五结束。

7月疗休养政策继续升级，浙江《关于调整职工疗休养政策的通知》发布。浙江疗休养政策的三大调整，每一项对民宿来说都是利好：一是提高疗休养经费标准，将原来"每人每天不高于400元的限额"提高为"每人每天不高于600元的限额"，经费提升惠及一大批中高端民宿；二是允许家属随同参加疗休养，虽然家属的费用自理，责任自负，但一定程度上提升了疗休养执行率，提升了消费额度；三是鼓励疗休养时间灵活安排，可以将5天时间的疗休养活动分2次以上来实施，有效地扩大了疗休养目的地选择，惠及更广大范围的民宿。在浙江省总工会政策的指导下，各地纷纷出台措施响应，鼓励就地疗休养，不少县区结合疫情防控需要，积极推行疗休养本地化，鼓励疗休养团队到本市、本县的民宿去。民宿房间数量少，不会形成大规模人员聚集，成了疫情防控下疗休养的不二之选。

二 浙江民宿发展新特点

（一）视频直播，丰富民宿营销渠道

2020年民宿行业最典型的两个表现就是直播和带货，在浙江表现得更为突出，一时间直播基地建设、直播培训、各种直播机构雨后春笋般涌现。直播从某种形式上丰富了民宿营销推广方式，可以更为直观、全面、动态地展示民宿。视频直播与图片相比可信度更高，以往客人因为民宿实际环境和宣传图片不符而退房，甚至引发投诉事件时有发生。视频直播虽然可以选角度、打灯光，但是直播中基本是实景呈现，让客人看到一个真实的存在，与美化后的照片相比更为接近本真。民宿直播的形式多种多样，从主播角度来分，有两种，一种是邀请网红、达人到民宿直播，依托邀请的网红、达人的流量来提升民宿的关注度，扩大知名度。还有一种是民宿主本人或者民宿工作人员进行直播，培育民宿自己的直播账号，逐步形成自己的私域流量。从

直播内容上来讲也有多种形式，一种是单纯的展示民宿，包括周边环境、公共空间、客房细节等，有时会在直播中增加客房预售，或者是抽奖赠送免费入住资格等，还有一种是纯粹的直播带货，销售房间，以及其他产品，如：民宿订制的伴手礼、当地土特产、周边农户的农特产品等，直播带货大大拓展了民宿的盈利渠道，提升了民宿的盈利能力。

（二）产品丰富，超高端民宿不断问世

2020年，杭州、莫干山等地陆续出现了一些房价5000元/晚/间以上的超高端民宿。10月，杭州西溪湿地一家民宿投入试运营，客房面积起步60平方米，最大的客房达300平方米，每一个房间都有独立的庭院和相对封闭的水域景观，整个民宿占地面积约4万平方米，其中90%的面积是园林绿化和水域面积。客房单价分为三个档次，2500元、6500元、15000元，运营以来入住率不低于60%，周末基本满房。与此形成鲜明对比的是，一些价格实惠，房价在300元左右，主打亲民路线的大众化民宿入住率持续走低。究其原因，疫情对工薪阶层、个体户、中小业主打击较大，使得这部分群体的消费受到影响。相反，疫情在全球的蔓延，印度以及部分东南亚国家因为对疫情控制缺乏有效手段，导致工厂无法正常开工，生产效能不足，出口贸易持续走低，而有序复工复产的中国工厂则开足马力，接全球订单。公开数据显示，2020年浙江出口额达25180亿元，较上年增长9.1%。财富在不断集中，高端消费群在逐步形成，并且呈不断扩容之势，高端、超高端民宿消费群体呈扩大趋势。就目前疫情发展态势来看，高端、超高端民宿消费需求还将持续增长，未来如何设计、打造出更具个性化，更有格调，服务更加人性化的高端、超高端产品，值得民宿行业深入研究。

（三）品牌初成，溢出效应开始显现

民宿头部企业正在向品牌化、连锁化发展，浙江民宿的品牌意识逐步增强，那些具备网红气质的头部民宿纷纷注册自己的品牌，"过云山居""原舍""西坡""大乐之野"等都在打造自己的品牌（见图1）。这些民宿具备

一定的网红属性，不仅客房一房难求，甚至民宿本身亦成为游客的打卡点。头部民宿的品牌力量正逐步显现，主要表现在以下几个方面：第一，具备了较强的议价能力，尤其是在易耗品采购方面；第二，具备一定的行业话语权，成为当地民宿发展的先行者，有机会参与民宿相关发展、管理政策的制定；第三，优势资源朝头部品牌集聚，取得优势资源的成本降低，民宿头部品牌已经进入文旅发展重点区域政府招商的范围，在税费优惠、土地取得、物业使用等方面具有优势；第四，开始走上规模扩张道路，部分头部民宿甚至拿到了风投资金。有2家以上门店的民宿已经不在少数，部分民宿，如：过云山居已经在桐庐、苏州等地开设分店，陆续有其他分店投入运营，连锁化已经成为品牌民宿的又一发展方向，而且分店已经跳出省内。可以预见，未来不排除会形成几个具有一定规模的民宿集团企业。

图1　民宿品牌

民宿的品牌化发展也不是一帆风顺的。一些民宿在成立初期，品牌意识淡薄，取名时没能充分考虑到后期商标注册的诸多规范化要求，导致已经在

使用的名号无法注册现象时有发生。民宿的品牌化发展还体现在另外一个方面，就是由政府、行业协会牵头打造属于自己的区域公共品牌。从地形地貌上来讲，浙江的丘陵地带特征较为明显，因此旅游民宿也具有非常鲜明的块状特点，一定区域范围内的民宿往往具有某些共性的元素。这几年来，浙江的部分地市、县区通过政府主管单位或者行业协会注册了自己的区域公共商标，如："丽水山居""临安民宿"等（见图2）。

图2　区域民宿公共品牌

三　民宿分级制度走向成熟

民宿等级评定是浙江民宿界为全国民宿行业发展做出的又一贡献。等级评定是一个系统而又复杂的工作，被评定对象需要有一定的基数存量，有科学的评价体系，还需要制定切实可行的评定流程，这些对于追求个性化、满足小众需求、单体体量较小的民宿来说困难重重。经过几年的发展，浙江业界已经摸索出了一条行之有效的民宿等级评定之路。

（一）行业发展，等级评定应运而生

2017年，结合省内民宿发展的情况与特点，经过反复调研、论证，浙江率先推出《民宿基本要求与评价》（DB33/T2048－2017）。该标准对民宿业的诸多问题进行了第一次规范，而且第一次对民宿给出了确切的定义："利用城乡居民自有住宅、集体用房或者其他配套用房，结合当地人文、自然景观、生态、环境资源及农林牧副渔业生产活动，为旅游者休闲度假、体验当地风俗文化提供住宿、餐饮等服务的处所。"标准还提出了将民宿分为三个等级,即白金宿、金宿级、银宿级,等级依次递减,白金宿级别最高。等级评定遵循自愿申报和相关部门、专家推荐相结合的原则,由县(市、区)级民宿评定机构发起,自下而上逐级申报,银宿级评定权限下放至各市民宿评定机构,省民宿评定机构按比例抽查复核。金宿级、白金宿评定权限统一在省民宿评定机构,民宿主需以PPT形式围绕标准进行阐述,评审流程科学、严谨,可行性强(见表1)。被认定为白金宿的民宿,有几个共性特征:一是装修成本、日常维护费用较高;二是有自己的主题定位或特色,同其他民宿有明显区别;三是拥有一定的稀缺性元素,有的是自然景观、人文遗迹,也有的是民宿主自身的资源优势。

表1 2020年民宿等级评定工作项目检查内容(部分)

序号	内 容
2.1	所在社区(乡村)应保持良好生态环境,附近有特色旅游资源
2.2	可进入性较好,应至少有一种交通方式方便到达
2.3	主体建筑应美观并与环境协调
2.4	经营规模单栋房屋客房不超过15间,建筑层数不超过4层,且总建筑面积不超过800平方米
2.5	应提供整洁卫生、安全、舒适的住宿设施
2.6	公共卫生间应位置合理,方便使用
2.7	设施设备完好有效,应定期检查并有维保记录
2.8	应有适应所在地区气候的采暖、制冷设备,各区域通风良好
2.9	应配备必要消毒设备
2.10	应配备应急照明设备或用品

(二)总量控制,评定工作稳步推进

2017年,浙江首次对全省民宿进行等级评价与认定,共产生122家等级民宿。其中,白金宿6家,金宿级17家,银宿级99家。至此,拉开了浙江民宿等级评定的序幕。2018、2019两年持续对全省民宿进行评价与认定,

三年时间一共评定488家等级民宿（见图3），占全省民宿总量的2%左右。从评定数量来看，白金宿标准较高，比较稀缺，2017～2019三年共评定39家白金宿，仅占评定总数的8%，而银宿级达378家，占比达77%（2017、2018、2019三年评定总数大于488家，原因是部分民宿在后面的年度评定中等级提升，同一家民宿只算一次，按最高等级算）。2020年12月29日，新一年的等级民宿评定名单在浙江省文化和旅游厅网站公示，这一次共产生白金宿11家，金宿级22家，银宿级174家。

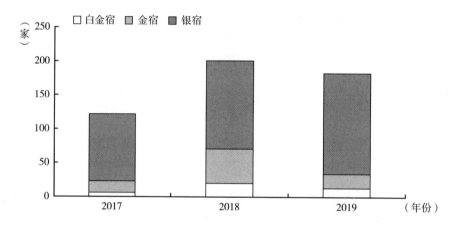

图3　2017～2019年等级民宿数量统计

（三）加强管理，方能树立行业榜样

2019年7月，文化和旅游部公开发布《旅游民宿基本要求与评价》（LB/T 065－2019），规定将旅游民宿分成三个等级，由低到高，依次为三星级、四星级和五星级。至此，全国民宿行业有了自己的评定标准。2020年12月，新一年的浙江民宿等级评定名单公式，继续沿用了银宿级、金宿级和白金宿这样的称呼和评定体系。未来，浙江民宿等级评定是继续沿用自己的体系，还是并轨到国家评定体系，需要深入研究。另外，浙江民宿等级评定已经有四个批次，2017年第一份名单产生距今已满三年，复核期已到，如何对已经评定等级的民宿进行复核，部分不符合标准的是否要限期整改，甚至摘牌，都需要进一步研究和落实。毕竟，三年时间内各种变数存在，如：租赁期满、股东变动、装修老化、经营方式转变等，以及周边环境变化都对民宿的等级评定有影响，如何对被评定的民宿进行动态考评，需要有更好的手段和方法。

四　民宿发展趋势

2020 年的浙江民宿发展整体态势呈 V 字形，上半年急剧下降，下半年开始深度复苏，行情逐步上扬。纵观过去的发展经验，未来浙江民宿发展会呈现一些新的趋势和特点。

（一）高端需求旺盛

2020 年上半年的市场行情让人始料未及，同样让人无法预测的还有下半年民宿高端消费市场的迅速复苏，高端需求持续走高。随着疫情常态化管控，人群聚集次数减少、规模明显缩小，特殊阶段的强化管控让人群流动受到严格控制。另外，受制于境外疫情防控的现状，出境旅游短期内难以恢复，出境游消费转化为国内消费，中高端消费市场持续看好，短期内有继续上扬的可能。目前，无论是东南亚、日韩，还是欧洲、大洋洲等旅游需求被积压，国内高端、小众、体验感强、有特色的旅游民宿成为不二替代品。尤其是一、二线城市，以及省会城市的景区民宿、城郊民宿需求旺盛。以杭州为例，主城区范围内的西溪湿地、满觉陇、四眼井、青芝坞、梅家坞等板块民宿未来会呈现"两旺"趋势，平时旺盛的市场需求以城区消费者为主，未来本地居民消费占比会越来越高，周末、节假日的旺盛需求主要来源于周边城市消费者短途旅行、度假，旅游民宿的客源半径会越来越小。同样得益于出境游消费者的回流，部分县城、乡村民宿，尤其是硬件设施较好、景观位置佳、主题性强，有特色功能配套，例如亲子活动、小型会议，其他特色体验的乡村民宿会迎来高光时刻，部分高投入的民宿可能会很快实现盈利。

（二）数据化服务需求

在经过政策扶持、资金补贴、推广帮助等措施以后，未来各级主管部门、行业协会更应该给民宿提供数据化服务和参考，让各民宿主在做决策时更有针对性和科学性，将民宿发展引向更加健康的轨道上来。浙江民宿发展已经形成了自己的块状特点，而且各有特色。近年来崛起的临安、桐庐、缙云、磐安、嵊泗等地民宿都具有自己的风格特色和定位，而且依托自身的区位优势吸引的客源也各不相同，民宿经营者需要对所属区块的民宿标签进行总结，对客源进行精准画像，方能更加有的放矢策划更合适的营销方案、服务方式。民宿经营者唯有更加了解顾客，甚至是所在片区的主要消费群体，如对客源地精准分布、消费习惯、消费能力、消费需求（更喜欢有餐饮配套，还是喜欢有浴缸，提供周边旅游服务等）、复购特点等基本描绘后，才能实施更高效的推广，花更少的钱找到自己的客户，在服务提升方面也更为精准，在价格策略方面也更为科学（让房价维持在目标消费者的心理价位上下浮动）。对于政府管理部门、行业协会来说，有了数据化参考可以进行更为有效的行业服务和管理。就目前发展阶段而言，浙江民宿应该充分运用数据化服务，由引导进入、输血式帮扶进展到更为高效的阶段，即能帮助民宿实现盈利，不具备条件继续维持下去的民宿尽早有序退出，或者转让，甚至被兼并。

（三）宿集带来的新机遇

黄河宿集的成功，为民宿发展提供了一种新的可能——组团出走，流量叠加盈利。宿集，简而言之就是几个民宿联手打造一片新的民宿集中区，但是，这个片区选址要具备一定的要素，例如，周边具有丰富的旅游资源，而且住宿产品不丰富，甚至是缺乏，离中心城区车程 2 小时以内为佳。黄河宿集周边景区资源相当丰富，有沙坡头、金沙海、通湖草原等，此前没有像样的住宿产品，游客都要回到城区住宿。黄河宿集吸纳的几家民宿本身自带流量，集中到一起后，产生良好的叠加相应，1 + 1 > 2 的效果非常显著。对于浙江的民宿经营者来说，抱团出走联合打造宿集应该是实现品牌增值的又一种方式。就中西部地区来说，民宿发展相对较慢，急需引入品牌、引入成熟的经营管理团队。而且，从政府层面来讲，也愿意拿出政策，给予更优惠的资源引入具有一定品牌知名度的民宿，不仅能短期内快速见效，也能为本地民宿的发展提供样板，提供可以学习参考的范式。当前，浙江民宿市场竞争开始趋向红海，盈利压力渐增，短期内收回成本概率较低，联手走出去打造宿集应该是品牌输出、实现盈利的不错方式。

（四）主题民宿专业化

民宿市场逐步成熟之后，专业化是必然之路。民宿的专业化主要体现在以下几个方面，首先是运营的专业化，因为民宿体量较小，但是竞争又迫使其必须有专业的运营能力来应对各个OTA（线上旅游服务）平台，因此也催生了不少专业的第三方运营服务机构；其次是服务的专业化，主要体现在自身的主题定位、特色服务等方面，如：禅道、禅修、亲子等主题定位。主题定位需要有一定的解构和诠释能力，而且要做到专业化，这样才能对消费者有黏性，否则不仅不能积累好口碑，反而会收获一堆差评。亲子主题民宿一度很受热捧，初期靠着新鲜感获得了一定的流量，但是复购客人很少。此前所谓的亲子主题，充其量是房间设计多了点儿童元素，被子是卡通图案、凳子是蘑菇造型、墙体印上漫画人物，公共活动区有一个海洋球池、跷跷板等，这只能算1.0版本的亲子主题民宿。亲子主题民宿不仅要有吸引孩子的地方，有大人和孩子互动的功能，最为重要的是，一切设计、功能要符合孩子的年龄特征。亲子民宿如果能解构不同年龄阶段的孩子特点、需求，然后进行设计装修布置势必能精准锁定客群。

五 结语

"努力成为新时代全面展示中国特色社会主义制度优越性的重要窗口"，这是当下浙江的新使命。"重要窗口"期的浙江，在民宿方面也必须有自己的贡献，创新、突破现有行业发展瓶颈至关重要。即将到来的 2022 年杭州亚运会，对于整个酒店住宿业来说蕴藏着巨大的商机，尤其是后亚运时期的杭州旅游市场被人们寄予希望。民宿业如何提升服务、精准营销、做好预案，在后亚运时期抢得先机，现在已经可以开始谋划。

参考文献

过聚荣：《旅游民宿经营实务》，社会科学文献出版社，2018。

过聚荣主编《中国旅游民宿发展报告（2019）》，社会科学文献出版社，2020。

浙江省文化和旅游厅编《浙江民宿蓝皮书（2018～2019）》，浙江摄影出版社，2020。

B.7
云南旅游民宿发展报告

摘　要：　云南旅游文化产业进入高质量跨越式发展期，民宿产业面临
机遇与挑战并存的局面。本文在2019年的调研数据基础上，
新增了2020年最新的产业发展政策和通知、文件。通过与历
史数据进行比较分析，对云南旅游民宿产业的发展现状、发
展特色、现实挑战进行了客观描述，并有针对性地提出应对
措施，对未来发展趋势进行了预判。云南省具备旅游文化产
业的良好基础，民宿产业发展有特色有机遇。结合云南打造
"三张牌"的要求，在乡村振兴战略落实发展的重要阶段，
云南民宿产业将借政策红利成为一二三产业融合发展的重要
有效载体。云南民宿产业将实现品牌创新、品类创新、业态
创新，引领民宿发展新局面。

关键词：　旅游民宿　融合创新　云南省

2020年突如其来的疫情深刻影响了人们的生活和工作，全国各行各业
均遭受到了巨大的冲击和影响。旅游业是受疫情影响最大的行业之一。疫情
常态，会形成新的常态。疫情的突然出现打乱了民宿行业的发展节奏，给近
年来高速发展的民宿产业带来了新的挑战。经过一年的摸索与实践，民宿业

---

* 殷晓茵，云南民族大学澜湄国际职业学院旅游系主任，国家一级职业指导师，主要研究领域
为产业融合的应用与实践。

主通过种种努力向人们证明，这场疫情对民宿业来说是一次考验和历练，交上什么样的答卷因人而异。作为国内最早开始民宿产业的云南省，在过去一年里进行了怎样的努力呢？

一　云南省旅游产业的发展概况（2019~2020）

（一）疫情之下积极应对，产业发展稳步前进

云南省 2019 年国民经济和社会发展统计公报显示①，2019 年云南省全年共接待海外入境旅客（包含口岸入境一日游的游客）1484.93 万人次，相比上年增长了 4.8%；2019 年全年接待国内游客达 8.07 亿人次，比上年增长了 17.3%；国内旅游收入 10679.51 亿元，增长 22.8%；全年实现旅游业总收入 11035.20 亿元，增长了 22.7%（见图 1、图 2）。

2020 年云南省接待国内游客 5.29 亿人次，同比恢复 65% 左右，实现旅游总收入 6477 亿元，同比恢复到 60% 左右。

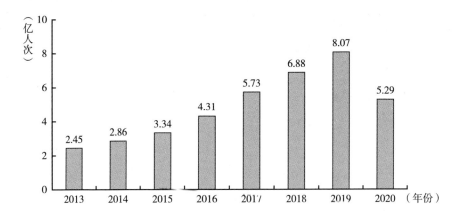

图1　2013~2020 年云南旅游接待国内游客总人数

资料来源：云南省统计局、云南旅游民宿产业报告组整理。

---

① 《云南日报（数字版）》2020 年 4 月 14 日，第 8 版。

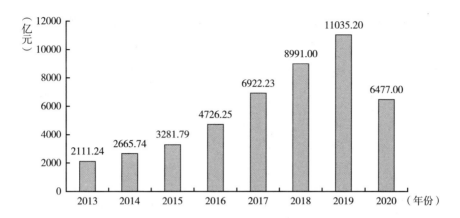

图2 2013~2020年云南旅游业总收入

资料来源：云南省文化和旅游厅官方网站（2020年1月5日）。

2020年云南省旅游资源数据更新：云南省现已有9个5A级旅游景区①，截至2020年4月，云南省共有A级旅游景区344家。文化和旅游部12月16日公告，云南普者黑景区成功荣列国家5A级旅游景区。普者黑成为云南第九个5A级旅游景区。2020年8月，云南4A级景区升为105家。共有187处重点文物单位。截至2020年12月，云南省已有A级旅游景区369家。

（二）产业转型升级，文旅融合发展迎难而上

2019年，云南省文化和旅游产业融合发展拉开序幕，地方各级政府多措并举以提升旅游产品品质，进而推动旅游产业转型升级并取得了新突破，获得了新成效。2020年，尽管遭遇疫情挑战，但云南省的文旅产业融合发展仍然迎难而上。全省加快了文旅行业的标准化整合，重构了市场监管流程，改革进一步深入推进，全省上下将切实推进文旅产业的结构转型、产业升级。

1. 文化事业繁荣发展，结出硕果

（1）2020年，话剧《农民院士》、滇剧《一夜乾坤》、舞剧《流芳》等

---

① 云南省文化和旅游厅2020年4月22日官网发布。

一批作品先后登上了重要舞台；舞剧《阿诗玛》等8个剧目分别入选了文化和旅游部的"百年百部""百年百项"创作计划；话剧《独龙天路》《农民院士》、花灯剧《梭罗花开》等多部剧目入选了2020年全国脱贫攻坚舞台的优秀展演剧目。继第一批保山市、第二批楚雄州、第三批曲靖市之后，昆明市创建了第四批国家级公共文化服务示范区，并成功通过国家验收。同时昭通市、红河州创建的第四批国家级公共文化服务体系示范项目也顺利通过国家验收。

（2）文化场馆设施稳步增加：已有备案各级博物馆、纪念馆161家，据统计，截至2019年底年参观人次达3033万，较上年参观人次的增幅达17%①；2020年12月底文旅部正式公布的第五批国家级非物质文化遗产的337个代表项目中，云南有23个非遗项目入选。截至目前，云南已拥有国家级非物质文化遗产35项，而省级非物质文化遗产更是多达450项。

2. 云南省文化和旅游厅加强顶层设计，促进产业融合发展

印发了《云南省文旅融合发展实施方案（2020～2022年)》，制定《云南省"十四五"文化和旅游发展规划编制工作方案》，提出"1+7""十四五"文化和旅游发展规划体系。统筹资源规划，推进"非遗、文物、博物馆+旅游"，抓好红色旅游示范项目、6个遗址公园、8种博物馆集群和6个博物馆群落建设，用文化丰富旅游产品供给。抓好品牌建设，建成省级文创园区37个、文化产业示范基地28个；旅游会展活动（节、会、展、演、赛等形式内容）逐年增加，截至目前，已成功打造"云南印象"等几十项精品旅游演艺节目，举办了超过50项的国际性文旅活动和多项体育旅游赛事活动。

（三）夯实基础再出发，努力实现云南旅游产业跨越发展

作为传统的旅游大省，云南具有丰富自然资源和悠久历史文化，因而成为众多国内出行人群的首选目的地。良好的资源基础成为推动云南旅游文化

---

① 昆明信息港，https：//www.kunming.cn/news/c/2020－03－20/12881920.shtml，最后检索日期：2021年3月22日。

跨越式发展的强大动力。新形势、新机遇下，如何在既有旅游资源基础之上，推动旅游业发展从"传统经济"向"现代产业经济"进行转型？如何稳步推进文旅产业融合的跨越式发展？这是摆在云南省文旅产业转型升级道路上的首要问题。需要坚持对基础设施尤其是新型基础设施进行升级改造，重塑旅游文化新形象、创建文旅融合发展新品牌，并对旅游产业的传统业态进行全面的提升。云南省在上述三个方面持续发力，并经受住了2020年的严峻考验：仅2020年"五一"小长假期间，云南省市场监管局即督促全省实行政府指导价的4A级以上景区门票价面向市场实行全面优惠，多个景区的门票降价，优惠力度达到历史最高。传统旅游产业的发展形态正在云南全境范围内悄然发生着变化。

1. 疫情考验下，文旅行业复工复产情况总体良好

截至2020年12月10日，云南省有40多家景区于年内成功创建为A级景区，4A级景区已达105家，全省有369家A级旅游景区。疫情过后，景区陆续开放了360家，复工复产率达97.6%。其中138家A级以上景区实行传统（门）票全免，惠及游客达729.3万人次。清明、五一、端午、国庆旅游假日，全省游客量接待分别同比恢复53.7%、66.8%、76.2%、79%。①

2. 内涵提升，旅游目的地品牌创建获突破

2020年，云南连获多张国家级"旅游名片"。普者黑旅游景区成功创建为国家5A级旅游景区；昆明市入选为第一批国家文化和旅游消费示范城市；丽江市和大理州成功入选为国家文化和旅游消费试点城市；大理古城旅游度假区被评为国家级旅游度假区；大理市、丽江市、弥勒市成功入选第二批国家全域旅游示范区；丽江市美泉村等23个乡村入选第二批全国乡村旅游重点村。

3. 坚持不懈，文化旅游扶贫成效显著

云南省文化和旅游厅将脱贫攻坚作为重要政治任务，常抓不懈：制定了《云南省旅游扶贫专项规划（2016～2020年）》，实施了"123518"工程。

---

① 《2020年终盘点 | 10个关键词，读懂云南文旅这一年!》，云南网，2020年12月31日。

近几年已精准扶贫 30 个重点村，对超 1 万户的农户进行了重点帮扶。云南省乡村旅游总收入约达 1300 亿元；5.75 万人增收脱贫，超过原计划 7500人，占全省脱贫人口的 13%。①

二　云南省旅游民宿产业发展现状

（一）疫情下的云南民宿产业

2020 年初，云南民宿产业突然按下了"暂停键"。从最初的惶恐迷茫，到积极自救并在各级政府的政策支持、业务指导之下开始逐步实现产业复苏，云南民宿产业走过了不平凡的一年。

1. 政府扶持文旅产业发展，财政政策免除企业的后顾之忧

云南省在 2020 年 3 月 25 日出台了支持住宿餐饮业复工的系列政策，如《云南省人民政府关于应对新冠肺炎疫情稳定经济运行 22 条措施的意见》（云政发〔2020〕4 号）和《云南省财政厅　国家税务总局云南省税务局关于认真贯彻落实打赢新冠肺炎疫情防控阻击战　稳定经济运行的财税政策措施的通知》（云财建〔2020〕9 号）等。要求各级文化和旅游部门要会同财政和商务部门，共同选派专人对相关企业进行一对一的指导：帮助企业依法申请并享受减税降费和稳岗就业的各项政策，在疫情突发、企业经营遭受重创的情况下，帮助企业降低成本，减轻负担。如对疫情初期安置滞留在云南的湖北籍旅客的住宿企业分别给予 50 万～100 万元的补助；对省内的中高端住宿企业分别给予 50 万～100 万元的定向补助（四星、五星标准酒店）；对新验收并达标的精品酒店和五星级民宿给予 20 万元的定向补助等。云南省政府对各地州政府提出要求：因地制宜制定相应政策，支持中小微住宿企业复工营业，为其提供加快发展的配套政策，建立监管问效和问责机制等，全力支持云南住宿业加快高质量发展。上述一系列政策的出台，为云南民宿

---

① 《2020 年终盘点 | 10 个关键词，读懂云南文旅这一年!》，云南网，2020 年 12 月 31 日。

产业提振了信心，带来了希望。

2. 危机中谋发展，创新模式建设半山酒店

旅游产业是云南第三产业发展中的第一梯队，在很长一段时间以来，为云南的经济社会发展做出了巨大的贡献。但近年来，旅游产业在发展过程中遇到了瓶颈：资源整合不充分、产品创新不积极、品牌创建不到位等问题逐一显现。尽管全省持续推进旅游革命，但一些传统的运营思维导致部分云南文旅人或故步自封或踟蹰不前，甚至希望继续观望，结果就是产业发展的新业态新产品供给不足，负面舆情接连不断。云南的旅游产业必须转型升级，重塑形象。云南省政府充分认识到挑战与机遇并存，要求文旅产业发展既要立足当前，更要着眼长远。要通过整合资源、优化产品、创建品牌、打造名牌，推动发展旅游产业实现质的飞跃。不仅要通过努力将云南打造成为国内外游客的首选目的地，更要紧扣"建设云南成为世界知名的健康生活目的地"的现实目标，完善全省的文旅产业规划布局，结合乡村振兴发展战略，打通省内外的交通互联瓶颈，加快半山酒店项目建设，使其成为云南旅游的一张新名片。

3. 实施点状供地政策，切实做好旅游业用地规划保障

2020 年 5 月 18 日召开《云南省支持文旅产业应对新冠肺炎疫情加快转型发展若干措施》的新闻发布会上，云南省自然资源厅对云南省如何落实"点状供地"政策进行了解读。"点状供地"主要适用于乡村基础设施和公共服务设施建设用地；为农村一二三产业融合发展等文化旅游、乡村振兴类建设项目提供政策支持，为云南省的半山酒店、休闲农业、乡村旅游等项目的发展提供具体的政策保障。2020 年 8 月 28 日，云南省自然资源厅印发《云南省自然资源厅关于实施"点供"用地助力乡村振兴的意见》中指出：点供用地的适用范围是在土地利用总体规划确定的城市建设用地范围外实施的规划用地。明确了"半山酒店"等 5 类允许准入类型，以及 5 类禁止准入类型；在用地规模上，明确了单个项目建设用地原则上总面积不超过 50亩。提出要加强用地规划支持；严格分类审批管理；灵活开展土地供应；鼓励利用集体建设用地并要规范登记发证。通过上述系列政策保证云南省乡村振兴的用地保障，加快推进以"半山酒店"项目为代表的旅游转型升级新

产品快速发展，为把云南建设为世界知名的健康生活目的地提供切实可行的政策保障措施。

（二）发展现状

1. 云南省民宿产业发展状态

从表 1 可以看出，与 2019 年相比，2020 年云南省民宿的整体数量呈增长之势。截至 2020 年 10 月，云南省累计提供房源的民宿总数量已突破20000 家，房间数达到近 130000 间。[①] 而从分布区域上看，与 2019 年相比，大理州提供的民宿数量超过了丽江，成为目前云南省境内拥有民宿数量最多的地区。而从表 1 及图 3 中可以看出，昆明与大理相比，虽在民宿保有数量上在同一区间，其房间数却少很多。由此可判断，昆明的民宿类型目前以城市民宿为主，而大理的民宿则是以乡村民宿为主，因此拥有更多的房间和床位。而从床位数上看，目前云南省境内的民宿峰值可提供超过 600 万个的床位，与 2019 年相比接待容量仍然呈增长趋势，未来将可以为各种不同类型的旅游产品在住宿条件上提供坚实的基础与保障。

表 1　2020 年 10 月统计云南民宿数据

地区	上架房源信息统计			房源单价（元/间·天）		
	民宿上架数量（个）	房间上架数量（间）	床位上架数量（张）	最低	最高	平均价
怒江傈僳族自治州	1~100	1~100	2001~3000	1~100	401~627	100~200
昭通市	101~200	401~500	20001~30000	1~100	601~900	100~200
曲靖市	201~300	901~1000	50001~60000	1~100	3001~4000	100~200
楚雄彝族自治州	101~200	401~500	10001~20000	1~100	5001~6000	100~200
临沧市	1~100	101~200	6001~7000	1~100	601~900	100~200
德宏傣族景颇族自治州	101~200	301~400	10001~20000	1~100	601~900	100~200

---

① 资料来源：宿宿网，图表数据为云南旅游民宿发展报告组整理绘制。

续表

地区	上架房源信息统计			房源单价(元/间·天)		
	民宿上架数量(个)	房间上架数量(间)	床位上架数量(张)	最低	最高	平均价
文山壮族苗族自治州	601 ~ 700	2001 ~ 3000	100001 ~ 200000	1 ~ 100	7001 ~ 8000	100 ~ 200
普洱市	201 ~ 300	700 ~ 801	30001 ~ 40000	1 ~ 100	3001 ~ 4000	100 ~ 200
红河哈尼族彝族自治州	601 ~ 700	2001 ~ 3000	100001 ~ 200000	1 ~ 100	60001 ~ 70000	201 ~ 300
昆明市	6001 ~ 7000	20001 ~ 30000	900001 ~ 1000000	1 ~ 100	50001 ~ 60000	100 ~ 200
迪庆藏族自治州	501 ~ 600	3001 ~ 4000	100001 ~ 200000	1 ~ 100	6001 ~ 7000	100 ~ 200
丽江市	5001 ~ 6000	30001 ~ 40000	1000001 ~ 2000000	1 ~ 100	90001 ~ 100000	201 ~ 300
大理白族自治州	6001 ~ 7000	30001 ~ 40000	1000001 ~ 2000000	1 ~ 100	90001 ~ 100000	201 ~ 300
西双版纳傣族自治州	1001 ~ 2000	5001 ~ 6000	200001 ~ 300000	1 ~ 100	60001 ~ 70000	301 ~ 400
保山市	1001 ~ 2000	5001 ~ 6000	200001 ~ 300000	1 ~ 100	10001 ~ 20000	201 ~ 300
玉溪市	801 ~ 900	2001 ~ 3000	100001 ~ 200000	1 ~ 100	90001 ~ 100000	401 ~ 500

资料来源:宿宿网,图表数据为云南旅游民宿发展报告组整理绘制。

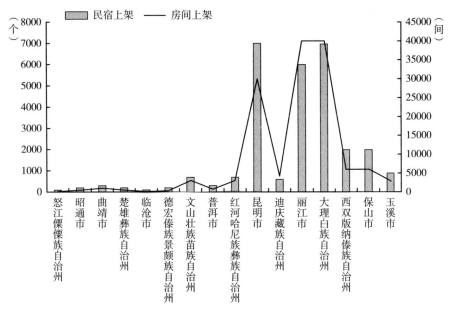

图3　2020年10月云南民宿上架数量及房间上架数量对比

资料来源:宿宿网,图表数据为云南旅游民宿发展报告组整理绘制。

从表2①可以看出，以2020年10月为例，云南省全境内的民宿销售价格中的最低价格差别不大，而最高单价中，除了大理、丽江这样具有传统文化优势的地区外，玉溪市后来居上，也有了单价标价较高的精品民宿酒店。红河州和西双版纳州则在最高单价标价中的第二梯队。这组数据基本可以反映云南省各地区在这一阶段对民宿产业发展的重视程度及精品民宿酒店的占比情况。从市场大环境来看，受疫情影响，全省民宿房间单价售价的平均值基本在200~300元，与上年相比，市场盈利情况大打折扣。

表2 2020年10月云南民宿房间单价数据统计

地　　区	房源单价(元/间·夜)		
	最低	最高	平均价
怒江傈僳族自治州	1~100	401~627	100~200
昭通市	1~100	601~900	100~200
曲靖市	1~100	3001~4000	100~200
楚雄彝族自治州	1~100	5001~6000	100~200
临沧市	1~100	601~900	100~200
德宏傣族景颇族自治州	1~100	601~900	100~200
文山壮族苗族自治州	1~100	7001~8000	100~200
普洱市	1~100	3001~4000	100~200
红河哈尼族彝族自治州	1~100	60001~70000	201~300
昆明市	1~100	50001~60000	100~200
迪庆藏族自治州	1~100	6001~7000	100~200
丽江市	1~100	90001~100000	201~300
大理白族自治州	1~100	90001~100000	201~300

① 资料来源：宿宿网，图表数据为云南旅游民宿发展报告组整理绘制。

续表

地 区	房源单价(元/间·夜)		
	最低	最高	平均价
西双版纳傣族自治州	1~100	60001~70000	301~400
保山市	1~100	10001~20000	201~300
玉溪市	1~100	90001~100000	401~500

资料来源：宿宿网，图表数据为云南旅游民宿发展报告组整理绘制。

从表3和图4中可以看出，以2020年10月为例，云南省全境范围内各地州的民宿入住率中，最高入住率发生日多集中在周五和周六。由此可以判断在非节假日、非旅游旺季的时段入住民宿的客人多为短途游客，而在这一时间段，传统知名的旅游目的地如大理、丽江地区的入住率并不高，反而是昭通、怒江、临沧几个地区的入住率提高，这也反映出这几个地区以短途休闲旅游、乡村旅游为特色的旅游产品更受游客的喜爱。对比表4、图5可以发现，暑期期间，大理、丽江、昆明还是长途游客的首选目的地。相比之下，西双版纳的入住率似乎不太受季节及淡旺季影响，一直很稳定。红河、玉溪与上年相比，发展势头有了明显的进步。2020年受疫情的影响，云南省民宿产业的最高入住率普遍无法超过10%，即便是在往年应有的暑假旅游旺季期间，丽江、大理等地的入住率也都未能超过5%。民宿产业的发展遇到了真正的挑战。

表3　2020年10月云南民宿数据统计

单位：%

地　区	区域民宿经营信息统计						
	入住率(7天数据分析)						
	周一	周二	周三	周四	周五	周六	周日
怒江傈僳族自治州	2.28	0.33	1.17	0.45	1.42	0.64	2.27
昭通市	1.59	1.34	1.79	1.77	2.72	2.23	1.49
曲靖市	0.96	0.86	1.14	1.37	1.50	1.17	1.24
楚雄彝族自治州	1.39	1.74	1.50	1.54	2.31	1.36	1.27

续表

地 区	区域民宿经营信息统计						
	入住率(7天数据分析)						
	周一	周二	周三	周四	周五	周六	周日
临沧市	0.38	0.30	0.66	0.77	1.33	0.76	0.53
德宏傣族景颇族自治州	1.86	1.28	1.36	1.99	2.95	1.44	1.56
文山壮族苗族自治州	2.31	2.12	2.79	2.82	2.98	2.97	2.02
普洱市	1.21	1.27	1.17	1.81	2.01	1.33	1.33
红河哈尼族彝族自治州	3.42	3.53	3.92	5.39	5.75	5.07	3.92
昆明市	5.25	4.74	5.39	6.05	6.62	5.69	5.14
迪庆藏族自治州	4.43	4.11	4.39	4.44	3.91	4.00	4.03
丽江市	5.17	4.87	5.17	5.06	4.48	4.81	4.72
大理白族自治州	5.05	4.79	4.89	5.14	5.16	5.23	5.09
西双版纳傣族自治州	6.59	5.86	5.68	6.33	6.63	6.78	6.37
保山市	1.65	1.55	1.59	1.97	1.79	1.75	1.80
玉溪市	3.63	3.46	4.45	6.22	5.87	4.93	3.89

资料来源：宿宿网，图表数据为云南旅游民宿发展报告组整理绘制。

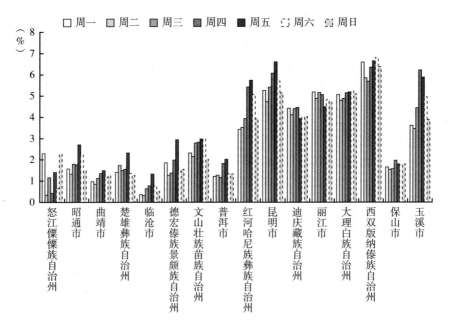

图4　2020年10月一周入住率对比

资料来源：宿宿网，图表数据为云南旅游民宿发展报告组整理绘制。

表4 2020 年 8 月统计云南民宿数据

单位：%

地　　区	区域民宿经营信息统计						
	入住率（7 天数据分析）						
	周一	周二	周三	周四	周五	周六	周日
怒江傈僳族自治州	2.28	0.33	1.17	0.45	1.42	0.64	2.27
昭通市	1.59	1.34	1.79	1.77	2.72	2.23	1.49
曲靖市	0.96	0.86	1.14	1.37	1.50	1.17	1.24
楚雄彝族自治州	1.39	1.74	1.50	1.54	2.31	1.36	1.27
临沧市	0.38	0.30	0.66	0.77	1.33	0.76	0.53
德宏傣族景颇族自治州	1.86	1.28	1.36	1.99	2.95	1.44	1.56
文山壮族苗族自治州	2.31	2.12	2.79	2.82	2.98	2.97	2.02
普洱市	1.21	1.27	1.17	1.81	2.01	1.33	1.33
红河哈尼族彝族自治州	3.42	3.53	3.92	5.39	5.75	5.07	3.92
昆明市	5.25	4.74	5.39	6.05	6.62	5.69	5.14
迪庆藏族自治州	4.43	4.11	4.39	4.44	3.91	4.00	4.03
丽江市	5.17	4.87	5.17	5.06	4.48	4.81	4.72
大理白族自治州	5.05	4.79	4.89	5.14	5.16	5.23	5.09
西双版纳傣族自治州	6.59	5.86	5.68	6.33	6.63	6.78	6.37
保山市	1.65	1.55	1.59	1.97	1.79	1.75	1.80
玉溪市	3.63	3.46	4.45	6.22	5.87	4.93	3.89

资料来源：宿宿网，图表数据为云南旅游民宿发展报告组整理绘制。

2. 2020 年新增的支撑云南旅游民宿发展的各级相关政策

在之前已经整理的各项支撑政策的基础之上，云南旅游民宿发展报告组继续总结梳理了近两年新增的一系列政策（见表5），为云南旅游民宿产业发展提供政策依据（2019 年之前发布的相关政策法规详见笔者 2019 年发布的《云南旅游民宿发展报告》）。

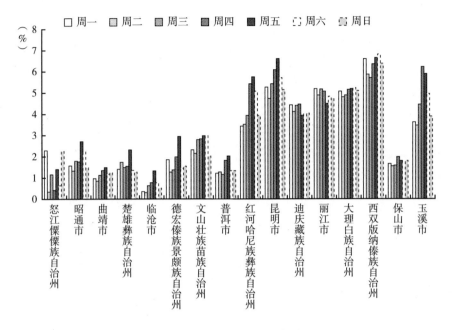

图5 2020年8月一周入住率对比

资料来源：宿宿网，图表数据为云南旅游民宿发展报告组整理绘制。

表5 2020年国家及云南省各级政府指导性政策及文件汇总

级　别	发布日期	文件及文号	发布部门
国家	2020年1月2日	《中共中央、国务院关于抓好"三农"领域重点工作确保如期实现全面小康的意见》	中共中央、国务院
	2020年4月13日	《社会资本投资农业农村指引》	农业农村部办公厅
	2020年7月9日	《全国乡村产业发展规划（2020～2025年)》	农业农村部
	2020年7月17日	《关于统筹做好乡村旅游常态化疫情防控和加快市场复苏有关工作的通知》	文化和旅游部办公厅
	2020年11月30日	《关于深化"互联网＋旅游"推动旅游业高质量发展的意见》	文化和旅游部、国家发展改革委、教育部等10部门

级　别	发布日期	文件及文号	发布部门
国家	2020 年 12 月 29 日	《中共中央、国务院关于全面推进乡村振兴加快农业农村现代化的意见（讨论稿）》	中共中央、国务院
云南省	2019 年 2 月 1 日	《云南省乡村振兴战略规划（2018 ~ 2022 年）》	云南省委、省政府
	2020 年 1 月 23 日	《云南省人民政府关于命名云南省美丽县城的通知》	云南省人民政府
	2020 年 2 月 14 日	《云南省人民政府关于推动创新创业高质量发展打造"双创"升级版的实施意见》	云南省人民政府
	2020 年 2 月 12 日	《云南省人民政府关于应对新冠肺炎疫情　稳定经济运行 22 条措施的意见》	云南省人民政府办公厅
	2020 年 2 月 12 日	《关于认真贯彻落实打赢新冠肺炎疫情防控阻击战　稳定经济运行的财税政策措施的通知》	云南省财政厅、国家税务总局云南省税务局
	2020 年 4 月 22 日	《云南省人民政府印发关于支持实体经济发展的若干措施的通知》	云南省人民政府办公厅
	2020 年 4 月 28 日	《云南省支持文旅产业应对新冠肺炎疫情加快转型发展若干措施》	云南省人民政府办公厅
	2020 年 5 月 15 日	《云南省人民政府办公厅关于加强传统村落保护发展的指导意见》	云南省人民政府办公厅
	2020 年 6 月 30 日	《云南省人民政府关于印发云南省优化营商环境办法的通知》	云南省人民政府
	2020 年 8 月 28 日	《云南省自然资源厅关于实施"点供"用地助力乡村振兴的意见》	云南省自然资源厅
各地州	2020 年 4 月 30 日	《促进总部和楼宇经济发展若干政策以及促进批发业、零售业、住宿业、餐饮业和其他服务业高质量发展若干激励政策》	安宁市人民政府
	2020 年 8 月 5 日	《临沧市"乡村旅游品牌村"申报评定工作方案》	临沧市人民政府
	2020 年 9 月 25 日	《云南省镇沅彝族哈尼族拉祜族自治县传统村落保护条例》	普洱市镇沅彝族哈尼族拉祜族自治县人民代表大会

资料来源：云南旅游民宿发展报告组整理。

3. 特色小镇建设、评审情况

云南省发展和改革委员会 2020 年 10 月 10 日发布"云南省特色小镇"评选第三方评估工作采购项目公开招标公告,并在 2020 年 11 月 27 日至 12 月 4 日组织中标的第三方独立评估机构按照《云南省人民政府关于加快推进全省特色小镇创建工作的指导意见》(云政发〔2018〕59 号)、《云南省人民政府办公厅关于印发云南省示范特色小镇评选办法(试行)的通知》(云政办发〔2018〕97 号)瞄准"世界一流、中国唯一"的目标,牢牢守住"四条底线",聚焦"七大要素",对各州(市)人民政府申请奖补特色小镇逐一进行第三方独立评估。考核结果尚未公布。

4. 全域旅游示范区创建情况

2020 年全国有 97 家单位被认定为国家全域旅游示范区,其中云南 3 地上榜,分别是红河哈尼族彝族自治州弥勒市、大理白族自治州大理市、丽江市古城区。

5. 美丽县城、美丽乡村创建情况

云南省人民政府经过严格评选,将腾冲市、安宁市、巍山县等 20 个县(市)评为"云南省美丽县城",名单见表 6。

表 6 云南省美丽县城名单

序号	名称	序号	名称
1	保山市腾冲市	11	玉溪市新平县
2	昆明市安宁市	12	红河州石屏县
3	大理州巍山县	13	楚雄市大姚县
4	普洱市西盟县	14	保山市昌宁县
5	昭通市水富市	15	普洱市景谷县
6	红河州屏边县	16	临沧市沧源县
7	临沧市凤庆县	17	德宏州瑞丽市
8	红河州建水县	18	大理州剑川县

序号	名称	序号	名称
9	昆明市石林县	19	迪庆州香格里拉市
10	普洱市镇沅县	20	曲靖市罗平县

资料来源：图表数据为云南旅游民宿发展报告组整理绘制。

2020年12月28日，云南省农业农村厅、省农村人居环境整治工作领导小组办公室在全省范围内评定出983个2020年度美丽村庄。2020年中国美丽休闲乡村评选名单中，云南有8个村落入选，名单见表7。

表7 云南省中国美丽休闲乡村名单

序号	名　　称
1	云南省保山市腾冲市清水乡三家村
2	云南省西双版纳州景洪市勐罕镇曼听村
3	云南省丽江市玉龙县拉市镇海东村
4	云南省文山州丘北县双龙营镇普者黑村
5	云南省大理州漾濞县苍山西镇光明村
6	云南省迪庆州维西县塔城镇启别村
7	云南省红河州泸西县永宁乡城子村
8	云南省普洱市思茅区倚象镇大寨村

资料来源：图表数据为云南旅游民宿发展报告组整理绘制。

（三）发展特色

云南省发展民宿产业特色优势明显：依托浓厚的民族文化及特色资源形成的特色民宿是云南民宿的一大亮点。云南绝大多数地区的乡村，生态宜居，民风淳朴，社会和谐。作为国内最早发展民宿产业的地区之一，云南民宿的知名度、美誉度以及游客满意度均较高，具有不可替代的稀缺资源优势和口口相传的乡土符号，在多年的建设发展中形成了独特的品牌影响力。从

城市到乡村，云南的旅游基础服务设施比较完善，多地已经形成了旅游资源要素聚集的特色旅游产品。在此基础之上，发展特色民居、精品民宿，吸纳当地返乡农民创业就业，将生产、生态、生活资源进行整合，将一二三产业加快融合，契合产业发展要求并可帮助当地居民脱贫致富。发展民宿产业是将乡村振兴战略在云南进行有效落实的具体实践。

（四）发展机遇

1. 云南文化旅游产业高质量跨越式发展关键期

"十三五"以来，云南省委、省政府致力打造"健康生活目的地"，全面推进产业转型升级改革：启动大滇西旅游环线建设，试点半山酒店建设，鼓励发展乡村旅游，着力打造一二三产业融合发展的乡村振兴示范区。全省文化旅游产业发展稳步推进，具体表现为：文旅融合不断深入，公共服务水平不断提升；旅游产品创新不断加强，文化旅游环境不断优化；文旅产业发展带动乡村旅游新业态发展，产业精准扶贫效应明显等。云南省政府要将文旅产业打造为万亿级的支柱产业，需要推动产业转型升级，推动旅游产品推陈出新，不断聚集全新要素，推动文化和旅游产业能融尽融，将各自为战的独立要求聚集整合，向全产业链发展迈进，真正形成全要素聚集的一流产业品牌，将云南省打造为世界一流的旅游目的地和健康生活目的地，进而实现云南文化旅游产业高质量的跨越式发展。

2. 政策环境加速优化，持续改善

2019～2020年，云南省各级政府积极作为，在产业扶持政策出台的力度、深度、广度等多方面为云南省的民宿产业发展开辟了良好的局面。比如2020年出台半山酒店专项支持政策，实行"点状供地"政策，在具体选址上特别给予"调规"支持，这些都是在政策支持上的巨大突破。不仅可以将云南民宿现有的运营存量盘活，更可以通过一系列举措增强入市观望者的信心，实现云南民宿的供给增量。又如云南省大力发展乡村旅游，将乡村旅游作为重要内容纳入"十四五"文化和旅游发展规划，提出在"十四五"期间，云南省将聚焦产业发展，大力推进文化和旅游产业融合，高质量发展乡村旅游。规范乡村旅游特别是乡村旅游民宿的发展，优化审批流程，在有条件的地区增加乡村旅游民宿服务事项，实行一站式服务。另外将开展旅游民宿示范点建设，创建一批具有特色、运营规范、效益良好的精品民宿。

3. 行业协会、社会团体将发挥更大作用

云南省内民宿产业发展形成一定规模，比较成熟的几个地区陆续成立了行业协会。如丽江在 2018 年首先成立了丽江古城客栈协会，又在 2019 年 12 月成立了丽江市民宿协会。丽江市民宿协会主要由在丽江经营多年的民宿经营者、管理者自发组织成立，提出要从法律咨询、多媒体宣传推广、培训体系构建、外部资源对接等八大方面为在丽江经营民宿的业主提供全方位服务。丽江市民宿协会在 2020 年 7 月协助中国旅游民宿发展报告组在丽江进行了该报告的全国首发活动。大理州客栈民宿行业协会成立以来，主动响应省州市党委政府的号召，积极参与到洱海保护治理的"七大行动"中，主动引导客栈树立环保意识，自觉保护洱海，维护当地自然生态。并对协会会员提出自律要求：守法经营，诚信待人，规范管理。在 2020 年 11 月，协助大理州文化和旅游局举办"风花雪月"大理民宿·客栈评选活动。2020 年 12 月 29 日，昆明市旅游民宿与精品酒店协会成立。昆明市文化和旅游局副局长王明瑶希望昆明市旅游民宿与精品酒店协会成立后，能够加强行业自律管理，规范服务标准，强化诚信意识，促进昆明市旅游民宿与精品酒店行业的高质量发展，让民宿和精品酒店成为昆明旅游业高质量发展的形象代言。

4. 文化自信促进品牌自强

文化因素对住宿业的重要性越来越明显：鲜明的文化特色能够有效提升住宿产品的附加值并丰富消费者体验。区域文化特征更决定着本土品牌的可持续性，其原动力来自文化自信。文化自信，是少数民族地区发展的根本动力。其发展路径集中表现在民族旅游对民族地区乡村振兴、城镇化、民族文化遗产保护、民族工业等的带动与促进作用上。立足于"深入挖掘、继承、创新优秀传统文化"基础上全面推动文化振兴，核心在于通过民族团结进步示范区建设推动民族文化自信构建，这是云南民族文化传承、发展和面对

当代挑战的重要机遇。

5. 数据价值已经开始展现

云南省的"十四五"规划将"绿色化"和"数字化"作为下一个五年云南省经济发展的重点，更是将云南省经济发展实现弯道超车的关键点放在数字经济的发展上。在近几年云南的经济发展中，已可以看到数字技术正在逐步赋能各行各业的快速发展。数字技术催生新业态、新模式、新产品的情形不断涌现，重建全新的消费场景，降低住宿企业的人力资源成本，提升民宿企业运营和自身服务品质的效率，为消费者带来全新的住宿体验。数字经济在云南民宿领域内的应用将更加普遍。以"一部手机游云南"平台为代表的智慧旅游客户端，通过手机，让游客可以体验目的地智慧化旅游，获取"吃、住、行、游、购、娱"等旅游问题的数字化解决方案，实现智慧体验多场景的众多功能。"产业数字化，数字产业化"将是云南未来5年的发展目标，数据资源的巨大能量将在未来得到释放，云南民宿产业的数字化值得关注与期待。

（五）现实挑战

1. 外部环境因素带来消费需求的不确定性和资金风险

新冠肺炎疫情对民宿产业的影响是巨大的。初遇疫情时的紧张惶恐令每一位云南民宿经营者都无法忘记。巨大的不确定、不可控性使全行业都必须快速地不断寻找应对危机的解决方案。对于短租房屋民宿经营主体来说，主要靠租赁经营，很难取得房屋的产权，一旦遭遇房东不诚信，巨额投资就很容易打水漂，因此资金链断裂的风险非常高。

2. 缺乏合理的区域规划、缺乏配套的基础设施

一些地区并未能形成针对民宿产业的统一发展规划，进而容易造成资源内耗、局部恶性竞争的局面，规模效应难以形成，无法铸就地方品牌和地方特色。民宿是一个集群性非常强的产业，经营主体需要集群化发展，在同一区域内共建、共享基础设施。个体民宿依靠单打独斗，按照"求人不如求己"的思路解决问题，不符合互联网时代的共享思维、平台思维，无法降

低民宿的经营管理成本，无形中还会提高民宿产品的消费单价，这将导致同一地区的民宿无法实现合力，甚至产生彼此间的恶性竞争。

3. 民宿经营者缺乏品牌意识，创新能力不足，造成市场同质化严重

早期来到云南的很多民宿个体从业者多是因为一腔情怀进入了这个全新领域，他们对"面朝大海，春暖花开"的生活充满渴望，对于民宿客栈的经营随心、随性，前期并没有考虑过产品打造、品牌培育等问题，更无心考虑如何通过自身经营与当地的风土人情进行结合。随机的、碎片化的建设和运营，很难创造好的品牌，无新意的机械模仿或完全照抄照搬，都会导致市场同质化严重现象产生。

4. 民宿运营缺乏专业化人才，营销松散，定价随意混乱

一些民宿经营者前期的宣传营销手段比较单一，主要还是依靠"口口相传"的口碑营销。有民宿经营者通过微博和抖音进行宣传，但是粉丝量比较少，宣传不到位，还是会有经营压力。房间入住率低，偶遇可能带来客流量的旺季节点，一些运营者会即时抬高价格，给游客带来不诚信的印象。

（六）应对措施

1. 转变经营方式、提质增效，增加抗压能力防御风险

民宿管理者要善于学习，提前进行收益管理。及时了解政府扶持、补贴政策，提前做好风险防控预案。通过行业协会抱团取暖，共同抗击风险，主动寻求专业帮助，与行业共同成长。政府部门要引导消费者积极扩大有效需求，切实增强发展支撑能力。

2. 地方政府制订相关的地方性法规和产业发展政策，规范民宿投资运营

将民宿作为新兴产业予以强力培育，并结合乡村振兴战略，做好顶层设计与统筹规划。避免用力过度，也不可疏于监管防范。乡村民宿发展可以与全域旅游示范区、美丽县城和乡村计划、休闲乡村和田园综合体等项目融合发展，形成合力应对风险。各地要因地制宜制定出台相应用以支持中小微住宿企业加快发展的配套政策，建立完善的资金使用和监管问效问责机制，全力支持民宿产业高质量发展。

3. 创新发展特色主题产品，与地方特色结合培育知名品牌

在云南省旅游产业整体转型升级的大背景下，要抓住机遇创新产品内容，与云南建设"康养目的地"的目标相结合，打造有内容、有特色的"民宿＋"产品。定期推陈出新，聚焦以"商、养、学、奇、情、闲"为主题内容的全新产品，整合全产业链上下游元素，开发新业态新产品，发展新型乡村旅游，共建区域特色知名民宿产品品牌。

4. 注重呈现高品质的服务和良好的住宿体验，引进与培养专业运营人才

行业监管及业务指导部门要加大行业培训力度，行业协会和社会团体要主动、积极、担当，民宿管理者要注重自身软实力的提升，关注市场动态，敏锐感受市场的变化，并通过智能化、数字化的管理工具辅助日常运营管理，降低成本、提高收益。

（七）发展趋势

云南的民宿产业发展潜力巨大。旅游产品将由单一观光型产品向度假康养复合型产品转变，文化旅游产业将由各要素独立发展向全区域、全要素和全产业链迈进。作为乡村旅游发展中的重要资源，民宿产业将成为云南乡村振兴发展中的重要环节，促进一、二、三产业融合，满足城市消费者的综合需求，带动其所在地的经济发展。

1. 持续打造的健康生活目的地将助力民宿产业发展

世界一流"三张牌"扎实推进，绿色能源成为第一大产业，高原特色农业得以全面提升，智慧旅游站到行业制高点，服务业将支撑云南产业发展的"半壁江山"。民宿产品将与康养旅居、休闲度假、研学科考、户外运动、演艺赛事等新业态新产品融合发展。政策频发将促进产业链深度融合。

2. 云南旅游文化品牌再塑造，将形成旅游新引擎

通过加快品牌旅游目的地创建和推动"双百"工程建设，一批重点景区、重点项目和重点企业将在新型基础设施的基础之上做大做强。民宿产业发展将不断创新宣传方式，面向细分的目标市场开展精准营销，增加线上线下互动环节，为消费者带来全新的消费体验。云南作为区域旅游文化发展的

中心，其与各地的交流与合作将持续深化，文旅产业也将与其他产业实现资源共享、信息互通、市场共拓、品牌共建、互利共赢的良好局面。

3. 半山酒店建设速度加快，数量增加

云南要建设的"半山酒店"，可能是风格多样的各种类型的精品酒店。建设半山酒店将作为重要抓手，在乡村振兴的三产融合发展中成为一种新的发展模式。它的出现将加快推动大滇西旅游环线建设，落实"点状供地"的政策，使其在试点建设过程中发挥重要作用。为云南的旅游产业转型升级带来全新的产品、全新的业态。未来 3 年云南省将布局超 400 个半山酒店项目。

4. 疫情之后消费者需求和行业供给均将发生变化

用户在疫情后对住宿的私密性要求更高，同时希望住到人群密度较低地区。中高端消费的出境需求回流至国内，将使城市周边高端、度假型的民宿适应变化，从而调整定位。疫情之后，对民宿的监管政策也将发生变化。云南民宿产业将实现品牌创新、品类创新、业态创新，引领民宿发展新局面。

虽然 2020 年受疫情影响，民宿行业受较大冲击，但疫情总会过去，对美好生活的向往一直都在。如何提升运营效率和运营管理，如何搭建与转化民族文化发展平台，如何提升线上线下的服务水平，如何树立适用于行业的服务标准，成为疫情后云南民宿产业必须应对的挑战。疫情期恰好给了民宿产业整合升级的时间，优化以民宿空间为主的业务形态，探索未来发展的模式，打造民宿的核心品牌竞争力，在危机中寻找契机，产业链各方需要为未来机遇做好充分准备。

参考文献

李绍明：《以加快推进半山酒店项目建设为重要抓手大力打造大滇西旅游环线建设新格局 全力推动云南旅游产业转型升级涅槃重生》，《云南日报》2020 年 3 月 28 日。

黄顿：《云南出台 12 条措施支持住宿餐饮业复工》，新华社，2020 年 3 月 26 日。

王欢：《10 个词看云南"旅游革命"促产业转型升级之十——改革：文旅融合发展

迎难而上》，云南网，2020 年 7 月 6 日。

曾艳：《坚持"四化"引领　推动云南旅游文化业高质量跨越式发展》，《云南日报》2020 年 8 月 19 日，第 6 版。

朱海：《云南省大力发展乡村旅游》，云南网，2020 年 12 月 10 日。

张源洁：《以文化自信推动文化软实力建设》，学习强国/云南学习平台，2020 年 12 月 8 日。

毕芃：《2020 年终盘点｜10 个关键词，读懂云南文旅这一年!》，云南网，2020 年 12 月 31 日。

储东华、熊燕：《旅游革命"三部曲"推动行业提质升级》，《云南日报》2021 年 1 月 3 日，第 1 版。

B.8
重庆市民宿产业发展报告[*]

宋新硕 龚娜 张云耀 邓华[**]

摘 要： 随着国家乡村振兴战略的提出和"乡村旅游"的推进，重庆市民宿产业快速兴起，针对重庆市民宿产业的发展基础、现状及问题，研究组通过实地走访、电话访谈，与重庆民宿行业协会专家、民宿主深入交流等方式进行了分析研究。研究表明，重庆市民宿产业政府支持力度大、数量优势明显、发展势头强劲、创新性地提出了"巴渝模式"，但是也呈现地域分布不均、盈利能力不足、品牌效应较弱的特点，总体仍处于规范整顿期。针对问题，提出了相应的对策建议。最后，结合国家经济新常态，分析得出重庆市民宿行业呈现向"多功能化、高端品牌化、产业多元化、智能智慧化"发展的趋势。

关键词： 乡村振兴 旅游民宿 重庆市

重庆市旅游资源丰富，具有厚重的人文风韵、秀丽的城乡风貌以及丰富多彩的自然风光、民俗风情。为适应高质量发展、高品质生活要求，重庆文

* 基金项目：本研究为重庆市级科学技术项目"全域旅游视角下成渝经济圈文旅产业融合发展机制研究"（课题号：KJQN202004101）阶段性研究成果。

** 宋新硕，重庆青年职业技术学院讲师，主要研究方向为人文地理、旅游景区资源规划与开发；龚娜，重庆青年职业技术学院副教授，主要研究方向为旅游管理、休闲旅游；张云耀，博士，重庆师范大学副教授，主要研究方向为旅游政策法规，旅游市场营销。通讯作者：邓华，博士，教授，重庆青年职业技术学院科研与发展规划处处长，主要研究方向为人文地理、旅游资源规划与开发、三峡库区生态保护。

化旅游产业按照"山水之城·美丽之地"目标定位和"行千里·致广大"价值定位,以"三峡、山城、人文、温泉、乡村"五张牌为重要抓手,以全域化发展、全季节体验、全产业发展、全方位服务、全社会参与为重要措施,积极培育旅游发展新业态,全力打造重庆旅游业发展升级版,旅游业发展渐入佳境。随着重庆旅游业的快速发展,重庆民宿蓬勃兴起,民宿总量已达13588家,成为重庆经济高质量发展中的新亮点。

一 重庆市民宿产业发展的基础

(一)民宿产业发展背景

1. 旅游资源种类数量丰富多样

民宿业的迅速发展,离不开当地的旅游资源和整个旅游服务产业发展的基础。根据2020年《重庆市旅游资源普查报告》,全市单体旅游资源共计15026个,涵盖8个大类,22个亚类,112个基本类型。其中,自然类旅游资源4191个,占27.89%,人文类旅游资源10835个,占72.11%。包含了高山峡谷、江河湖泊、温泉康养、历史文化、民风民俗、主题娱乐、都市风情、邮轮游船等多种类型,规模体量较大,开发潜力较大。根据旅游资源普查报告,全市共有260个A级景区,其中:5A级9个,4A级115个,3A级82个,2A级53个,1A级1个。全市市级及以上旅游度假区23家,其中国家级旅游度假区2个;已建成营业温泉41家,其中,3家温泉旅游企业为国家五星级;1个国家中医药健康旅游示范区,2个国家中医药健康旅游示范基地,8个体育旅游综合体。为民宿业的发展提供了良好的资源基础。

2. 社会经济环境持续向好发展

根据重庆市统计局《2020年重庆市国民经济和社会发展统计公报》,重庆市经济因年初疫情影响短暂下探,在7月呈现恢复性增长态势,主要经济指标平稳增长,经济展现出良好的韧性和潜力,GDP达到25002.79亿元,同比增长 3.9%，增速比全国平均水平高出 1.6 个百分点，GDP 首次突破 2.5 万亿关口（见图 1），全国排名第 17 位。居民人均可支配收入位居全国第十一，达到 30824 元。城镇常住居民人均可支配收入比上年增长 5.4%，达到 40006 元；农村常住居民人均可支配收入增长 8.1%，达到 16361 元，居民收入稳定增长，城乡居民人均收入比继续缩小。在消费市场表征中，消费升级类商品较快增长，全体居民人均生活消费支出 21678 元，比上年增长 4.4%。良好的社会经济条件是开展旅游活动的前提，持续稳定增长的收入水平为民宿产业发展提供了广阔的市场基础。

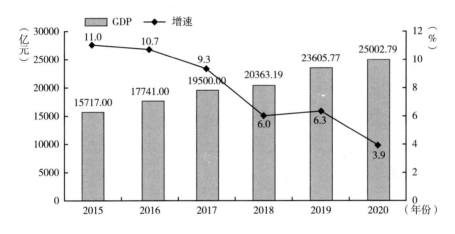

图 1　重庆市 GDP 及增速

资料来源：重庆市历年国民经济和社会发展统计公报。

3. 旅游消费市场越发成熟

“十三五”期间，重庆市文旅产业持续平稳发展。根据《2019 年重庆市旅游业统计公报》，2019 年，重庆市实现旅游总收入 5739.07 亿元（同比增长 32.1%），接待游客总量 6.57 亿人次（同比增长 10%）（见图 2），旅游接待游客总量及旅游总收入占全国比重分别达到 10.4% 和 8%。旅游消费增长强劲，国内过夜游客在渝平均停留 2.75 天，人均日花费 1037.77 元，一日游游客人均花费 503.48 元。旅游服务质量不断提升，2019 年全市共受理旅游投诉案件 348 件，同比减少 239 件，下降 40.7%，旅游服务综合满意度大幅提升，均达到92分以上。乡村旅游迅猛发展，旅游产业扶贫得以一体化推进，2019年，全市共计接待乡村旅游游客2.05亿人次（同比增长20.6%），实现旅游综合收入677亿元（同比增长32.8%）。全市乡村旅游从业人员达130万人，其中带动农民就业100万人，带动33万贫困人口脱贫增收。文旅产业及乡村旅游市场的逐渐成熟，为民宿业提供了良好的发展保障。

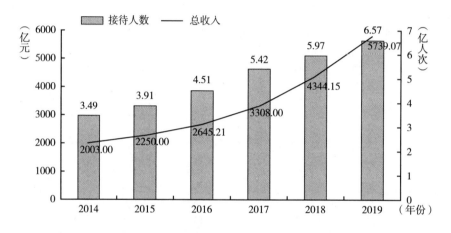

图2　重庆市旅游接待人次及旅游总收入趋势

资料来源：重庆市历年旅游业统计公报。

4. 旅游配套设施不断改善

目前，重庆市交通运输领域"八干线二支线"铁路、"三环十射"高速公路、"一干两支"航道体系、"一大两小"民用机场、国家级综合交通枢纽等已经全面建成。未来，重庆市将持续推动"三铁"融合，加快建设"米"字形高铁网，实施城市轨道交通成网计划，不断改善公路通达条件，推进干线公路与重要景区连接，推动骑行专线、城市绿道、慢行系统、交通驿站、登山步道等旅游休闲设施建设，提高旅游景区可进入性。同时，通过构建三级旅游集散网络、完善集散咨询服务体系、推进旅游景区景点"厕所革命"、发展智能引导标识讲解系统，旅游基础配套设施不断改善，为民宿产业发展提供了较好的基础条件。

（二）产业政策背景

党的十九大报告提出"实施乡村振兴战略"，"十三五"期间，从中央层面到各级政府都高度重视乡村振兴工作及乡村旅游发展，为确保乡村旅游产业实现"健康跨越式"发展，出台了一系列与乡村旅游和旅游民宿相关的政策，以作为导向和操作依据。

1. 关于"乡村振兴"的政策文件

表1 "乡村振兴"相关政策

级别	发布时间	文件名称	相关内容
国家	2018年1月	《中共中央国务院关于实施乡村振兴战略的意见》	要实施休闲农业和乡村旅游精品工程，建设一批设施完备、功能多样的休闲观光园区、森林人家、康养基地、乡村民宿、特色小镇
	2018年9月	《国家乡村振兴战略规划（2018～2022年）》	要持续改善农村人居环境，盘活农村存量建设地，合理利用村庄特色资源，发展乡村旅游和特色产业
	2019年6月	《国务院关于促进乡村产业振兴的指导意见》	优化乡村休闲旅游业，建设一批设施完备、功能多样的休闲观光园区、乡村民宿、森林人家和康养基地，培育一批美丽休闲乡村、乡村旅游重点村，建设一批休闲农业示范县
	2019年5月	《关于加强村庄规划促进乡村振兴的通知》	各地可在乡镇国土空间规划和村庄规划中预留不超过5%的建设用地机动指标，村民居住、农村公共公益设施、零星分散的乡村文旅设施及农村新产业新业态等用地可申请使用
重庆市	2016年6月	《重庆市人民政府办公厅关于培育发展特色小镇的指导意见》	培育若干旅游小镇和服务小镇，打造成为生态优美、风貌独特、宜居宜业的风情小镇。注重发挥好在区县城和农村人口及要素流动之间的承接传递作用，要成为城乡联动的重要纽带
	2018年12月	《重庆市实施乡村振兴战略规划（2018～2022年）》	做精100条乡村旅游精品线路，到2022年，全市乡村旅游综合收入达到1100亿元；创建1000个"一村一品"示范村镇；扶持1000个农民合作社示范社
	2019年12月	《重庆市人民政府关于促进乡村产业振兴的实施意见》	优化乡村休闲旅游业。实施乡村休闲旅游业提质升级行动，大力培育乡村旅游品牌，建设"地标"项目，培育"地域"产品

145

续表

级别	发布时间	文件名称	相关内容
重庆市	2020 年 3 月	《重庆市乡村振兴十大重点工程实施方案（2020～2022 年)》	实施以"十百千"为重点的农村一二三产业融合发展工程，实施"三乡"人才培育工程、实施"智慧农业·数字乡村"建设工程、实施乡村文化"百乡千村"示范工程

资料来源：旅游民宿产业报告组整理。

2. 关于"乡村旅游"的政策文件

表 2　"乡村旅游"相关政策

级别	发布时间	文件名称	相关内容
国家	2016 年 10 月	《关于印发乡村旅游扶贫工程行动方案的通知》	要发展一批以农家乐、渔家乐、牧家乐、休闲农庄、森林人家等为主题的乡村度假产品，培育发展自驾车房车营地、帐篷营地、乡村民宿等新业态
	2017 年 7 月	《促进乡村旅游发展提质升级行动方案 2017 年》	落实以长期租赁、先租后让、租让结合方式提供乡村旅游项目建设用地等政策；旅游景点探索淡季免费开放日（周)，带动周边乡村发展民宿、餐饮、购物等业态
	2018 年 3 月	《国务院办公厅关于促进全域旅游发展的指导意见》	大力发展观光农业、休闲农业，培育田园艺术景观、阳台农艺等创意农业，鼓励发展具备旅游功能的定制农业、会展农业、众筹农业、家庭农场、家庭牧场等新型农业业态
	2018 年 10 月	《促进乡村旅游发展提质升级行动方案（2018～2020 年)》	规范民宿、农家乐等乡村旅游服务标准。推动落实农家乐（民宿)建筑防火导则，鼓励地方针对民宿、农家乐的实际情况制定针对性强、可操作性强、保障安全的技术规范标准
	2018 年 11 月	《关于促进乡村旅游可持续发展的指导意见》	依托当地自然和文化资源禀赋发展特色民宿，促进乡村民宿多样化、个性化、专业化发展
	2019 年 6 月	《关于开展全国乡村旅游重点村名录建设工作的通知》	条件：乡村民宿发展较好。能够依托当地自然和文化资源禀赋发展特色乡村民宿，注重创意设计，凸显地域文化特色。民宿产品能够在特色餐饮、文化体验、休闲娱乐等方面满足游客需要，综合带动效应明显。已开发出乡村民宿、乡土美食或文创产品等具有独特风格的成熟旅游产品

续表

级别	发布时间	文件名称	相关内容
国家	2020 年 7 月	《关于统筹做好乡村旅游常态化疫情防控和加快市场复苏有关工作的通知》	提升乡村民宿品质，规范提升乡村旅游景点、民宿、农家乐等旅游场所游览、餐饮、住宿等各环节卫生服务
重庆市	2016 年 7 月	《重庆市人民政府办公厅关于加快乡村旅游发展的意见》	支持各地盘活空置农房、闲置集体资产等，打造一批富有吸引力的特色民宿、森林人家、休闲农庄、乡村酒店和农家乐集群
	2016 年 10 月	《重庆市建设国际知名旅游目的地"十三五"规划》	发展农业休闲农庄、乡村营地、庄园酒店、乡村民宿、乡村博物馆基地等新兴业态，形成民俗、采摘、节庆、休闲度假、养老养生等产业体系。推进单一农家乐向观光、休闲、度假、体验、参与、娱乐、购物等多重功能转型
	2016 年 10 月	《关于用好农业农村发展用地政策促进农民增收的指导意见（试行）》	鼓励农村居民利用自有住宅及其他条件发展餐饮、住宿、购物、娱乐等乡村旅游；开展扶贫民宿示范点建设
	2018 年 3 月	《关于推进重庆武陵山片区旅游减贫致富与协同发展的实施意见》	培育民俗特色商业街区、影视文化拍摄基地、民俗风情小镇、乡村休闲区、养生养心基地、民族旅游手工艺品生产企业，带动会展游、商务游、采购游，促进文旅、商旅、工旅融合发展
	2018 年 7 月	《关于促进全域旅游发展指导意见重点任务分工》	建设美丽宜居村庄、旅游小镇、风情县城，大力发展观光农业、休闲农业，打造一二三产业融合发展的美丽休闲乡村
	2019 年 4 月	《关于建立重庆市休闲农业和乡村旅游发展联席会议制度的通知》	引导全市乡村旅游科学有序发展，总结乡村旅游发展经验，围绕建设乡村旅游配套设施、优化乡村旅游环境、丰富乡村旅游活动，指导政策制定、机制创新，全面提升乡村旅游发展水平
	2019 年 6 月	《重庆市乡村文化乐园评选管理办法》	条件：每年组织有一定规模（参与人数 50 人以上）的各类主题文化、创意休闲体验等活动 4 次以上；提供彰显文化特色，蕴含文化内容、契合生活方式多种业态的消费和服务
	2020 年 3 月	《重庆市 2020 年农村人居环境整治工作要点》	实施"千村宜居"计划，打造重庆市美丽宜居乡村。弘扬优秀农耕文化、建筑文化、民俗文化，继续开展历史文化名村名镇的评定和保护，推进公共服务设施提档升级

资料来源：旅游民宿产业报告组整理。

3. 关于"民宿"的政策文件

2017 年 2 月，公安部、住房和城乡建设部、国家旅游局制定出台《农家乐（民宿）建筑防火导则（试行）》。2017 年 10 月，中国《旅游民宿基本要求与评价》的颁布，标志着旅游民宿第一个行业标准的诞生，其将旅游民宿定义为：利用当地闲置资源，民宿主人参与接待，为游客提供体验当地自然、文化与生产生活方式的小型住宿设施。对旅游民宿评价原则、基本要求、管理规范和等级划分条件做出了相关规定。文旅部于 2019 年 7 月发布新版《旅游民宿基本要求与评价》，进一步明确了旅游民宿的等级和标志、划分条件和方法等内容。将旅游民宿等级由金宿、银宿两个等级修改为三星级、四星级、五星级 3 个等级（由低到高）并明确了评级标准。2021 年 2 月 25 日，再次修订旅游行业标准《旅游民宿基本要求与评价》，新增一条民宿条款"提供餐饮服务时应制定并严格执行制止餐饮浪费行为的相应措施"，并将旅游民宿等级更改为丙级、乙级、甲级。

对标旅游民宿国家相关文件，重庆市质监局于 2017 年 12 月发布了《重庆市乡村民宿旅游服务质量等级划分》，为重庆市首个旅游民宿行业规范性文件。标准规定了乡村民宿的术语和定义、质量等级划分、基础要求、分级要求。对乡村民宿定义为：利用乡村房屋，结合乡村自然景观、民俗、农事活动等旅游资源，以旅游经营方式，为旅游者提供住宿、餐饮等服务的场所。根据服务质量等级划分为三个等级，由低到高依次为达标民宿、示范民宿、精品民宿，评定后分别授予铜牌、银牌、金牌，但是未明确规定对违规行为的惩戒措施。2019 年 12 月，为防止民宿建设破坏生态、"长高长胖"、盲目扩张等问题，重庆市规划和自然资源局发布《关于进一步加强乡村民宿规划建设管理工作的通知》，对民宿建设的红线底线、空间用途管制、建设规模和用地手续办理等方面做出了明确要求，这是重庆市级部门发的第一个关于民宿方面的文件。

二　重庆市旅游民宿产业发展概况及特征

（一）民宿数量及其分布

根据数据收集（见表3），截至2020年10月，重庆市城市民宿及乡村民宿总量为13588家，其中，绝大部分为隐藏于商业区、居民区及主城九区主要景点周边的城市民宿，乡村院落式民宿较少。根据重庆市民宿产业协会数据，较为成熟的乡村院落式民宿共计1358家，重点分布于主城九区及其周边，分散分布在各区县及风景名胜区。

表3　重庆市民宿数量分布情况

单位：家

序号	区县	民宿数量	序号	区县	民宿数量
1	渝中区	3501	20	荣昌区	51
2	渝北区	1501	21	铜梁区	51
3	江北区	1501	22	开州区	51
4	沙坪坝区	1501	23	大渡口区	51
5	南岸区	1501	24	潼南区	51
6	九龙坡区	751	25	垫江县	51
7	武隆区	451	26	大足区	51
8	北碚区	251	27	梁平区	51
9	巴南区	251	28	云阳县	51
10	綦江区	251	29	奉节县	51
11	江津区	251	30	忠县	51
12	涪陵区	151	31	石柱县	51
13	永川区	151	32	丰都县	51
14	合川区	151	33	秀山县	51
15	酉阳县	151	34	巫山县	51
16	南川区	151	35	彭水县	51
17	万州区	51	36	黔江区	51
18	璧山县	51	37	巫溪县	51
19	长寿区	51	38	城口县	51

资料来源：旅游民宿产业报告组整理。

（二）重庆市民宿的主要类型

1. 按照投资经营主体划分

根据调查统计，重庆市民宿经营者主要分为土生土长在本地，由农家乐升级而来的"乡村土著型"；出于理想主义情怀而打造精品民宿的"都市返乡型"；以及以职业经理人的身份进行连锁品牌运作的"职业经理型"三大类。根据《重庆乡村民宿发展困境及对策研究》，重庆市民宿业主平均年龄是 41.66 岁，以 5 岁为一个区间对乡村民宿样本的业主年龄进行统计分析，民宿经营者年龄段主要集中在 31~50 岁，占到民宿经营者总数的 74%，这与中壮年的资金积累、身体素质以及情怀萌生等有一定的关联性。

民宿的经营模式通常为自有住宅自主经营型、非自有住宅独立投资经营型、合资经营型、委托平台托管型、政府成立的市场化运作公司投资经营型五大类。资金来源主要由经营业主自筹、创业基金借款、商业银行贷款、政策性奖补资金（小微企业补助、政策性资金整合、专项资金贴补）等构成。根据经营民宿的土地、资金来源以及管理方式，重庆市民宿经营模式可以划分为家庭自有经营型、公司合资托管经营型、政府"共享共建"联营型三种模式。

（1）家庭自有经营型。居民自身为投资主体，利用自家宅基地或者房屋进行改造装修开办民宿，人员构成多为家庭成员及其亲属，或者就近聘请少数人员作为服务人员。运营管理通常由家庭户主决定，多依靠住宿服务、餐饮服务、售卖农产品获取利润。优点是资本投入较小，自由度高，易于组织实施，有利于农民创收，缺点是客源组织能力较差，接待能力有限，抗风险能力较差，二次入住率不高。

（2）合资委托经营型。投资主体为多人或者多方投资，承包租赁一定的流转土地进行投资建设，采取企业化的经营管理模式，外聘相关专业人员进行客源招揽、住宿服务、餐饮服务等工作，管理运营过程均外包给文化旅游公司，投资主体主要负责财务管理等工作，通过整体经营业绩分红而获利。此类模式下的乡村民宿一般投资较多，规模较大，拥有住宿、餐饮、娱乐、康养等多重功能。但缺点是易因经营理念、利润分配等原因出现经营矛盾，土地使用也容易受到政策影响。

（3）政府"共享共建"联营型。此类经营模式为政府组织牵头作为担保或者投资方，与企业、村委会（社区）以及农户作为共同投资主体。由政府提供政策和平台支持、公司提供资金和管理支持、村委会和农户提供土地和劳动力支持构成，进行统一规划、开展统一管理培训。此类经营模式可以最大限度地提供政策支持，实现多方共赢，但是合作对象选择面较窄，需要有景区作为依托，对村民整体素质要求高。

2. 按照依托资源类型划分

重庆民宿产业依托得天独厚的旅游资源，打造出了一批品质较高、风格独特的民宿品牌。根据依托资源的不同，重庆民宿可以分为城市民宿和乡村民宿，乡村民宿又可以分为山水资源型、民俗风情型、温泉康养型、农业生产型四大类，成为重庆市民宿行业的代表。

（1）山水资源型民宿。多依托于中梁山、缙云山、铜锣山、明月山四大山脉及嘉陵江、长江等优越的自然资源，配以完善舒适的住宿设施以及高质量的服务来吸引游客。比较有代表性的有依托武隆区仙女山（5A）的"花屿归原""之间堂"，依托北碚区缙云山国家森林公园（4A）的"缙云小住""葵莲民宿"，依托万盛经开区黑山谷（5A）的"谷子里"，依托南岸区南山香樟林的"鉴宽山房"和依托巴南区大来山的"大来山树屋"等。依托长江、嘉陵江水系的有"觅糖""270度""且住"等主打"看江景"的沿江民宿。

（2）民俗风情型民宿。多结合民族民俗以及特定文化主题吸引游客。具有代表性的有酉阳的"楠木湾巴渝民宿"、彭水的"丹阳寨巴渝民宿"、秀山的"茶峒摄影民宿"、江津区的"山语邻里"等。

（3）温泉康养型民宿。多以温泉、康养等为主题，较为知名的有北温泉和南温泉，打造了"柏联温泉""统景温泉""颐尚温泉""南温泉99号""天赐温泉""贝迪颐园温泉"等兼具康养、酒店度假、民俗风情等多功能于一体的住宿品牌。

（4）农业生产型民宿。以观赏田园美景、采摘蔬菜水果、体验农业耕种活

动等内容为主，较为知名的有巴南区的"又见炊烟""放心村11居"，江津区的"不舍鹿山"，沙坪坝区的"居尚人家"及南川区的"沃草牧场"等。

（三）重庆市民宿市场消费特点

1. 高端民宿占比较小，总体平均价格偏低

《2019年途家民宿发展报告》显示，重庆高端豪华民宿数量较少，民宿整体价格仅在200~800元，300元以下的经济型民宿占比高达70.8%，300~600元以及601~1200元的中端和中高端民宿占比分别为25%和4.2%，平均价格仍处于中低端水平，高端民宿市场具有很大开发空间。重庆市民宿消费动机以家庭亲子出游、朋友出游和情侣出游较多，数据显示，65%的游客选择家庭出游，其他类型，如团建活动、商务洽谈等也占一定比例。根据访谈调查，消费者更加重视民宿的环境和体验，为了满足住宿需求，倾向于宁愿承担更高一点的价格，以获得更好的体验感。

2. 年轻消费群体为主，线上板块发展迅速

根据问卷调查及大数据分析，2019年，重庆市民宿用户男性居多，男性消费者的消费动机比女性更为强烈。消费者年龄以21岁至35岁为主，普遍为"80后""90后"，比较年轻；普遍接受过高等教育，受教育程度较高。职业方面，以公司白领居多，其次是自由职业者，消费群体以中产阶级及以上为主。消费者习惯于通过线上搜索预订，民宿搜索指数逐年增长，获取乡村民宿信息来源主要是专业旅游平台和朋友推荐，其中，旅游平台占44%，朋友推荐占39%。线上民宿平台途家民宿、宿宿网、Airbnb注册用户量持续上升，专业化民宿App大受欢迎，在线民宿行业处在快速上升期。

3. 短途消费特征明显，评价标准多元化

重庆市乡村旅游停留以周末及短时间为主，更偏向于选择中短距离的民宿。重庆市区域民宿经营信息统计显示，在国家法定节假日，民宿入住率最高，表现在月份上，为7~8月入住率高于其他月份，原因在于一是偏好民宿产品的年轻学生群体迎来暑假长假，二是重庆市进入高温季节，避暑旅游产品需求旺盛，乡村民宿随之火爆。在7天入住率方面，周一至周三入住率

最低且较为平均，周四略有抬升，周五周六入住率最高，为周一至周三的 1.6 倍。通过大数据分析，重庆市 2019 年民宿用户评论好评率为 93.7%，消费者关注率最高的十个关键词依次是房型、设计风格、房东、周边环境、配套设施、交通、早餐、服务态度、床品、性价比，这也高度概括了民宿用户对民宿产品评价的要素。此外，随着家庭出游比例的上升，贴有"烘干机""洗衣机""帐篷""厨房""滑梯"等标签的房源受到较大的关注，评价要素趋向多元化。

三　重庆市发展民宿产业的经验做法

（一）加强秩序规范，融入文旅发展

城市民宿方面。2019 年 11 月 29 日，重庆市人大常委会新修订的《重庆市物业管理条例》中针对民宿进行了规范：利用小区住宅开展民宿等住宿服务的，业主、物业使用人不得擅自改变物业使用性质。如确需改变，首先要遵守法律、法规以及相关管理规约，还要经有利害关系业主的同意，并具备消防、安全、卫生等必要的条件。必须依法向文化旅游、市场监管、商务、公安等部门办理相关手续，并告知物业服务企业。同时，联合途家、宿宿网、爱彼迎等第三方平台共同推动以"共享住宿＋深度体验"形式，规范房源信息，开展民宿信息统一发布工作，包括重庆民宿的地址、配套设施、联系方式等信息，杜绝虚假房源。

乡村民宿方面。积极融入乡村旅游，依托乡村旅游和特色小镇，在土地政策、金融、产业协作等方面给予支持，根据《2019 年重庆市旅游业统计公报》及重庆市 2020 年《旅游资源普查报告》，目前全市拥有国家现代农业示范区 3 个；全国农业旅游示范点 6 个；全国休闲农业与乡村旅游示范县（点）14 个；市级现代农业示范区 48 个；全国特色景观旅游名镇（村）9 个；中国传统村落 14 个；中国历史文化名城 22 个，国家地理标志农产品 42 项；中国民间文化艺术之乡 11 个；高山扶贫纳凉村 170 多个。拥有市级

休闲农业和乡村旅游示范乡镇 105 个、示范村（社区）182 个、示范村点 301 个。

开州区、奉节县进入国庆全国乡村旅游接待 50 强，云阳乡村旅游发展模式入选《全国乡村旅游发展典型案例汇编》，为民宿经济的发展提供了良好的资源支撑。按照重庆市《乡村民宿旅游服务质量等级划分》标准，举办了乡村民宿金银铜牌评选活动，评选出金牌民宿 5 家，银牌民宿 7 家，为乡村民宿市场品牌的规范提供了典范（见表 4）。

表 4　重庆市"金牌"和"银牌"民宿

等级	民宿名称	区　位	依托资源
金牌民宿	缙云小住	北碚区	缙云山国家森林公园
	寺下山隐	沙坪坝区	虎峰山景区
	鉴宽山房	南岸区	南山香樟林风景区
	梦溪湉园	梁平区	百里竹海旅游度假区
	梁山驿	梁平区	百里竹海旅游度假区
银牌民宿	大来山树屋	巴南区	大来山森林公园
	不舍九洞水	石柱县	乡村田园
	谭家老院子	梁平区	古民居院落
	居尚人家	沙坪坝区	田园生活
	11 居	巴南区	亲子农耕体验
	谷子里	万盛经开区	黑山谷风景区
	唐家坡印象	梁平区	田园生活

资料来源：重庆市民宿产业协会。

（二）对接乡村振兴，探索产业融合

为贯彻落实国家"乡村振兴"战略，重庆市不断探索乡村产业振兴新模式，积极引导工商资本投入扶贫民宿，落实扶持政策，进一步整合闲置低效的乡村资源。有效促进农业产业链的延伸和农村土地房屋增值的同时，进一步增强了本地乡土文化的生命力。

重庆市以民宿助力乡村振兴的典型模式是"巴渝民宿"模式，即"政府＋企业＋村集体＋农户"模式。具体做法为：由市国土房管局与土地整治流转中心等政府部门牵头成立国有企业重庆巴渝民宿产业集团，联合国内其他知名企业与村委会、农户进行多方共建共营共享。政府提供政策以及资源平台支持，公司负责进行资源整合、民宿建筑风貌装修设计、宣传推广、运营管理、培训与监管，村委会以集体所有土地入股，农户可以自由选择以自有房屋入股，并提供服务人员等劳动力。利润分配上，民宿经营过程中的餐饮、农产品收入全部划分为农户所有；如果农户以房入股，联营产生的房费中80%归农户所有，剩余20%用于农村土地交易等必须花费的运营费；而村委会以集体所有土地入股，经营获取的房费中，80%归专门化民宿公司所有，剩余20%归村委会所有。目前，此模式在城口、巫溪、彭水、酉阳四个县得以实验推广，既保证了企业的利润、减少了对政策变化的顾虑，也让农户获得了收益，逐步形成"共建共享、以房联营、以地入股、文旅融合、网络营销"发展模式，有效减少了贫困。

表5 "巴渝模式"民宿

项目名称	地　址	建筑面积(m²)	规模	接待量
城口龙兴湾民宿	城口县东安镇兴田村	2259	以房联营4栋，以地入股1栋	客房50间，可接待人数100人
巫溪长红村民宿	巫溪县通城镇长红村	6353	以房联营17栋，以地入股1栋	客房120间，可接待人数240人
彭水丹阳寨民宿	彭水县万足镇廖家村	3709	以房联营8栋，以地入股2栋	客房70间，可接待人数140人
酉阳楠木湾民宿	酉阳县两罾乡楠木湾	6536	以房联营15栋，以地入股3栋	客房130间，可接待人数260人
彭水黄帝峡民宿	彭水县润溪乡樱桃村	8381	以房联营14栋，以地入股5栋	客房200余间，可接待人数360人

资料来源：旅游民宿产业报告组整理。

从长远来看，民宿产业将贯穿融合文化、餐饮、农业、旅游、历史、美学、环保、健康等领域，与多产业相互交叉、相互融合形成新业态和新消费

模式。重庆市各个区县也正在积极探索"民宿＋"乡村产业融合模式，呈现出众多优秀代表（见表6）。

表6　各区县"民宿＋"典型做法

区　县	举　措	模式
万盛经开区 云阳县	联合人社局、文旅委和旅游教育培训中心举办"2019年全市乡村旅游扶贫创新创业人才高级研修班"，学习乡村民宿推动乡村旅游消费升级；举办旅游从业人员素质提升培训班	"民宿＋教育"
梁平区	举办中国重庆首届民宿文化节，宣传民宿价值文化，提升旅游竞争力	"民宿＋文化"
潼南	培育乡里乡亲、泰安农庄等农家小屋和乡村民宿，建设香水百合等田园综合体，打造柠檬小镇等融旅游、人文、休闲、度假、居住为一体的特色小镇	"民宿＋农业"
北碚区 奉节县	北碚区按照缙云小住"原地址、原面积、原高度"的经验，在周边推动传统农家乐及危旧农房改造；奉节县充分利用好村民闲置农房，大力发展乡村民宿，加强对农村闲置资源的合理运用，强化民宿服务人员培训	"民宿＋土地"
秀山县	鼓励通过农户小额信用贷款、涉农担保资金等形式支持乡村旅游、农家乐、乡村民宿发展	"民宿＋金融"
酉阳县	进行车田乡民宿示范点建设	"民宿＋产业示范"
彭水	对接山东省聊城市旅游发展委员会，深入开展旅游扶贫对接工作，共建黄帝峡巴渝民宿	"民宿＋东西协作"

资料来源：旅游民宿产业报告组整理。

（三）集聚行业资源，强化自律引导

重庆市最初于2007年12月成立了农家乐产业协会，主要目的是弘扬并传承农家乐产业文化，开展行业规范管理，实现行业自律，从而提升重庆农家乐整体形象，使重庆农家乐产业走向规模化、规范化、产业化的道路。2014年2月重庆市成立乡村旅游协会，实行"一套班子，两块牌子"的工作模式，与重庆市农家乐产业协会共同推进工作。2017年3月，重庆成立西南地区首家文创民宿学院，旨在有规划地引导本地民宿文创产业，展示分享重庆民宿经验，针对民宿建设、经营管理与文创开展专门化培训。2018

年 11 月，重庆市民宿产业协会成立，主要目的是为民宿行业自律、民宿反映诉求、民宿市场开拓及决策咨询，并接受政府委托开展标准制定、产业规划等活动，做大做强重庆市民宿产业。

重庆市民宿产业协会成立以来，积极对接乡村旅游扶贫工作，成立了梁平区和石柱县两个协会服务中心，积极为当地乡村旅游助力乡村振兴出谋划策。牵头组建"重庆乡舍民宿运营管理有限公司"，一方面为重庆市民宿培训输送管理服务人才，另一方面也接受托管民宿及民宿资产，为提高民宿管理效率，增加效益服务。申办《重庆民宿》内刊，扩大重庆市民宿宣传影响力，提高民宿产业学术文化性。组织相关专家和民宿经营业主赴市内外学习交流、考察论证，参加全国和有关省市的民宿会议，为重庆市民宿发展汲取先进经验。这一系列举措，有力提升了重庆市民宿行业的凝聚力和竞争力。

四　重庆市民宿产业存在的问题及对策

（一）存在问题

1. 地域发展不均衡，层次参差不齐

虽然重庆市民宿数量位居全国城市前列，但仅有一家入围当年评选出的中国十大影响力民宿品牌。由于缺乏政府有力统一的规划引导，重庆市民宿产业仍然处于无序的自我发展状态，在无序状态下建起来的民宿，相互模仿、逐渐趋同，散落式发展特征明显，民宿单体规模偏小，房间上架量总体较少，盈利能力较弱，品牌竞争力不强，中低端民宿仍是重庆乡村旅游的典型代表。区域发展不均衡，部分民宿不符合区域科学布局和合理适度发展的要求，主城都市区民宿数量占到总数的 70%；而渝东北三峡库区城镇群和渝东南武陵山区城镇群处于明显弱势地位，缺乏连片打造规模的、有特色的、管理完善的民宿区。总体来说，缺乏高品质、高品位民宿的问题已经严重制约了重庆民宿经济效益提升。

2. 行业管理不规范，配套制度滞后

民宿产业介于民居与酒店之间，这种特殊身份导致其在经营运行中需要合法化的认定和管理，虽然其涉及旅游业"吃、住、行、游、购、娱，商、养、学、闲、情、奇"的各要素，覆盖文旅、消防、公安、环保、卫生等众多部门，但是没有一个固定的对应监管部门。对民宿配套的政策法规建设相对滞后，重庆市目前尚未出台有关民宿产业发展的指导意见和民宿管理暂行办法，缺乏独立的完善的系统的监督管理体系，对其监督管理仍然主要依托于工商、消防、公安、农业质检等各部门分散的相关法律法规，文化与旅游管理部门在其中无法发挥主导协调作用，出现交叉管理现象，监督检查的频率和覆盖率不高。监管的缺失也导致民宿的进入门槛没有明晰的界限，一些民房或者农家乐通过简单装修就挂牌自称为"民宿"，较低的门槛引发"一拥而上"的现象，产品同质化严重、功能结构单一，游客满意度降低。

3. 地域特色不明显，价值文化空心化

重庆的本土文化多种多样，包括在民族繁衍和社会变迁中创立的多层次的巴文化，具有重庆地域特点的码头文化，反映三峡地区不同民族文化交融的三峡文化，第二次世界大战中孕育的不屈不挠、坚忍顽强的抗战文化，抗战后期及解放战争时期的红岩文化，以及饮食文化与火锅文化等。但现阶段众多民宿没有结合当地的民宿风情和人文风俗，缺少对本土地域文化的深入挖掘，对小资风格、北欧风格和 ins 简约主题盲目跟风、盲目建设，忽视重庆大山大水、真山真水的自然特点。多数民宿功能仍停留在住宿和餐饮方面，仅有空洞的品牌标识和装修设计，缺乏品牌的定位和核心价值。对重庆特色文化的思考不足，导致缺乏人文情怀，无法将有着深刻文化底蕴的东西进行传递，也未能与游客建立文化交流纽带。

4. 整体管理水平偏低，从业人员素养不高

民宿的建设运营不仅涉及建筑设计、经营管理、综合服务等诸多方面，从业人员个人情怀、文化感知和应用、市场研判等方面的素质也至关重要，专业化、规模化和职业化的人才队伍是民宿产业对经营管理者的新要求。虽然重庆市民宿经营管理者多出于个人情怀，大多具有较高的文化程度，但一

线服务人员大多数文化程度较低，多为经营者亲属、原住居民和外来务工人员。由此导致一线工作人员对民宿文化价值观念认同度不高，大多将此等同于传统"农家乐"，服务意识欠缺。另外，重庆市"大城市、大农村"的特点明显，诸多民宿位置处于城市周边地区，部分经营者习惯于关注民宿硬件设施的升级，而对经营服务软件系统的升级关注较少，甚至缺乏诚信意识，轻管理、低质量、低收入的不良现象制约了重庆民宿的发展。

（二）对策建议

1. 注重因地制宜，科学统筹规划

重庆市山地、水文与气候资源丰富，民宿统筹规划建设要因地制宜。重庆拥有丰富的气候和物种资源，作为著名的"山水之城"，整个城市立体感突出，长江、嘉陵江等水系密布，山水之城特色明显。因此，在民宿空间布局上要突出地形优势和层次优势，尽量依山水而建，保留原始地形地貌，打造灵动多变的景观造型，在装修设计上采取本地特色建筑材料进行加工创造，融入当地自然风光。

在此基础上，政府相关部门和专业行业协会应加强引导与联控。政府相关部门应该及时汇总、梳理重庆市特色资源及民宿发展现状，明确民宿产业发展的总体目标、未来发展方向和每年工作重点，在政策法规、基础设施建设、资金投入、监督管理、宣传推广等方面积极支持，以市场导向配置资源，及时研究制定重庆市民宿产业发展指导意见和管理暂行办法。借助行业协会的专业优势，从制度、规划、细节上加以规范，加强重庆旅游民宿行业鉴定评价体系建设，将特色、品牌等因素融入系统性谋篇布局，促进可持续发展。

2. 挖掘地域文化，扩大品牌影响力

文化是民宿的灵魂，文化创意是民宿发展的动力。重庆拥有多种多样的地域文化，如古巴渝文化、三峡文化、码头文化、抗战文化、红岩文化、火锅文化等，还拥有土家族、苗族等多样性的民族文化。让民宿经营管理者熟知、体验并融入重庆地域文化，对当地民宿的发展至关重

要。民宿设计要结合特色文化，塑造情怀，用故事，用温度，用乡愁来温暖人、感染人、启迪人。要突出文化体验感、参与感，打造特色品牌。要充分发挥物联网、互联网等方面的优势，加大重庆城市名牌宣传推广，在明确市场定位的基础上，根据旅游者多元化的需求，开发从农林渔牧到自然环境，从民风民俗到文化节庆的民宿配套体验产品。要加强与高校、科研机构、专业设计机构合作，将巴渝文化融入民宿的细节之处。通过举办特色文化主题论坛活动、打造互动专区、微缩文化场景等方式，提升体验感，加强与游客的文化上的交流互动，为旅游者展示重庆民宿独特的文化魅力，提高游客对重庆当地特色文化的感受度和认同度，优化民宿的竞争力。

3. 拓展产业链，提升创收能力

横向方面，从生态农业、乡村旅游、乡村民宿三个方面着手建立产业资源整合联动机制。以乡村民宿作为基础单元，加强周边生态农业、乡村旅游资源的整合，集中力量逐层进行基础设施建设投入、配套资源建设。把农业配套项目、基础设施项目、旅游景区开发项目与农副产品深加工项目整合，变出售资源模式为资源联动模式，通过"民宿＋研学""民宿＋文创""民宿＋亲子"等渠道，拓展旅游民宿与其他产业的融合，形成跨区域、跨产业的大旅游产业合作。

纵向方面，按照"先富"带动"后富"的思路，建立民宿等级联动机制。以优先对象带动联动对象，实现层级开发、梯度发展，优先发展联动对象中纳入已经具备一定影响力和实力的金牌民宿；重点发展联动对象纳入有较大市场潜力、资源丰富，但尚未充分开发的银牌民宿。按照优先等级"实施一批、发展一批、带动一批"，形成良性循环的联动发展模式，从而提升民宿业的整体盈利水平和盈利能力。

4. 加强人才建设，提升服务能力

文化与旅游主管部门应与教育部门共同研究制定重庆旅游民宿人才建设规划，在财政、就业、创业政策上予以支持。依托现有教育培训资源，如专科类旅游学校、建筑设计类院校、各类培训机构等，强化本土文化应用培训。结合思想政治教育课，认知本土文化，鼓励本土中小学教师和学生深入文化土壤，在周末和节假日参加当地乡村旅游活动，多学习了解各民族民间的技艺，树立民族自豪感、自信心。加大对民宿业从业者的培训力度，开展"三层级"培训，针对从业者不同水平，开展关于民宿的相关法律法规、客房标准、饮食卫生、安全消防、服务及环境等的基础培训；对民宿所在区域习俗文化的传承，景区、景点资源的讲解等的强化培训；以及对于民宿文化内涵的深挖，深刻理解民宿"家"文化理念的提升培训。

五 重庆市民宿产业发展的趋势

旅游彰显生命之美、生活之美、人文之美，展现"诗"和"远方"的结合。民宿业更是让游客通过旅游获得审美上、心灵上、精神上的享受，达到"天人合一、知行合一"的境界，必将向着适应高质量发展高品质生活的趋势发展。

将与康养功能更加紧密结合。2020年以来，由于新冠肺炎疫情等因素的影响，国家乃至全球人民对健康前所未有的重视，也带来了消费观念和医疗观念的改变。民宿消费者在放松身心、愉悦心情的基础需求上，叠加中医养生、健康饮食等健康养生功能的需求越来越旺盛。

将向高端品牌化发展。2017年是重庆市旅游行业和民宿行业的分水岭，在重庆成为"网红"城市后，重庆民宿行业呈现"一窝蜂"的发展状态，大大小小产权不明晰、法律边界不明确的城市民宿和乡村民宿呈现"漫天飞"的状态。而在爆发增长期后，行业回归到整理期，随着市场的成熟，政府相关部门的重视，重庆民宿行业正在由"量变"向"质变"发展，行业的迭代升级已经开始。

将向产业多元化发展。民宿产业在乡村振兴和乡村旅游中的地位无可替代，各级政府都非常重视乡村民宿在乡村产业振兴中的作用。重庆市在利用民宿盘活农村闲置土地资源和资产，提高农民收入助力乡村振兴方面已经积累起一定经验。未来，重庆市民宿行业将会有越来越多的资本进入，拓展相关产业渠道，充分发挥民宿产业拉动经济作用已经势不可挡。

将向智慧生活化发展。随着重庆市旅游行业与信息化融合，向开放的"旅游＋""互联网＋"发展模式转变，重庆市民宿业更加强调特色化和个性化，也朝着更加"科技化、智能化"方向发展。

参考文献

廖君：《民宿教育理论与实践》，电子科技大学出版社，2019。

郭飞：《重庆乡村民宿发展困境及对策研究》，西南大学硕士学位论文，2020。

张瀚祥：《重庆市主城区民宿发展现状及建议》，《旅游纵览》2019 年第 8 期。

宋德义、邵恒心、宇德良：《乡村振兴背景下闲置农房盘活利用问题与对策》，《中国国土资源经济》2020 年第 6 期。

王安平、杨可：《新时代乡村旅游业与乡村振兴融合发展途径研究》，《重庆社会科学》2020 年第 12 期。

孙付恋：《重庆市巴南区乡村旅游开发模式及政策研究》，重庆大学硕士学位论文，2019。

张利利、汪正彬、聂冬梅：《精准扶贫背景下重庆武隆乡村民宿旅游发展策略研究》，《旅游纵览》2019 年第 22 期。

刘贤菊：《重庆民宿消费者市场研究》，重庆师范大学硕士学位论文，2017。

专 题 篇
Monographic Studies

B.9

中国民宿发展的新趋势、
关注焦点与系统创新

马 勇 唐海燕*

摘 要: 中国经济稳定增长，城乡居民人均可支配收入不断增加，中国居民旅游需求在不断上升，出游能力逐步增强。我国旅游业必须走高质量发展道路，发展新业态，全面提升产业质量和发展水平，持续提供优质旅游产品，推动旅游业向纵深发展。民宿，作为传统住宿业的升级版，因其"有温度的住宿、有灵魂的生活"，成为旅游业发展的重要内容和热点，呈现出蓬勃的发展态势。本文通过分析民宿业发展趋势、聚焦民宿发展方向，探究民宿发展的系统创新道路，助力新时代我国民宿业大发展。

* 马勇，博士，湖北大学旅游发展研究院院长，教授，博导，中组部国家"万人计划"领军人才，主要研究方向为旅游投资，酒店与民宿管理；唐海燕，湖北大学商学院旅游管理系研究生，研究方向为旅游投资，酒店与民宿管理。

关键词： 民宿 创新 高质量发展

当前我国已经进入大众旅游时代，旅游成为一种常态化的社会休闲方式。在消费者更加追求品质型、体验型、度假型旅游产品的需求升级转型下，民宿迎来高速发展的新契机。在中国城市化发展进程中，民宿与当代都市人群回归自然、寻找乡土、体验民俗风情、享受慢生活的渴求相契合。作为满足人民美好物质生活需要的幸福产业，民宿是加快文旅融合的重要推手，是实现美丽乡村的有效路径，也是助力乡村振兴的关键点。民宿这一新兴旅游住宿业态在市场需求的拉动和政府政策推动下，成为新时代旅游发展的一片蓝海。

一 民宿六大发展新趋势

随着全面建成小康社会进入新的发展阶段，我国旅游消费呈现多元化、体验化的发展势头。人们不再满足传统酒店、宾馆、农家乐等提供的服务，逐渐将目光转向品质化、中高端化的民宿产品，全国各地的民宿如雨后春笋般出现。《中国旅游民宿发展报告（2019）》[①] 显示，2019 年我国民宿市场营业收入同比增长 38.92%，达到 209.4 亿元；民宿规模数量逐步扩大，达到 16.98 万家，房源总量超过 160 万间，民宿在住宿市场的占比提升到 24.77%。在规模供给蔚然可观、资本资源整合叠加、市场潜力不断释放的情形下，市场竞争日趋白热化将牵引民宿业显现全新发展态势。

（一）品牌化趋势

随着旅游需求的升级转变，知名度、安全、卫生、特色成为当前游客入住民宿最关心的问题，市场需求的改变也倒逼民宿业加速变革。在国内民宿

---

① 过聚荣主编《中国旅游民宿发展报告（2019）》，社会科学文献出版社，2019，第 2 页。

发展政策法规和市场需求的推动下，品牌化为民宿指明了一个更为明晰的发展方向，加快民宿品牌塑造是实现民宿业可持续发展的必然要求。目前，国内一大批民宿品牌已在市场上获得消费者好评与青睐，诸如裸心、松赞绿谷、山里寒舍、浮云牧场、过云山居、花间堂、原舍、西坡、山水间、喜悦秘境等一系列品牌。许多民宿经营者抓住发展契机，不断提升民宿品牌效应，丰富民宿产品供给，逐步实现民宿品牌扩张。伴随着民宿房源规模的持续扩大和平台用户活跃度的不断提升，用户对于特色化、多元化、差异化的住宿业态需求日益增长。2019 年，城市民宿连锁品牌运营商有家美宿进行了全新的品牌升级，有家在城市民宿的基础上，不断提高住宿业态发展水平，发展酒店公寓、度假别墅、精品客栈等一系列特色旅游住宿。不断丰富品牌内涵，扩大民宿产品线，致力于打造民宿房型全系列、房源全覆盖。旅游住宿需求的全面升级使得民宿品牌化竞争日趋激烈，一批具有一定知名度的国内民宿品牌，如花间堂、宛若故里、幸福时光等顺应市场发展趋势，积极进行连锁扩张。品牌认知度和影响力的提升离不开品牌的运营。民宿市场的蓬勃发展也吸引着传统酒店集团的目光，2016 年，如家快捷酒店的民宿项目正式启动，通过免费加盟形式把民宿业主纳入旗下品牌"云上四季民宿"，致力于打造"民宿管理支持平台"、"民宿预订平台"和"后台资源共享平台"三平台合一的立体民宿生态圈。

（二）市场化趋势

改革开放四十多年来，中国经济发展成就瞩目，旅游业也经历了从无到有的发展阶段，发展迅速，成为国民经济的战略性支柱产业。旅游新业态齐发并进，市场化趋势加深。作为旅游业重要形态之一的民宿业，其市场化趋势呈现以下三个特点：一是国内外市场并重。目前，以榛果、途家、小猪和Airbnb 为代表的在线民宿平台，通过同步拓展国内外业务布局，快速占领国内外市场，不断提升品牌的竞争力。从国内市场看，榛果、途家、小猪和Airbnb 等平台蓄力广阔的国内市场，在国内的城市覆盖均超过 200 个。其中Airbnb 已经实现对国内 450 个城市的覆盖经营，小猪平台紧随其后，已经覆盖国内近 400 个城市。从海外市场看，几大平台瞄准海外市场，积极对接布局，用品牌优势赋能海外业务，途家已在海外超过 1030 个城市上线其平台，为全球民宿爱好者提供旅游住宿服务。二是多细分市场并存。从用户年龄特征来看①，民宿的预订用户在 40 岁以下的人群占整体消费市场的 86.2%，其中"90 后"消费者占比超过 50%，可见国内民宿产品的消费主力军集中在年青一代。从地域上来看，长三角和东部沿海等经济发达地区是民宿最大客源市场，休闲海岛、名村古镇等景区附近的民宿最受市场欢迎。从需求目的来看，休闲旅游目的最为强烈，访友探亲、商旅出行、朋友聚会等目的的民宿需求占比相对较小。三是二三线市场并进。随着客群的年轻化，二三线旅游城市民宿市场迅速崛起，已经成为引领民宿行业发展的新引擎。由国际民宿短租平台 Airbnb 公布的 2019 年一季度业务增长指标显示②，其国内业务增长 3 倍，其中大理、三亚、北海、珠海等二三线城市民宿房源量及市场需求激增，甚至超过部分一线城市，民宿市场向二三线城市下沉的趋势显现。

（三）创新化趋势

创新是发展的第一动力，引领民宿行业朝主题突出、特色鲜明、内涵明晰的方向发展。作为一种新兴的旅游产业业态，中国的民宿发展主要体现以下三点创新化发展趋势。一是产品创新。一方面，具体表现在住客入住场景的硬件设施，其入住的场景应和民宿的主题定位密切相关。比如村居主题的民宿，需要将村居生活通过文创的形式再表现出来。产品创新的场景越细，创新的点也就越多，也越能堆积产品的价值。另一方面，民宿发展之初只提供较为单一的住宿产品，但通过不断升级改造，一些风格独特、环境优美、富有特色体验的民宿甚至成为区域的景点，能够吸引诸多游客慕名参

---

① 《民宿行业前景可期》，https：//baijiahao. baidu. com/s？id = 1657658533492952414&wfr = spider&for = pc，最后检索日期：2021 年 3 月 15 日。

② Airbnb：《2019 年一季度中国国内业务增长近 3》倍，http：//finance. sina. com. cn/roll/2019 - 04 - 15/doc - ihvhiewr6080497. shtml，最后检索日期：2021 年 3 月 14 日。

观打卡。二是服务创新。服务永远是民宿产品的重要竞争力，服务的创新也是民宿创新的关键。例如能够提供差异化、个性化服务的民宿往往会赢得消费者的口碑，有利于扩大市场。因此，民宿经营者需要把个性化、差异化的服务内容贯彻到标准化的服务细节中去。三是营销创新。"互联网+民宿"成为民宿经营者营销的主要手段。一方面民宿经营者正在不断加强与旅游、景区、短租等多个平台的合作，积极开拓市场。例如，不少民宿经营者通过入驻途家、Airbnb、蚂蚁短租和小猪短租平台，借助互联网平台优势充分展示、交流、分享民宿产品，吸引消费者；另一方面借助公众号、微博等自媒体扩大宣传范围，提升社会知名度和公众影响力。还有许多民宿品牌利用网红直播营销扩大受众，观众通过观看在线直播，远距离体验入住，根据自己信赖的网络博主对相关民宿产品的评价，判断是否进行线下体验。

（四）智慧化趋势

随着大数据、物联网、云计算的发展，智慧化是未来各行各业发展的必由之路，未来智慧民宿的市场规模将进一步壮大。民宿的智慧化主要表现在数字化、虚拟化、智能化、移动化四个方面。智慧民宿将电子商务、大数据、云计算、物联网等技术充分应用在民宿产业，打造运营管理和服务的信息化、智能化，以此实现更加便捷的管理。智慧化给民宿带来的是一种便利，更是一种新鲜的体验感，其本质目的就是满足消费者多元化、个性化的深度体验需求。一方面，民宿经营平台利用大数据技术，对相关数据加以挖掘、整合和分析，对民宿用户及其消费行为能够实现精准画像，从而不断设计、推送与用户个性和需求匹配度更高的民宿产品；另一方面，科技赋能，打造场景体验。智能家居元素的加入不仅为房客带来更好的居住体验，也使民宿管理与服务更加智能化、现代化和人性化。比如，VR选房、人脸识别、语音互动等极具科技内涵的操作方式，更能激起消费者的消费欲望。智慧民宿在提升消费者体验感的同时能够节省民宿人力管理成本。

（五）绿色化趋势

绿色发展是构建高质量现代化经济体系的必然要求，是推动社会发展进步的中坚力量。作为当今时代发展的主题，"绿色"为民宿发展注入新活力。随着旅游消费需求升级，民宿受到广泛关注，成为大众出游时的重要选择。为推进行业的健康可持续发展，绿色化是民宿行业的必然发展趋势。一是树立绿色管理理念。随着中国经济、社会发展迈入新时代，绿色是民宿业发展不可或缺的"点睛之笔"，积极贯彻"绿水青山就是金山银山"的发展理念，走绿色发展道路，全面提升民宿品质。二是深化绿色主题演绎。例如Airbnb曾与Pantone在伦敦联合推出植物绿色主题民宿，即"把室外带回家"，为消费者带来不一样的体验。三是加强绿色功能设计。民宿的地理位置大多在自然环境优美、生态禀赋优良的区域，而这些地方往往也是生态脆弱区，所以民宿配套基础设施绿色化是必然选择。民宿在日常运营过程中应做到严格管理，通过减少、回收和再利用来处置固体废弃物，以友善环境的方法处理生产生活污水，在符合环保要求的同时增添绿色活力。四是推进绿色服务模式。需要加快完善民宿行业准入标准、监管制度等配套政策，提升规范化经营水平，实现绿色管理，坚持高标准、严要求的绿色民宿服务。

（六）资本化趋势

随着产业结构调整、线上服务平台完善、在线支付常态化，我国经济大环境发生重大转变，作为一种新兴经济模式，民宿业发展迅速并成为经济增长的新亮点，引发市场资本的关注。民宿的高收益和巨大市场潜力吸引越来越多的资本进入民宿业，逐步形成商业化的发展模式。民宿资本化主要表现在以下三个方面：第一，融资渠道多元化。许多民宿企业积极开拓多元化的融资渠道，整合优化融资结构。目前民宿行业投资方的结构较为复杂，包括专业的资本运作机构、行业巨头以及民宿产业链上下资本方。其中，专业的资本运作机构倾向对民宿预订平台、相关民宿金融产品的投资。第二，融资方式创新化。个人小额投资是西方国家民宿融资的主要方式。相比国外，国内民宿融资与众筹平台涌现。作为民宿融资的方式之一，众筹一方面解决了资金、用户和品牌相关事宜，另一方面更能保护创始团队的控制权。截至2019年12月16日，整个民宿市场共完成7笔融资，融资金额近4亿元①。其中，杭州鹭青文化创意有限公司将500万元人民币投资于蚂蚁民宿，而OSTAY获得1000万美元的融资。第三，投资主体全球化。经济全球化促进了生产要素的全球流动，国际投资和国际贸易快速发展。例如，创立于2008年的在线民宿平台Airbnb广布全球190多个国家和地区，为消费者提供400万个多样化的住宿选择，2015年8月已正式进入中国，积极开拓中国市场。国内在线预订平台木鸟短租也开启全球化民宿产业布局，将稳步开拓东南亚、欧洲、北美等市场。

二　民宿发展的四大关注焦点

随着现代城市居民的生活节奏不断加快，他们渴望回归自然、释放压力、体验风土人情，得到情感的交流。民宿除了为消费者提供独立的生活空间外，还是轻松慢节奏、释放身心、绿色健康生活方式的有效载体。消费者可以享受地域人文特色、亲近大自然，并可以融入当地生活，体验农、林、牧、渔等劳动生产活动。民宿在当代实践发展中对实现多元协调带动的作用突出，是乡村振兴、文旅融合、全域旅游、城乡统筹发展的空间载体。随着市场的蓬勃发展和用户需求的升级更新，民宿也将迎来新的挑战，未来市场及行业会对民宿提出更高要求。因此需要探析中国民宿产业发展的关注焦点，为推动和促进区域民宿产业发展提供指导。

（一）主题演绎

主题演绎是民宿发展的关注焦点之一。民宿注重个性化的需求，直接表

---

① 《2019年中国共享住宿行业发展现状》，https：//www.sohu.com/a/361172709_473133，最后检索日期：2021年3月14日。

现在民宿的主题上。主题是民宿的灵魂，每一个民宿都应有自己的主题和特色。没有标准化的装修风格，没有千篇一律的场景陈设，没有统一的服务标准，几乎每一类人群都能找到适合自己的主题民宿。民宿的主题演绎具体体现在三个方面：第一，挖掘重点文化。民宿承载着人们回归自然、寄托情怀的希冀。因此，挖掘重点文化，提升文化内涵是未来民宿业提高发展质量和水平的重要路径。第二，延伸优秀题材。我国幅员辽阔，很多地区本身就具有丰富的自然资源、浓厚的历史文化底蕴、独特的民俗风情，这为民宿发展提供了更加宽广的基础和支撑。例如，杭州径山云来集精品民宿联合杭州径山五峰茶业有限公司推广径山茶，结合径山茶文化和传统文化，开展茶会品鉴、雅集活动、茶旅体验非遗项目如制作茶筅、点茶等。第三，扩展表现路径。民宿是展示一个地区人文历史的重要窗口，能够更加深入地展现当地特色风情，为游客带来新奇的体验。因此，民宿经营者应借助多种表现形式和路径，扩大"窗口"的展示作用。例如，民宿的规划设计应当充分挖掘和凸显地域文化元素，综合利用多种形式，从建筑风格、硬件设施到软件设施去展现其主题与特色，让民宿迸发出新的活力。

（二）品牌打造

随着民宿产业的蓬勃发展，民宿呈现地理空间集聚、产品同质化竞争、盲目跟风式开发等问题，在品质化、高端化发展过程中遇到瓶颈。民宿的品牌打造不仅可以凸显民宿的特色，而且能够提升民宿的影响力，赢得消费者的美誉，扩大市场份额，不断提高市场占有率。民宿品牌打造是指民宿经营者依托民宿自身价值的独特性和内涵的丰富性，基于民宿品质的提升，通过品牌市场定位、品牌形象设计、品牌营销推广，构建品牌忠诚，从而促使消费者对民宿品牌形成特定的认知，提高品牌的知名度，进而实现品牌的价值。未来民宿竞争更多的是品牌之间的竞争，随着一大批品牌民宿的融资、上市，这个市场的竞争进入白热化阶段。与此同时，迅速崛起的新兴民宿与传统酒店在发展过程中不断碰撞，他们从既有的熟悉领域出发，逐步扩展自身的业务范围和经营市场。围绕品牌打造，如何提升民宿的知晓度、扩张度、美誉度、富有度、效益度是民宿经营管理者必须重视的问题。民宿经营管理者可以从民宿的名字、标志、品牌故事、经营理念、服务设施和休闲娱乐产品入手，进行标准化和个性化设计，打造独特的民宿品牌。

（三）功能延伸

随着旅游需求的多元化发展，消费者对于休闲度假、旅居等旅游形式更加向往，民宿需要从单一化功能向多元化功能延伸。"食、住、娱、购"是传统旅游活动中不可或缺的几大要素，但随着游客经济能力的增长，旅游正逐渐过渡到休闲度假模式。在这一阶段，游客更多把住宿当作首要考虑的问题，常常围绕住哪里来安排自己的出游行程。而民宿将地方自然山水、风俗民情、周边资源与独特的民居建筑结合起来，为消费者提供旅居的场所。通过民宿，消费者找到了一个对于满足返璞归真、寄托乡愁、追求精神生活需要的输出口。为吸引游客，民宿经营者可以通过创造或提供各种特定体验项目，开拓民宿产品延伸功能，诸如农事体验、加工体验、手工艺体验等，满足不同消费群体探奇、商务、体验、奖励、情感、休闲等需求。并将民宿经营者的生活情调与趣味、人文情感等融入民宿经营管理中，可以开展剪纸、插花、陶艺等体验活动，既提升消费者的民宿体验，又能够展示当地特色。

（四）价值提升

民宿价值的提升着重体现在品牌价值、功能价值、情感价值、资产价值这四个方面。其中，品牌价值是核心，民宿提供的优良产品和优质的服务是品牌的价值基础。优秀的品牌能够为消费者提供独特的产品体验，带来消费心理的满足与中肯，从而坚定对该品牌的钟爱。功能价值是源泉，现阶段民宿的公共活动功能基本完备，但是随着人们物质生活水平的提高和精神需求的提升，游客对于健身锻炼、自然体验、情感交流等活动形式的需求也随之增加。民宿面临着从以旅游住宿为核心功能向以住为基础，慢生活休闲体验、地域文化深度体验为主要服务内容的发展转变。因此，民宿需要对休闲娱乐、文化体验等功能进行更新，打造特色体验空间场景，让游客以多样化

的方式体验民宿中的地域文化，不断提升民宿的功能价值。情感价值是纽带，民宿连接起自然与现代化、乡村与城市、旅行与生活、情怀与商业，实现主客共享，架起人与人之间沟通的桥梁。资产价值是基石，民宿经营者需要提升民宿资产管理水平，逐步降低资产投入成本，不断提高资产的利用率，在实现降本增效的同时减少重复投资和不必要的浪费。

三 民宿发展的八大系统创新

民宿经济蓬勃发展的背后，是我国旅游市场消费结构的调整，是消费者更关注消费品质与服务质量的变化，是在旅游中更注重精神文化需求、地域特色体验的转变。民宿的发展离不开创新，创新作为引领发展的第一动力，有着丰富的内涵。从科学技术视角看，民宿创新是现代化技术在民宿业中的应用；从服务视角看，民宿创新是民宿服务的改进；从管理视角看，民宿创新是满足市场需求、节约经营成本、提高市场竞争力和盈利能力的重要途径；从消费者视角看，民宿创新给消费者带来视觉、触觉等不同的感官体验，提供个性化的服务，增进消费者的愉悦感和满意度。在旅游消费升级的趋势下，充分挖掘潜在消费市场，提供多元化、个性化民宿服务，需要从以下几点进行系统创新。

（一）理念创新

思想有多远，我们就走多远！打造地方特色的民宿，根本上要理念创新，迎合市场发展新趋势，摒弃落后的经营管理观念，树立市场化的思维，充分结合自身优势，在设计策划理念、人才运用理念、管理制度理念、营销宣传理念上进行创新。首先要转变发展导向，依托"互联网＋"、共享经济、绿色经济、大数据等优势，推动线上线下消费融合，促进消费提质升级。其次调整发展结构，实现跨界融合，创造价值。民宿业态的赋能升级也催生了一批服务业态，例如民宿景观设计、规划建设、投资融资、特色餐饮等，促进了休闲娱乐、康养度假、绿色农业等多种产业融合发展。最后，创新发展模式。为推进民宿业的协调可持续发展，需要合理配置民宿各项要素、创新生产关系，形成具有特色的民宿经济发展路径。由点到面，深化拓展全域旅游发展合作，促进全域共生，实现区域协调发展。

（二）题材创新

主题是民宿的灵魂，民宿经营管理者要做到题材创新。一是主题形象化。适应市场消费群体的不同需求，以各大民宿为核心，整合和联动周边景区景点、地方美食、特色纪念品等资源，不断完善主题民宿产品体系。二是内涵特色化。目前，许多地区推出了"民宿＋亲子""民宿＋山水""民宿＋自驾""民宿＋绿色""民宿＋红色""民宿＋古城""民宿＋冰雪"等主题民宿产品，受到市场热捧。三是个性时尚化。"80 后""90 后"为当下民宿消费的主力军，这一消费群体对差异化、个性化的产品与服务提出了更高的要求。民宿经营者应以标准化为基础，提供个性时尚化的产品。例如，位于重庆南山的南之山书店，将民宿与书店融为一体，兼顾格调和品位，客房和书店都充满文艺气息、设计感、独具特色。四是体验情景化。民宿经营者应注重民宿建筑风格、内部设施、场景打造，为消费者打造体验空间。例如，宁波余姚市集约部落生态度假山庄是深受消费者偏好的民宿之一，它由 70 多个海运集装箱改造而成，集吃、住、休闲于一体，设施齐全，告别了传统的钢筋水泥、青砖红瓦，外形凸显时尚，彰显了宁波港口文化城市的特色。同时，每个客房都是独一无二的，迪士尼主题乐园带给孩童欢乐；浩瀚星空探索未知世界；还有原始森林让人置身碧水山间等，为消费者打造逼真的体验场景。

（三）模式创新

第一，资源导向模式。这种开发模式适用于资源品位独特、吸引力强，有一定垄断性的民宿目的地。以资源禀赋为导向进行民宿产品开发，能够快速地将产品推向市场，形成民宿产品体系，从而有力地将民宿资源转化成经济效益。莫干山在诸多民宿经营案例中是成功的范本之一，莫干山自然资源优越，人文历史资源丰富，是国家 4A 级旅游景区、国家级风景名胜区、国

家森林公园，富有"江南第一山"的美誉。目前，莫干山已经形成民宿产业集群，成为旅游吸引物，甚至是中国民宿的代名词之一。第二，产品导向模式。随着旅游消费大众化，消费者希望通过民宿这一载体释放压力，得到休闲放松，寻找情感寄托。通过开发不同品质、类别的资源，持续推出多元化的民宿产品类型，加强有关基础设施建设和服务功能配置，进而为消费者提供可供选择的差异化民宿产品，满足消费者多样化的旅游住宿需求。第三，产业导向模式。伴随着品质民宿需求的旺盛，当前民宿产业的发展亟须面对升级转型问题，这必然要求重新调节整合产业内部各要素之间的关系，不断与其他相关产业融合并向产业外部逐步延伸。以产业为导向的民宿开发模式适用于空间尺度相对较大、资源类型相对丰富、产业体系相对健全发达的地区。第四，形象导向模式。随着民宿业竞争的日益激烈，形象在民宿经营发展中尤为重要。民宿经营者通过对形象的挖掘、塑造和推广，能够最有效地吸引消费者眼球，促进消费者购买相应民宿产品。第五，市场导向模式。伴随民宿经济的蓬勃发展，民宿规划设计需要更加注重市场诉求。以民宿为载体，着眼不断变化的市场需求，立足各细分市场的特点，开发个性化民宿产品以满足市场不同的需求。

（四）产品创新

民宿提供的产品经历着从 1.0 版到 3.0 版不断迭代升级的发展过程，为消费者提供全方位、多层次的体验。民宿 1.0 版是基础层，提供诸如住宿、餐饮等酒店功能产品；民宿 2.0 版是发展层，此时消费者更加注重消费品质，对住宿要求更高，更加希望通过民宿提供的环境带来休闲度假的享受；民宿 3.0 版是提升层，为消费者提供深度体验的民宿产品和品质化服务。例如，Airbnb 推出的 Trips 体验，为房客提供多元化、个性化的深度旅游体验活动，在房东的带领下体验当地马拉松、出海捕鱼等，用生活化的体验方式满足休闲娱乐需求；木鸟短租平台也积极提倡房东为用户提供地主之谊接待服务，强调主客共享，为房客提供出游指导、餐饮指导、休闲娱乐指导等服务，不断增加以住宿为核心的服务价值。

（五）项目创新

住宿是民宿提供的基础功能，而独特的民宿产品离不开差异化体验、多元化感受、深层次感悟。越来越多的消费者愿意打破单一"住宿"模式，在住宿中体验和尝试更多的特色服务项目，为旅程生活增添乐趣。因此，民宿经营者要挖掘潜力项目，做到人无我有；突出优势项目，做到人有我优；培植垄断项目，做到人优我特。成功的民宿经营不只局限于住宿，随着大众旅游时代消费持续升级，客群年轻化特征显著，民宿经营者需要创新开发思路，多元融合，做到项目创新，进一步拓展融合休闲活动、地域特色、民俗风情等，以"民宿＋"促进转型升级。例如，杭州市富春县以船屋民宿、树屋民宿闻名，在民宿市场中独具特色。其"船屋"的概念和形态，源自当地独有的船居文化，民宿经营者巧妙地借助这一独特的地域文化，打造"船屋"特色民宿项目，为消费者带来新奇的体验。

（六）内容创新：超级 IP

一是把握新概念。有家民宿提出"新民宿"的概念和全新模式，并将自身定位于舒适型民宿连锁品牌，希望用标准化、连锁化的模式，为用户提供优质的房源和舒适的入住体验。北京有猫云游科技有限公司曾创意"旅居农家"这个概念，为久在城市、久居"樊笼"的北京市民，打造一个乡村家。二是提出新创意，不少民宿经营者将文创理念应用于民宿周边产品设计中，例如杭州市淳安县积极探索精品高端民宿发展路径，依托当地特有的鱼文化和千岛湖山水资源，以"鱼人头"动画为特色，开发具有淳安元素符号和淳安人文精神的民宿产品，将创意设计理念融入产品包装生产，提高产品附加值。三是整合新方式，如"民宿＋文化""民宿＋论坛""民宿＋体育"等，民宿和乡村山地旅游的充分融合，成为人们既能够放松休闲又能读书静思的佳地；既可体验乡村农事活动，又可借助山地进行山地马拉松、登山锻炼等体育活动；既可寄情山水，又可举行各种小中型讨论会、学术交流会、论坛等活动。四是研发新项目，让民宿在体验互动中"活化"。

民宿旅游贵在参与、体验，要增强"民游、民食、民宿"等联动，不断丰富旅游活动。要根据不同群体，策划丰富多彩的民宿主题旅游和民俗体验活动，如农渔体验、户外运动、休闲养生等相关主题活动，让民宿"活"起来。

（七）形式创新

一是展示多元化，民宿的建筑外观、主题风格、特色服务都是展示民宿独特性的重要途径。例如，漫居58民宿强调"同一家民宿，迥然的风格"，包含中式、日式、法式、泰式、地中海田园等各种主题风格的房间，打造"五十八个房间，五十八个故事"，通过多元化的风格让消费者耳目一新。二是功能丰富化，消费者的需求呈现多元化特征，应满足不同消费者的需求，提供丰富多样的民宿产品。三是技术智能化，让民宿搭乘"互联网"的快车。随着互联网在各个产业渗透力与影响力的增强，民宿经营者更加需要树立"互联网＋"的创新思维，用创新引领民宿产品的规划设计和营销推广，助力民宿产业发展。从民宿产品营销推广上看，应从多方位拓展宣传平台和渠道，提升民宿营销推广能力。综合利用自媒体、影视节目媒体、平面媒体等多种宣传渠道和方式进行营销推广，把控内容和形式，突出特色与创新，提升消费客群的关注度和参与度。四是服务精准化，通过大数据分析充分了解用户的需求，合理地把控和设计个性化、多元化服务，以消费客群为中心提供精准化服务。

（八）人力资本创新

人才是带动创新、创效发展的原动力。当前我国民宿产业发展迅速，但同时民宿各类人才供不应求，民宿产业化发展诉求、民宿人才职业化成长成为趋势。吸引人才、发挥人才作用需要从以下几点入手。第一，战略机制明晰。围绕提升改进人才发展体制机制创新，合理规划人才发展战略，立足实际经营发展状况，统筹建立与发展要求相适应的人才战略机制和政策体制。第二，管理机制详细。行之有效的管理机制，能留住员工并吸引更加优秀的人才，为民宿行业的发展奠定人才基础。第三，保障机制全面，提高对人才的重视程度。要牢固树立强烈的人才意识，重视知识、重视人才、重视发展、重视创新，做好人才的引进，营造广聚人才的环境。第四，晋升机制畅通，提供可预见的晋升机制和职业发展规划。必须为吸引人才、应用人才、培养人才建立一个适合的环境，逐步建立以德才上岗、按需求培训、凭业绩获酬的人力资源开发机制和模式。要发挥人才优势，留住人才，满足民宿经济发展和行业竞争对人才的需要，从而实现民宿业快速发展。

民宿是中国城市化进程和消费需求升级的产物，更是地域文化的载体，诠释了人们追求"诗意栖居"的内心愿景，通过民宿体验寻找"诗和远方"。迅猛的需求发展态势为民宿提供了广阔的发展空间，也带来了挑战，唯有抓住机遇，直面挑战，顺势发展，为游客提供高品质、有内涵、个性化、有温情的民宿服务，才能迎来民宿高质量发展的春天。

参考文献

陈春燕：《文化旅游视野下的景区民宿发展研究》，《广西社会科学》2018年第11期。

丁敏、刘俊、祁琪：《互联网＋背景下乡村旅游民宿业发展趋势》，《中外企业家》2020年第20期。

李俊杰、李云超：《关于民族地区民宿产业高质量发展的思考》，《云南民族大学学报（哲学社会科学版）》2019年第3期。

李燕琴、于文浩、柏雨帆：《基于Airbnb网站评价信息的京台民宿对比研究》，《管理学报》2017年第1期。

孙婧雯、马远军、王振波、张敏：《农旅融合视角下新型乡村社会关系架构及提升路径——以浙江金华陈界村为例》，《地理研究》2020年第3期。

盛玉雯：《山景民宿品牌形象设计》，《上海纺织科技》2020年第5期。

王丽丽：《中国民宿建设形态发展现状》，《中外建筑》2019年第5期。

王建芹、邓爱民：《环保责任与民宿可持续发展——基于云南洱海流域"海地生活"案例的研究》，《生态经济》2018年第3期。

俞昌斌：《体验设计唤醒乡土中国：莫干山乡村民宿实践范本》，机械工业出版社，2017。

张海洲、陆林、张大鹏、虞虎、张潇：《环莫干山民宿的时空分布特征与成因》，《地理研究》2019 年第 11 期。

张野、李雪飞、赵新生：《乡村旅游发展中民宿经营管理的策略分析》，《农业经济》2019 年第 8 期。

B.10
民宿旅游对居民社会生活影响的
城乡差异与精准施策*

郭英之　徐宁宁　李海军　董坤　许茜茜**

摘　要：　民宿旅游发展对于城乡居民生活水平的影响具有很大的区域
　　　　　差异。一方面，从民宿旅游对于城乡居民社会生活影响区域
　　　　　差异的理论意义来看，基于民宿旅游对城乡居民的区域差异
　　　　　性研究，丰富了民宿旅游对居民影响的研究领域；另一方
　　　　　面，从民宿旅游对于城乡居民社会生活影响区域差异的实践
　　　　　意义而言，城乡居民是民宿旅游的主要利益相关者，城乡居
　　　　　民对于民宿旅游的可持续发展具有重要影响。本研究表明民
　　　　　宿旅游对于城乡居民的当地生活、家庭生活、娱乐生活、社
　　　　　交生活、治安生活、休闲生活等影响具有显著的区域差异，
　　　　　发展民宿旅游，可以缩小城乡居民社会生活的区域差异，有
　　　　　效破解民宿旅游在城乡发展上不平衡和业态发展上不充分的
　　　　　矛盾。本研究鉴于民宿旅游在城乡居民社会生活的区域差异
　　　　　研究结果，针对城乡居民的当地生活、家庭生活、娱乐生
　　　　　活、社交生活、治安生活、休闲生活等方面进行精准施策，
　　　　　以有效平衡城乡居民社会生活差异，使民宿旅游成为城乡人

　　*　基金项目：本研究属于国家自然科学基金(72074053)的成果。
　**　郭英之，复旦大学旅游学系教授、博士、博士生导师、博士后合作导师，研究方向为旅游市
　　　　场；徐宁宁，复旦大学旅游学系博士生，研究方向为旅游市场与经济管理；李海军，河西学
　　　　院历史与旅游学院副教授、博士，研究方向为旅游市场与经济管理；董坤，复旦大学旅游学
　　　　系博士生，研究方向为旅游市场与经济管理；许茜茜，复旦大学旅游学系硕士生，研究方向
　　　　为旅游市场与经济管理。

民获得美好生活的幸福产业之一，以满足城乡居民对美好生活的需求和向往。

关键词： 民宿旅游　社会生活影响　城乡差异　精准施策

一　引言

随着民宿旅游的快速发展和民宿旅游消费需求的多样化推进，由于政策支持和当地旅游资源的差异，不同地区的民宿旅游给居民带来的生活影响会有所不同。如何增强不同地区民宿旅游的积极影响，降低居民的消极影响，从而促进居民对于民宿旅游发展的支持，以助力旅游地的可持续发展，是不同民宿旅游地区发展亟待思考和解决的问题。一方面，民宿业态的不断丰富，促进了旅游业的优质发展；另一方面，民宿旅游的发展也对居民社会生活产生了多元影响，具体表现在民宿旅游对城乡居民在当地生活、家庭生活、娱乐生活、社交生活、治安生活、休闲生活等方面影响。由于民宿旅游的政策、经济发展水平以及区域旅游发展的不同，城市和乡村居民对于民宿旅游发展带来的社会生活影响认知也具有显著的城乡区域差异。因此，本研究分两个阶段进行：第一阶段：本研究 2019 年 7～9 月对我国东中西部民宿旅游的典型城市、乡村和城乡居民进行了量化市场调研，运用 SPSS 社会统计软件，通过统计学方差分析，研究了民宿旅游对居民社会生活影响的城乡区域差异；第二阶段：鉴于 2020 年全球新冠肺炎疫情的影响，本研究于 2020 年 7～9 月对上述我国东中西部典型民宿旅游的城乡居民、民宿旅游企业、政府主管民宿旅游机构的高层管理者等 50 人，进行了质性深度访谈和头脑风暴，深入剖析其形成原因，并对民宿旅游提出了针对性的精准策略。本研究结果可以有效平衡城乡居民生活的区域差异，满足城乡居民对美好生活的需求和向往。

（一）研究背景

第一，民宿旅游助力人民幸福。中共中央于 2020 年 10 月 26～29 日召开的十九届五中全会中，提出了远景发展目标①。其中，实现经济总量和城乡居民人均收入再迈上新台阶，这为大众外出旅游提供了更多经济保障；而国家软实力显著提高的目标则为旅游业的发展提出了更高质量的发展要求；人民生活更加美好以及人的全面发展的目标则为民宿旅游的发展指出了明确的发展方向，这就要求民宿旅游在发展的过程中不仅关注游客体验质量的提升，也要关注民宿旅游地居民生活质量的优化，以期实现人民生活更加美好的目标。

第二，民宿旅游助推城乡一体。2020 年 12 月 28～29 日召开的中央农村工作会议强调，在向第二个百年奋斗目标迈进的历史关口，要巩固和拓展脱贫攻坚成果，全面推进乡村振兴②，建立健全城乡融合发展体制机制和政策体系。民宿旅游的发展不仅能够创造就业和创业机会，增加旅游目的地居民收入来源，改善城乡居民的生活质量，促进旅游业发展，还能够为城市建设添彩，为脱贫攻坚助力，有效破解民宿旅游在城乡发展上不平衡和业态发展上不充分的矛盾，满足城乡居民对美好生活的需求和向往。

（二）研究意义

首先，本研究的理论意义。一是拓展居民社会生活质量研究的视角。目前国内外对居民生活质量的研究多从社会学、医学以及宏观经济学等传统学科展开，从民宿旅游视角研究民宿旅游业对居民社会生活影响，包括当地生活、家庭生活、娱乐生活、社交生活、休闲生活等方面的研究还不多，因此本研究有助于拓展居民社会生活质量的研究视角。二是为相关理论构建提供实证支持。本研究对城市和农村民宿旅游地区的居民关于民宿旅游对社会生

---

① 习近平：《十九届五中全会公报要点》，2020 年 11 月 20 日，http://cpc. people. com. cn/n1/2020/1029/c164113－31911575. html，最近检索日期：2021 年 3 月 19 日。
② 习近平：《习近平出席中央农村工作会议并发表重要讲话》，2020 年 12 月 31 日，http://www. gov. cn/xinwen/2020－12/29/content_ 5574955. htm，最近检索日期：2021 年 3 月 19 日。

活影响进行实证研究，研究结果可以与国内外相关研究进行比较，特别是本研究关于城市和农村居民关于民宿旅游的社会生活影响认知的区域差异成果，可以作为该研究领域的又一次创新性尝试，可以为民宿旅游与城乡居民生活质量影响的相关理论构建提供实证性支持。

其次，本研究的实践意义。一是深化对民宿旅游与居民社会生活关系的认识。本研究将有助于深刻认识民宿旅游的综合带动效益，民宿旅游不仅提高了城乡居民的生活质量，也促进了当地经济社会发展，同时客观上提高了居民过上美好生活的幸福感和获得感。二是助推民宿旅游政策制定的人性化。本研究主要从城乡居民视角研究民宿旅游对社会生活的影响，地方政府推进民宿旅游不仅仅能够服务民宿旅游者，更能够促进本地社会发展、助力人民生活水平提高，因此，无论城市还是农村，当地政府若能够推进本地民宿旅游发展，必将有助于改善民生，实现民众对美好生活的需求。

二　问卷设计与市场调研

第一，民宿旅游对城乡居民社会生活影响认知的问卷前测检验。本研究借助问卷调查法，由于民宿旅游对城乡居民社会生活影响认知各变量的测量问项和其他题项的设计会影响到最后的研究结论，因此，本研究首先是对国内外已有的民宿旅游对居民社会生活影响认知研究的文献进行述评，其次是邀请政府高层管理者和企业高层管理者、专家学者深度访谈进行头脑风暴。为了确定民宿旅游对居民社会生活影响问卷的信度和效度，实现科学规范的调研过程，在正式调研之前选择 50 名居民进行问卷的预调查，在调查过程中收集城乡居民的意见，并且对问卷的表述不当之处进行优化和改进调整。

第二，民宿旅游对城乡居民社会生活影响认知的设计内容。民宿旅游对城乡居民社会生活影响认知的问卷分为两部分：第一部分是当地居民的个人基本情况，包括性别、年龄、婚姻状况、教育程度、职业、居住地、居住时长、家庭人口数、家庭人口工作数、家庭几代人一起居住、家庭月平均收入、当地民宿做旅游发展的建议等。第二部分是问卷的主题，设置了民宿旅游对城乡居民生活影响认知的项目，共分为民宿旅游对居民当地生活、家庭生活、娱乐生活、社交生活、治安生活、休闲生活等方面。

第三，民宿旅游对城乡居民社会生活影响认知问卷的量化市场调研。本研究于 2019 年 7～9 月，在我国东部的沪徽冀等、中部的鄂赣晋等、西部的滇新渝川等省区市，进行了民宿旅游对城乡居民社会生活影响认知的量化问卷市场调研 1000 份，调查对象是分别生活在上述省区市民宿旅游典型地区的城乡居民。为了保证民宿旅游对城乡居民社会生活影响问卷数据收集的真实性和可靠性，调研采取不记名、多地点随机抽样方式。此外，为了保证抽样样本对总体样本的代表性，以保证民宿旅游对城乡居民社会生活差异的研究适用性，调研采用性别、年龄、收入等分层抽样对调研样本进行了恰当控制。城乡居民共计发放 1000 份问卷，其中城市和农村居民各 500 份，回收有效问卷 944 份，剔除选项全部相同或者是漏填的选项，有效率为 94.4%。

第四，民宿旅游的城乡居民受访者社会人口统计学特征。一是本研究市场调研对象的性别比例显示男性略高于女性，参与民宿旅游的居民以青壮年为主，已婚受访者占据较大比例；二是城市居民学历水平以大学学历为主，其次为受过中等水平教育的民宿旅游者，农村居民学历水平以受过中等水平教育的民宿旅游者为主，大学学历次之；三是城市居民以公司职员为主，农村居民则以农民为主；四是城市与农村居民的家庭人口数都以 3 人为主，4人口家庭次之，较少与较多家庭人口数的总体占比均较小；五是城市与农村代居分布基本一致，以 2 代居占主导，占到一半之多，其次为 3 代居，1 代居较少；六是城乡居民的家庭工作人口数分布相似性高，与家庭人口数保持了较高的关联性；七是城市居民的月收入高收入家庭（家庭月平均收入6001 元以上）占主导，中等收入（4001～6000 元）与低收入（4000 元以下）家庭比例基本持平，农村居民家庭月平均收入分层多元，但是每个层次占比均衡。

第五，民宿旅游对城乡居民社会生活影响认知的质性市场调研。鉴于2020 年全球新冠肺炎疫情影响，课题组无法对民宿旅游的城乡居民社会生活影响认知进行大范围和大数量的市场抽样调研。因此，本研究于 2020 年 7～9

月分别在上述提及的我国东部的沪徽冀等、中部的鄂赣晋等、西部的滇新渝川等省区市的民宿旅游典型地区，对民宿旅游企业的城乡高层管理者、民宿旅游的城乡政府主管机构官员、民宿旅游的城乡消费者等50人，进行了深度访谈和头脑风暴，通过对城乡居民社会生活影响认知区域差异分析结果的形成原因，进行深度剖析和研究，以针对性对城乡民宿旅游精准施策。

因此，本研究基于上述2019年7～9月的量化市场调研和2020年7～9月的质性深度访谈这两个阶段的数据和资料分析，最终形成了本研究的相关成果。本研究认为通过发展民宿旅游，可以缩小城乡居民生活水平的区域差异，平衡城乡居民在社会生活等方面的区域差异，有效破解民宿旅游在城乡发展上不平衡和业态发展上不充分的矛盾，使民宿旅游成为城乡人民获得美好生活的幸福产业之一，满足城乡居民对美好生活的需求和向往。

三 民宿旅游对城乡居民社会生活影响的区域差异与区域特征

（一）民宿旅游对居民当地生活影响的城乡差异与区域特征

表1分析了民宿旅游对城市和农村居民当地生活的影响差异，该差异从舒适度、基础设施完善、物资供应、隐私保护、居住地发展前景、归属感及自豪感6个方面衡量，统计显示信度系数为0.752，较好地反映了民宿旅游对居民当地生活的影响差异。本研究对城市与农村两个样本所代表的总体进行单因素方差分析如下。

首先，"民宿旅游使得当地物资供应比以前更充足""民宿旅游使我比以前更有归属感和自豪感"两方面在城市与农村地区水平存在显著性差异，农村民宿旅游地的居民在当地生活的以上方面的感知均显著高于城市民宿旅游地的居民。分析其原因如下。

一是物资供应水平差异的原因。农村地区因先天物资市场供应不完善，发展民宿旅游以后，大量旅游服务企业短期内聚集于旅游地，由此使得当地旅游产品供给比民宿旅游开发之前要丰富。在城市地区的民宿旅游，因发展历程相对较长、发展水平相对较高，物资供应水平总体高于农村地区，在该方面感知比农村地区弱，因此，城市与农村民宿旅游地居民感知到物资供应变化有显著性差异。

表1　民宿旅游对居民当地生活影响的城乡差异数据分析

民宿旅游对居民当地生活的影响	城乡差异	均值	标准差	方差检验结果			载荷
				t	df	Sig	
民宿旅游使得总体生活比以前更舒适自由	城市	3.70	0.955	1.488	1736.356	0.137	
	农村	3.64	1.042				
民宿旅游使得当地基础设施比以前更齐全	城市	3.66	0.849	−1.323	1802.109	0.186	
	农村	3.71	0.968				
民宿旅游使得当地物资供应比以前更充足	城市	3.62	0.900	−4.144	1760.709	0.000 ***	
	农村	3.78	0.998				
民宿旅游使得个人隐私比以前有更好保护	城市	3.33	1.018	1.004	2370	0.316	0.752
	农村	3.29	1.081				
民宿旅游使我在当地生活比以前更有前景	城市	3.68	0.907	−1.511	1793.015	0.131	
	农村	3.74	1.027				
民宿旅游使我比以前更有归属感和自豪感	城市	3.77	0.933	2.622	1725.845	0.009 **	
	农村	3.88	1.011				

注：* $p < 0.05$，** $p < 0.01$，*** $p < 0.001$。

资料来源：本研究根据实证结果绘制。

二是综合发展水平差异的原因。民宿旅游能够在一定程度上改善农村地区面貌，特别是农村地区在硬件建设、环境综合治理、居民人口素质、文化学习等方面改善显著，这些将提升农村居民对本地的归属感和自豪感。而城市与农村地区社会综合发展水平差异并非一日之寒，城市地区的民宿旅游总体上要优于农村，因此城市与农村民宿旅游地居民的地方归属感和自豪感存在显著性差异。

其次，在"民宿旅游使得总体生活比以前更舒适自由""民宿旅游使得当地基础设施比以前更齐全""民宿旅游使得个人隐私比以前有更好保护""民宿旅游使我在当地生活比以前更有前景"等方面，城市与农村民宿旅游

地居民的感知无显著性差异。分析其原因如下。

一是基础设施完善的原因。发展民宿旅游能够带动城市与农村地区基础设施建设，从而使得城市与农村居民享受更丰富的公共资源，因此，在生活比原来更加舒适便利和基础设施更齐全方面，城市与农村居民具有较高的认可度。民宿旅游基础设施的完善，改变了城市与农村地区面貌，为当地进一步发展奠定了基础，这些新的变化增加了城市与农村民宿旅游地区的居民对本地发展前景的期望，所以无论是城市居民还是农村居民，都对民宿旅游和本地发展前景具有信心。

二是地区治理优化的原因。民宿旅游关联性强，发展民宿旅游能够带动城市与农村相关行业发展，如地产、建筑、金融、教育、医疗、交通、农业、水产养殖等行业发展，只有全面规划与管理各行业发展步调才能促进民宿旅游持续发展。此外，民宿旅游促进城市与农村地区在环境治理、治安安全、社会管理方面水平提升，社会秩序、文明程度得以改善，因此城市与农村民宿旅游地居民对本地生活前景感知没有显著性差异。

三是隐私意识提高的原因。随着社会发展，个人隐私意识不断强化，人与人之间相互尊重意识也不断提高，城市与农村居民个人隐私保护并不随着民宿旅游得到特别的改善。此外，无论是城市还是农村，民宿旅游都增加了本地居民与外部接触机会，民宿旅游地区居民可能会更加认同个人隐私保护观念，从而强化个人隐私保护意识，因此城市与农村民宿旅游地区居民在个人的隐私保护方面没有显著性差异。

（二）民宿旅游对居民家庭生活影响的城乡差异与区域特征

表2分析了民宿旅游对居民家庭生活的影响差异，该差异从家庭生活评价、家人联系、家人间以诚相待、家庭和睦4个方面衡量，统计显示信度系数为0.799，较好地反映了民宿旅游对居民家庭生活的影响差异。本研究对城市与农村两个样本所代表的总体进行单因素方差分析如下。

首先，"民宿旅游使得我和家人比以前更以诚相待""民宿旅游使得我和家人比以前更和睦相处""民宿旅游使得我和家人联系比以前更紧密"在城市与农村水平上存在显著性差异，且农村民宿旅游地的居民在家庭生活的以上方面的感知均显著高于城市民宿旅游地的居民。

表2 民宿旅游对居民家庭生活影响的城乡差异数据分析

民宿旅游对居民家庭生活的影响	城乡差异	均值	标准差	方差检验			载荷
				T	df	Sig	
民宿旅游使得我对家庭生活评价比以前高	城市	3.84	0.907	1.938	1665.11	0.053	
	农村	3.77	0.946				
民宿旅游使得我和家人联系比以前更紧密	城市	3.62	0.877	-2.880	1839.92	0.004**	
	农村	3.74	1.023				0.799
民宿旅游使得我和家人比以前更以诚相待	城市	3.49	1.005	-6.795	2370	0.000***	
	农村	3.79	0.988				
民宿旅游使得我和家人比以前更和睦相处	城市	3.67	0.989	-4.255	2368	0.000***	
	农村	3.86	1.002				

注：* p < 0.05，** p < 0.01，*** p < 0.001。
资料来源：本研究根据实证结果绘制。

一是商业氛围差异的原因。民宿旅游导致地区商业氛围不断增强，相较而言，农村地区的民宿旅游受旅游商业氛围影响比城市低，商业竞争亦不如城市激烈，导致休闲时间相对于城市居民富裕，与家人联系较多。此外，农村地区传统民风较城市淳朴，重视家人间的亲情关系；城市地区的民宿旅游地区的商业氛围浓厚，经济互利关系占据上风。因此，城市与农村民宿旅游地区居民在家人以诚相待方面有显著性差异。

二是参与方式差异的原因。民宿旅游的农村地区，往往以家庭形式整体参与民宿旅游经营，家庭内部成员分工合作完成旅游经营活动，因此家庭内部协作、沟通比民宿旅游的城市地区频繁，客观上导致家庭成员之间日常联系与相互关系更和睦。城市地区民宿旅游的居民，通常以员工身份参与民宿旅游生产，所以在家庭成员联系、关系和睦方面城市与农村居民有显著性差异。

其次，在"民宿旅游使得我对家庭生活评价比以前高"方面，城市与农村民宿旅游地区的居民感知无显著性差异。

一是家庭收入增加的原因。无论是农村地区还是城市地区，发展民宿旅游能够为当地带来更多的就业机会和经营机会，当地居民也能够从中获得更多的经济收益，家庭经济状况得以改善，使得民宿旅游地区居民生活水平比以前宽裕。因此，城市与农村民宿旅游地区居民在生活总体评价方面无显著性差异。

二是生活品质提高的原因。民宿旅游提高了城市与农村社会发展水平，民宿旅游居民生活因此更为便利、丰富多彩，这些新变化提高了居民对现有生活的满意度。民宿旅游也带来更多与外部交流、学习机会，转变了居民生活、发展观念，扩大了居民未来发展空间，居民在事业发展、精神生活方面也得到一定收益，因此，城市与农村民宿旅游居民对家庭生活总体评价无显著性差异。

（三）民宿旅游对城乡居民娱乐生活影响的城乡差异与区域特征

表 3 分析了民宿旅游对居民娱乐生活的影响，该影响从闲暇时间愉悦度、娱乐时间、娱乐调节形式、获取娱乐途径 4 个方面进行衡量，统计显示信度系数为 0.786，较好地反映了民宿旅游对居民娱乐生活的影响。本研究对城市与农村两个样本所代表的总体进行单因素方差分析如下。

表 3　民宿旅游对居民娱乐生活影响的城乡差异数据分析

民宿旅游对居民娱乐生活的影响	城乡差异	均值	标准差	方差检验			载荷
				t	df	Sig	
民宿旅游使我比以前更愉快度过闲暇时间	城市	3.31	1.042	−2.989	1681.890	0.003 **	0.786
	农村	3.45	1.098				
民宿旅游使我比以前更能充分享受生活	城市	3.31	1.038	−4.566	2370	0.000 ***	
	农村	3.52	1.052				
民宿旅游使我比以前有更多娱乐形式放松	城市	3.57	0.910	−0.932	1817.120	0.352	
	农村	3.61	1.046				
民宿旅游使我通过旅游设施得到更多乐趣	城市	3.54	0.937	3.099	1795.156	0.002 **	
	农村	3.67	1.062				

注：* $p < 0.05$，** $p < 0.01$，*** $p < 0.001$。

资料来源：本研究根据实证结果绘制。

首先，"民宿旅游使我比以前更愉快度过闲暇时间""民宿旅游使我比以前更能充分享受生活""民宿旅游使我通过旅游设施得到更多乐趣"3个方面在城市与农村水平有显著性差异，农村民宿旅游的居民在娱乐生活等方面的感知均显著高于城市民宿旅游区的居民。

一是休闲内涵差异的原因。因工作压力原因，城市居民在休闲时间继续从事与工作有关事宜的可能性很大，例如商务宴请、访客接待、参观考察等活动都会极大占用休闲时间，即休闲时间工作化特征显著。相较而言，农村居民以家庭式、作坊式参与民宿旅游经营为主，自主性较大，休闲内涵相比城市居民纯粹，因此城市与农村民宿旅游地区居民在"比以前更愉快度过闲暇时间"方面有显著性差异。

二是休闲时间差异的原因。城市居民休闲时间与国家休假制度保持较高一致性，休闲时间相对固定，加之城市工作生活压力较大，城市居民用于享受生活的时间以及使用民宿旅游设施的可能性比农村居民少。农村居民自主决定生产与休闲时间的自由度相对高于城市居民，因此在充足的时间去享受生活、通过当地民宿旅游设施得到乐趣方面，城市与农村民宿旅游地区居民有显著性差异。

三是娱乐设施差异的原因。城市地区经济相较农村地区发达，民宿旅游的娱乐设施、娱乐生活等相较农村地区丰富；而在农村地区，虽然民宿旅游能够促进当地娱乐设施、娱乐项目发展，但与城市相比较还难以同等量级，客观上造成农村居民通过民宿旅游设施获取娱乐评价低。因此，导致在通过当地民宿旅游设施得到乐趣方面，城市与农村民宿旅游地区居民有显著性差异。

其次，在"民宿旅游使我比以前有更多娱乐形式放松"方面，城市与农村民宿旅游地区的居民感知无显著性差异，其原因如下。

一是生产效率提高的原因。随着国家发展进步，先进科学技术应用于生产领域，全社会生产效率有了大幅度提升，由此带来城乡居民劳动时间与休闲时间比例发生根本性变化，休闲时间逐渐增加，生产时间不断缩减，城乡居民休闲娱乐需求刺激了娱乐消费产品供给，由此导致娱乐形式逐渐多样

化。因此，城市与农村民宿旅游地区居民感知到有更多的娱乐形式来调节放松。

二是旅游文化带动的原因。旅游活动本身具有休闲性质，娱乐产品通常是旅游消费的重要内容，因此，民宿旅游促使城市与农村地区休闲娱乐产品供给更加丰富多样。此外，民宿旅游也带动本地富有特色的文化娱乐产品开发，这些娱乐产品同样服务于本地居民，增加本地居民娱乐消费机会。因此，在更多的娱乐形式进行调节放松方面，城市与农村民宿旅游地区居民没有显著性差异。

（四）民宿旅游对城乡居民社交生活影响的城乡差异与区域特征

表4分析了民宿旅游对居民社交生活的影响差异，该差异从社会关系融洽度、和当地其他人相处状况、相处时间、社交圈广泛性、与旅游者接触机会5个方面进行衡量，统计显示信度系数为0.761，较好地反映了民宿旅游对居民社交生活的影响差异。本研究对城市与农村两个样本所代表的总体进行单因素方差分析如下。

表4　民宿旅游对居民社交生活影响的城乡差异

民宿旅游对居民社交生活的影响	城乡差异	均值	标准差	方差检验			载荷
				t	df	Sig	
民宿旅游使得社会关系总体比以前更融洽	城市	3.67	0.879	2.641	1780.452	0.008 **	
	农村	3.56	0.987				
民宿旅游使我和其他居民相处比以前更好	城市	3.46	0.894	-4.386	1746.631	0.000 ***	
	农村	3.63	0.984				
民宿旅游使我和他人相处时间比以前更长	城市	3.31	0.996	-5.740	2370	0.000 ***	0.761
	农村	3.55	0.977				
民宿旅游使得我的社交圈比以前更加广泛	城市	3.45	0.978	-5.318	2370	0.000 ***	
	农村	3.67	0.980				
民宿旅游使得我与旅游者接触的机会更多	城市	3.54	1.032	1.733	2371	0.083	
	农村	3.46	1.086				

注：* $p < 0.05$，** $p < 0.01$，*** $p < 0.001$。

资料来源：本研究根据实证结果绘制。

首先,"民宿旅游使得社会关系总体比以前更融洽""民宿旅游使我和其他居民相处比以前更好""民宿旅游使我和他人相处时间比以前更长""民宿旅游使得我的社交圈比以前更加广泛"4 个方面在城市与农村水平有显著性差异,且农村民宿旅游地区的居民在社交生活以上方面的感知均显著高于城市民宿旅游地区的居民。

一是社会关系差异的原因。城市地区民宿旅游地居民所处的社会关系相较农村居民复杂,城市居民所嵌入的正式、非正式组织较多,在此背景下城市居民因生存、发展诉求需要协调和利用更多的社会资源,因此,在谋求协调社会关系方面,城市居民更为激进。农村地区民宿旅游地居民所处的社会环境相较城市简单,生产、生活对外部组织依赖度相较城市小。因此,在社会关系融洽方面,城市与农村的民宿旅游地区的居民存在显著性差异。

二是强弱联系差异的原因。在生产和生活方面,农村民宿旅游地区居民彼此之间相较城市民宿旅游地区居民有更多的接触和联系,在农业生产时或家庭式旅游经营时有更多更强的帮助或联系,平面式居住形式相较城市居民有更多接触与联系机会。城市地区民宿旅游地居民往往是社会化分工协作、立体分层式居住,限制了与本地其他人之间的接触与联系,因此导致在同当地人相处时间与相处关系评价方面,城市与农村民宿旅游地的居民有显著性差异。

三是信息需求差异的原因。农村地区民宿旅游促进居民与外部世界接触机会增加,扩展了农村居民社会交往空间,而对于本地民宿旅游从业者或经营者,因工作或经营需要,对外部信息获取的需求也不断增加。这种变化在民宿旅游刚刚起步的农村地区更为明显,因此导致城市与农村居民在社交圈感知存在显著性差异。

其次,在"民宿旅游使得我与旅游者接触的机会更多"方面,城市与农村民宿旅游地的居民感知无显著性差异。

一是民宿旅游者数量增加的原因。城市与农村地区民宿旅游使得大量旅游者进入本地,民宿旅游者与居民之间的正式交往与非正式交往逐步增加,正式交往包括城市与农村居民在旅游行业就业或从事民宿旅游经营活动时,

与旅游者发生的各种交往形式，非正式交往指除正式交往以外的其他各种形式交往，两种交往形式使得城市与农村居民与民宿旅游者接触机会增加。

二是民宿旅游从业者增加的原因。民宿旅游为城市与农村地区提供了更多的就业机会和旅游经营空间，增加了城乡劳动力向旅游行业转移。因此相应增加了城乡民宿旅游居民与旅游者接触机会。此外，民宿旅游拉动城市与农村地区相关行业发展，如交通、销售、电信、餐饮等行业，增加了非旅游从业人口与旅游者接触的机会。

（五）民宿旅游对城乡居民治安生活影响的城乡差异与区域特征

表5分析了民宿旅游对居民治安生活的影响差异，该差异从环境安全、犯罪率、个人财产保护、人身安全保护、社区安全5个方面进行衡量，统计显示信度系数为0.832，较好地反映了民宿旅游对居民治安生活的影响差异。本研究对城市与农村两个样本所代表的总体进行单因素方差分析如下。

表5　民宿旅游对居民治安生活影响的城乡差异数据分析表

民宿旅游对居民治安生活的影响	城乡差异	均值	标准差	方差检验			载荷
				t	df	Sig	
民宿旅游使得当地治安环境比以前更安全	城市	3.47	1.063	-0.441	2368	0.659	0.832
	农村	3.49	1.051				
民宿旅游使得当地的犯罪率比以前下降了	城市	3.27	1.014	-3.728	1708.453	0.000***	
	农村	3.44	1.088				
民宿旅游使得个人财产比以前有更好保护	城市	3.22	1.006	-5.013	1686.136	0.000***	
	农村	3.45	1.062				
民宿旅游使得人身安全比以前有更好保护	城市	3.32	0.982	-3.645	1690.403	0.000***	
	农村	3.47	1.040				
民宿旅游使得我所居住社区比以前更安全	城市	3.49	1.055	-1.235	2371	0.217	
	农村	3.54	1.022				

注：* $p<0.05$，** $p<0.01$，*** $p<0.001$。

资料来源：本研究根据实证结果绘制。

首先，"民宿旅游使得当地的犯罪率比以前下降了""民宿旅游使得个人财产比以前有更好保护""民宿旅游使得人身安全比以前有更好保护"3

个方面在城市与农村水平有显著性差异，且农村民宿旅游地的居民在治安生活的以上方面的感知均显著高于城市民宿旅游居民。

一是流动人口比例的原因。流动人口多的地区往往也是犯罪率高发地区。城市相较农村流动人口数量大，往往成为犯罪高发区。农村地区人口构成结构相对简单，主要有本地居民和外来旅游者两大类型。民宿旅游虽然给农村地区带来更多外来旅游者，但旅游者因其明确的休闲目的以及相对优越的经济条件，违法犯罪概率小，因而导致城市与农村的民宿旅游居民在犯罪率方面存在显著性差异。

二是保护意识加强的原因。民宿旅游使得农村居民接触到更多外来旅游者，且这种接触具有短暂性、陌生感，内在的小农意识与外在的防范意识共同作用，提高了农村居民在个人财产与人身安全方面的自我保护意识。城市地区人口密集，人与人接触频繁，在个人财产、人身安全保护意识方面不如农村居民紧迫，因而在这两方面城市与农村民宿旅游居民存在显著性差异。

其次，在"民宿旅游使得当地治安环境比以前更安全""民宿旅游使得我所居住社区比以前更安全"方面，城市与农村民宿旅游的居民感知无显著性差异。

一是旅游形象塑造的原因。旅游安全是保证城市与农村民宿旅游的基础条件，也是民宿旅游塑造良好形象的重要内容，因此民宿旅游会促进城市与农村地区在社会治安方面的重视程度，包括对违法犯罪行为的打击、旅游安全隐患排查处理、民宿旅游产品安全质量检验等，以此塑造良好的地区旅游形象，因此城市与农村地区民宿旅游居民在当地环境以及居住社区比以前安全方面没有显著性差异。

二是法律意识提高的原因。国家普法教育从根本上提高了城乡居民法律意识，而近年来国家在维持稳定、加大对违法犯罪行为打击力度等方面的持续高压态势，也是城市与农村社会保持稳定的重要保障。此外，民宿旅游属劳动密集型行业，民宿旅游解决了大量城乡剩余劳动力就业问题，对维护本地区社会稳定具有正面效益，因而城市与农村民宿旅游的居民没有显著性差异。

（六）民宿旅游对城乡居民休闲生活影响的城乡差异与区域特征

表 6 分析了民宿旅游对城市和农村居民的社会生活影响差异，该差异从社区整体规划、居民整体生活、娱乐设施、休闲设施、安全设施、培训机会、道路运输系统、旅游者 8 个方面进行衡量，统计显示信度系数为 0.829，较好地反映了民宿旅游对休闲生活的影响差异。本研究对城市与农村两个样本所代表的总体进行单因素方差分析如下。

表 6　民宿旅游对居民休闲生活影响的城乡差异数据分析

民宿旅游对居民休闲生活的影响	城乡差异	均值	标准差	方差检验			载荷
				t	df	Sig	
民宿旅游使得居住社区整体规划发展完善	城市	3.63	0.946	-0.819	2370	0.413	0.829
	农村	3.67	0.942				
民宿旅游能够提高社区娱乐设施利用价值	城市	3.49	0.931	-4.857	2367	0.000 ***	
	农村	3.68	0.933				
民宿旅游能够满足居民日常休闲活动需求	城市	3.47	1.027	-6.050	1527.828	0.000 ***	
	农村	3.73	0.970				
民宿旅游使得社区内外消防环境得到改善	城市	3.39	0.973	-7.640	2371	0.000 ***	
	农村	3.72	0.990				
民宿旅游使我受高等教育和培训机会更多	城市	3.42	1.017	-4.194	2371	0.000 ***	
	农村	3.60	0.990				
民宿旅游能够改善社区对外道路运输系统	城市	3.59	0.934	-4.489	2369	0.000 ***	
	农村	3.78	0.978				
民宿旅游使得社区的居民生活得到了改善	城市	3.60	0.940	-2.042	1672.129	0.041 *	
	农村	3.69	0.985				
民宿旅游使得旅游者对居民产生积极影响	城市	3.58	0.997	0.784	1670.779	0.433	
	农村	3.55	1.042				

注：* $p < 0.05$，** $p < 0.01$，*** $p < 0.001$。

首先，"民宿旅游能够提高社区娱乐设施利用价值""民宿旅游能够满足居民日常休闲活动需求""民宿旅游使得社区内外消防环境得到改善""民宿旅游使我受高等教育和培训机会更多""民宿旅游能够改善社区对外道路运输系统""民宿旅游使得社区的居民生活得到了改善"6 个方面在城市与农村水平有显著性差异，且农村民宿旅游居民在以上方面的感知均显著高于城市民宿旅游居民。

一是娱乐设施建设的原因。城市地区经济相较农村地区发达，娱乐设施建设与利用效率相较农村地区高；对于农村地区，民宿旅游能够促进当地娱乐基础设施、娱乐项目、娱乐产品发展，提高农村社区娱乐设施的利用价值和效率，但与城市相比较还有一定差距，客观上造成城市与农村民宿旅游的社区娱乐设施的利用价值和效率有显著性差异。

二是旅游动机差异的原因。城市与农村民宿旅游居民具有差异化的旅游动机，城市民宿旅游居民因生活压力前往相对宁静的农村地区旅游休闲，农村民宿旅游居民则希望感受城市繁华与多彩，城市与农村民宿旅游的发展满足了居民差异化旅游需求，因此导致城市与农村民宿旅游在满足居民从事休闲活动与亲近大自然的需求方面有显著性差异。

三是基础设施完善的原因。民宿旅游首先要解决基础设施问题，内外交通运输、旅游安全是最为基础的两个方面。农村地区民宿旅游因经济社会发展水平限制了地区基础设施建设，民宿旅游短期内提升农村地区这些方面的建设水平，城市地区民宿旅游基础设施建设相对完善，因此发展民宿旅游后城市与农村社会在改善社区对外的道路运输系统方面有显著性差异。

四是旅游服务质量的原因。民宿旅游是劳动密集型产业，需要大量一线服务人员面对面向民宿旅游者提供服务，服务技能成为衡量服务水平、保障民宿游客体验的基础。城市与农村地区在民宿旅游人力资源储备、受教育水平、教育资源等方面存在一定差异，因此，城市与农村在民宿旅游带来的受高等教育、技术与职业培训等机会方面存在显著性差异。

五是旅游效益带动的原因。民宿旅游为城市与农村地区带来大量的直接、间接就业岗位，也带动民宿旅游地区相关产业发展，从而增加了民宿旅游地区居民收入和财政收入，改善了民宿旅游地区的城乡居民生活质量。城市地区因生活成本相对农村地区高，因此民宿旅游经济收入增加的影响相对农村低，农村地区更能明显感知到民宿旅游带来的改善，因此导致城市与农村民宿旅游居民在社区的居民生活得到改善方面有显著性差异。

其次，在"民宿旅游使得居住社区整体规划发展完善""民宿旅游使得旅游者对居民产生积极影响"方面，城市与农村民宿旅游的居民感知无显著性差异，其原因如下。

一是旅游法制规范的原因。根据《中华人民共和国城乡规划法》[①] 以及地方城乡规划法制法规规定，城乡在进行土地开发建设时必须进行规划，而且要向国务院城乡规划部门报批。旅游规划必须与城乡土地利用规划保持一致，城乡地区民宿旅游有倒推促进地区整体土地规划发展和完善的作用，因此城市与农村民宿旅游的居民在促进社区整体规划的发展和完善方面没有显著性差异。

二是示范效应习得的原因。民宿旅游者以其自身的意识和生活方式介入旅游目的地社会中，其行为具有积极与消极示范效应。城市与农村居民通过模仿和学习，在行为、习惯、意识等方面都得以改变。民宿旅游者经济收入水平相对富裕，加之民宿旅游活动过程中多种主客观原因都能够激发民宿旅游者购买欲望，此示范效应也对居民产生影响，因此旅游者高消费的生活方式对居民产生了积极影响，城市与农村民宿旅游居民没有显著性差异。

四 精准施策

（一）民宿旅游对城乡居民社会生活影响的精准施策

第一，民宿旅游管理水平提升的精准施策。民宿旅游会带来拥挤、污染、物价上升、文化冲突等社会问题，因此城市与农村地区的民宿旅游应加强地区综合管理力度，例如加强交通管理水平，解决因客流量增加带来的交通拥挤、堵塞、混乱现象；加强环境卫生管理水平，增加保洁人员数量，增加公共垃圾桶等措施，保持地区良好卫生环境等，以此降低旅游负面效应，

---

① 全国人大常委会：《中华人民共和国城乡规划法》，https：//duxiaofa. baidu. com/detail？searchType = statute&from = aladdin_ 28231&originquery = 中华人民共和国城乡规划法 &count = 70&cid =3557778ddf57dbbd256a1a7deff53c25_ law，最后检索日期：2021 年 3 月 19 日。

提升旅游者体验质量，维持城市与农村民宿旅游的居民正常生活秩序。

第二，民宿旅游地区文化建设的精准施策。民宿旅游地区应借助旅游发展契机，组织城市与农村居民公益教育活动，向居民宣传旅游与地区发展之间的关系，增强居民地方责任感。针对城市与农村居民生活、行为特点，分别制作城市与农村居民行为指南，倡导居民文明旅游行为，促进居民提升自我综合素质，以此加强本地新文化建设，塑造本地新形象，从而提升城市与农村的民宿旅游目的地的居民对民宿发展前景的信心。

第三，民宿旅游矛盾处理协调的精准施策。政府需重视并及时处理旅游发展与城乡居民利益冲突。在农村的民宿地区要解决农业用地、旅游用地之间的矛盾，处理好国家农业用地政策与当地旅游发展政策、农民土地合法权益与旅游经营用地之间的矛盾。在城市的民宿旅游地区要解决好旅游环境污染、交通拥挤、文化冲突等问题，还应加强城市绿化、建筑外观美化、街道绿化美化等建设，为居民和旅游者创造一个优美的城市环境。

第四，民宿旅游公共体系建设的精准施策。农村的民宿旅游地区要加大对公共服务设施的投资与建设，特别是完善基础设施建设，如交通道路、水电、通信、生态环境等方面，吸引旅游企业到农村地区开展经营，带动相关行业发展，逐步带动并提升农村地区物资供应水平。而城市的民宿旅游地区的公共服务体系建设需进一步向纵深延伸，建设全覆盖型服务体系，使公共服务功能更加多元，服务细节更为深入。

第五，民宿旅游投资环境优化的精准施策。农村的民宿旅游地区政府要制定优惠的土地政策与税收政策，以相对低的成本优势弥补公共体系不完善的劣势，吸引民宿旅游相关企业到本地投资经营。而城市地区要继续优化民宿旅游的整体投资环境，如城市交通、生态、金融、政策、商业、法制等环境，以吸引更多民宿旅游企业到本地投资，以此提升接待水平，从而提升居民的地方归属感与自豪感。

（二）民宿旅游对城乡居民家庭生活的精准施策

第一，民宿旅游参与信心增强的精准施策。政府应扶持、鼓励本地居

民、家庭积极参与民宿旅游经营，通过同行经验交流、精英带动引导农村居民参与民宿旅游经营。政府还应搭建民宿旅游就业信息平台，及时发布民宿旅游就业信息，利用网络培训平台，提高城市与农村的民宿旅游地区居民的旅游服务技能，以此增强居民参与民宿旅游的信心。民宿旅游企业应注重员工培训，通过优秀员工"传帮带"为民宿新进员工建立信心。

第二，民宿旅游居民权益保护的精准施策。政府应在诸如旅游征地、传统民居使用收益权保护等方面保障城市居民民宿旅游就业合法权益，保护本地居民固有财产不受损失。工商管理部门要加强执法监督力度，维持有序的市场经营秩序，保持城市与农村的民宿旅游地区的物价稳定。政府还应加大城市与农村地区精神文化服务设施建设，提供适宜家庭精神消费的民宿旅游产品，从物质、精神两个层面提升城市与农村的民宿旅游地区的居民家庭生活满意度。

第三，民宿旅游参与制度构建的精准施策。对农村地区的民宿旅游人员需要加强旅游技能培训，提高家庭成员参与能力；构建合理参与制度与利益协调机制，调节家庭成员之间或家庭之间利益矛盾关系，以此保护和睦的家庭关系。城市地区的民宿旅游需要落实门票减免、旅游决策、带薪休假等政策制度，促进居民旅游参与度，使更多家庭享受城市民宿旅游发展带来的效益，以此增加成员联系与家庭和睦。

第四，民宿旅游家庭参与发展的精准施策。农村民宿旅游地区可以通过表彰、奖励以树立家庭经营户典型，以榜样引导、舆论导向方式引导家庭参与；倡导家庭和睦、邻里融洽的传统价值观。城市的民宿旅游地区可以积极发展亲子旅游、家庭自助旅游、周末短期旅游等项目，完善家庭短期出游相关服务设施，设计以家庭活动为主要内容的民宿旅游项目，以此增进家庭成员之间交流与联系，促进家庭和睦。

第五，民宿旅游整合差异发展的精准施策。农村的民宿旅游地区应利用自然生态资源、传统文化资源、宁静闲适的环境资源积极发展休闲旅游、传统文化旅游等；民宿旅游开发商应注重民宿旅游的标准化与特色化结合，民宿旅游定位不应盲目追求现代化或城市化。城市的民宿旅游地区应整合丰富而多元的各类旅游资源，积极发展城市综合旅游目的地，满足多元民宿旅游需求；加快民宿旅游业整合相关产业的进程，推进城市民宿旅游深度发展。

（三）民宿旅游对城乡居民娱乐生活的精准施策

第一，民宿旅游娱乐产品开发的精准施策。针对城市与农村居民不同的娱乐需求，民宿旅游企业应设计更丰富的旅游娱乐产品以满足需求、实现企业效益。对于农村的民宿旅游地居民，应注重挖掘富有地方传统特色、贴近农民生活的大众化娱乐旅游产品。对于城市的民宿旅游地居民，应设计主题化、特色化的娱乐旅游产品，满足不同细分市场需求；娱乐产品内容应该注意满足人们娱乐、教育两方面的诉求，不宜低俗化。

第二，民宿旅游保障体系建设的精准施策。国家应逐步完善并落实城乡居民基本保险制度，推动医疗、教育、养老等基本保险制度全覆盖，减轻城乡民宿旅游地区居民的经济负担。此外，在商业保险方面，保险公司应向城乡民宿旅游地区居民客观宣传保险内容，规范工作制度和推销行为。保监会应加强监管力度，杜绝行业乱象，从而提高城乡居民商业保险意识，以此增强城乡民宿旅游地区居民的旅游娱乐消费的信心。

第三，民宿旅游休闲观念转变的精准施策。农村地区的民宿旅游地区要转变居民生产生活观念，引导居民合理分配经济收入，增加用于休闲娱乐消费的比例。城市地区的民宿旅游需要倡导积极健康的工作生活方式，合理分配工作与休闲时间；民宿旅游企业组织适度的休闲娱乐活动，这既有利于员工身心健康，也有利于企业文化建设。

第四，民宿旅游休闲时间保障的精准施策。农村民宿旅游的休闲时间，集中在农闲以及旅游淡季，在此时间段应积极开发农村民宿旅游市场，以较低的价格吸引居民进行探亲旅游、购物旅游、节会旅游等。城市地区民宿旅游需要落实国家休假制度，逐步推进带薪休假制度，同时做好休闲配套制度落实，以保障居民有充足的休闲时间进行民宿旅游活动。

第五，民宿旅游休闲市场开发的精准施策。农村居民整体收入不断提高，

农村民宿旅游市场应得到足够重视。民宿旅游企业应结合农村居民需求特征，设计相应休闲旅游产品，吸引农村居民参与休闲游。对于城市的民宿旅游地区，结合休闲时间分布特征设计短期休闲旅游产品、家庭旅游产品、奖励旅游产品、郊区旅游产品等，将城市休闲度假旅游市场与民宿旅游产品有机结合。

（四）民宿旅游对城乡居民社交生活的精准施策

第一，民宿旅游互动营销服务的精准施策。民宿旅游企业应培育旅游从业者服务理念，提高民宿旅游从业者服务技能，塑造服务型企业文化，以此增加民宿旅游者满意度与忠诚度，提升与民宿旅游者互动效果。对于城市与农村的民宿旅游地区居民，应加强民宿旅游宣传教育，增强居民对民宿旅游的支持力度，增强居民对民宿旅游者的友善包容，提升民宿旅游者与当地社会文化环境的互动体验。

第二，民宿旅游关系协调营销的精准施策。城市与农村的民宿旅游地区应积极协调本地居民与旅游者之间的关系。地方政府应积极开展旅游公益教育活动，制作宣传单或文明行为公约等宣传资料，向居民宣传民宿旅游与地区发展之间的关系，倡导居民实施文明行为。民宿旅游地区应积极解决旅游者与城乡居民之间利益冲突，建立民宿旅游冲突协调解决预案，及时妥善处理好双方冲突。

第三，民宿旅游控制商业过度的精准施策。农村民宿旅游地区应关注民宿旅游对传统价值观、传统的乡土人际关系带来的冲击，探索民宿旅游发展与传统价值观保护的道路，加强对传统文化资源开发利用，增强农村居民对传统文化、传统观念的认可度。城市民宿旅游地区的旅游企业可设计富有乡土文化特色的民宿旅游产品，以小规模方式进行民宿旅游活动，降低民宿旅游活动对传统文化的冲击，增进城市与农村居民彼此了解与尊重。

第四，民宿旅游增进互信包容的精准施策。农村地区的民宿旅游地区要构建公平有序的旅游参与机制，缩小家庭间旅游收益差距，以此维护传统友善的邻里关系；通过村委会或组建民间民宿旅游组织，协调因民宿旅游经营带来的各种人际关系冲突。城市地区的民宿旅游地区可以通过民宿旅游活动之前的提示与民宿旅游过程中讲解人员提醒，提高旅游者保护传统文化的观念，提倡尊重民宿旅游地区居民生活、宗教信仰，以此增进城市与农村的民宿旅游地区居民互信包容。

第五，民宿旅游精神文明建设的精准施策。城市与农村的民宿旅游地区应加强居民精神文明建设，通过传统价值观宣传与榜样示范弘扬社会正气，还应加大对不文明旅游行为、消费行为甚至违法违纪行为的曝光与打击力度，从社会舆论上引导积极向上的社会文明发展方向。政府要加强城市与农村民宿旅游地区的图书馆建设，倡导全社会多读书、读好书的氛围，提升城市与农村的民宿旅游地区的居民文化水平，丰富民宿旅游地区的居民精神世界。

（五）民宿旅游对城乡居民治安生活的精准施策

第一，民宿旅游安全合作体系的精准施策。城市与农村的民宿旅游地区应加强旅游安全合作体系建设，在信息共享、联合执法、民宿旅游产品安全标准制定、民宿旅游救援等方面形成统一体系。政府应设立城乡一体的民宿旅游安全指挥机构，以避免相互推诿，其在处理民宿旅游冲突方面能够协调各方面关系，高效、妥善处理民宿旅游与本地居民之间的冲突。处理结果应客观向社会宣布，保障执法公正，以此营造全社会遵纪守法的风气。

第二，民宿旅游安全预警机制的精准施策。城市与农村的民宿旅游地区应建立民宿旅游安全预警机制，向社会发布有关民宿旅游安全相关信息，如灾害预报、突发事件预报、旅游安全预报等，以此提高城市与农村居民民宿旅游安全防范意识。民宿旅游监管部门应制定民宿旅游产品与服务的安全标准，并加大监督检查力度，将可能出现的民宿旅游安全隐患发生率降到最低。政府须畅通城市与农村互联的民宿旅游安全事故呈报渠道，对于事故处理结果，应及时客观向社会公布。

第三，民宿旅游普法教育意识的精准施策。农村的民宿旅游地区应加强对居民普法教育，提高居民法律意识、安全防范意识以及维权法律途径援助；村委会应定期开设法律援助活动，受理居民纠纷案件或提供相关法律援助。城市的民宿旅游地区要加强居民普法教育，进行民宿旅游救援技巧宣传

推广，提高居民自救能力；同时加强道德建设，防止因旅游道德弱化带来的各种违法、违规行为发生。

第四，民宿旅游审批严格管理的精准施策。农村的民宿旅游地区应加强民宿旅游娱乐项目经营的审批管理，严厉打击黄赌毒犯罪行为；应定期进行民宿旅游行业安全检查，将可能出现的安全隐患控制在萌芽状态。城市的民宿旅游地区的旅游企业要积极宣传有关民宿旅游在宗教、禁忌、民风等方面的信息，避免因信息不对称导致的纠纷；民宿旅游从业人员应发挥提示、监督的作用，避免旅游者与本地居民发生直接冲突。

第五，民宿旅游推进保险保障的精准施策。农村的民宿旅游地区应推进国家基本保险制度落实；保险公司应推出适宜的保险产品，扩大民宿旅游商业险农村覆盖面，提高农村地区从业人员的安全与自我保护意识；城市的民宿旅游地区应客观宣传商业保险内容，提高商业保险产品的信赖度；倡导城市居民购买商业保险，企业应主动为旅游从业人员购买人身伤害险，以此提高城市居民和从业者安全保障。

（六）民宿旅游对城乡居民休闲生活的精准施策

第一，民宿旅游细分定位研究的精准施策。对农村的民宿旅游地区游客而言，其旅游动机与城市居民不同，要研究其旅游动机与需求特征，为开发农村民宿旅游市场提供科学依据。而城市地区民宿旅游应该研究游客的旅游偏好与出游时间等特征；随城市社会多元化发展，民宿旅游动机分化、民宿旅游消费呈现高中低层次趋势显著，因此要加强对城乡地区民宿旅游细分市场的研究。

第二，民宿旅游产品供给设计的精准施策。农村的民宿旅游地区应设计性价比高的大众观光型旅游产品，设计以城市为目的地的旅游产品，满足农村居民出游动机。民宿旅游企业应诚信经营，提升服务质量。城市的民宿旅游地区应设计符合休闲需求的旅游产品，要针对不同细分市场设计差异化精准施策，满足不同档次民宿旅游者消费需求；民宿旅游企业应通过民宿旅游服务质量获得市场占有率。

第三，民宿旅游产品服务保障的精准施策。农村地区的民宿旅游企业应加大对城市民宿旅游居民的宣传力度，以实惠的价格、良好的服务质量、良好的口碑保障吸引外地游客前来。城市地区的民宿旅游企业应积极开发休闲旅游市场，根据经济发展水平开发不同类型休闲旅游产品，并且利用新型媒体加大休闲度假与民宿旅游相结合的旅游宣传。

第四，民宿旅游基础设施完善的精准施策。农村地区的民宿旅游发展应加大基础设施覆盖面，满足民宿旅游者常规旅游活动和居民日常生活对基础设施的需求；逐步推进农村地区信息化建设和服务水平提升。而城市地区的民宿旅游地区应提高基础设施服务能力和实现设施人性化，提高设施利用便捷性；应加强信息化建设，提高信息化服务居民的水平。

第五，民宿旅游资源科学规划的精准施策。一是城市与农村地区的民宿旅游发展应提高旅游规划水平，旅游规划应具有先进的规划理念，特别注意在资源保护、旅游管理方面的专项规划；二是注意建设性详规与城乡地区民宿旅游战略性规划匹配，保持近期、中期、远期旅游规划一致性；三是城乡的民宿旅游规划应与地方需求和文化特色紧密结合，以保证规划能够落地，避免领导意志对科学规划指导过程中的主观性和片面性等负面影响。

参考文献

陈瑾：《发展民宿经济与提升乡村旅游品质研究——以江西省为例》，《企业经济》2017 年第 8 期。

顾诚磊：《丽水市民宿旅游产品提升策略研究》，西北师范大学硕士学位论文，2020。

郭安禧、郭英之、李海军、孙雪飞：《旅游地社区居民旅游影响感知与生活质量感知关系研究》，《世界地理研究》2017 年第 5 期。

过聚荣主编《中国旅游民宿发展报告（2019）》，社会科学文献出版社，2020。

胡小芳、李小雅、王天宇、赵红敏、杨铄、邓磊、李景旺：《民宿空间分布的集聚模式与影响因素研究——基于杭州、湖州、恩施的比较》，《地理科学进展》2020 年第 10 期。

龙飞、刘家明、朱鹤、李涛:《长三角地区民宿的空间分布及影响因素》,《地理研究》2019年第4期。

乔宇:《乡村振兴背景下乡村旅游民宿发展模式——以海南省为例》,《社会科学家》2019年第11期。

B.11
虔心小镇农旅康养与民宿发展研究

李贝贝　侯满平　彭伟兰　田野*

摘　要：　本文基于对江西省龙南市虔心小镇的相关资料收集及实地调研，对其发展现状作了较为详细的了解。自2015年以来，虔心小镇获得了国家 AAAA 级旅游景区、全国森林康养基地试点建设单位、全国休闲农业与乡村旅游五星级景区、江西省旅游风情小镇等多项荣誉及称号。本文主要对虔心小镇农旅康养的总体概况、发展模式、特色民宿业态、未来战略以及经验启示等方面作了介绍及剖析，以期为旅游民宿业的进一步发展提供实践经验借鉴。

关键词：　农旅康养　民宿　虔心小镇

一　虔心小镇简要概况

虔心小镇位于世界著名的围屋之都——江西省龙南市，其所在之地为我国唯一一处兼具两个"国家级"（国家级自然保护区和国家森林公园）和客家文化的绿色圣山，即九连山东北麓。此处平均海拔为 600 米，年平均气温

---

* 李贝贝，天津农学院经济管理学院硕士研究生，研究方向为休闲农业与乡村旅游；侯满平，博士，河北东方学院副教授，合作博导，北京第二外国语学院中国文化和旅游产业研究院特聘研究员，研究方向为文化与旅游产业规划、乡村田园规划及"三农"领域等；彭伟兰，河北东方学院讲师，研究方向为乡村旅游与民俗文化；田野，天津农学院经济管理学院硕士研究生，研究方向为休闲农业与乡村旅游。

为 18.9℃，负氧离子含量每立方厘米高达 11 万个，与城市地区相比可高出 15 倍。此外，这里生长着红豆杉等不同种类的珍稀植物 40 多种，空气清新，风景秀丽，被誉为赣南粤北地区的"天然氧吧"。

虔心小镇自 2009 年开始投资建设以来，综合投资约 6 亿元，总体规划面积 10 万亩，其中包括 6 万亩竹林和 1 万亩茶园。虔心小镇整体围绕"虔"文化主题，依托丰富的山水茶竹资源，将油茶、柑脐橙等生态农业产业作为核心基础，推行"医养 + 文旅"的特色模式，充分体现了旅游业所具备的"吃、住、行、游、购、娱"六大功能要素。换言之，虔心小镇将生产、生态、生活融为一体，是宜居、宜业、宜游、宜养之地。

虔心小镇获得了多项荣誉及称号：2016 年获评全国休闲农业与乡村旅游五星级示范企业（园区）、设立中国科学院植物研究示范基地，2017 年被评为第二批全国森林康养基地试点建设单位、国家 AAAA 级旅游景区、江西省 AAAAA 级乡村旅游点，2016 年和 2017 年连续被评为江西省旅游风情小镇，2019 年入选首批全国乡村旅游重点村，2020 年被江西省文化和旅游厅评为 2020 年百家"江西康养旅游打卡地"。

二 虔心小镇发展模式

虔心小镇独特的"基地（生产、体验）+ 终端（家庭餐桌）"的业态模式是在运用互联网资源的基础上，打破传统农业的发展经营思路，从而推出的"虔心小镇 +"发展模式。

基地（生产、体验）建设将传统农业与休闲体验游进行有机融合，打造了具有多功能性、复合性和创新性等特点的原生态体验区，"全家休闲度假 + 健康疗养"是其核心主题。截至 2020 年，虔心小镇已建成的农业相关基地主要包括：2016 年成立的中国科学院农业技术推广站，主要对生态农业的科研及生产等进行全程指导；以采摘和观光为主的万亩生态有机茶产业基地；容量可达百万只的土鸡散养基地。百草园中草药基因库、现代生态标准化油茶基地、绿色无公害脐橙基地、猕猴桃基地等生态农业体验基地正在不断建设和完善过程之中。康养旅游与民宿方面，虔心小镇规划建设 50 种不同风格的民宿组团和特色鲜明的配套设施。其中虔茶文化馆、虔工坊（传统文化和手工生产相结合的系列作坊）、竹林宴遇（能容纳千人的特色主题餐厅）、虔心荟、四闲山房、竹隐山居、镜心湖、山涧小溪、禅茶书院等特色民俗村落均已建成并投入使用，其他与自然环境相衬托的休闲度假相关基础设施正在逐步建设中。

在家庭餐桌供应终端产品方面，虔心小镇充分利用十万亩自有林地大力发展有机茶、纯放养竹林鸡、油茶、脐橙、蔬菜、笋干等农业产业项目，并依托虔心小镇线上商城，为当地村民以及其他地区消费者提供各种丰富的全生态农产品。其中，虔心小镇自主注册的茶叶品牌"虔茶"和"格物之源"已成为江西省著名商标，同时还推出了"云杉""龙杉""红杉""介香"等特色系列茶叶产品。竹林鸡项目通过采取"公司＋农户"的形式，与当地农户合作推行"一户一山窝"的养殖模式，在毛竹林中散养几十万只竹林鸡，均可通过线上渠道完成销售。其他生态农业产品，例如高山茶油、蛋、大米、大豆、水果等则采用线上线下相结合的方式，去除中间环节，更加方便、快捷地满足消费者的家庭餐桌。

三　虔心小镇农旅康养特色

虔心小镇系农旅康养小镇，同时作为家庭休闲度假体验基地以及我国首个茶旅融合的特色生态旅游小镇，主要依托丰富的山水茶竹资源，并融合包括自然风景、田园风光、客家民俗、虔茶文化、阳明文化在内的各种特色资源。

（一）有机虔茶的秘密

虔心小镇从 2009 年冬天开始，经过公司团队多地考察，尝试种植有机茶。经过 11 年的持续发展，虔心小镇万亩玉带般的茶树园与周围6 万亩摇曳多姿的原生态毛竹海俯仰相望、交相辉映。茶园所在之处有着因

山顶保存完好的植被而形成的适宜气候条件，这里雨量充足、空气清新，富含有机质的土壤为茶树生长提供了良好的条件。此外，由于毛竹根有着极强的蓄水能力和吸附性，能够释放出丰富的自流水，这种自流水被当地人们称为"竹根水"，且民间流传为"神水"，其含有多种微量元素，水质柔软甘甜，用之浇灌茶树而生产的茶叶则香气绵延、甘甜可口，因此毛竹海这种独特的天然环境为茶园的种植提供了良好的条件，是茶园的饮水之源。

在我国，茶园面积达到3000亩的屈指可数，而虔心小镇有1万亩的"航母级"茶园，其种植有机茶无疑面临很大难度。但虔茶依托优异的先天资源条件，为其追求"有机"提供了可靠的保障。总体来说，茶园的种植管理主要包括两大关键性措施。其一是全球首创的茶树与红豆杉的套种模式。红豆杉是一种珍稀抗癌植物，也因其能24小时释放氧气达到净化空气的效果而被称为"天然氧吧"。九连山拥有南方地区最大的红豆杉群落，这为虔心小镇的有机茶园建设提供了极为有利的条件，茶园进行套种的红豆杉达几十万棵，红豆杉与茶树同生同息。相关专家称该套种模式可通过周围空气流通以及根系的交缠使红豆杉中丰富的紫杉醇成分能够在茶叶中产生，进而起到一定的保健作用。其二是山苍籽的套种模式。山苍籽是一种很好的驱虫植物，且这一作用是被偶然间发现的，后来经过专家考究，客家先民用其果实熬油进行驱蚊。虔心小镇有机茶园通过山苍籽与茶树的套种，结合着驱虫灯、粘虫板等物理方法以及土壤微生物调理等措施不断实现茶树的健康生长以及茶叶品质提升的目标。

经过长期不断地实践探索，虔心小镇虔茶中氨基酸含量最高可达10%，与普通绿茶相比，是其2～3倍，并且虔茶已于2019年通过了欧盟有机产品的认证。其自主研发的"云杉""红杉""龙杉""古杉""紫杉"等系列茶叶产品，包括了绿茶、红茶、黑茶、乌龙茶等多个品种，各类产品曾获多项荣誉：2012～2018年，先后获得"国饮杯""中茶杯"全国茶叶评比特等奖、上海国际茶博会金奖、第九届至第十一届国际名茶金奖等。可以说，虔茶已成为赣南地区现代农业的"新名片"。

（二）客家虔工坊——非遗传习馆

为保护和传承客家传统手工艺，虔心小镇遵循当地传统，兴建了手工榨油坊、腐竹坊、酿酒坊、土窑鸡坊四个手工作坊。每一个工坊，都能找到童年的记忆，又能体悟到客家先民的智慧。工坊出产的原汁原味的农副产品，是小镇村民长期相伴的餐桌美味。

1. 榨油坊

据有关历史记载，赣南客家人大约在2300年以前就有"打茶油"的技艺，到宋朝时期，油茶成为"皇家贡品"。伴随漫长的历史进程，古老繁细的山油茶手工压榨技艺逐渐被现代化的机械压榨所取代，虽然提高了山油茶的产量，却失去了传统压榨手法的独特性。为传承客家先民古法榨油的手工技艺，虔心小镇凭借一架水车、一个碾槽、一座灶台、一段挖空的巨大木槽、一个悬空的石锤这些简单的物件还原了古老的手工榨油坊，在这几十平方米的小小油坊中，十几道工序便展示了古法榨油的重要过程。如今，越是"原生态"、越"土"的农产品越受人们的欢迎，所以，即使虔心小镇的榨油坊使用"木龙榨"压榨山油茶的效率不高（一天大约50千克产量），却受到了人们的追捧。除了山茶油之外，榨干茶饼之后留下的残渣也有很大用处，民间把它用作天然环保的洗涤剂，是洗衣洗头的良品。

2. 腐竹坊

腐竹是客家人日常的餐桌美食，但随着生活水平的提高，传统的手工作坊日渐被大型工厂代替，早年那种弥漫在记忆中的豆香也渐离渐远。为了保护客家绝活的传承，虔工坊的第一个手工作坊——腐竹坊便应运而生，在这里，游客能观看客家传统腐竹制作工艺的整个过程。在腐竹坊制作的腐竹，原材料均选取本地环保健康的非转基因黄豆，这些黄豆去掉外壳之后需要用山泉水浸泡6~8小时，使之变软后磨浆，把磨好的浆水和豆渣分离开来，把浆放置在柴火灶里用大火烧，然后再把熟豆浆倒在方形槽里，用木板隔成腐竹大小的段，等到豆浆表层结膜之后，再由师傅徒手把那层结膜夹起，晾置在竹竿上晒干后，就成了我们吃到的腐竹。这种古老方法制作的腐竹相较

于市面上售卖的腐竹来说，无论是口感还是营养上都拥有更高的品质，能够在一定程度上达到食疗的效果。一般来说，市面上的腐竹，1千克黄豆大约可以制作0.7~0.8千克腐竹，但在虔心小镇这里，1千克黄豆最多只能制作0.2千克腐竹。

3. 酒坊

酒坊，主要有白酒工艺展示区、客家米酒展示区和品尝区。游客可以喝到竹根水酿造的客家糯米酒，滋味纯正，酒味香浓，入口柔滑，很多人称之为"客家饮料"。除了糯米酒，还有虔心小镇匠心出品的"青竹冰酒"：在竹子幼龄的时候通过高压方法把产自于茅台镇的基酒注入竹节里面，让酒伴随着竹子共同生长约2~3年，酒吸收竹节里面的竹糖和竹节水，对基酒起到一定的稀释作用。此酒品饮的时候酒精度在30度左右，其颜色呈亮黄色，入口柔和且伴有淡淡的竹香味，令人回味无穷。此外，还有一种"红豆杉果酒"，其制作需要选取新鲜的红豆杉果，采用茅台镇基酒进行浸泡。红豆杉是世界公认的一种抗癌植物，全身是宝，红豆杉果酒具有消炎杀菌、防癌抗癌、降低血压等功效，是一种非常名贵的保健酒。

4. 土窑鸡坊

土窑鸡坊中土窑鸡的制作十分考究。土窑鸡的原料系选用虔心小镇天然养殖120天，体重达到1~1.5千克的竹林飞鸡，宰杀清理干净后用秘制配方进行腌制，其腌制的时间和方法都需要有专门的师傅进行严格把控。土窑的建造也十分讲究，砖块是利用含有特殊异香的泥土制作。将土窑建在小土坡上，炉膛内的温度保持在800摄氏度，忌明火，烘制出来的土窑鸡，肉质结实，皮焦肉滑，美味且不上火。

（三）百草园中草药基因库

虔心小镇利用良好的生态环境，与龙南中医院联合，建立了赣南首个客家"百草园"，对珍稀中药材和道地药材进行保护与开发。从2017年开始，百草园采用仿野生种植模式种植灵芝、石斛、金线莲、黄精等中草药，到2020年，种植面积达500多亩，有着"江西省优秀科普示范基地"的称号。

未来虔心小镇将整合优质中医医疗资源，以百草园为基地，建立中草药基因库，开发中医养生项目，助力虔心小镇向医养方向升级。

四 虔心小镇民宿概况及特色

虔心小镇目前已建成并开发使用的民宿村落主要包括木结构的"四闲山房"、竹结构的"竹隐山居"、"静心湖"水上村落、"山涧小溪"别墅，每个村落依地势而建，或显、或隐，与茶园、山谷、池塘、溪流、树林等不同景观要素及居住体验进行充分融合，在不同的村落间创造出不同意境的景观，像珍珠一样散落在虔心小镇不同的山头或山谷。

（一）虔心小镇民宿经营方式及理念

1. 特色的打造方式

虔心小镇整合乡村的林、田、房、泉等生态资源，根据田园休闲养生度假、运动康养旅游等时尚理念，运用创意思维，打造独具特色的民宿村落，为农旅康养与民宿旅游的高品质形象树立了典范。虔心小镇已建成的民宿均为企业自建，服务人员 80% 来自当地村庄，为村民提供了家门口的就业机会，促进了就业扶贫。此外，虔心小镇正在收购当地一批原住民的土坯房，将其升级改造为特色民宿，形成产业扶贫。

2. 独特的经营理念

虔心小镇的每个民宿组团为一个村落，采用分割售卖、统一管理、收益分成的运营模式，实行村民委员会 – 村支书/村长 – 村民的创新管理方式，与业主、村民合作共赢。

（二）虔心小镇民宿

1. 四闲山房民宿

四闲山房是虔心小镇的第一个村落，有 23 套客房、30 个房间。有多种不同房型可供游客选择，以满足不同人数的需求。每套房间都配有景观别致的大露台，可在户外独立享受温泉疗养。四闲山房建立在茶园山顶，名字取自典故：以古代"渔、樵、耕、读"四闲，效仿他们回归山林田园的自然乐趣而得名，渔夫、樵夫、农民、读书人这四种贤士最能享受田园、山林之乐。每套房屋顶上都铺盖了采自山上的竹枝，取之于山用之于山，从远处看极像是茅草屋，返璞归真，跟周边的茶山竹林等自然环境融为一体。客房内部是按照高星级酒店来装修的，古朴大方，每一个小的部件都精挑细选，只为游客可以感受到家的温馨。整个大环境负氧离子充足，早上起来可以赏云海，听虫鸣鸟叫，是带上家人放松的绝佳的修仙福地（见图1）。

图1　四闲山房民宿

资料来源：由虔心小镇提供。

2. 竹隐山居民宿

竹隐山居民宿是虔心小镇的第二个民宿村落，有15栋独立的客房，每一套都巧妙地把山上的竹子跟建筑结合在一起，内部按照高星级酒店来打造，让游客在房间内也如置身在竹海中。前厅由接待中心、休闲茶吧和山顶泳池共同组成。此处观景台系整个小镇地理位置最高的观景台，也是观赏山体全貌的理想观景点。住在竹隐山居的客人可以享受到非常私密的个人时空，可以在房间的阳台小憩，可以跟家人在客厅享受天伦之乐，完全不受外界的打扰，尽情地放松身心（见图2）。

图2　竹隐山居民宿

资料来源：由虔心小镇提供。

3. 静心湖水上别墅

静心湖民宿是坐落在人造湖——静心湖中的村落，共有7栋独栋别墅，37个房间。每栋有4~7个房间不等，室内有宽敞的公共客厅、书房和充足的娱乐空间，适合家庭旅居度假。每栋别墅的第一层都架空嵌在湖里，顶层带无边泳池，远看像是长在湖里的房子，清凉幽静。推窗见湖，仿佛有面朝大海，春暖花开之意境。清晨蛙鼓蝉鸣，傍晚看乌篷船里渔夫撒网打鱼，听渔舟唱晚（见图3）。

4. 山涧小溪山景别墅

山涧小溪村落共2栋民宿，每栋5个房间。顾名思义，依山形而建于山涧中，别墅周围环境优美，建筑依山傍水，前有绵绵茶山，后有潺潺小溪，更像是一个可以安放心灵之处所。房间面朝茶山的一面使用大量全透的落地玻璃，尽可能将周围美景尽收眼底。在室内装饰上使用新中式现代家具，营造出一个舒适、干净的度假空间。独栋的别墅私密性极好，完全可以让人开启世外秘境的度假模式（见图4）。

图3　静心湖水上别墅

资料来源：由虔心小镇提供。

图4　山涧小溪山景别墅

资料来源：由虔心小镇提供。

五 虔心小镇未来战略

2020 年 6 月，虔心小镇注入乐启生健康产业项目，该项目总投资额约 60 亿元，规划建设"8 大中心"（国际再生细胞实验中心、国际再生医学中心、国际生殖医疗中心、国际抗衰老中心、传统与自然医疗中心、国际健康医疗管理中心、生命与健康博览中心、国际医学论坛交流中心）和"6 大基地"（生态茶园与制茶基地、葡萄庄园与酒庄基地、生态农耕与蔬菜基地、百果采摘基地、中草药基因库、森林康养基地），完善配套设施（青少年大自然体验俱乐部、国际瑜伽太极俱乐部、国际山地越野车俱乐部、国际山地自行车俱乐部、国际学校、汉唐小汤村落、国际康养旅居度假别墅和公寓等），助力虔心小镇向着以"医养 + 文旅"为特色的方向进一步升级发展。

虔心小镇的民宿未来前景可期，其围绕虔心小镇"心向自然，返璞归真"的理念，规划建设 50 种不同主题和风格的民宿村落，营造"有情怀的圈层文化，有温度的心灵桃源"，倡导抱团旅居度假的新生活方式，符合未来民宿向着休闲康养与度假旅游的发展大趋势，同时也能为全国其他地区民宿的发展提供实践经验的借鉴。

六 虔心小镇发展经验的启示

虔心小镇这个集农旅康养与特色民宿村落为一体的休闲度假胜地之所以发展迅速，吸引众多游客前来打卡参观游玩，归纳起来主要包括以下方面。

（一）明确主题，打造核心吸引力

当前，康养旅游的发展受到国家的大力支持，并且是现代人群非常喜爱的一种全新的旅游体验形式，而虔心小镇的发展定位为农旅康养旅居度假体验基地，无疑会成为游客的打卡胜地。农旅康养不仅是虔心小镇的核心所在，也是其所拥有的资源条件，可以从旅游六要素"吃、住、行、游、购、娱"来挖掘虔心小镇健康养生的元素。吃——饮食养生，强调餐饮的合理搭配以及制作中用到的食材纯天然、绿色、无污染，甚至是别具一格的餐厅环境，以达到滋补养生以及身心美的享受。虔心小镇发展的生态农业项目可以提供丰富的全生态农产品，加之客家风味的烹饪方法，让游客在特色餐厅"竹林宴遇"和虔心荟的美好氛围中享用原汁原味的天然美食，还有虔工坊传统方式制作的营养价值极高的纯正腐竹。住——以睡养生，强调舒适的睡眠空间，而不仅仅是单一的住宿功能。虔心小镇不同主题和风格的民宿村落散布于山水林间，洁净的空气、含量丰富的负氧离子、适宜的温湿度等营造了良好的睡眠环境，同时还能让游客拥有畔山林语听风入眠的独特感受，提升睡眠质量，演绎养生、养心的禅意生活。行——以动养生，强调景区内多元化的运动形式，也可包含体验过程。沿着虔心小镇古朴的石阶以及竹海栈道欣赏翠绿的竹海，感受曲径通幽之意境，游山采茶，探索万亩茶园的秘密。此外还有农业生产基地的采摘以及虔工坊的手工体验，使游客在参与和体验中得到养生锻炼。游——康养旅游是一种资源依赖性较强的旅游活动。虔心小镇的竹海、茶园、果园、百草园以及樱花谷、静心湖、沐心谷、虔心院四大景区等资源都是游客观赏游玩的选择，在整个过程中还能感受传统的客家文化和风俗习惯，从而让游客在景观资源中享受视觉美，产生与自然融为一体的感觉，在人文资源中陶冶性情，既养眼又养心。购——满足游客对康养旅游产品的需求。虔心小镇崇尚道家思想的"道法自然"，讲究产物顺应自然、适时而生，并以中国传统的"虔"文化为核心打造了纯原生态的农产品品牌，是产品与康养旅游合一的体现。娱——让游客在康养旅游过程中体验与之相配套的休闲娱乐活动。虔心小镇会不定期举办各种精彩活动来丰富游客的娱乐体验，或是民俗体验，或是农事劳动，或是研学活动，或是登高爬山。

（二）因地制宜，合理开发相关产业项目

虔心小镇以自身特色为主，充分利用自然风景、田园风光、客家民俗三大元素进行相关产业项目的开发建设，促进一二三产业融合发展。

虔心小镇被几十万亩的原生态山林环绕，加之6万亩的毛竹海形成了良好的环境氛围，这为虔心小镇民宿产业向着康养休闲度假方向的开发建设提供了良好的条件。此外虔心小镇合理利用毛竹林的空间资源，大力发展林下循环经济，纯生态养殖竹林飞鸡，不仅可以对外销售，还能满足虔心小镇的餐饮服务。除了竹林飞鸡的养殖外，还有林下套种灵芝、石斛、何首乌等中草药以及羊肚耳、雪耳等食用菌类，并且在种植过程中最大程度上还原野生环境。当然，天然的竹林优势资源也让虔心小镇开辟出了竹旅旅游路线，让游客享受吃住游玩在竹林的独特体验。

虔心小镇的万亩有机茶园也是一道亮丽的风景线，茶旅旅游路线作为精品路线，可以让游客体验从采茶、制茶到饮茶的整个过程。虔茶文化馆内文化气息浓厚，既可通过虔茶历史文化墙了解虔茶之源、与之相关的历史名人等，还能在此布茶席、品茶食、论茶道、赏茶艺，感受茶文化的独特魅力。此外，虔心小镇依托中国科学院植物研究所设立的试验示范基地，以科学技术为支撑，促进农业产业结构的调整。同时虔心小镇整合当地特色农产品大力发展生态农业产业，并通过线上线下渠道进行销售，与当地农户合作共赢。

如果说纯生态自然环境以及优美的田园风光是虔心小镇的"形"，那么贯穿其中的"虔文化"和"客家民俗文化"就是虔心小镇的"魂"。客家虔工坊运用独具特色的工艺品种和技艺发展传统手工业，选取天然材料加工茶、油、布、陶瓷以及其他特种工艺制品，既能让游客体会客家的民俗风情，又是对客家传统手工艺的保护和传承。

（三）创新思路，探索新型发展模式

一方面，虔心小镇首创了"会员制"模式，是康养小镇体制创新的典范，主要体现在有机茶园的"庄园主"定制服务项目，单位或个人可以认领一定面积的茶园，虔心小镇每年可为"会员"提供相等额的茶产品，同时"会员"也可带家人朋友来虔心小镇参观游玩、住宿以及参与采茶、制茶、农事体验等活动。另一方面，虔心小镇的民宿分割售卖、统一管理、收

益分成的经营方式也比较独特，还包括生态农业产业项目采用"公司＋农户"的方式，既方便管理又可以带动农户发展，实现合作共赢。

除了上述三个方面，虔心小镇地理位置优越，交通区位优势明显，这是虔心小镇本身的有利条件。同时当地政府有关部门的大力支持以及相关的宣传工作都促进了虔心小镇农旅康养和民宿业的良好发展。

七 结论

基于本文对虔心小镇农旅康养与民宿业发展的案例研究，可以得出以下结论：第一，民宿业是发展旅游业的重要载体，其发展要与周边环境相融合，要注重依托乡村田园的环境和生态优势，明确发展定位，这是决定民宿业态性质的关键因素；第二，康养休闲度假系未来旅游业与民宿业转型升级的重要方向，其作为新兴的旅游形式，顺应了市场发展的需求，并且会逐渐发展为人们新的生活方式；第三，无论是康养主题的民宿还是康养旅游的发展，都要走综合发展之路，开发与之相配套的多种类型的休闲娱乐项目，避免产品的单一化，既要满足不同年龄段人群的需求，还要满足人们追求个性化、特色化的需求。

参考文献

侯满平、张玉怀、李贝贝：《民宿未来需走度假康养旅游之路》，《住宅产业》2020年第 8 期。

胡珑川：《浅析康养旅游六要素的内涵》，《度假旅游》2019 年第 4 期。

江西虔心小镇生态农业有限责任公司，《虔心小镇简介》（内部资料），2020。

B.12
红花梁景区文旅与民宿产权创新研究

王贤军*

摘　要：　本文基于对山西省五台县红花梁旅游景区四村联合开发全域旅游资源的相关资料收集及实地调研，对其发展现状做了较为详细的了解和分析。自2016年四村合并、联合党支部以来，整合了四个村全域的集体旅游资源，以五台县三月沟旅游开发公司为运营主体进行开发运营，在深度挖掘红色资源、民俗、民宿旅游的基础上，投资开发三月故事艺术苑项目，将自然旅游资源和书画艺术进行了深度融合，形成独具特色的"党建引领、整合资源、全域文旅、提升内涵"的新型五台县红花梁全域文旅民宿产权创新发展模式。本文主要对红花梁全域文旅项目总体情况、创新模式、集体产权业态、未来聚焦文旅 IP、形成网红打卡基地、提升客流量等方面做了阐述及剖析，希望能为旅游民宿业的提升、发展提供实践借鉴。

关键词：　全域文旅　书画提升　四村合并　民宿产权

---

* 王贤军，五台山文化旅游发展研究院院长，智惠乡村志愿服务中心（民政部直管）城乡融合智库首席产权专家，北京建设大学/中国农业大学国家大学科技园创业导师、讲座教授。研究方向为国有产权交易与制度创新、文化旅游产业与金融产品配置策略、农村集体产权、土地交易及农村金融创新等领域。

一 红花梁景区全域文旅项目概述

五台县红花梁风景区项目位于五台县西北部清水河北岸门限石乡三峪沟，是一个由三峪沟联合党支部牵头，三峪、六峪、七峪、正家峪四个村委会联手打造开发的乡村旅游项目。红花梁风景区项目是采取党建引领，整合四个村两委成员形成领导小组，梳理全域三峪沟区域的自然景观、人文景观及民宿等相关文化、旅游资源，授权五台县三月沟旅游开发公司规范化、市场化运营的创新开发模式。

红花梁景区在建设初期，首先成立了三峪联合支部和四村委组成的旅游开发领导组，并在2016年，由三峪沟集体组织的成员为股东注册成立了五台县三月沟旅游开发有限公司，开始启动投资、建设旅游基础设施。同时，旅游开发领导组通过召开联合支部委员、各村委委员、村民代表联席会议，将红花梁乡村旅游开发项目的所有职责、职权和义务全权授于五台县三月沟旅游开发公司。红花梁景区的开发模式，在坚持联合党支部领导的原则下，在保持集体产权不变的基础上，引入社会资本，以市场方式最大力度开发旅游景区，持续提升区域内居民的幸福感、获得感。

红花梁景区最高海拔2700米，平均海拔1700米，原始桦树林20000亩，特产六道木、沙棘、山葱、蕨菜、野党参等。植被保存完美，天然纯净矿泉水在山涧清澈见底，山峦四周环绕，形成了一个天然氧吧。地理坐标为东经112°57′、北纬38°28′。景区以自然观光游、户外野营、房车露营、原始生态康养、传统文化延展、红色景点育人、教育研学、宗教文化、农家乐、丛林客栈、登山徒步、特色小镇、绿色农产品共享等为特色。红花梁是个"元气、运气"汇集之地，可领略鲲鹏展翅之壮观美景，抬头可眺望金座椅、五月可观"蟾蜍送宝"的奇观，登上红花梁东望凤凰台满眼瑞气，向北遥望中台，西边能看到传说中的太子城，林间花香鸟语、兔跳鸡鸣，俨然是世外桃源，品五峪神泉，甘甜泉水沁入心田，舒畅之感油然而生，可沏上一杯好茶，享受茶禅一味的人生美好境界。红花梁景区东映凤凰台，西邻太子城，北靠南台顶，南侧仰天佛，四面环山，周边都是富有文化底蕴的旅游景点，尤其北侧与佛教四大名山之首五台山南台顶相望，相互呼应，让人在领略红花梁景区的同时，能够感悟佛教博大精深的般若智慧底蕴。

二 三月故事艺术苑书画品牌项目概述

"三月"故事艺术苑项目位于门限石乡三峪村，距省道长原线3公里，忻阜高速耿镇出口12公里、五台山出口15公里。该项目展示中心于2012年10月开工建设，2013年9月开始投入使用。

项目已完成投资3500余万元，其中建筑投资500万元，书画藏品价值达3000余万元。艺术苑集书画室、会展中心、图书阅览、会议及文艺活动于一体，上下两层建筑，建筑面积700㎡。一层为书画成品展览室，二层为书画创作室。目前，苑内已收藏书画316幅，总价值约6550余万元。主要收藏有孙中山、阎锡山等为代表的历史名人及萧宽、原东平、张海为代表的当代书画大师的书法、山水人物、花卉等书画作品。苑内作品主要用于展览销售，同时收集整理门限石境内抗战革命艺术故事，缅怀革命前辈的丰功伟绩，激励年青一代为实现乡村振兴战略奋发图强。

项目依托五台山佛教文化艺术旅游资源，提供收藏、展示和销售国内知名书画家作品一条龙服务，以挖掘打造门限石自然风光、红色艺术资源为主旨，吸引外地游客和书画爱好者来此观光，为繁荣五台艺术市场，创造艺术经济效益，带动门限石乡艺术旅游产业的发展提供了强有力支撑。

"三月"故事艺术苑项目开业，为红花梁全域文化旅游整体开发注入了文化活力和动力，将红花梁全域文化旅游由自然、人文景观旅游层面提升到书画艺术层面，带动书画界艺术名人，在饱览三峪沟红花梁景区美丽风光的同时，创作出书画精品，大幅提升红花梁景区的品牌和知名度。

三 红花梁景区全域文旅 IP 创意

红花梁景区具有得天独厚的地理优势，周边基本与各大旅游景区毗邻，为四村整合行政区域内的全域文化旅游项目开发提供了条件，从更高维度来看，为差异化挖掘文化、旅游、字画、宗教文化、历史典故等方面的全域文旅 IP 提供了丰富的资源，从而为导流周边文化区域的客流、提升获客量提供了前所未有的商机。

红花梁景区紧邻五台县驼梁风景区、松岩口白求恩模范病室旧址、白求恩展览馆，与河北省平山县驼梁风景区，与平山驼梁、滴水崖度假村、信和旅游度假村、星河湾旅游度假村相辅相成、浑然一体。周边毗邻的平山驼梁、灵寿五岳寨、五台山景区雨量充沛，山林保护完整，自然植被丰富，夏季凉爽，山泉潺潺，三峪沟是景区中的处女地，是仙境中的忘情谷，步入三月沟就像走进天然氧吧，步入人间仙境。无论气候还是地理位置，还是风土人情都是一脉相承，完全可以将五台县红花梁风景区打造成一个与驼梁、五岳寨、信和旅游度假村一样的旅游度假胜地，形成五台山、驼梁、五岳寨的旅游资源互补、客流量共融的文旅 IP 高地和全域文化旅游大市场下的网红打卡基地。可借力五台山四大佛教名山之首的知名旅游品牌，将日益暴增的客流量有序引导到红花梁景区。在三峪沟红花梁景区项目 20 公里处的河北驼梁区域，河北六同泰房地产公司在石板沟的下游（石瓮村）开发了滴水崖避暑山庄；石板沟村上游在建设信和旅游度假村，烟煤洞也在开发旅游度假村，其建设风格新颖、规划布局合理，已得到游客的好评。红花梁风景区项目发挥后发优势，在上述旅游项目开发成功的基础上，融入多层面、多维度、多要素的文化 IP，形成全域文旅中最靓丽的明珠、网红必选的打卡地、客户旅游的必经点，在开发旅游度假项目中，既保留原生态又展现新理念，既保证项目的运营高效又保证集体产权的保值增值，全域范围内提升项目的内涵价值，带动整合后四村村民收入日益增加。

后疫情时代，我国居民的消费方式和理念发生巨大变化，我国旅游业正从小众旅游向大众旅游转变，从景点旅游向全域旅游转变，从观光旅游向休闲旅游转变，从物质追求向幸福生活转变，在"十四五"规划的布局中，我国潜在的巨大旅游消费需求将井喷式爆发，文化和旅游业将迎来黄金发展期。

三月沟红花梁景区位于太行山大旅游板块中，在国家乡村振兴战略和省委省政府有关开发太行山旅游大板块的战略安排下，一定能够获得巨大的发展机遇。山西省人民政府省长林武作 2021 年政府工作报告，报告中总结了 2020 年山西各方面工作取得的成就，并就 2021 年的重点工作进行了部署。在"十四五"时期，山西省将实施文化强省战略，推动文旅融合发展，加强文化资源保护传承，创新文化服务供给，讲好山西故事，提升山西文化软实力。对于 2021 年的文旅工作安排，工作报告指出，要促进文旅康养融合发展。重点打造"黄河、长城、太行"三大板块，及"游山西、读历史""康养山西、夏养山西"等旅游品牌，建设国际知名文化旅游目的地。推进"三个人家"、乡村旅游示范村、特色康养小镇建设。三个一号旅游公路再建成 2000 公里。精心举办旅发大会。推出晋风晋韵文创产品，叫响"山西三宝"。推进智慧旅游，创新旅游产品，开展旅游服务标准化建设，让广大游客游得舒心、玩得开心。红花梁景区位于山西太行山脉的五台山旅游区域，具有得天独厚的地理优势，在联合党支部的带领下，采用村集体成员入股、组建公司市场化运营的创新机制，势必会获得政策的支持，尤其在土地产权方面，政策、法律、法规的陆续出台，为红花梁景区尝试民宿的点状供地、集体土地开发运营提供了强有力的政策支撑和法律保障。红花梁景区位于太行山脉，借助国家和山西旅游政策的大力支持，将逐步打造成五台县区域文化旅游方面最有特色的品牌、最具开发潜力的旅游景区升级版。

四 红花梁景区全域文旅项目经济效益分析

从上述三月沟全域文旅红花梁景区项目整体概述、资源禀赋、文旅

IP 赋能系统分析，可以看出该项目具有广阔的市场前景和巨大的投资价值。

（一）借势太行旅游大板块，成为文旅融合经典升级版

红花梁景区位于太行山脉，山西太行板块具有良好的旅游资源禀赋，太行板块类型多样，自然和人文景观丰富，且紧密结合，相互交叉，相互依存。省旅发委提出太行板块一要有综合开发的思维，多业态发展；二要加强文化创意，强化文旅融合；三要谋划交通等基础设施建设，明确大品牌概念，加快构建山西文化旅游发展大格局升级版。红花梁景区如能抓好项目规划设计，树立文旅 IP 品牌；找准定位与路径，在关键领域找到突破口，就能把景点打造成经典，把精品打造成精华，把红花梁打造成太行山脉的"亮丽红花"。把打造"红花梁，五台人的脊梁，五台山的品牌"作为口号，将五台山人具有的"佛教文化、红色基因、太行精神"融入各个景区，采取点状供地方式，保持原生态，赋能新风貌，全域内在原宅基地的基础上，实现全域民俗、全域民宿及整合所在区域的文化、旅游要素，形成各具特色的养心民宿、禅修民宿、静修茶舍、九龙茗茶（借助九股泉的资源）等具有文化内涵、精神内涵、品质内涵的民宿高端人群聚集地。

（二）借助四村整合形成合力，建设高层次、高标准的"博士谷"

美国有高科技的硅谷，北京有高科技的中关村，红花梁景区以及周边区域的自然村落，采取一户引进一个博士的方式，建设"博士养心谷"，为博士提供养心地，博士为景区提供新创意。每年举办一次"博士养心节"，请百名院士、专家、博士来景区养心，养心期间，安排专门时间，为五台、山西乃至全国对口的中学生提供专业对口、一对一的交流，同时针对农业、文化旅游业、佛教与企业家精神等开展研讨会，汇集各方资源，为红花梁景区乃至五台县提供高层次和专业性的建议。符合当地资源条件的农牧业项目技术，可以转化为成果，为当地经济发展提供强有力的智力支撑。

（三）开发红色旅游、人文传说中的景区精品

三峪沟在抗战时期为八路军根据地，红色故事很多，对传承老一辈革命家的精神有很大的意义；借助红色旅游，开辟爱国教育基地，引进传媒公司，拍摄抗战背景下的电影、电视剧，将拍摄现场开发成旅游景点，形成旅游和教育相结合的场景旅游开发模式。三峪沟民间传说也很多，如能很好地利用开发，对五台县旅游发展一定会起推动作用。

（四）秉承生态旅游理念，借助旅游资源开发四荒地

红花梁景区项目地处山西、河北两省交界处，独特的自然景观和人文景观与驼梁风景区形成优势互补，在市场推广、管理经验以及客源上广泛合作、互相拉动，对于推动城乡统筹发展、带动旅游事业的发展具有重要作用。通过该项目的开发，可以进一步加强当地的生态建设，比如要在一些荒坡地带、小河区域，种植与气候、土壤条件相匹配的树木，进行生态绿化，改善交通，这些综合举措都将进一步改善当地生态环境，进而促进区域的生态环境保护，提升景区的整体生态环境。当前生态旅游已成为一种时尚，该项目与驼梁有相同的自然资源，长期以来这里的生态环境没有得到充分的保护，需要采取保护性开发的方式，落实绿水青山就是金山银山的理念，以开发荒地、集聚资源、生态造富、惠及子孙的方式进行前瞻性、全方位的整体开发运营。引进中国农业大学、中国农科院开发的具有经济价值的中药材品种，打造红花系列的高附加值的道地药材基地，以种植红色桃花、枫叶与中药材红花系列高附加值的经济作物为抓手，形成自然旅游与种植业双轮驱动的收益方式，形成旅游业与种植业双循环的经济收益模式。

（五）挖掘"红色"资源潜力，促进脱贫致富与乡村振兴有效衔接

红花梁景区挖掘"红色"资源潜力，种植红花系列高附加值中药材，旅游景区桃花、枫叶、红花等相互映衬，势必会成为五台山地区独一无二的

旅游景区高地。从驼梁旅游开发的现状来看，随着驼梁旅游资源的开发利用，周边沿途几十里的村庄都得到了迅速发展，农家院发展十分迅速、当地土特产也得到了利用和升值，老百姓生活明显改善，为脱贫攻坚做出了巨大的贡献。

红花梁景区的红色自然景观、红色文化精神，与红花系列的中药材高附加值产品的综合开发，势必会形成产业关联度高、综合带动性强、辐射牵引力大的综合产业。可以预见五台红花梁风景区建设项目的开发利用，必将带动项目周边区域农民致富，有利于扩大就业和当地经济的发展，特别是会给七峪村村民带来翻天覆地的变化，扩大当地农民就业，带动当地农家院等附属产业全面发展和农业经济快速发展。同时，也为落实脱贫致富与乡村振兴有效衔接提供了重要的抓手，为落实产业兴村提供了良好的示范带头作用。

五 红花梁景区全域旅游民宿产权创新模式

从全域文化旅游开发集体产权维度来看，三月沟全域旅游民宿产权具有创新的方式。具体在于三峪、六峪、七峪、甄家峪四村合并后的门限石乡七峪村支部、村委深刻贯彻党的十九大精神，坚持和加强党的全面领导是发展集体经济改革的根本遵循，本着"青山绿水就是金山银山"原则，村支部、村委于2016年通过四村（合并村委之前联合支部、三峪村委、六峪村委、七峪村委、甄家峪村委）联合会议决定开发乡村旅游，带动全沟村民经济发展。会议决定成立了三峪沟旅游开发领导组，由联合支部书记任组长，四村委主任任副组长，六峪村委主任任副组长兼办公室主任。六峪村委主任王树平带领三峪沟几位有识之士注册了三月沟旅游开发有限公司，旅游开发领导组通过会议决议将三峪沟旅游开发职责和义务授权于三月沟旅游开发公司，三月沟旅游开发公司的开发建设项目在领导组的监督下实施。旅游开发领导组从2016年起每年年底召开旅游开发联合会议，参会人员有村支部委员、四村委委员、四村村民代表。村支部、村委认真学习和贯彻党中央、国务院和山西省委省政府的有关政策精神，积极落实十九大五中全会、"十四五"规划和2035年远景规划、中央农村工作会议精神及2021年国务院政府工作报告、山西省政府工作报告等有关乡村振兴战略和文化旅游方面的政策精神，将以全域文化旅游的方式带领合并后四村村民从脱贫攻坚向乡村振兴有效衔接。

采取联合党支部的制度安排，有效地将分散在四个村集体组织的土地及自然资源整合在一起，成立了三峪沟旅游开发领导组，由联合支部书记任组长，四村委主任任副组长，六峪村委主任任副组长兼办公室主任。这种制度安排和组织的建立，为整合分散在各村村民手里、村集体的土地及有关资源，进行全域成片开发文化旅游资源项目提供了保障。

十九大五中全会精神、中央农村工作会议的政策指导，农业农村部2021年第1号文件《农村土地经营权流转管理办法》的颁布实施，给红花梁景区的全域文化和旅游项目开发提供了前所未有的机会。六峪村委主任王树平积极响应国家和五台县乡村振兴战略的部署，带领三峪沟集体组织注册了三月沟旅游开发有限公司，旅游开发领导组通过会议决议将三峪沟旅游开发职责和义务授权于旅游开发公司，旅游开发公司所有的开发建设是在领导组的监督下实施的。管理平台与实施运营平台分离，为公司化、市场化、规范化运营提供了制度保障，三月沟旅游开发有限公司的股东基本上是村集体成员，为红花梁景区全域文化旅游项目土地产权的高效流转提供了便利。

红花梁景区"红色"资源潜力系列开发，必将产生系列的无形知识产权，如红色文化系列的IP旅游产品设计。红花系列高附加值中药材产品的开发，势必推动原产地著名产品知识产权的注册保护。旅游景区红花系列自然景观，必将带来游客自拍和摄影爱好者、书画名家的青睐，激发创作热情，形成各种各样的知识产权，推动红花梁景区占据知识产权的高地，为艺术家提供创作精美作品的宝地。红花梁景区创新型的运营模式，整合了四村资源，形成了景区的成片开发，为红花梁开发系列无形资产、知识产权产品提供了制度的保障。

从全国旅游民宿项目来看，民宿产业基本上在宅基地、集体建设用地上

建设的居多。由于宅基地分散在村民手里，对于投资人来说，流转谈判及交易过程耗时太长，如果成片开发，要面对几十户乃至上百户村民，签订上百份合同，一旦发生纠纷，就会面临众多诉讼。从民宿产权角度看，红花梁景区旅游开发模式为全域文化旅游民宿成片开发、点状供地提供了新的探索和成功的经验，为全国各地民宿旅游发展提供了良好的引导和借鉴。

参考文献

五台山三月沟文化旅游有限公司：《五台县门限石乡七峪党支部委员会、七峪村民委员会、三月沟旅游开发公司一体化创建五台县红花梁生态休闲旅游度假区》（内部资料），2020。

五台山三月沟文化旅游有限公司：《三月故事苑简介》（内部资料），2020。

五台山三月沟文化旅游有限公司：《五台县三峪沟红花梁生态休闲旅游度假区开发项目价值评估报告》（内部资料），2020。

王化伦、王贤军：《五台山佛教故事》，宗教文化出版社，2000。

吴淳、亿翁：《佛教圣地五台山名寺古刹博览》，宗教文化出版社，2001。

B.13
中国旅游民宿政策研究

刘琳琳　徐灵枝*

摘　要：　从2015年开始，随着中国旅游民宿的快速发展，国家及地方
对于民宿产业的健康发展和规范管理等越来越重视，管理办
法、规划和标准、奖励与扶持等类型的民宿政策纷纷出台。
在各级民宿政策的引导下，中国民宿产业正朝着健康可持续
的方向发展。

关键词：　民宿政策　政策类型　管理办法　民宿标准

一　国家层面民宿政策研究

中国旅游民宿产业从2015年开始呈现快速发展的态势，其对乡村旅游
发展和乡村振兴工作的促进作用愈发明显，与此同时，民宿产业在发展过程
中也出现了诸多问题。为了促进全国民宿产业的健康发展，截至2021年3
月底，国家层面约出台13项政策涉及民宿产业，包含民宿扶持政策与民宿
标准两大类型。从政策出台年份来看，2015年出台2项，2016年出台1项，
2017年出台2项，2018年出台4项，2019年出台2项，2020年出台1项，
2021年出台1项（见表1）。

---

* 刘琳琳，深圳新旅民宿客栈发展研究中心有限公司民宿研究员、旅游策划师，研究方向为民
宿发展研究、民宿旅游策划等；徐灵枝，广东民宿发展研究院执行院长，研究方向为旅游民
宿政策研究、乡村民宿策划、乡村产业规划等。

表1　13项国家层面民宿政策一览（截至2021年3月底）

序号	出台单位	发布时间	文件名称	政策类型
1	国务院办公厅	2015年11月19日	《国务院办公厅关于加快发展生活性服务业促进消费结构升级的指导意见》（国办发〔2015〕85号）	扶持政策
2	中共中央、国务院	2015年12月31日	《中共中央　国务院关于落实发展新理念加快农业现代化实现全面小康目标的若干意见》（中发〔2016〕1号）	扶持政策
3	国家发展改革委、中宣部、科技部、财政部、环境保护部、住房城乡建设部、商务部、质检总局、旅游局、国管局	2016年2月17日	《关于促进绿色消费的指导意见》（发改环资〔2016〕353号）	扶持政策
4	住房城乡建设部、公安部、国家旅游局	2017年2月27日	《农家乐(民宿)建筑防火导则(试行)》	民宿标准
5	中华人民共和国国家质量监督检验检疫总局、中国国家标准化管理委员会	2017年6月30日	《2017年国民经济行业分类》（GB/T 4754 – 2017）	扶持政策
6	国务院办公厅	2018年3月22日	《国务院办公厅关于促进全域旅游发展的指导意见》（国办发〔2018〕15号）	扶持政策
7	中国饭店协会、美团点评网等	2018年3月28日	《中国民宿客栈经营服务规范》（T/CHA001 – 2018）	民宿标准
8	国务院办公厅	2018年10月11日	《完善促进消费体制机制实施方案（2018～2020年）》（国办发〔2018〕93号）	扶持政策
9	文化和旅游部	2018年11月25日	《文化和旅游部关于提升假日及高峰期旅游供给品质的指导意见》（文旅资源发〔2018〕100号）	扶持政策
10	国务院办公厅	2019年8月23日	《国务院办公厅关于进一步激发文化和旅游消费潜力的意见》（国办发〔2019〕41号）	扶持政策

序号	出台单位	发布时间	文件名称	政策类型
11	文化和旅游部	2019 年 7 月 3 日	《旅游民宿基本要求与评价》（LB/T 065 - 2019）	民宿标准
12	国家市场监督管理总局、国家标准化管理委员会	2020 年 9 月 29 日	《乡村民宿服务质量规范》（GB/T 39000 - 2020）	民宿标准
13	国务院	2021 年 3 月 12 日	《中华人民共和国国民经济和社会发展第十四个五年规划和 2035 年远景目标纲要》	扶持政策

（一）民宿扶持政策

2015 年 11 月 19 日，国务院办公厅发布《国务院办公厅关于加快发展生活性服务业促进消费结构升级的指导意见》（国办发〔2015〕85 号），将"客栈民宿"纳入"生活性服务业"范畴，并指出要积极发展客栈民宿等多种住宿餐饮服务的细分业态，以适应多层次多样化的消费需求[①]。

2015 年 12 月 31 日，中共中央、国务院发布《中共中央 国务院关于落实发展新理念加快农业现代化实现全面小康目标的若干意见》（中发〔2016〕1 号），指出要开发特色民宿等乡村休闲度假产品，以促进休闲农业和乡村旅游的发展[②]。

2016 年 2 月 17 日，国家发展改革委、中宣部、科技部、财政部、环境保护部、住房城乡建设部、商务部、质检总局、旅游局、国管局等十部门联合出台了《关于促进绿色消费的指导意见》（发改环资〔2016〕353 号），指出积极引导居民践行绿色生活方式，支持共享经济，鼓励通过民宿出租等方式将个人闲置资源进行有效利用[③]。

[①] 中华人民共和国中央人民政府官方网站，http：//www. gov. cn/zhengce/content/2015 - 11/22/content_ 10336. htm，最后检索日期：2021 年 3 月 18 日。

[②] 中华人民共和国中央人民政府官方网站，http：//www. gov. cn/zhengce/2016 - 01/27/content_ 5036698. htm，最后检索日期：2021 年 3 月 18 日。

[③] 中华人民共和国中央人民政府官方网站，http：//www. gov. cn/xinwen/2016 - 03/02/5048002/files/e0d02a75cff54a3fb51e59295d852245. pdf，最后检索日期：2021 年 3 月 18 日。

2017 年 6 月 30 日，国家质量监督检验检疫总局、中国国家标准化管理委员会联合发布《2017 年国民经济行业分类》（GB/T 4754 - 2017），首次将"民宿服务"纳入我国国民经济行业分类当中，代码为 6130，属于"住宿业"（代码 61）大类，"住宿与餐饮业"（代码为 H）门类①。

2018 年 3 月 22 日，国务院办公厅发布《国务院办公厅关于促进全域旅游发展的指导意见》（国办发〔2018〕15 号），指出，鼓励通过民宿改造提升等多种方式推进旅游扶贫和旅游富民，城乡居民可用自有住宅依法进行民宿经营②。

2018 年 10 月 11 日，国务院办公厅印发《完善促进消费体制机制实施方案（2018～2020 年)》（国办发〔2018〕93 号），指出在旅游领域进一步放宽服务消费领域市场准入，鼓励民宿客栈等短租服务的发展③。

2018 年 11 月 25 日，文化和旅游部发布《文化和旅游部关于提升假日及高峰期旅游供给品质的指导意见》（文旅资源发〔2018〕100 号），指出，加强乡村民宿等产品建设，强化弹性供给；开发乡村民宿游等旅游新业态，重点打造以民宿为核心的乡村旅游产品，完善旅游供给体系④。

2019 年 8 月 23 日，国务院办公厅发布《国务院办公厅关于进一步激发文化和旅游消费潜力的意见》（国办发〔2019〕41 号），指出，要规范旅游民宿市场，推动星级旅游民宿品牌化发展，以丰富文化和旅游产品的供给⑤。

2021 年 3 月 12 日，《中华人民共和国国民经济和社会发展第十四个五

---

① 国家统计局官方网站，http://www.stats.gov.cn/tjsj/tjbz/hyflbz/201710/t20171012_1541679.html，最后检索日期：2021 年 3 月 18 日。
② 中华人民共和国中央人民政府官方网站，http://www.gov.cn/zhengce/content/2018 - 03/22/content_5276447.htm，最后检索日期：2021 年 3 月 18 日。
③ 中华人民共和国中央人民政府官方网站，http://www.gov.cn/zhengce/content/2018 - 10/11/content_5329516.htm，最后检索日期：2021 年 3 月 18 日。
④ 中华人民共和国中央人民政府官方网站，http://www.gov.cn/xinwen/2018 - 12/04/content_5345575.htm，最后检索日期：2021 年 3 月 18 日。
⑤ 中华人民共和国中央人民政府官方网站，http://www.gov.cn/zhengce/content/2019 - 08/23/content_5423809.htm，最后检索日期：2021 年 3 月 18 日。

年规划和 2035 年远景目标纲要》发布，提出壮大民宿经济等特色产业，以丰富乡村经济业态，提高农业质量效益和竞争力①。民宿产业首次被纳入国家五年发展规划，对于民宿产业具有标志性的意义。

（二）民宿标准

1. 国家标准

2017 年 2 月 27 日，住房城乡建设部、公安部、国家旅游局三部门联合发布《农家乐（民宿）建筑防火导则（试行）》，从消防基础设施要求、消防安全技术措施、日常消防安全管理、施工现场消防安全管理、消防安全职责等方面对农家乐（民宿）进行了具体的消防安全要求②。

2020 年 9 月 29 日，国家市场监督管理总局、国家标准化管理委员会两部门发布《乡村民宿服务质量规范》（GB/T 39000 - 2020），对乡村民宿的建筑、客房、餐厅等设施设备方面，建筑安全、食品安全、治安消防安全等安全管理方面，卫生消毒、环境保护等环境卫生方面，从业人员、服务内容等服务要求方面均做了详细的规定③。

2. 行业标准

2017 年，文化和旅游部首次发布国家民宿行业标准《旅游民宿基本要求与评价》（LB/T 065 - 2017）。2019 年 7 月 3 日，新的《旅游民宿基本要求与评价》（LB/T 065 - 2019）发布，替代 2017 年的民宿标准，文件对"旅游民宿""民宿主人"等术语进行了官方定义，将民宿划分为"三星、四星、五星"三个等级，并从经营、安全卫生、环保等方面对民宿提出了具体要求。2021 年 2 月 25 日，文化和旅游部对旅游行业标准《旅游民宿基本要求与评价》（LB/T 065 - 2019）进行修改，将民宿等级改为"甲、乙、

---

① 中华人民共和国中央人民政府官方网站，http：//www. gov. cn/xinwen/2021 - 03/13/content _ 5592681. htm，最后检索日期：2021 年 3 月 18 日。

② 中华人民共和国住房和城乡建设部官方网站，http：//www. mohurd. gov. cn/wjfb/201703/ t20170314_ 230979. html，最后检索日期：2021 年 3 月 18 日。

③ 国家市场监督管理总局官方网站，http：//www. samr. gov. cn/xw/zj/202009/t20200928 _ 322044. html，最后检索日期：2021 年 3 月 18 日。

丙"三个等级，增加"提供餐饮服务时应制定并严格执行制止餐饮浪费行为的相应措施"条款①。

3. 团体标准

民宿团体标准是指由民宿相关团体按照团体确立的标准制定程序自主制定发布，由社会自愿采用的标准。2018 年 3 月 28 日，由中国饭店协会、美团点评网、魔方生活服务集团等单位起草的团体标准《中国民宿客栈经营服务规范》（T/CHA001 - 2018）发布。该标准规定了民宿客栈的术语和定义、经营基本条件要求、标准民宿客栈和精品民宿客栈经营服务技术条件，适用于在中华人民共和国境内各种形式的正式营业的民宿客栈经营服务企业②。

二　省级层面民宿政策研究

据统计，截至 2021 年 3 月底，国内省级层面的民宿政策约有 25 个。其中，省级管理办法 2 个，规划和标准 13 个，奖励与扶持政策 10 个。从政策出台年份来看，2012 年出台 1 项，2016 年出台 3 项，2017 年出台 1 项，2018 年出台 5 项，2019 年出台 7 项，2020 年出台 6 项，2021 年出台 2 项。

（一）华东地区

华东地区的 7 个省/直辖市中，山东省、江苏省、上海市、浙江省、江西省、福建省 6 个省/直辖市已出台省级层面民宿政策，仅安徽省尚未出台。

山东省。2020 年 3 月 5 日，山东省文旅厅等十四个部门联合印发《关于促进旅游民宿高质量发展的指导意见》（鲁文旅发〔2020〕3 号），指出

---

① 文化和旅游部官方网站，http://zwgk.mct.gov.cn/zfxxgkml/hybz/202102/t20210226_ 921876. html，最后检索日期：2021 年 3 月 18 日。

② 中国饭店协会官方网站，http://www.chinahotel.org.cn/forward/enterenterSecondDaryOther. do? contentId =64189b7560554d139c5e7d73601b701e，最后检索日期：2021 年 3 月 18 日。

山东旅游民宿的重点任务是合理规划布局、明确民宿的相关标准、加强多类型旅游民宿产品的分类指导、打造"好客人家"旅游民宿品牌及各地特色旅游民宿品牌、加强规范管理、拉长产业链条，此外，该文件从组织领导、政策、金融、人才、宣传等方面给予政策保障①。

江苏省。2021 年 1 月 22 日，江苏省文化和旅游厅等十个部门共同发布《关于推动旅游民宿高质量发展的指导意见》，指出沿江河湖海等引导民宿连点串线成片发展，积极培育不同主题民宿集聚区，打造"好山水好民宿"；发挥行业标准和服务规范的引领作用，倡导人性化和个性化服务；深化文旅融合；培育"民宿＋"新业态；推动形成"姑苏城外"等区域品牌发展②。

上海市。2018 年 9 月 3 日，上海市旅游局、上海市农业委员会发布《关于促进本市乡村民宿发展的指导意见》，包括指导思想、基本原则、乡村民宿设立条件、保障措施四个方面，在确定重点发展区域、明确经营用房范围、优化证照管理主体、强化用地保障机制、加强事中事后监管等方面取得政策突破③。

浙江省。浙江省在民宿管理、民宿规范化和标准化发展政策方面走在全国前列，现已出台 2 个省级层面的民宿政策。2016 年 8 月 10 日，浙江省公安厅发布《浙江省民宿（农家乐）治安消防管理暂行规定》（浙公通字〔2016〕60 号），明确规定了民宿（农家乐）消防安全基本要求。④ 2016 年 12 月 5 日，浙江省人民政府办公厅发布《浙江省人民政府办公厅关于确定民宿范围和条件的指导意见》（浙政办发〔2016〕150 号），对民宿的建筑

---

① 山东省文旅厅官方网站，http：//whhly. shandong. gov. cn/art/2020/3/5/art ＿ 100579 ＿ 8881711. html，最后检索日期：2021 年 3 月 18 日。

② 江苏省文旅厅官方网站，http：//wlt. jiangsu. gov. cn/art/2021/1/29/art＿ 48955 ＿ 965894 2. html，最后检索日期：2021 年 3 月 18 日。

③ 上海市人民政府官方网站，http：//www. shanghai. gov. cn/nw42851/20200823/0001 － 42851 ＿ 56995. html，最后检索日期：2021 年 3 月 18 日。

④ https：//baike. baidu. com/item/浙江省民宿（农家乐）治安消防管理暂行规定/20276911？fr ＝ aladdin，最后检索日期：2021 年 3 月 18 日。

设施、消防安全、经营管理进行了规定①。浙江省对于全国民宿政策的制定起到了示范作用。

江西省。2020年8月6日，江西省人民政府办公厅发布《关于促进民宿健康发展的意见》。文件指出，通过明确民宿合理开发的范围、明确重点民宿村镇、促进民宿与其他相关产业的融合、发展民宿新业态、创新多种民宿经营模式、凸显江西民宿地域文化特色、塑造民宿品牌等方式构建江西民宿发展体系，在民宿建设、运营、配套等方面逐步实现规范建设管理，通过简化民宿证照办理、民宿用地保障、民宿资金扶持和奖补、拓宽融资渠道等方式完善民宿产业扶持政策②。

福建省。2019年1月11日，福建省安全技术防范行业协会发布团体标准《民宿安全管理服务规范》（闽安协〔2019〕001号），规定了福建省区域内民宿的安全管理、综合服务管理、安全管理服务评估及经营监督管理等内容，适用于福建省内民宿客房数不超过14个标间（或单间）、建筑最高不超过4层、建筑总面积不超过800m²的已建、新建、改建、扩建的民宿③。

（二）华南地区

华南地区包含广东省、广西壮族自治区、海南省等3个省/自治区，均已出台省级层面的民宿政策。

广东省。2019年6月21日，广东省人民政府出台《广东省民宿管理暂行办法》（粤府令地260号），对广东省内民宿的开办要求和程序进行明确规定，并根据实际情况对利用围龙屋、四角楼等特色建筑开办的民宿适当放宽要求；对民宿经营过程中涉及的各项服务制定了详细规范；明确各级人民

① http://www.zj.gov.cn/art/2018/3/2/art_14213_296511.html，最后检索日期：2021年3月18日。

② 江西省人民政府官方网，http://www.jiangxi.gov.cn/art/2020/8/6/art_14236_2691893.html，最后检索日期：2021年3月18日。

③ http://www.ttbz.org.cn/Home/Show/6269/，最后检索日期：2021年3月18日。

政府及民宿产业相关主管部门的工作职责；对于违反规定的民宿，明确具体的法律责任①。

广西壮族自治区。2020年5月9日，广西文旅厅发布的《广西旅游民宿发展规划（2020~2025年)》，成为全国首个省级民宿发展规划。规划将民宿产业定位为广西建设旅游强区的重要支撑、城乡经济发展的新亮点和增长点，并计划打造广西八大旅游民宿标杆示范地，构建"一个龙头，六大片区"广西旅游民宿发展布局，开发滨海度假、边关风情等具有广西特色的八大旅游民宿产品品牌②。

海南省。海南省现已出台2项省级层面民宿政策。2018年2月11日，海南省人民政府发布《关于促进乡村民宿发展的指导意见》（琼府〔2018〕8号），指出海南民宿发展需统一规划、连点串线成片规模发展，重点打造乡村休闲度假型、农家乐型、候鸟型、学生实习基地型四类特色民宿；将海南黎苗文化、海洋文化等文化融入民宿，凸显海南民宿特色文化；盘活旧厂房、旧校舍等各类农村闲置用房，加强民宿用房保障；安排资金扶持民宿发展；简化民宿证照审批等③。2019年4月29日，海南省住建厅、旅游和文化广电体育厅等六部门联合发布《海南省乡村民宿管理办法》，对海南省民宿的开办要求、开办流程、经营规范、监督管理进行了详细的规定④。

（三）华北地区

华北地区5个省/自治区/直辖市中，北京市和山西省已出台省级层面民宿政策，天津市、河北省和内蒙古自治区尚未出台。

---

① 广东省人民政府官方网站，http：//www.gd.gov.cn/zwgk/wjk/qbwj/yfl/content/post_2519133.html，最后检索日期：2021年3月18日。
② 广西文旅厅官方网站，http：//wlt.gxzf.gov.cn/zwgk/ghjh/P020200508659012785504.pdf，最后检索日期：2021年3月18日。
③ 海南省人民政府官方网站，http：//www.hainan.gov.cn/hainan/szfwj/201802/c4b1d3a2000c49e88487de142a162caf.shtml，最后检索日期：2021年3月19日。
④ 海南省住房和城乡建设厅网，http：//zjt.hainan.gov.cn/szjt/ttxw/201905/b86b563388254fee9c06b271df615ce7.shtml，最后检索日期：2021年3月19日。

北京市。北京市已出台 3 个省级层面的民宿政策，数量居全国各省（区、市）第一。2019 年 12 月 18 日，北京市文化和旅游局、北京市农业农村局、北京市消防救援总队等八部门联合发布《关于促进乡村民宿发展的指导意见》，从民宿经营主体、民宿用房、生态环境保护、公共安全、民宿从业人员、规范经营等多方面设立开办条件；实施联合审核、一站式审批的审批流程，简化优化手续；制定加强政策支持、加强资金支持、加强金融扶持、加强服务引导、加强人才培养、加强宣传推广等保障措施①。2020 年 9 月 17 日，北京市市场监督管理局发布《乡村民宿服务要求及评定》，规定了北京乡村民宿的基本要求、特色文化与社会责任、综合管理、规范经营与等级评定等内容②。2020 年 9 月 17 日，北京市市场监督管理局发布《乡村民宿建筑消防安全规范》，针对乡村民宿的各类消防难题，提出相应的解决措施和要求，对全国民宿消防安全规范标准的制定具有极大的参考意义③。

山西省。山西省已出台 2 项省级层面民宿政策。2016 年 5 月 30 日，《山西省乡村旅游客栈标准（试行）》出台，规定了山西省乡村旅游客栈设立必须具备的建筑条件、客栈规模、设施设备（硬件设施和软件设施）、服务质量、管理水平、安全、卫生环境等要求④。2019 年 6 月 5 日，山西省市场监督管理局发布《乡村旅游客栈服务规范》，对山西省乡村旅游客栈的服务等要求进行详细规定。

（四）华中地区

华中地区包括湖北省、湖南省和河南省，其中，湖南省、河南省已出台省级层面民宿政策。

---

① 北京市人民政府官方网站，http://www.beijing.gov.cn/zhengce/zhengcefagui/201912/t20191227_1521258.html，最后检索日期：2021 年 3 月 19 日。
② 北京市文化和旅游局网，http://whlyj.beijing.gov.cn/zwgk/tzgg/202009/P020200923595008324490.pdf，最后检索日期：2021 年 3 月 19 日。
③ 搜狐网，https://www.sohu.com/a/419503800_680374，最后检索日期：2021 年 3 月 19 日。
④ 山西省文化和旅游厅网，http://wlt.shanxi.gov.cn/sitefiles/sxzwcms/html/zwgk/zcfg/2288.shtml，最后检索日期：2021 年 3 月 19 日。

湖南省。2020 年 12 月 17 日，湖南省住房和城乡建设厅印发《关于规范和推进乡村民宿建设的指导意见》（湘建设〔2020〕195 号），提出规范民宿建设的范围、营造民宿的风貌特色、保护民宿的生态环境、完善民宿的基础设施配套、提高民宿的建筑设计水平、确保民宿的结构和设施安全、强化民宿的消防能力、落实民宿的建设监管等指导意见[1]。

河南省。2019 年 12 月 10 日，河南省文旅厅发布《关于促进乡村民宿发展的指导意见》，提出要做好乡村民宿整体布局、优化乡村民宿发展环境、加强乡村民宿资源调查和乡土文化保护传承、推进乡村民宿发展"走县进村"活动、注重乡村民宿招商工作、创新乡村民宿发展模式、加强乡村民宿标准化管理、抓好乡村民宿发展工作培训[2]。

（五）西南地区

西南地区 5 个省/自治区/直辖市中，四川省、云南省、重庆市已出台省级层面民宿政策，贵州省、西藏自治区尚未出台。

四川省。2018 年 4 月 23 日，四川省出台《四川省旅游扶贫示范区、示范村和乡村民宿达标评定管理办法》，明确了申报"四川省乡村民宿旅游服务质量达标"的经营户应具备的必要条件，以及组织机构与职责、评定程序、监督管理等内容[3]。

云南省。2012 年 9 月 20 日，《云南省特色民居客栈等级划分与评定》发布，明确了云南省特色民居客栈的等级划分及标志、基本条件、运营管理要求、等级划分条件、等级评定、等级复核、监督管理等内容[4]。

---

① 湖南省人民政府官方网站，http：//www.hunan.gov.cn/szf/hnzb _ 18/2021/202103/szfbmwj _ 98721 _ 88 _ 1urmmqrurrdbvpccutqhr/202102/t20210210 _ 14454245.html，最后检索日期：2021 年 3 月 19 日。

② 河南省文旅厅官方网站，https：//hct.henan.gov.cn/2020/01 - 19/1283183.html，最后检索日期：2021 年 3 月 19 日。

③ 雅安市文化体育和旅游局网，http：//www.yaan.gov.cn/gongkai/show/20180423162831 - 755237 - 00 - 000.html，最后检索日期：2021 年 3 月 19 日。

④ 瑞丽市人民政府官方网站，http：//www.rl.gov.cn/Web/_ F0_ 0_ 28D06YPV9535NVQPC0QK3UTU2R.htm，最后检索日期：2021 年 3 月 19 日。

重庆市。2017年10月10日，重庆市质量技术监督局发布《乡村民宿旅游服务质量等级划分》，从质量等级划分、基础要求（服务要求、服务保障）、分级要求等方面提出具体划分标准和要求①。

（六）东北地区

东北地区包含辽宁省、吉林省和黑龙江省，其中黑龙江省已出台省级层面民宿政策。

黑龙江省。2020年4月15日，黑龙江省文化和旅游厅出台《旅游民宿设施要求与服务规范》，规定了旅游民宿的术语和定义、基本要求、环境和设施要求、服务要求、监督与改进等内容，适用于黑龙江省行政区划内利用既有的住宅、空闲的厂房等闲置资源，或者对其进行适度的改、扩建后，用来正式营业的民宿，包括但不限于客栈、别苑、宅院、驿站、山庄、庄园等②。

（七）西北地区

西北地区包含陕西省、甘肃省、新疆维吾尔自治区、青海省和宁夏回族自治区，其中，陕西省、新疆维吾尔自治区已出台省级层面民宿政策。

陕西省。陕西省现已出台2项省级层面民宿政策。2018年1月17日，陕西省商务厅发布《陕西省特色民宿示范标准》，对陕西省内特色民宿的规模、设施、消防、门店的设计和装饰、标志、环境、配套设施、无障碍设施、设施设备，以及应遵守的规定、组织管理、经营活动管理、申报等进行了详细的标准规定③。2018年8月16日，陕西省旅游发展委员会发布《关于规范秦岭地区农家乐（民宿）发展的指导意见》，提出要强化环境保护、规范经营活动、完善发展规划、提升服务品质、坚持依法监管、加强行业自

---

① 重庆市文旅发展委员会官方网站，http：//whlyw. cq. gov. cn/zwgk _ 221/bzgk/202101/P02021 0106419688387320. pdf，最后检索日期：2021年3月19日。

② 黑龙江省文旅厅官方网站，http：//wlt. hlj. gov. cn/newzwgk/show. html？id＝300415&classid ＝42，132&pid＝114，最后检索日期：2021年3月19日。

③ 陕西省商务厅官方网站，http：//sxdofcom. shaanxi. gov. cn/newstyle/pub _ newsshow. asp？id＝29035542&chid＝100258，最后检索日期：2021年3月19日。

律，促进秦岭地区农家乐（民宿）与生态环境和谐发展①。

新疆维吾尔自治区。2019 年 8 月，自治区文化和旅游厅、财政厅联合发布《新疆维吾尔自治区旅游民宿奖励扶持办法》，从民宿床位、民宿等级等方面制定具体的奖励措施，同时强化政策配套，促进新疆民宿产业发展②。

（八）港澳台地区

台湾地区民宿产业和民宿管理发展较早，且发展较好。香港地区对于民宿没有专门的管理政策，香港政府强调民宿、酒店和宾馆均须基于《旅馆业条例》受到相同规管，以保障旅客安全。

台湾地区。台湾在 2001 年颁布《民宿管理办法》，让逐渐流行的民宿家庭为旅客提供有偿住宿，类似于欧美 B&B（Bed and Breakfast）的民宿商业模式有了法律依据，自此可合法经营。2017 年 11 月，台湾交通部门公告修正《民宿管理办法》，对民宿规定大幅松绑。重点包括：客房总楼地板面积规定，从旧规的 5 间、150 平方公尺（约 13.9 平方米）以下，提高至 8 间、240 平方公尺（约 22.3 平方米）以下。但特色民宿标准相对放宽要求。

表 2　国内省级民宿政策一览（截至 2021 年 3 月底）

序号	省/自治区/直辖市	时间	文件名称	政策类型
1	海南省	2019 年 4 月 29 日	海南省乡村民宿管理办法	管理办法
2	广东省	2019 年 6 月 21 日	广东省民宿管理暂行办法	
3	云南省	2012 年 9 月 20 日	云南省特色民居客栈等级划分与评定	规划和标准
4	山西省	2016 年 5 月 30 日	山西省乡村旅游客栈标准（试行）	
5	浙江省	2016 年 8 月 10 日	浙江省民宿（农家乐）治安消防管理暂行规定	

---

① 渭南市华州区人民政府，http：//www.hzqu.gov.cn/info/1751/55295.htm，最后检索日期：2021 年 3 月 19 日。

② 中国日报网，https：//baijiahao.baidu.com/s？id = 1641740331297945935&wfr = spider&for = pc，最后检索日期：2021 年 3 月 19 日。

续表

序号	省/自治区/直辖市	时间	文件名称	政策类型
6	浙江省	2016 年 12 月 5 日	浙江省人民政府办公厅关于确定民宿范围和条件的指导意见	规划和标准
7	重庆市	2017 年 10 月 10 日	乡村民宿旅游服务质量等级划分	
8	陕西省	2018 年 1 月 17 日	陕西省特色民宿示范标准	
9	四川省	2018 年 4 月 23 日	四川省旅游扶贫示范区、示范村和乡村民宿达标评定管理办法	
10	福建省	2019 年 1 月 11 日	民宿安全管理服务规范	
11	山西省	2019 年 6 月 5 日	乡村旅游客栈服务规范	
12	黑龙江省	2020 年 4 月 15 日	黑龙江省旅游民宿设施要求与服务规范	
13	广西壮族自治区	2020 年 5 月 9 日	广西旅游民宿发展规划（2020～2025年）	
14	北京市	2020 年 9 月 17 日	乡村民宿服务要求及评定	
15	北京市	2020 年 9 月 17 日	乡村民宿建筑消防安全规范	
16	海南省	2018 年 2 月 11 日	海南省人民政府关于促进乡村民宿发展的指导意见	奖励与扶持
17	陕西省	2018 年 8 月 16 日	关于规范秦岭地区农家乐（民宿）发展的指导意见	
18	上海市	2018 年 9 月 3 日	市旅游局、市农委《关于促进本市乡村民宿发展的指导意见》	
19	新疆维吾尔自治区	2019 年 8 月	新疆维吾尔自治区旅游民宿奖励扶持办法	
20	河南省	2019 年 12 月 10 日	关于促进乡村民宿发展的指导意见	
21	北京市	2019 年 12 月 18 日	关于促进乡村民宿发展的指导意见	
22	山东省	2020 年 3 月 5 日	关十促进旅游民宿高质量发展的指导意见	
23	江西省	2020 年 8 月 6 日	关于促进民宿健康发展的意见	
24	湖南省	2020 年 12 月 17 日	关于规范和推进乡村民宿建设的指导意见	
25	江苏省	2021 年 1 月 22 日	关于推动旅游民宿高质量发展的指导意见	

三 地方层面民宿政策研究

近年来地方民宿政策的出台呈"星火燎原"趋势，各省、市、县、区、镇等纷纷出台民宿政策，包含地方政府报告、政府民宿产业发展意见、地方民宿管理办法、民宿地方标准和规范、民宿发展扶持办法、民宿发展规划等类型，数量约有几百余项，极大地促进了各地民宿产业的发展。

（一）地方政府报告

地方政府报告是地方政府的一种公文形式，在地方人民代表大会上向代表们发布的、以上一年的主要工作回顾以及当年的目标任务和重点工作为主要内容的政府工作报告。在地方政府工作报告中总结当地民宿产业的发展成果，并明确第二年民宿产业的发展目标或任务，可见当地政府极为重视民宿发展。

以浙江省丽水市为例。2020 年 4 月 22 日，在丽水市第四届人民代表大会第五次会议上，丽水市发布《2020 年丽水市人民政府工作报告》。报告在2019 年主要工作回顾中提出，丽水市产业培育呈现新态势，"山"系产业品牌逐步打响，成功注册"丽水山居"集体民宿商标，制定了"丽水山居"民宿标准，实现民宿（农家乐）营业收入 37.6 亿元。在 2020 年的工作计划中，丽水市将"高质量构建现代化生态经济体系，培育绿色发展新引擎"作为丽水市的重点工作之一，指出要用好"丽水山居"集体民宿商标，完善保险、医疗、急救等方面的配套标准，创建民宿示范项目 40 个以上，积极抢滩民宿业中高端市场①。

（二）政府民宿产业发展意见

地方政府出台的民宿产业发展意见，是指政府为了促进当地民宿产业

---

① 丽水市人民政府官方网站，http：//www.lishui.gov.cn/art/2020/4/30/art_ 1229285729_ 5683598 6.html，最新检索日期：2021 年 4 月 9 日。

的发展，明确民宿发展的目标、梳理政府与行业的发展任务、制定一系列产业发展保障措施，面向各级政府、民宿相关部门和单位发布的官方文件。一般包括指导思想、基本原则、发展目标、主要任务、保障措施等内容。

以成都市为例。2019年3月24日，成都市《关于促进民宿业健康发展的指导意见》发布，包含总体要求（指导思想、基本原则、发展目标）、主要任务、保障措施三大部分。文件强调坚持"鼓励创新、审慎包容""因地制宜、特色导向""开放合作、成果共享"三个原则；明确成都市民宿业发展的主要任务是制定民宿业发展规范标准、加强民宿分类指导、落实民宿规范管理责任、着力塑造民宿品牌、强化民宿行业自律、进行民宿统计评价、加强民宿宣传推广；制定加强组织领导、强化协同配合、完善支持政策、优化发展环境等四项保障措施[①]。

（三）地方民宿管理办法

地方民宿管理办法，是指地方政府为了加强地方民宿业的规范管理，促进民宿业健康有序发展，根据《中华人民共和国旅游法》《中华人民共和国标准化法》及相关法律、法规和政策规定，结合地方实际而制定的当地民宿行业的管理办法。一般包含依据、目的、适用范围、民宿定义、规模界定、管理原则、政府和部门职责、发展规划、行业促进、开办条件和流程、经营规范、监督管理、法律责任、政府扶持、实施日期等内容。

以厦门市为例。2017年5月4日，厦门市人民政府办公厅发布《厦门市民宿管理暂行办法》（厦府办〔2017〕71号），包含民宿的范围、民宿的条件、民宿的申办、其他等四部分内容。文件明确了厦门市民宿的经营规模；对民宿的建筑设施、消防安全、经营管理进行了详细的规定；明确民宿的申办原则、申报程序和材料，并建立联合核验工作机制；此外，对民宿安

---

① 成都市人民政府官方网站，http：//gk. chengdu. gov. cn/govInfoPub/detail. action？id＝105664&tn＝6，最后检索日期：2021年3月22日。

全的监督检查和动态管理机制、法律责任、鼓励建立行业协会等其他方面进行了规定[①]。

（四）民宿地方标准和规范

民宿地方标准和规范，是指地方政府为了推动民宿产业标准化、规范化发展，促进当地民宿品质化提升而出台的民宿标准和规范，包括民宿基本要求、民宿服务规范、民宿分级与评定、民宿消防安全规范等不同类型。

以西安市为例。近几年，西安民宿"野蛮生长"的现象比较普遍，为了规范西安民宿发展，2018 年 12 月 29 日，西安市质量技术监督局发布《民宿基本要求与分级》和《民宿示范村服务与管理规范》两项民宿地方标准。《民宿基本要求与分级》包括范围、规范性引用文件、术语和定义（民宿、文化特色、民宿主人）、基本要求（经营要求、场地要求、基础设施要求、接待服务要求、安全管理要求）、民宿分级等五大部分，按照民宿八个方面的软硬件水平划分为三个等级，由低到高依次为经济民宿、舒适民宿、精品民宿，并对各等级的民宿标准进行了详细的规定。《民宿示范村服务与管理规范》是专门针对民宿村落制定的服务和管理标准，包含范围、规范性引用文件、术语和定义（乡村民宿、民宿示范村）、基本要求、环境与设施、服务要求（交通、住宿、餐饮、购物、休闲、娱乐/演出、医疗）、管理要求（组织管理、安全管理、消防管理、投诉管理）等七大部分[②]。

（五）民宿发展扶持办法

地方民宿发展扶持办法，是指地方政府为了促进当地旅游民宿产业快速发展，打造当地民宿品牌，而制定的扶持民宿业发展的政策文件。

以福州市为例。2020 年 4 月 27 日，福州市文化和旅游局、福州市财政

---

① 厦门市人民政府官方网站，http：//www. xm. gov. cn/zwgk/flfg/sfbwj/201705/t20170510＿1652214. htm，最后检索日期：2021 年 3 月 22 日。

② 西安市文化和旅游局官方网站，http：//wlj. xa. gov. cn/xxgk/zcwj/bmwj/5de8d2aafd8508098d1910de. html，最后检索日期：2021 年 3 月 22 日。

局发布《福州市旅游民宿扶持奖励办法》。包括旅游民宿定义与奖补对象、扶持奖补措施、其他事项三个部分。第一部分说明了《福州市旅游民宿扶持奖励办法》制定的背景，明确了旅游民宿定义与奖补对象；第二部分规定了奖补措施，分别对星级培养、市场开拓、宣传营销、集聚发展民宿规划编制等予以 3 万 ~ 30 万元奖补；第三部分规定了办法自公布之日起生效，有效期三年①。

（六）民宿发展规划

民宿发展规划，是指地方政府为了明确当地民宿产业的发展目标、定位、品牌特色、发展布局、特色民宿项目等而编制的地方民宿产业发展规划。一般包含民宿发展背景、民宿发展现状、发展战略与定位、发展目标、总体布局、发展任务、规划项目、保障措施等内容。

以深圳市大鹏新区为例。大鹏新区是深圳的"生态基石"和旅游胜地，民宿产业发展较早。2015 年，为了科学规划和引导大鹏新区的民宿产业发展，大鹏新区编制了《大鹏新区民宿发展规划》，规划共分为工作背景、大鹏民宿发展现状及工作目标、发展规划三大部分。第一部分工作背景，对大鹏新区发展背景、大鹏民宿发展历程、民宿近期工作等进行了梳理和分析；第二部分为大鹏新区发展现状及工作目标，对大鹏民宿的现状进行了详细调研、总结出大鹏民宿发展特征，确立了大鹏民宿发展目标；第三部分为发展规划，对民宿建设规模控制、民宿建设选址指引、民宿建设社区指引、民宿配套服务设施、民宿环境品质提升等进行了科学规划引导②。

---

① 福州市人民政府官方网站，http：//wlj. fuzhou. gov. cn/zfxxgkzl/gkml/gmjjhshfzghzxghqyghj xgzc/202004/t20200429_ 3265295. htm，最后检索日期：2021 年 3 月 22 日。

② 大鹏新区民宿协会提供。

案例篇

Case Studies

B.14
小有洞天山居：民宿"三套车"
模式的探索者

柯银斌*

摘　要：　小有洞天山居是位于河南省济源市王屋山风景区内的一家高
端民宿，在小有河谷中的迎门村民居基础上，由济源市文化
旅游投资集团有限公司投资5000多万元建造，由途家民宿代
运营团队全程运营和管理。2019年9月27日，小有洞天山居开
始对外营业，至今仅1年半的时间，小有洞天山居的经营业绩
和品牌影响力都进入河南省民宿的第一阵营。其主要成功因
素是小有洞天山居主体结构的"三套车"模式：王屋山风景
区为基础主体，济源市文化旅游投资集团为投资主体，途家
民宿代运营团队为运营主体，三类主体互相配合和相互作
用，共同驱动小有洞天山居的快速成长。

* 柯银斌，察哈尔学会创会秘书长、高级研究员，研究方向为企业战略与案例、跨国公司与公
共外交等。

关键词： 小有洞天山居　途家民宿代运营　"三套车"模式

一　王屋山下"长"出来的民宿

2017 年 3 月，河南小有洞天文化发展有限公司成立，这是一家由济源市文化旅游投资集团有限公司（以下简称"济源文旅集团"）全资设立的子公司。该公司以王屋镇迎门村为基础，投资建造小有洞天山居民宿（以下简称"小有洞天"），并引入途家民宿旗下授权的核心非标住宿代运营头部落地管理团队（以下简称"途家民宿代运营团队"）全程运营和管理。

（一）选址：小有河谷迎门村

王屋山景区的周边是小有河河谷，小有河河谷历史上是道教修行的必经之地，也是王屋山山水之间非常隐秘的一个场所。河谷边上的迎门村，古代时是文武百官迎接皇帝登山的地方，现代是一个传统的民居村落。由于交通等条件的限制，迎门村的原村民都已经搬走，成为一个空心村。

小有洞天选址在此，保留了迎门村的树木植物和夯土建筑等传统因素，通过植入现代生活方式诸因素，一家高端民宿从王屋山中"长"了出来。

（二）设计：规划与运营并重

小有洞天公司根据选址条件和愿景定位，聘请香港大学建筑系王维仁建筑研究室从事整体建筑设计，聘请上海庭匠实业有限公司从事庭院及总体的景观设计。

王维仁教授系美国建筑师学会会员，获伯克利加州大学建筑学硕士学位。王教授曾任 2007 年香港建筑双年展首席策展人、美国 TAC 建筑师事务所协同主持人。其研究领域为合院建筑形态演变、中国建筑与城市。他的设计作品曾获：1999 年、2001 年、2002 年美国建筑师学会设计奖；2001 年、

2002 年、2003 年台湾远东建筑奖；2008 年香港绿色建筑奖；2009 年香港建筑师学会奖。

上海庭匠实业有限公司成立于 2008 年，以致力于打造原生态的"自然式山水庭院"为发展方向，由城市规划、景观设计、景观工程等多领域优秀人才组建而成，为客户提供高水平、专业化、个性化的服务。

一流的外聘规划设计团队保证了小有洞天的规划设计质量和水平。不仅如此，济源文旅集团的主要领导全身心的投入和高起点的顶层设计，途家民宿代运营团队提前介入，把运营设计思路融入规划设计之中，进而保证了小有洞天的运营质量和水平。这种运营设计充分体现了在地资源的保护和利用、在地文化的承继和弘扬，以及"去景区化，去园林化"的创新思路。

（三）建造：传统与现代融合

在建造过程中，以上规划和运营设计原则和思路，由于济源文旅集团高层领导的全程监控和及时调整，得到了全面的贯彻。小有洞天最大限度地体现了传统资源和文化与现代生活品质和方式的融合。

整个区域内的原有林木一棵都没有砍伐，全部保留下来，与古朴的建筑相映成趣。全屋使用环保材料，家具和木饰面采用定制的北美进口的黑胡桃。浴室采用整体水磨石，水池采用天然石英石。

原先的村民夯土房，采用现代的采光玻璃和钢化结构，使其更加坚固和明亮，继续保留着冬暖夏凉的特点。

枯败的树木，经过现代技术的修剪改造，在毫无破坏的情况下，使原有树木焕发生机，景致放出光彩。

院内苔藓从王屋山中移植而来，院子边墙用济源本地特产料姜石垒砌而成。

（四）开业：华而又实

2019 年 9 月 27 日，小有洞天正式开业。与其他商业机构一样，小有洞天举办了开业仪式。不同的是，小有洞天的开业仪式是河南省世界旅游日主

题系列活动的一部分，内容丰富，华而又实，影响力颇大。

这次活动以"让人人享有更美好的未来""民宿·品质"为主题，来自全国近百位民宿及精品酒店专家，省内各景区、旅行社、星级酒店负责人代表、省重点招商村、特色旅游村及旅游扶贫重点村负责人代表、旅游扶贫示范户代表、济源各镇办主要领导，以及省内外的媒体记者出席和参加。

9月26日下午，河南省旅游协会民宿与精品酒店分会正式成立。河南省文化和旅游厅厅长姜继鼎表示了热烈的祝贺。他说，在王屋山下、愚公村旁举行的民宿和精品酒店协会成立大会特别有意义，希望大家"立下愚公志，让老家河南民宿放光彩"。

9月27日上午，河南文化和旅游厅副厅长朱建伟、济源市人民政府副市长李拴根、中国旅游协会民宿客栈与精品酒店分会会长张晓军、河南省文化和旅游厅市场管理处处长王培根、济源市旅游发展委员会常务副主任刘慧华、济源文旅投资集团董事长邱英平、携程集团副总裁王韦、途家执行副总裁兼首席商务官李珍妮、济源文旅投资集团总经理李庆军出席"世界旅游日"主题活动仪式，并为小有洞天开业揭牌。活动由省文化和旅游厅宣传推广处处长王九位主持。

活动仪式上，携程集团副总裁王韦和济源市旅游发展委员会常务副主任刘慧华，途家执行副总裁兼首席商务官李珍妮和济源市文旅集团总经理李庆军分别签订合作协议，与会领导为河南省民宿和精品酒店协会 & 小有洞天山居开业揭牌。

（五）推广："民宿厅长"直播"种草"

与其他商业机构一样，小有洞天也开展营业推广活动。不同的是，小有洞天采取网络直播方式，由河南省文化和旅游厅厅长做客直播。

2020年7月11日，BOSS直播周末场，小有洞天联合河南省文旅厅及途家民宿举办疫情后网络直播。被媒体称为"民宿厅长"的姜继鼎做客小有洞天，临时客串起"旅游推荐官"，为河南旅游、民宿代言。姜厅长热情洋溢地向观众推荐河南省丰富的旅游文化资源。

"民宿厅长"在线"种草"，使这场直播变得更加生动、直观，也让订单量持续攀升。本次直播共有45家酒店民宿参与，共计47个售卖产品，共售出11926个订单，间夜量达18054，汇总GMV为620万。其中售量最大的民宿是小有洞天，短短半个小时共计售出1083间夜。

（六）吸引：高端汽车品牌试驾等活动

推广是商业机构主动将其产品和服务推给目标客户，由其选择购买；吸引则是商业机构的产品和服务吸引某部分目标客户前来现场体验，更加有利于品牌的塑造。

2020年7月25日，郑州保时捷中心在小有洞天邀约200位新老保时捷车主举办夏季试驾活动，预定了小有洞天全部客房。在小有洞天草坪、庭院、餐厅等地举办各类表演及互动，其间还举行篝火及烧烤等分区活动。

此次高端豪车品牌试驾是小有洞天吸引力的具体体现，对小有洞天作为一个全新的高端低密度度假模式的品牌形象塑造助力良多。之后，小有洞天陆续接到汽车、化妆品、银行金融机构等众多企业举办发布会及团建活动的订单。

（七）业绩：收入与品牌双丰收

小有洞天已开业的一期东岸民宿共有17个院子，53间客房。基础房型单价1299元起，老院独栋单价3499元起，家庭亲子房单价3999元起。自开业以来，客房入住率达90%以上，周末及节假日一房难求。月营业收入达100多万元。

小有洞天不仅收入业绩亮眼，而且其品牌影响力日益上升。2019年12月21日，河南民宿发展座谈会在鹤壁召开，来自省内外的知名民宿创始人及运营团队、民宿专家、旅游投融资公司负责人齐聚一堂共话河南民宿项目落地情况，探讨河南民宿发展新思路。河南省文化和旅游厅厅长姜继鼎出席座谈会并讲话。座谈会上公布了首批"河南省精品民宿"名单，通过对96家参选的民宿进行评定，最终推荐40家民宿为"河南省精品民宿"，小有

洞天光荣上榜。

不仅如此，小有洞天还成为外省市同行参观学习交流的重要对象。2020年12月3日，兰州市西固区人民政府、兰州国资利民资产管理集团、兰州黄河生态旅游开发集团、兰州友谊酒店管理有限公司、兰州兰貅运营公司、甘肃西戎文化旅游开发有限公司、金州餐饮服务股份有限公司等一行10余人莅临济源，参观济源文旅集团旗下王屋山、那些年小镇等项目，并入住体验小有洞天。双方在小有洞天进行了关于文化产业发展的交流座谈，座谈以"智慧旅游、资源共享、合作共赢"为主题。

二　主体结构的"三套车"模式及特征

探究小有洞天在短短一年多的时间内取得收入和品牌双丰收业绩背后的深层原因，笔者认为，主体结构的"三套车"模式是其中的关键因素。

主体是指某个组织的最重要且主要的利益相关者。小有洞天的主体有三个：一是作为基础主体的王屋山风景区；二是作为投资主体的济源市文化旅游投资集团；三是作为运营主体的途家民宿代运营团队。三个主体互相配合、相互作用，共同驱动小有洞天的成长，形成了一个"三套车"的结构模式。

（一）基础主体：王屋山风景区

王屋山风景名胜区位于河南省济源市境内，距济源市区西北40千米，总面积272平方公里，是中国古代九大名山之一。王屋山旅游资源丰富，自然风景优美，地质资源独特，道教文化底蕴深厚。王屋山是世界地质公园（2006年9月）、国家重点风景名胜区（1994年1月第三批）、国家AAAA级景区（2005年12月）、猕猴国家级自然保护区、道教"天下第一洞天"、"愚公移山"故事发祥地。主峰天坛山，海拔1715米，是中华民族始祖轩辕黄帝设坛祭天之所，世称"太行之脊"擎天地柱。汉唐时期，王屋山被道教列为十大洞天之首，号称"清虚小有之天"。王屋山自然和人文资源丰富，观赏研究价值很高，是一处有万年文化遗存、千年道教之盛，融自然、文化于一体，品位极高的山岳型风景区。

小有洞天就在王屋山风景区内，是其重要的组成部分。王屋山风景区为小有洞天山居提供了优美的自然环境和深厚的文化底蕴，这些独特的自然和文化资源奠定了小有洞天整体发展的基础。目前的 1 期东岸民宿较好地发挥了自然资源的优势，接下来的 2 期西岸养生馆项目将发挥王屋山道教养生文化的优势。

（二）投资主体：济源市文化旅游投资集团

济源市文化旅游投资集团成立于 2014 年 1 月，承担着全市文化旅游产业的开发与建设任务，规划总控制面积 403 平方千米。济源文旅集团拥有天下第一洞天王屋山、古四渎济水、皇家祭祀园林济渎庙、中国军工产业遗址、地球纬度最北的猕猴群落等优质资源。投资建立了 12 个子公司、2 个参股公司。济源文旅集团已形成以文化旅游、投融资、规划设计、工程建设、网络传媒、教育培训、酒店管理为主的七大产业板块，总资产规模达50 亿元。

济源文旅集团的战略目标和任务是：为实现健康中国、振兴乡村、军民融合、旅游休闲、大健康产业的国家战略目标，着力于文化旅游产业与智慧产业、休闲养生大健康产业多元融合发展。

小有洞天的法律主体——河南小有洞天文化发展有限公司是济源文旅投资集团的子公司之一。与其他国有企业一样，济源文旅投资集团不仅为小有洞天公司提供了 500 万元的注册资金，还提供了小有洞天的全部投资款项（5000 多万元）。不同的是，济源文旅投资集团全权委托途家民宿代运营管理团队负责小有洞天的运营和管理，并且双方达成协议，在不干涉日常经营业务的前提下，为小有洞天的政府公共事务和企业社会责任提供必要的支持和协助。

（三）运营主体：途家民宿代运营团队

全面运营小有洞天的途家民宿代运营团队是上海鑫嵘酒店管理有限公司。该公司是途家民宿旗下授权的核心非标住宿代运营头部顶级落地团队，主要服务于政府旗下大型文旅投资集团及上市旅游公司等。该公司精于利用平台精准导流（途家＆携程系），用互联网大数据的分析方式对传统管理和运营进行重造，并结合 PMS 系统＋预订平台＋附加服务等综合模式为用户和非标准住宿资源方提供更为专业的运营解决方案。该公司以互联网大数据为基础，以完善的住宿管理体系结合一流的碎片化运营能力，为资源方及投资方在特色民宿、精品酒店、城市公寓、康养小镇、乡村田园综合体等项目的运作提供专业、高效的服务，并协助各资源方快速做大住宿项目的体量、提升住宿项目质量、完美运作示范头部项目。其目标是做好政治效应、社会样板效应、经济效益三丰收的可复制项目。

小有洞天是该公司在全国运营的民宿项目之一。该公司在 2019 年 7 月 1 日介入小有洞天第一期的开业筹备，依照签订的前期工程技术咨询及开业筹备合同开展工作。2019 年 9 月，该公司与济源文旅投资集团签订小有洞天整体运营管理合同，全权负责小有洞天的整体运营业态组合设计、组织机构改革、人力资源开发、薪酬管理体系设计及实施等。

（四）"三套车"模式的探索

以上基础主体、投资主体和运营主体的有机结合，形成了小有洞天主体结构的"三套车"模式。

从静态视角来看，小有洞天是王屋山风景区、济源文旅投资集团和途家民宿代运营业务的"三重叠加"（见图 1）。

这种"三重叠加"集聚了三者的资源优势：王屋山风景区的自然环境和历史文化资源，济源文旅投资集团的国企身份与政府关系资源，途家民宿互联网业务的大数据、预订平台和民宿管理人力资源。

不仅如此，由于小有洞天是三个主体的其中一部分，因此小有洞天还存

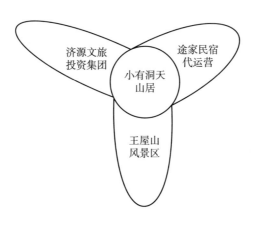

图1　小有洞天山居的"三重叠加"模型

在"三次协同"的潜在优势。具体而言，小有洞天作为王屋山风景区的一个部分，存在与王屋山风景区其他部分之间的客流共享、品牌协同等优势；小有洞天公司作为济源文旅投资集团的分公司之一，具备与济源文旅投资集团其他分公司之间的资金、政府关系资源等协同优势；小有洞天作为途家民宿代运营的项目之一，存在与途家民宿代运营其他项目之间的经营经验、人力资源等协同优势。

从动态视角来看，小有洞天的发展是三个主体形成的"三股力量"共同驱动的结果（见图2）。

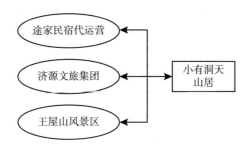

图2　小有洞天山居民宿主体结构的"三套车"模式

基础主体是一股自然生态的力量，它既为小有洞天提供了适宜的生态地理环境，又要求小有洞天做好环境保护，与自然生态融为一体，驱动小有洞

天的可持续发展。

投资主体是一股国有资本的力量，它一方面驱动小有洞天实现地方政府发展文化旅游产业、振兴乡村的战略目标，另一方面又要求投资于小有洞天的国有资本的保值和增值。

运营主体是一股数字技术和现代经营管理的力量，它将基础主体和投资主体的资源优势转化为市场优势，实现各方利益相关者的合作共赢。

三　民宿主体结构模式的战略意义

分类是关于某类事物研究的基础。民宿的分类研究刚刚开始，这些分类研究大多集中于城市民宿与乡村民宿、民宿的商业模式等。本文以小有洞天为案例，提出了民宿主体结构模式的分类研究方法。这种新的分类研究对中国民宿的未来发展具有一定的战略意义。

（一）民宿主体结构模式

任何民宿主体都包括基础主体、投资主体和运营主体，这三类之间的不同结构形成了民宿主体结构的不同模式：（1）"三体合一"模式。即基础主体、投资主体和运营主体三者合为一体的模式，历史上初期的民宿和现在的大部分城市民宿、江浙地区的单体民宿都是这类模式的代表。（2）"双体合一"模式，其中的基础主体与投资主体合一、同时聘请专业机构运营的模式，是国际酒店行业较为流行的经营模式。途家民宿代运营业务正是这种经营模式在民宿行业的具体体现。（3）"三套车"模式，三个主体分属三个组织，其中基础主体为国家级风景旅游区，投资主体为地方国有资本集团，运营主体为掌握数字技术的民宿运营头部企业。

民宿主体结构的"三套车"模式可能是中国民宿行业未来发展的主流模式，因为这种模式具有战略意义。

（二）创新的战略联盟方式

战略联盟是两个或以上企业通过股权或契约方式建立的合作安排，具有三个必要且充分的条件：（1）联合起来共同追求一系列达成一致的战略目标的两家或多家公司，在形成战略联盟后，仍旧保持相互独立。（2）联盟各公司共同分享联盟带来的利益，并共同控制各方所承担任务的绩效。（3）各联盟公司在一个或多个关键战略（如技术、产品等）连续不断地进行投入。

战略联盟的主要目标包括：（1）帮助联盟各公司提升自身的价值；（2）通过向其他联盟公司学习，从而提升公司自身的战略竞争力；（3）提升联盟公司的战略灵活性，这样将会降低公司盲目地进行联盟的可能性；（4）保护联盟公司自身的核心竞争力，防止其被合作伙伴窃取。

"三套车"模式正是战略联盟在民宿领域的一种实现形式。首先，地方国有资本集团与数字技术头部运营者形成联盟关系之后，各自仍然保持其独立地位。其次，联盟各方依照合作协议各担其责，共享联盟带来的利益。最后，地方国有资本集团在政府公共事务、企业社会责任等领域，数字技术头部运营者在技术迭代升级、市场营销和品牌传播等领域连续不断地投入资源和能力。

与一般的战略联盟相比，"三套车"模式有以下创新之处：（1）把自然生态环境作为联盟一方，突出了民宿发展与生态环境之间的融合关系。民宿发展要有利于生态环境的保护和升级，生态环境为民宿发展提供了舒适、独特、自然的环境氛围。（2）把国有资本集团作为联盟一方，突出了民宿发展与地方经济社会发展的内在关系。地方国有资本集团是地方经济社会发展的主导力量，它不仅强调经济业绩，而且重视社会效应。（3）把领先数字技术运营者作为联盟一方，突出民宿发展与现代科学技术的互动关系。这是传统民宿与现代民宿的本质区别，也是民宿后发者探索居上目标的重要途径和方式。

"三套车"模式将实现战略联盟的主要目标。首先，通过小有洞天，王屋山风景区增加了新的内容和形态，济源文旅集团增加了新的项目和风格，途家民宿代运营增加了新的合作伙伴和运营项目，各方都提升自身的价值。其次，济源文旅集团与途家民宿代运营通过小有洞天的设计与运营，可以互

相学习，学习成果可用在各自的其他项目中，这样将提升各自的战略竞争力。最后，基于济源文旅集团的投资者定位和途家民宿的运营者定位，通过小有洞天，各自的核心竞争力不会被对方窃取，反而会得以提升。

（三）有利于利益相关方战略的管理

企业战略管理的本质就是利益相关方战略管理。某个组织的利益相关方是指影响该组织目标实现或受该组织目标实现影响的组织、群体和个人。利益相关方战略管理就是企业通过了解利益相关方对本组织的利益诉求，将其依照重要性、紧急性和合法性进行分类，调动本组织资源或与其他企业合作，以不同的方式满足不同利益相关方的不同利益诉求，实现本组织的可持续发展目标。

利益相关者可分为市场利益相关者和非市场利益相关者，前者是指与企业存在交易或竞争关系的其他企业，例如供应商、合作伙伴、客户、经销商和竞争者等，后者是指与企业不存在交易关系的组织，例如政府及政治组织、社会组织、大众传媒和数字媒体、社区民众等。

"三套车"模式中的基础主体、投资主体和运营主体正是民宿的主要且重要的利益相关方，三类主体的配合与协调不仅可以满足各自的利益诉求，而且有利于其他利益相关方诉求的满足。例如，作为投资主体的国有资本集团有利于地方政府、当地民众和传播媒介等非市场利益相关方诉求的满足及管理；作为运营主体的数字企业有利于客户、供应商、合作者等市场利益相关方诉求的满足及管理。这样一来，联盟各方发挥各自的优势，各有侧重地进行利益相关者管理，形成总体上的全面利益相关者战略管理。这是某一方独立运营小有洞天所不具备的资源和优势。

（四）有利于实现可持续发展目标

可持续发展是指"既满足当代人的需求，又不对后代人满足其自身需求的能力构成危害的发展"。它主要包括三个层面：环境可持续发展、社会可持续发展和经济可持续发展。

民宿尤其是乡村民宿不仅是经济发展问题，而且是社会发展问题和环境发展问题，其可持续发展任务重大且艰巨。主体结构的"三套车"模式比其他模式更加有利于实现可持续发展的目标：（1）自然生态环境作为基础主体，生态环境成为民宿发展的重要利益相关者，这有利于实现环境可持续发展目标；（2）国有资本作为投资主体，由于国有资本"天然"的社会属性，可有利于实现社会可持续发展目标；（3）数字企业作为运营主体，由于其代表了先进的生产力发展方向，必将有利于实现经济可持续发展目标。

参考文献

过聚荣主编《中国旅游民宿发展报告（2019）》，社会科学文献出版社，2020。

〔日〕迈克尔·Y. 吉野、〔印〕U. 斯里尼瓦萨·朗甘：《战略联盟》，雷涯邻、张龙、吴元元等译，商务印书馆，2007。

〔美〕R. 爱德华·弗里曼：《战略管理——利益相关者方法》，王彦华、梁豪译，上海译文出版社，2006。

B.15
陵川康养旅游：行＋驿＋
农生态系统的探索

本书课题组*

摘　要：　以"建设清凉绿色秀美幸福新陵川"为愿景，山西省晋城市
　　　　　陵川县正在探索以自然生态系统为基础，以"行＋驿＋农"
　　　　　生态系统为主要内容的康养旅游新模式。陵川康养旅游生态
　　　　　系统以凉爽的气候条件、优越的生态环境、丰富的中药材资
　　　　　源和王莽岭景区为基础，通过打造"此生必行"品牌，建设
　　　　　"行＋驿＋农"三个生态子系统，满足国内外游客的多样化
　　　　　需求，取得了中国优秀旅游目的地、中国优秀旅游名县等荣
　　　　　誉称号，丰富了"清凉胜境，康养陵川"县域形象。

关键词：　康养旅游　"行＋驿＋农"　生态系统　陵川县

一　陵川自然生态系统及优势

（一）地理位置

陵川由晋城市所管辖，位于华北中心地带的南麓峰巅，南面黄河，北临

＊　执笔：杨治武，山西省人民政府文化旅游专家咨询委员会特聘专家、山西省青少年新媒体协
　　会会长、山西中华文化促进会副主席，山西大学客座教授，山西省文化旅游产业研究院执行
　　院长。

太行山，所属县份为山西省综合改革试验区和中原经济区交相覆盖之处，是晋城市"太行屋脊，天下公园"的重要组成部分。它背靠国家级原材料和能源的供应地，面向的是辽阔的中原市场。居三晋大地最东南角的陵川县在山西省平行四边形的版图上，上宽下窄，宛如一颗跳动的心脏，是太行之南通往中原的门户。

全县占地面积1751平方千米，辖7镇5乡——崇文、平城、礼义、附城、杨村、西河底、潞城7镇和秦家庄、古郊、六泉、夺火、马圪当5乡，还包含312个行政村和7个社区。

近年来，陵川县紧紧围绕"建设清凉绿色秀美幸福新陵川"的定位，充分利用境内凉爽的气候条件、优越的生态环境、丰富的中药材资源，以王莽岭景区的优化整治、太行一号旅游公路的建设为契机，将大力推动康养旅游产业的发展作为县域经济的主导产业，示范带动一批康养旅游产业项目发展，精心打造健康养生旅游产品，取得了中国优秀旅游目的地、中国优秀旅游名县等荣誉称号，进一步叫响叫亮"清凉胜境，康养陵川"品牌名号。

（二）依气候条件打造避暑度假产业

陵川县以四季分明、气候凉爽、空气清新、负氧离子极高为气候特点，年平均气温为7℃～9℃，最高气温为32℃，全天平均气温12℃。其自古以来就有"清凉胜境"的美誉，夏季日间均温仅为11℃，无疑是避暑度假的绝佳境地，"中原城市的后花园"是对其此种特色的形象描述。

随着陵川县美誉度、知名度的不断提升，越来越多的游客把陵川作为消夏避暑、休闲度假的最佳选择，特来体验传说中"清凉胜境，康养陵川"的魅力。与此同时，陵川县坚持以全域旅游为抓手，引导各地发挥地域性特色，在"快旅慢游深体验"上下足功夫。

值得一提的是，昆山村、营盘村、锡崖沟村、武家湾村、丈河村等村落形成星罗棋布的消夏避暑度假区，由于度假模式类型多样、特色各异、档次互补，游客体验的满意度不断提升。据统计，目前陵川县已建成各类"农家乐"多达500余家。每年从7月份开始，陵川县入住避暑度假的游客累计

15000 余人次，并且这种避暑度假的火爆程度会持续到 10 月中旬。按照每天人均最低消费 100 元计算，仅康养旅游一个项目就会为陵川县带来 1.5 亿元以上的旅游综合收入。

（三）循生态理念建设森林康养基地

陵川县植被类型多种多样，境内遍布乔木、灌木、花卉、药材等植被资源，森林覆盖率达到 54.35%，国土绿化率达到 60.3%，空气负氧离子含量高，全境范围内几乎不会出现灰霾灾害天气，2014～2019 年连续六年入选"全国百佳深呼吸小城"。

"绿水青山就是金山银山"。陵川县依据"康养＋"模式，凭借丰富的生态资源优势，启动了国家级森林康养示范县创建工作。包含浙水村、大王村、小翻底村、圪塔村、丈河村的 5 个森林康养人家全部开始实行公司化运作，充分利用各自的资源优势——集传统文化积淀、天然采摘果园、现代休闲娱乐、户外拓展训练和森林康养体验等多种旅游体验为一体，极大地满足了旅游爱好者们的旅游需求。

棋子山国家森林公园由棋子山景区、锡崖沟景区、红叶景区三个景区组成，总面积 11.3 万亩。其生态、人文资源得天独厚，森林覆盖率达 78% 以上，动植物种类近 1100 种，各类景观 44 处，负氧离子含量为每立方厘米 4600 个。2019 年，陵川县在实施棋子山国家森林公园保护利用设施建设项目基础之上，成功入选森林体验国家重点建设基地名单，成为全省两家之一、全市唯一。

（四）握资源优势研发医药康养产品

陵川县是山西省"一县一业"中药材基地县和中药材省级现代农业产业园。全县现有中药材共 126 万亩，其中野生中药材分布面积 86.7 万亩，野生抚育及人工种植面积达 39.3 万余亩。据不完全统计，共有 521 种野生中药材分布在全县境内，目前已有 20 多种适宜栽培的中药材被广泛种植。连翘、潞党参、黄芩、蝉蜕、火麻仁等独具特色的中药材因产量大、品质佳，被业界称为"陵五味"，在省内甚至全国都有较大影响。"陵"字号中药材农产品的知名度和市场占有率由于党参、连翘地理标志的象征意义而得到很大提升。

天时地利皆备。近年来，陵川县充分把握中药材品种多、种植广、产量大的资源优势，先后引进了山西兰花太行中药、山西九州天润道地药材、国新晋药、山西百草盛生物科技等 10 多个中药龙头企业，开发了中药饮片、中药牙膏、连翘茶、紫苏茶等一系列中医药康养产品。

在加大中医药康养产品开发的同时，陵川县还大力开展中药材康养基地建设工作，积极与山西中医药大学对接，双方签订了《共建"山西中医药大学康养服务基地"协议书》，挂牌成立了康养服务基地和国医大师工作室、治胃病协作中心等内设机构。借助山西中医药大学人才培养、科学研究、产品开发、文化传承等方面的优质力量，在中医药康养规划设计、中医药康养文化宣传等八个方面提供技术支撑以及产品开发业务，促进了"康养＋中医药"产业的深度发展。

（五）享政策支持赋能精品示范项目

随着大健康时代的全面到来，健康产业目前已成为新常态下经济增长的重要引擎。在政府相关政策的大力支持之下，陵川县把"搞康养"作为"清凉绿色秀美幸福新陵川"建设的重大机遇，并且将其视为工作指导的重要实践论、方法论。按照山西省"一市一国家级开发区、一县一省级开发区"建设格局的要求，设立了规划面积 525.34 平方公里的陵川生态文化旅游示范区，并在王莽岭景区整治提升、太行一号旅游公路建设的工作上持续发力，精心出品了大量以风景游赏、轻奢康养、研学科考、户外运动、文化体验等为特色的康养旅游产品，为全县康养旅游产业发展注入了强大的推动力。

陵川县在太行一号旅游公路沿线村庄规划建设了 5000 亩中药材观光带，并将根据不同季节的气候特点设置中药材景观，实现了"走—看—学—养"一体化的观光效果。太行一号旅游公路规划的山西陵川国家登山健身步道示

范工程正在建设中，计划道路全长 300 千米，其中核心里程为 100 千米，途中的 7 个步道驿站将全部建于文明古村落中。工程不仅要使得村民生产生活更加便利，同时还要满足与太行一号旅游公路相得益彰，成为陵川全域旅游最精彩部分之一。

陵川受大自然馈赠，集南太行一脉最好的风光和物产于一身，钟灵毓秀。陵川县正以"清凉胜境，康养陵川"为主题，融避暑度假、观光旅游、森林体验、医药养生等为一体，构建以"康"为主体、以"养"为特色、以"游"为纽带的多业态互补康养旅游产业格局——康养旅游生态系统的主要表现形态。

多业态互补康养旅游是指以自然生态系统为基础，以"行 + 驿 + 农"生态系统为主要内容的康养旅游新模式。行是基于交通网络的生态子系统，驿是基于民宿驿站的生态子系统，农是基于平台的生态子系统，"行 + 驿 + 农"共同构成陵川康养旅游生态系统。

二　行：基于网络的生态系统

在整体生态系统中，将"行"导入康养旅游品牌，取名"太行一号"——由三条主网络构成的生态系统，分别是"此生必行，乡遇太行——乡村之旅"，"此生必行，五行相生——文化之旅"和"此生必行，太行一号——自驾之旅"。

（一）乡村之旅

乡村之旅主要从三个方面展开：一是为当地农民提供生活方式培养、服务岗位培训、农业技术指导；二是从特色农产品出发，开展农产品包装、售卖店包装、品牌认证管理；三是从休闲村落着手，包含驿站主题设计、旅游氛围标识、休闲业态包装。

（二）文化之旅

文化之旅从四个方面切入：一是棋源文化，包括围棋文化展示空间、城市主题文化氛围包装、围棋等研学产品开发等；二是红色文化，例如太行山上创作地、陵川号兵训练基地、锡崖沟30年筑路精神；三是中药文化，包括陵五味包装、陵川中药材产业园招商设计、陵川中药材展厅包装设计等；四是文化演艺，包括太行树剧场打造、太行山上的来信、太行音乐DJ舞秀等。

（三）自驾之旅

自驾之旅从四个方面着手：一是智慧旅游，例如太行一号App的运用、短视频传播（抖音等）的导入、智慧讲解等；二是公路旅游，从旅游标识牌的印象，到旅游卫生间、旅游停车场、旅游观景台等公共设施；三是旅游景区，包括景区联合推广、景区门票规范、全域游线组织、旅行社规范等；四是IP文创开发，内容包括吉祥物创意设计、文创产品设计、吉祥物城市空间应用、借助市场趋势及政策红利，打造具有超强吸引力和文化底蕴的品牌IP，利用不断的更新生长和策略运营形成长期有效的流量效应，带动相关产业的发展。

IP空间导入的具体运用为"此生必玩"，包含太行原创音乐、户外运动、体育场馆、KTV场所、台球室、景区游线组织、全域导游图设计等内容，同时还引出"此生必游""此生必飨""此生必宿"等口号。

三 驿：基于民宿的生态系统

根据康养村落的选择标准并基于民宿的生态系统，逐步将"太行一号"公路沿路200公里的30个村打造成为康养旅游驿站。

康养村的选择标准共有8条：（1）区域位置优越；（2）特色优势彰显；（3）基础设施完善；（4）乡风民俗良好；（5）基层组织有力；（6）品牌效应初具；（7）发展空间充足；（8）引领作用明显。驿站的打造坚持系统性观念，包括品牌系统建设、建筑景观打造、乡旅产品研发、标识导引系统、农事产品研发等。下面介绍几个典型的驿站。

（一）浙水：颐养浙水·从心出发

1. 资源优势

据浙水村中观音堂现存碑记以及民居建筑风格推断所知，村落形成的时间最早也是在元末明初，距今已有600余年历史，在明清时期，浙水村已是陵川古八小镇之一。浙水村蕴含着丰厚的文化底蕴，集古屋、古街巷、古井、古树、古风古韵于一体，有"遗世而独立的幸福古村"之美誉。

浙水地处要冲，西连上党，东扼太行，自古就是晋豫两省重要商业通道和军事要地，两省物质交流均通过阳马古道流通。在明清时期，此地一个繁荣的集贸交易市场逐渐成形，并出现了一批因商贸经营而闻名的商贾大户。大量具有典型明清风格的古庙宇和古民居等古建筑群落因为经贸的繁荣而留存下来。

2. 文化优势

（1）古商贸文化，经由阳马古道而过的行商客旅多在浙水中转货物，停留住宿，因此，浙水逐渐形成一个繁荣的集贸市场。至民国初期，村中尚有三家客栈、五家杂货铺，油坊、磨坊、粉坊、染坊、铁匠铺等手工作坊生意兴隆。

（2）古建文化，浙水村在通过商贸扩大村庄规模的同时，众多历史文化价值较高的古庙宇和古民居也保留了下来，这些古建筑大部分系明清建筑，且保存均完好。这些古建筑对于明清时期山地文化研究、晋商泽潞商帮的研究、宗教文化的研究以及北方古民居建筑风格的研究等均有很高的参考价值。现存于浙水村的十七座古院落，有三座最为典型且都是明清时期的建筑。

（3）宗教文化，浙水村民间宗教信仰多样化，现存古庙宇十一座，大部分属明清建筑，其中关帝庙、观音堂、祖师庙、二仙庙比较有特色。

（4）民俗文化，浙水村民间艺术璀璨。在旧时成立了上党梆子剧团，俗称小社，《秦英征西》《岳飞传》《五凤楼》《三山关》《晋阳关》《四郎探母》等剧目都曾在这里排演过。当时剧团经常到壶关、六泉、平城、陵川县城演出，并且誉满三晋的琴师靳山海（乳名三孩）就是在这个剧团崭露头角进而名满天下的。民俗活动丰富多彩，主要有唱大戏、打铁花、跑驴、送面羊、庙会等。民间美食让人流连忘返，主要有羊肉火烧、党参炖土鸡、石头炒鸡蛋、状元大烩菜、清炒野生菌、马铃薯水晶粉丝、圪糁稠饭、玉米面砣等特色美食或小吃。

（5）红色文化，浙水村是抗日战争时期八路军曾经活动过的地方，其佛山主峰是抗战名曲《在太行山上》的诞生地。浙水村优秀儿女为抗日战争的胜利献出了宝贵的生命，现有烈士纪念亭一座。

3. 驿站基本情况

村内可建设用地 107 亩，民房共 405 间，其中闲置房屋 98 间（已回收 35 间）。现已改造民房 12 间。村内现有村民 1160 名，外来务工人员 260 名，返乡人员 18 名。

驿站旨在建设以古商道文化为主题，集文化、休闲、商业、旅游、居住为一体的具有浓厚晋东南传统建筑文化的院落式时尚康养古镇。

（二）松庙：要想睡好觉，请您来松庙

1. 资源优势

（1）区位优势。现代科学研究结果，揭开了"世界著名的长寿区多数集中在海拔 1200～1500 米"这一神秘现象的真实原因：海拔是影响人体健康的重要因素，而 1200～1500 米这一海拔范围，拥有最适合人体健康的气压、最密集的负氧离子、最舒适的温度。松庙村，海拔 1300 余米，夏季气温最高不超过 26℃，年均气温 7℃，负氧离子含量极高。

（2）交通优势。松庙村处于高新高速和太行一号国家风景道交叉 5 公里范围内，东邻王莽岭、西依棋子山，交通便利，森林覆盖率超过 75%。放眼望去满目苍翠，是天然的避暑胜地。

（3）专家资源。王红星，副教授、研究生导师，陵川县松庙人，主要从事临床神经科学和转化医学领域的研究课题 15 项。主攻睡眠治疗方向，现为国内睡眠治疗、康养治疗领域领军人物。

2. 驿站基本情况

村内现有村民 346 人，建设用地 12000 余平方米，农业用地 600 亩。农民房院共 300 间，其中 150 间已收归村集体所有，可用于后期改造运营使用。

形象定位：聚集睡眠治疗、中医养生、智慧康养等资源；在农村打造特色康养睡眠小镇及中药产业；轻松睡眠＋中药汤池康养的双结合。

空间的布局图为"一核、一带、两翼、三环"。其中包含了松香旅游综合服务核、松间太行康养景观带、松上品质生活度假翼、松下农事休闲体验翼、三大松主题养生环线。

主要特色分别是康养资源导入、科学康养技术支撑、智慧康养。

（三）高老庄：太行药谷

1. 资源优势

（1）中药材。全县中药材品种多达 521 种。"连翘、潞党参、黄芩、蝉蜕、火麻仁"五味独具特色的中药材因产量大、品质佳，被业界并称为"陵五味"。

（2）红色基因。1942 年，著名诗人阮章竞和第六区政委任孝南进驻赤叶河开展群众工作，创作出《赤叶河》歌剧。

（3）棋子山国家森林公园。棋子山，古名棋子岭、谋棋岭，位于山西省陵川县六泉乡西南。相传为殷商贵族箕子封地。周武王灭商后，箕子曾避居于此，摆布石子，推演天文。棋子山正在成为世界围棋起源纪念地、历史文化名人箕子纪念地、当代围棋文化与赛事活动中心。

（4）西游文化。高老庄是全省旅游扶贫示范村，境内众多的自然景观和人文景观与《西游记》中的许多元素相吻合，旅游资源丰富，"我想回高老庄"成为西游记经典语录，并以此吸引广大游客。

（5）韩国游客资源。箕子朝鲜王朝的建立，使得后世在朝鲜半岛上生活的居民，将箕子归认为"根"，归认为"祖"，箕子曾避居于棋子山，摆布石子，推演天文的围棋发源地，使得众多韩国人前来"寻根追祖"。高老庄，是箕子避难所在地最近的村庄。

（6）太行中药养生谷，结合5＋1村落形态，塑造一个人与自然和谐共存的场所，尊重地域中药文化在当代的传承，体验田园风光，体验农事，同时了解养生之道。体验养生所倡导的"从口做起"的乐趣，结合草本植物与花卉，打造缤纷多彩的药用植物王国。塑造太行药用植物生态业内第一品牌。

2. 项目基本情况

片区为太行山延绵十公里山谷地貌，为典型高原山地地形，海拔平均1100米左右。

（1）现状主要为山地、耕地与林地，5＋1村落形态——5（高老庄）＋1（赤叶河）自然村农舍散布其中。

（2）西侧与太行一号旅游公路相交，东面与S331省道接驳。

（3）村庄内部道路皆做硬质处理，区间分布农用道路——田间、田埂、土路，现种植中草药一千余亩。

（4）国家登山健身步道横贯其中，连接棋子山中心景区，登山步行3公里也可行至松庙村。

3. 中药材康养＋韩式建筑风貌

（1）生态系统的重要构成区。陵川是晋城地区生态系统的重要组成部分，素有"清凉圣境""避暑天堂""世外桃源""太行至尊""天然氧吧"之美誉。基地紧依棋子山风景区，承担着重要生态功能，中药养生谷秉承生态优先的理念，加强生态廊道控制，维护区域生态格局的完整性和连续性。

（2）精致生活的特色风貌区。陵川县中药材种植历史悠久，是全国连翘和潞党参的重要产区、省级中药材"一县一业"基地县、省级中药材现代农业产业园创建县。致力引入韩式养生概念，创造异域风情的养生体验。

（3）养生旅游的核心体验区。改造乡村的首批特色项目之一高老庄"太行药谷"，结合优秀自然生态环境和特色的传统地域文化，凭借区位交通便利优势，被打造成为太行药谷精致生活的特色风貌区。

（四）横水：燃情岁月　时光记忆

1. 资源优势

（1）公社大院文化，保留了大量公社时期建筑，有鲜明时代特点、保存完整、院落大、公共产权清晰。包含供销社、人民公社、大队大院、寄宿学校、配件厂、信用社、税务所。

（2）属于南太行别具特色的著名旅游风景区。紧邻黄围山、白径古道景区，横水村距黄围山景区入口2公里、白径古道景区入口3公里。黄围山是省级地质公园，以险峰、溶洞、古道、飞瀑、奇峡及红豆杉自然保护区为主。

（3）千年古商道大集，白径古商道始自商周春秋战国时期，使用至今已经有2500多年历史。横水村作为商道重要商贸节点，车水马龙、门庭若市，夜间马灯攒动，一片繁华。

（4）闲置特色古院落——骡马大店（行经白径古道的骡马队歇脚的地方）、松盛大院、染坊院、张家大院。古院落皆保存完整，且具鲜明特色。

2. 项目基本情况

夏季气候凉爽，是避暑、休闲、旅游的最优选。8处公社时期建筑均为公共产权，产权清晰。但是黄围山景区严重缺少餐饮、住宿等旅游服务设施，村中现有多条步行山路和黄围山景区主峰相连，亟待修整提升，拓展贯通。

3. 形象定位

那些年，公社大院依托现有大院及相关历史文化建筑，充分挖掘特色历史文化资源，发展公社大院主题文化旅游产业。千年古道新驿站，挖掘千年古道驿站特点，结合紧邻的黄围山、白径古道景区，把村庄打造成景区的补充，形成一处人文景区。另外结合太行一号路及周边景点，将村落打造为特色化旅游集散地。

（五）寺南岭：浪漫爱情

1. 资源优势

（1）浪漫爱情文化。寺南岭村有一历史悠久的牛郎庙，其建于明朝。

村民祭拜，为赞美牛郎织女的爱情故事，所祭拜的牛郎就是中国传说爱情故事中的主角。传说故事中神牛为民耕田。自明代至今，每年农历七月初七，村中举办大型七夕庙会与赶集活动，村民们都来祈祷五谷丰登、生活幸福。

（2）特色古院落。村中有大量保存完整的明清建筑院落，常家大院为古时师爷居所。五处院落组团，分前院、后院、下院、私塾院。而许家大院院落较多，有10多处院落，零散分布村里南部，为大户商人许家居所。许家还有许多产业，他们经营钱庄、染坊、当铺等。

（3）千年古树。有一棵近千年树龄白皮松，其北侧不远处有一棵300年树龄油松，两者均为国家一级保护树木。村中另有多棵百年古树。

（4）水景资源。村域有多处古水井，村中心存有较大蓄水池。可利用的水景资源较多。

2. 项目基本情况

紧邻太行一号旅游公路，是县域南端起点。南侧紧邻河南省，河南省有很大的旅游人口基数。周边景区较多，可作为周边景区联合景点。

依托现有相关历史古建，挖掘传统爱情文化资源，发展浪漫主题乡村新产业打造水景街道，依托独特古民居院落，打造特色乡村旅游目的地，形成传统文化＋休闲康养。

（六）秦家庄：太行农事

1. 资源优势

产业初具规模，百亩蔬果，千亩连翘，适宜特色农业种植。其中产业资源包含：（1）现状150亩的优质水果种植，包括苹果、桃子、李子、樱桃等，其中苹果品质极佳。（2）现状200亩的蔬菜大棚种植，目前种植黄瓜、番茄等果蔬，已经形成规模化的采摘园区。（3）现状山上有2000亩的连翘种植，年产量可观。

2. 形象定位

（1）太行农事，以农业产业为核心，联合周边村庄形成大农业区。打造主题农业、智慧农业、农贸展销、绿色美食、供销平台等综合农业产业示

范区。形成农事养生＋美食康养。

（2）全县农业的产业输出端口"供销平台"成为周边村庄的示范大农业区。"高端农业"打造联合日本第一农事品牌"主题农业"。

3. 七大特色

（1）太行农事产业研发体验中心，设计上提取现状红砖元素，红砖黄土是最接地气的组合、是人与大地的交谈，作为太行农事旗舰店打造。

（2）中国原种库博物馆，利用现状水池，通过弧形线条突出水池与建筑互动联系，以夯土或清水混凝土的建筑实现人与农业的对话，从而打造中国原种库博物馆。

（3）山顶水塔改造，山顶是视线最好的地方，离故事地点最近，离天空最近，是人与自然对话的地方。在水塔现状的基础上进行改造升级，通过环抱型建筑围合现状水塔，寓意人类热爱自然、拥抱自然。

（4）体验新型农业。

（5）引进以色列大密度温室水产养殖。

（6）打造太行农事旗舰店。

（7）通过品牌店＋生产园区——打造有品质的农产品。

四　农：基于平台的生态系统

2020 年 10 月 22 日，陵川县召开太行农事运营平台协调会，贯彻落实全市"百村百院"工作会议精神，对运营平台具体运作事宜进行安排部署。太行农事运营平台由陵川县政府与东方农道文化产业集团合作共建，是陵川县委、县政府授权，全面负责康养特色村建设全程、指挥调度的运营平台。

县政府提出，太行农事运营平台是落实市委"百村百院"建设任务的重要抓手，是打破农业农村工作瓶颈制约的现实需要，是适应旅游市场消费需求的优势选择。各级各部门要提高认识，放眼全局，充分认识成立太行农事运营平台的重要意义，高起点、高标准、高效率完成市里下达的目标任务，让陵川康养产业发展继续在新赛道上领跑全市乃至全省。

太行农事运营平台既是陵川县康养旅游生态系统的中枢，又是基于平台的生态系统。它通过引进外部资源，与乡村建立三类合作关系，通过开发运营太行1号App等方式，实现游客引进来、驿站住下来、农产品卖出去三大目标，体现"打造中国陵川时尚康养第一品牌"，实现乡村振兴。

该平台引进的外部资源包括但不限于规划设计建筑类公司［麻省理工大学建筑学院、南京大学建筑与规划学院、北京新印象文旅文化旅游开发有限公司、北京土人城市规划设计股份有限公司、北京中奥建工程设计有限公司、合木建筑设计（北京）有限公司、金螳螂建筑装饰有限公司等］，行业专家（中国乡村建设领军人物孙君、台湾亚太智库执行长郑敏庆、山西省政府旅游专家咨询委员会特聘专家杨治武、东方农道联合创始人/执行董事王磊、东方农道联合创始人赵兴朋、新印象文旅创始人张腾飞等），社会资本（东方农道、荣程集团、光合星球集团），康养资源（首都医科大学宣武医院、王红星博士工作室、山西中医药大学、珠海市优氧健康产业有限公司、华夏良子、凯森养老、祥青堂国际等），运营公司（百了一宿、寰合控股、非凡尔戏、Mokumoku、时代记忆等）。

该平台通过与乡村建立三类关系（产品层面的交易关系、项目层面的股权关系和产业层面的协同关系），切实地与乡村、农民构建利益共同体，以系统中枢的角色打造合作共赢的商业生态系统。

参考文献

吴艳斐：《康养晋城　清凉胜境　康养陵川》，《太行日报》2020年9月21日。
中共陵川县委党史研究室（陵川县地方志研究室）编《陵川年鉴（2019）》，山西人民出版社，2019。
田跃新：《企业生态系统研究》，企业管理出版社，2017。
过聚荣主编《中国旅游民宿发展报告（2019）》，社会科学文献出版社，2020。

B.16
西坡·中卫：在地与开放，融合的品牌之路

钱继良　马洁　张燕*

摘　要：　西坡集团基于对中西方田园生活的不同解读，将根植农耕社会、依托农桑的归园田居式中国山乡生活与西式自给自足的农场及田园生活融汇重构，打造出新派山风民宿，使向往西式现代生活的国人以及痴迷中国山水风韵的西人情感在此找到寄托与释放。

关键词：　民宿旅游　乡村振兴　民宿集群

一　西坡集团介绍

（一）品牌打造及定位

"西"代表开放和包容之意，"坡"代表在地的。

西坡的每一个项目必须是在尊重当地文化风貌建筑的基础上，以无国界的方式来落地的，同时也解决了业内普遍存在的项目同质化问题，既尊重了在地文化又符合当下的审美和需求。

西坡集团于2009年发源莫干山劳岭村，目前对外开放的门店有：浙江

---

* 钱继良，西坡集团创始人，研究方向为乡村民宿与生活美学；马洁，西坡集团新媒体运营经理；张燕，西坡集团市场营销总监，研究方向为民宿市场以及营销新思路。

湖州的西坡莫干山、浙江杭州的西坡千岛湖、浙江宁波的西坡象山、浙江衢州的西坡江山以及宁夏的西坡中卫，共计5家，还有近30个正在设计、建造、施工的项目。西坡是集运营服务、设计服务、软装服务为一体的集团化公司。

（二）项目的发展及特色

作为一个根植于乡村的民宿度假品牌，西坡集团将所有项目地均选择在了拥有独特自然风光和历史人文价值的乡村中，使民宿与自然共生，激发传统乡村的活力，打造符合现代人度假需求的乡村度假体验。

自2009年至今，西坡集团始终致力于发掘和探索中国乡村的美与诗意，坚持朝着品牌化、规范化、连锁化的方向发展，不盲目扩张，把握好市场节奏，让数量服从质量，通过不断地观察行业动向，梳理出最适合西坡发展的盈利模式，做可持续发展的民宿品牌。

从莫干山001号民宿、半岛千岛湖到西北中卫，再到渔港象山和万亩梯田上的上古村落江山，西坡的每一间民宿均从老房改建的角度出发，将所在地的原始风貌和生活形态最大程度保留的同时，让更多的人关注、发现中国乡村的美，为中国乡村释放更多的力量和价值。截至2020年度，西坡已获得社会各界的肯定与认可，斩获业内奖项160余项。

（三）企业价值观陈述及传播

"客人第一、奋斗者第二、业主第三，尊重自然"，这是西坡的企业价值观。

随着西坡集团的发展以及业态的不断拓展，西坡也一直积极履行着对社会的企业责任。就西坡的抗疫举措来说，西坡积极配合政府指示，在第一时间对所有门店采取消毒防护措施，做出订单退改保障及暂停营业的相关举措。同时，自疫情发生以来，西坡还根据政府的指示精神，联合各民宿业主共同捐出1500间客房免费提供给一线抗"疫"的工作人员。

西坡集团的企业愿景是做一家活一百年，有人情味、有归属感、有获得

感的酒店，所以无论是伴手礼的开发还是旅行线路的定制，西坡均努力做到在地化的同时将民宿与农业观光体验高度结合，积极践行"绿水青山就是金山银山"的理念，例如坚持建筑材料的本地化与废旧材料的回收再利用，从根本上尽最大可能减少环境对建筑的承载压力；利用自己的 IP 影响力深度参与乡村改造，活化乡村，使青年们返乡创业，促进当地村民的再就业，对当地农产品进行全方位推广以撬动乡村进行产业升级；成立山乡天使成长基金，为留守儿童送去关怀与温暖，也为传承和保护传统自然乡村文化继续贡献一分力量。

在未来的发展道路上，西坡会继续通过打造全国精品民宿旗帜这一举动进一步提高软硬实力，在实现企业经济效益的同时，始终牢记自身的社会责任，将西坡建设成更具经济效益、社会效益和品牌效益的乡村精品民宿品牌。

（四）团队成员及培训

西坡的服务理念是"正规不正式"，所有直接对客的一线员工需要对当地一系列的"吃、住、行、游、购、娱"熟悉，以此与客群建立连接，旨在为所有在此停留的客人提供极具人情味的"枢纽"工作，所以西坡的运营团队中本地员工占比超过 90%，住客在此可以更加完整地享受和体验在地文化。且西坡所有员工的福利待遇及培训均优于国际联号品牌酒店。而西坡之所以被誉为"民宿界的黄埔军校"，在于内部有一个完整且高效的管理架构，作为第一家拥有职业管理团队的民宿，加上外部的客群支持，西坡得以保持相对的平衡。

例如在疫情期间，西坡的工作人员也无丝毫懈怠，以"店长责任制"为核心，及时调整运营模式，为疫情后的复工做足准备。纵观整个 2020 年，国外市场不佳，但西坡在国内市场的份额占比不降反升，同比 2019 年整体业绩上升了 12 个百分点。

随着不断迭代和优化，民宿行业接下来会从原先的集团管理模式转到扁平化的店长责任制的运营模式。将单店和连锁的优势更好地整合，不仅将单店的主人文化和温暖度传递的单店优势发挥好，集团也会在对接平台、获取流量和对接媒体等外部资源的能力上更好地发挥好集团的作用。预计在不久之后，民宿业的安全卫生意识、跨界合作等方面将实现升级和突破，民宿业的市场格局也将迎来新的局面，高品质的民宿品牌将继续获得市场的青睐，而西坡一直秉持的"高品质服务"依旧会是西坡最核心的竞争力。

（五）未来的发展方向

在共同经历了终生难忘的困境之后，国内文旅业有望进入划时代的阶段，即以"质"为核心理念的发展阶段，而"质"也是民宿业发展的大势所趋，疫情促使消费者对高品质乡村度假体验的需求更加迫切，个性化和在地化体验将受到游客青睐。在这一点上，作为在地化体验的佼佼者，西坡一直坚持以"高品质服务"为核心，并通过"尊重自然、尊重在地"的设计理念，充分利用闲置资源，打造专属的西坡风格，且西坡早在"民宿＋农业观光体验""民宿＋当地食材美食"等领域已有战略布局。

此外，近年来大众对健康产业的关注和消费需求持续走高，"追求健康和精神享受"正在成为休闲度假旅游的重要诉求，旅游与健康业的融合将构成新的行业增长点。民宿大多位于人流密度较小的乡野山村，风景优美，环境宜人，是非常适合康养的旅游目的地，而"疗休养"政策的倾斜，也将为民宿业开辟一条新的发展通道。

二 中卫项目介绍

（一）选址

中卫市位于宁夏、内蒙古、甘肃三省交会处，腾格里沙漠、宁夏平原、贺兰山脉与黄土高坡在此处交会，多元地貌涵盖群山、沙漠、黄河、绿洲、湿地与戈壁，季风气候，日照充足，农耕文化、游牧文化、长城文化、边塞文化与现代生活的多元文化亦相交于此。虽然中卫拥有独特的地貌和在地风

物,但因中卫还是个冷门地区,距离银川机场需要 3.5 小时的车程,当时做市场调研了解到当地平均客房单价在 300 元左右,半年没有一个度假客也是常态。

随着中国城市化的快速发展,越来越多的客群和城市人群在慢慢往乡村倒流。所谓"望得见山,看得见水,记得住乡愁",乡村民宿作为一种旧乡愁与新乡土相结合的产物,被称为有温度的住宿、有灵魂的生活。如何将西北人文环境、自然景观、生态资源与民宿有效结合,对西坡集团无疑是个挑战。因为对西坡来说,选择西北,其要扮演的不仅是中卫大湾村振兴的奠基者,还身兼利用品牌效应促进乡村文明复兴的传播者。结合当下休闲旅游市场追求的热点,迎合消费升级后人们对美好生活的向往,充分发挥西北民间、民族、民俗的魅力,使西坡中卫所在的黄河宿集,可以真正实现"食、住、行、游、购、娱"的融合,改变"住+食"的单一运营模式,让生态、景观、食宿等乡村资源产生新的利用价值,为农村经济可持续发展注入新活力的同时促进乡村文化、生态与经济的和谐发展,实现对传统古村落、古建筑的"活态"保护,实现文化传承以及满足个性化、体验化的旅游市场需求。

(二)设计

秉持"房子是从地上长出来"的自然理念以及"保护、延续传统自然村落文化"的根本诉求,西坡将设计融入其中,并且尽可能多地保留其身上原有的历史印记。通过探访黄河沿岸的数个村庄,得知西坡凭借对周围乡村建筑特色的深入了解以及村民们对大湾村的回忆,造出了既有当地风貌又兼具民宿舒适体验的西坡中卫。在材料上将旧瓦、旧木材、夯土、老砖、植被等本土元素多加运用,利用本地化材质将功能区划分开来的同时在感官上营造生活化的氛围体验,使客房整体回归本源、回归生活,让每一间客房都诠释出原生态及有机的设计理念,与周围的自然景色相得益彰。

对西坡来说,民宿不仅要看上去优雅,还要住进去舒服,更要回忆起来丰满。让民宿从单一的食宿落脚点升级为有艺术气息、有情感温度、有文化生活的休闲空间。在房间配套上结合西坡特有的无国界风，在细节上提升住宿品质，给人以轻松自在的舒适感。

（三）建造

从莫干山开始，每一栋房子都是以原房东名字命名。西坡中卫，其中8间房被叫作"老李家"，还有4间房被命名为"得宝家"，只因沈得宝是当年带着全村人为中卫大湾村种下上万棵树的开荒前辈，而那些树木至今仍苗壮成长，这不仅有极大的纪念意义，更是西坡对于当地历史文化和民俗故事进行挖掘后启发出的对于品牌个性化与特色化的深层解读，将西北独特的文化元素从细枝末节上融入西坡品牌，振兴乡村文化、复兴乡村生活。

西坡集团近几年通过"润物细无声"的持续发展方式逐渐拓展品牌的深度和广度，不再单纯地利用客房或餐饮去展示某一地域特色，而是更注重将产品融入本土，例如尽可能就地取材和保持其原有植物的生长形态，在老房新建的基础上不强加任何设计，保持原有特色，使从未到过当地的客人在看到西坡时也会产生"本应如此"的感受，在此基础上营造出一种舒适且自然的全新生活理念，带动在地乡村的文化、艺术、审美等发展，让大众发自内心地认可乡村文化，主动将乡村生活传递和分享出去，使乡村文化得到全方位的提升。

（四）发展阶段

现在国家提出乡村振兴战略，应积极发展乡村旅游助力乡村振兴。作为依托于乡村的住宿体验形式，对此，西坡有着客观的认识。

以西坡中卫所在的黄河宿集为例，凭借乡村旅游发展、配套设施的完善、乡村环境的美化，荒芜的大湾村在短短几年时间一跃成为国内旅游的首选目的地、电影电视和火爆节目的取景地、各大品牌发布会热门地，这既提升了农民的生活品质、重塑了在地文化肌理，也让城市居民多了出游选择，不仅满足沿海客人对于内陆美好生活的向往，还拓展了人才创业就业的空间，吸引更多的青年返乡，激活乡村的空间价值的同时，推动民宿向更加健康有序的方向发展。而民宿因具有产业关联度高、辐射带动能力强的特征，不仅能够最大化地激活乡村的空间价值，还可以利用自身的影响力积极带动乡村新业态的发展和周边经济的复兴，让西北以全新的面貌重新焕发光彩。民宿是乡村振兴的重要载体之一。

一座城市不仅需要高楼大厦、综合体，也需要有历史、有故事、有风情的文化氛围和生活情怀，对于西坡集团而言，不论是江南水乡还是西北大漠，民宿既要承载起都市人的休闲生活，也要延续在地文化的文脉，通过不断的深耕和创新以满足人们对乡愁的寄托、对绿水青山的追求、对美好田园生活的向往。民宿成为乡村旅游全域化的重要中介和平台，让乡村的物产、文化"走出去"，让乡村的经济、社会效益"跑起来"，为乡村赋予更多新能。

（五）运营推广

中国作为世界最大的经济体，近年来的经济都在飞速发展，而且消费能力的提升有目共睹，各行各业的产值都在逐年增加，在持续发展的 IP 浪潮下，"影响力才是王道"也被逐步印证。

为避免同质化，让品牌持续在人们心里留下烙印，西坡集团在市场运营和推广上充分利用网络的信息传播能力和共享经济思想，让品牌始终保持新鲜感。根据市场蓬勃发展的新需求，不断升级产品、深化服务，在新的需求和旧的供给之间架设桥梁，向明星、电影、电视剧、综艺节目等借势，以凸显乡村文化、生活和风光的原真性为核心，通过 IP 的联动使品牌价值不断深入人心，和消费者建立起情感上的联系，促进营销。

一路走来，互联网在民宿的日常运营、内容传播、品牌塑造等方面都有积极重要的作用。例如《亲爱的客栈 3》播出后，在同时段全国所有频道中，收视率达到全国第一，点击量达到 8 个亿。而客栈选的就是宁夏中卫的黄河宿集，主场景，所有明星入住房间就是西坡中卫，品牌自身的影响力结合明星、节目、媒体的曝光率使得西坡中卫乃至整个黄河宿集的品牌被BMW、徕卡、奥迪、阿斯顿马丁等诸多一线品牌青睐。

三　宿集模式及特征

（一）单体和宿集的关系

随着全国多地把民宿产业作为乡村振兴的突破口和农业供给侧结构性改革的切入点，乡村民宿已逐渐成为乡村旅游发展的重要内容以及推进全域旅游发展的重要抓手。尤其在近几年，民宿的经济产业链不断延展，不同元素互相串联，衍生出全新产业形态的同时，城市与乡村的界限也在不断淡化，乡村民宿正在逐步实现经济价值与社会效益的"比翼齐飞"。

在大众旅游时代，随着中等收入群体的不断扩大和消费力的持续升级，乡村旅游表现出巨大的生命力。相较于动辄千万的星级酒店，民宿可以因地制宜，就地取材，利用闲置房屋，盘活资源，以独特的自然风光、文化风情和慢生活体验高效带动乡村产业振兴和产业升级。

德清莫干山作为国内民宿的发源地，经过十几年的发展实践发现，单打独斗已不再适合现在的民宿经济，现在的民宿不仅要通过意境的营造和建筑品质的提升来满足客人对住宿、餐饮以及文化休闲更多品位与格调上的需求，还要让客人在住宿期间获得新的体验与认知，有更多精神上的享受。当单体民宿已无法独立满足以上需求时，餐饮类、游乐类、文化类等部分则会应运而生，与民宿形成优势互补、抱团打拼的模式来带动区域的发展，进而由点到面、由线到网，最终从1.0的单体版升级为3.0的民宿集群，而宿集的发展能够更加充分地突出乡村特色、文化等，从而开辟出独具特色的全新体验模式。

从1.0到3.0并非是一个迭代，因为发展民宿并无一个统一的标准，只需要遵循基本规范。尤其是环保、清洁、消防安全等，是最低的底线。从空间形态上看，国内的民宿发展经历了从农家乐到普通民宿，再到精品民宿，部分民宿品牌的发展模式也从一地多店发展到区域连锁，再到目前已成为爆款的度假综合体——黄河宿集，民宿的集群式发展从客观上看已成必然。

（二）宿集的运营模式

当下的旅游消费市场，"75后""80后""90后"已成为社会的主力军，这类人群文化教育水平普遍较高，平日工作压力比较大，对于"健康"和"幸福"的概念和上一辈人有着不同的理解，在消费上他们更加追求内涵、品质和服务。

黄河宿集是中国第一个民宿集群，目的是共同打造具有在地民居特色的民宿聚集地，地处西北宁夏中卫市。作为全新的野奢度假目的地，黄河宿集引进了西坡、大乐之野、墟里、飞茑集等民宿品牌，随着宿集的发展，相继植入了南岸、COCOMAT、Natrail迹外等生活方式品牌，于2019年2月1日对外营业，近100间客房，平均房价每间夜2000元起，自开业起入住率高达85%，甚至在7~8月出现一房难求的状况，需要提前三个月预定。在2020年疫情稳定后的6~10月，整个宿集每天都处于爆满的状态。

个人度假旅游市场的逐渐发展，居民旅游深度和频次的不断增加，民宿集群的住宿和餐饮多样化、旅游线路丰富化以及配套设施的完善，不仅可以快速促进乡村旅游的社会发展，更是促进了客人对在地体验的从单一观光向多角度观光、一日游变多日游、从忙碌游玩到放松身心、从低层次消费到高层次满足、从来一次到来多次的全方位转变。

而乡村民宿的发展也不应只注重外来旅游者，更要考虑在地居民对美好生活的向往，通过打造民宿聚集空间，以头部品牌自身的影响力和知名度带动旅游目的地IP的形成，肩负起民宿的社会责任，将民宿融入乡村的整体环境中，实现反哺乡村、振兴乡村和真正意义上的"主客共享"的发展目的。

（三）宿集模式的优势

在体验经济背景下，民宿的角色已由最开始的住宿设施演变成展示、分享和传递自己喜欢的生活方式，住客们更希望借由这个特定空间衍生出的氛围享受互动与收获。"民宿"应该是"民的生活，宿的空间""宿的形式，民的发展"，不仅是好住、好看、好玩的地方，更应为肩负当地传统文化的复兴，利用自身的品牌优势与集群化的发展去凸显当地文化特色和自信。

黄河宿集和李子柒、SKP 被誉为 2019 年三大文旅消费爆款项目。相较于单体民宿的配套，宿集的业态更加完善与便利，例如黄河宿集内西坡的面包坊、大乐之野的咖啡馆、南岸的酒吧等服务业态和公区内的书店、匠人村、美术馆、文创空间、春夏农场等服务产业，带动资金流、物流、信息流、人流以及人才向乡村汇聚，使环境得到改善、优化，使乡村产业得到振兴，文化开始复兴，将农业与旅游业进行融合，促使服务业得到了快速发展。

民宿集群式发展在业内是一个探索和沉淀经验的过程，西坡与宿集中的大乐之野、墟里、南岸、飞蔦集等在品牌上存在差异化，优势叠加，在黄河宿集里更多的是 1 + 1 > 2 的叠加效应，集群那种叠加效应远不是单家能做到的，未来集群也会成为一个生态链。我们在探索西坡品牌更多可能性的同时，也和众多的民宿品牌集合在一起，在乡村中植入了更多的民宿品牌 IP、生活方式 IP，最终实现了旅行目的地 IP，尽我们的努力，为中国乡村赋能，让中国的乡村释放出更多的力量与价值。

（四）宿集模式的探索

在黄河宿集，民宿只是一个黄金配角，主角是集合了大漠、戈壁、黄河、绿洲和长城的大湾古村。黄河宿集成功地让绿水青山变成了金山银山，让美丽资源变成美丽经济，让乡村振兴不再是一句空话。而民宿的根基则在于"民性"，"民性"就是以地域环境为根基和依托，用本土材料，体现本土风格、本土气韵；从物质形态到精神气质，都必须带上自然而朴素的乡土韵味。

作为国内的首个民宿集群，不论在设计理念、建设还是运营管理上，都需要一批又一批有情怀、有理想的建筑师、设计师、艺术家、IT 技术人才、投资者、创业者们来到乡村发挥特长，整合资源，造梦田园，进而吸引外出务工的年轻人返乡就业或创业，而民宿、餐饮、生产工艺品和土特产等商机

都将让市场活起来，外来人才流入，加上本土人才回流，一大批人才将成为乡村振兴的中流砥柱，这是黄河宿集乐见其成的。

四　宿集模式的战略意义

（一）宿集基础主体

曾经的中卫大湾村是一片曾有200年历史的绿洲，黄河流经此处拐了个弯，隔开了大漠、高山和戈壁，曾经阡陌交通、鸡犬相闻的村落，经历了荒废重生，成为现在的黄河宿集。其不仅融合了西坡、大乐之野、墟里、飞蔦集、南岸、COCOMAT、Natrail迹外等民宿，还拥有书店、咖啡馆、面包坊、美术馆等一系列融合文化艺术的概念空间，在将现代美学生活方式融于历史、地貌和环境的同时，又重新设计开发旅游线路，沙海落日的浪漫烛光晚宴、头井湖的沙漠湿地体验或是探秘黄河古村落等，都是在住宿以外，近距离真切感知西北文化魅力的最快方式。

（二）宿集未来的发展方向

美的生态环境是发展宿集的基础，那么独具特色的民俗文化就是其灵魂。民宿集群带来空间重构不仅是乡村形象重塑的一个机会，更是挖掘当地历史、文化和民俗，启发文化创意和理念，凸显本地文化特色和展现对本地文化的自信、增加更多城乡交流的机会，在乡村产生良好的示范效应以及提升居民生活水平、人文素质和乡村形象的一个巨大挑战。

民宿的集群化发展并不是产品标准化的复制集合，而是在保持个性化的同时互相补充及聚集，通过整体包装来实现规模效应，强化整体的品牌影响力，使宿集内成员彼此间相互合作，提升整个民宿集群的竞争力，从而增强住客的认知度和辨识度。黄河宿集的诞生，不只是复兴与创造的深度融合，在探索西北乡野发展的同时，也能在这片美学与人文深耕的土地上，拥有更深的解读。

五　结语

人们对旅游的需求是多层次、多样化和高品位的，民宿发展也必须跟随乡村旅游提质升级，走可持续发展之路，提升文化品位、旅游目的地的形象，为乡村旅游的活力赋能，成为城乡文化交流的平台和桥梁、推动逆城镇化的一股力量。

西坡品牌的最大意义就在于让更多的人关注、发现乡村的价值与美，一起遇见绿洲瀚海、大漠长川，遇见江畔垂柳、雪落群山，让更多的年轻人返乡建设自己的乡村。一步步实现"让中国的乡村既不落后于时代，又记得住乡愁"的企业使命，就像沉沉浮浮的岁月，每个人都在探索生命的这条路上不断思考、前行，但终归都将走进自己内心的世界，成为真正的自己。

参考文献

王德刚：《旅游是乡村振兴的产业基础》，《中国旅游报》2017 年 11 月 20 日。

游上史策：《发展民宿旅游　助力乡村振兴》，人民论坛网，2018 年 5 月 15 日。

厉新建、刘国荣、时珊珊：《民宿在乡村这个"大舞台"如何亮相》，《青年时讯》2019 年 9 月 27 日。

杨宏浩：《民宿发展是乡村振兴的重要力量》，《中国旅游报》2018 年 4 月 5 日。

B.17

奥伦达：实现健康幸福人生梦想

本书课题组*

摘　要：　为"实现健康幸福人生梦想"，奥伦达集团定位为"健康幸福生活方式服务商"，构造了6条价值链和细分定位：奥式生活（健康幸福生活方式平台）、奥伦达部落（康养特色小镇运营商）、奥伦达心身健康（创新型心身整合医学服务商）、奥伦达度假（中国高端康养度假服务商）、奥伦达商业（健康商业新物种）和奥伦达物业（健康智慧物业服务商）。在原乡小镇、海坨山谷旅游度假区和黄帝康养度假区，奥伦达集团开发建设运营了三个各有特色的民宿形态，即"知己知己"的家庭博物馆、瑞士风格的度假酒店群和5G智慧的标杆乡村民宿。

关键词：　奥伦达　原乡小镇　海坨山谷旅游度假区　黄帝康养度假区

2021年3月23日上午，习近平总书记来到三明市沙县总医院实地了解医改惠民情况。他指出，健康是幸福生活最重要的指标，健康是1，其他是后面的0，没有1，再多的0也没有意义。

以刘向阳先生为创始人的奥伦达集团正是以"实现健康幸福人生梦想"为使命的企业集团。自2004年创业至今，刘向阳先生和奥伦达集团不断探

---

* 课题组成员：柯银斌、荆倩、许峰、葛森、周菁雯等；执笔：柯银斌，察哈尔学会创会秘书长、高级研究员，研究方向为企业战略与案例、跨国公司与公共外交等。

索、多方合作，共同打造奥伦达品牌，推广奥式生活体系，成为中国健康产业和幸福事业的重要参与者和引领者。

为"实现健康幸福人生梦想"，奥伦达集团定位为"健康幸福生活方式服务商"，构造了 6 条价值链和细分定位：奥式生活（健康幸福生活方式平台）、奥伦达部落（康养特色小镇运营商）、奥伦达心身健康（创新型心身整合医学服务商）、奥伦达度假（中国高端康养度假服务商）、奥伦达商业（健康商业新物种）和奥伦达物业（健康智慧物业服务商）。

在原乡小镇、海坨山谷旅游度假区和黄帝康养度假区，奥伦达集团开发建设运营了三个各有特色的民宿形态，即"知己知己"的家庭博物馆、瑞士风格的度假酒店群和 5G 智慧的标杆乡村民宿。

一　奥伦达的成长历程

奥伦达是刘向阳先生创立的品牌，其使命是帮助所有家庭用户实现健康幸福人生梦想。以 2004 年刘向阳先生在北京北部古崖居西侧开发建造"原乡小镇"为起点，奥伦达已经历了三个成长阶段：2004～2015 年的社群聚落运营；2016～2019 年的健康幸福系统运营；2020 年开始的健康幸福生活方式服务。

（一）社群聚落运营：2004～2015 年

这是奥伦达品牌的探索期。基于多年的房地产开发经验和"追逐幸福"的梦想，刘向阳先生选择"原乡小镇"为出发地，不断探索从房地产开发商到文化服务商的转型。

1. 开发建造"原乡小镇"

从 2005 年开始至今已经建造的组团，包括原乡美利坚、比弗利、梦得惜诺、东郡、西镇、传家酒庄等，涵盖物业类型包括酒庄、独栋、联排、合院等别墅，以及洋房、商铺。整体规划约 5000 亩土地。从 2007 年第一批乡民入住，到现在小镇居民总户数已经超过 3500 户。从原来只有一条 66 号公

路主路，到现在小镇拥有 2 条商街、一个小商业体、一个大健康博物馆、一所国际名校，还有公园、球场、超市、图书馆、咖啡厅、马场、电影院和美食聚集地，可满足全体业主的医、食、住、教、游、娱等生活需求。小镇艺术中心、15 花街、浅笑庄园（薰衣草花田）等一系列打卡胜地，还吸引了无数游客前来赏景、游园、短时度假。

2. 全面注入文化运营理念

2005 年，原乡小镇引入加拿大海文学院，创建中国海文学院。项目的关注点从"物"转到"人"，开始逐渐摆脱房地产开发商的思维和行为，向"文化服务商"转型："以人文为基础，做高品质人群的幸福文化运营，使幸福模式得以更广泛地推动"。为实现"追逐幸福"，刘向阳先生 2008 年成立泊爱慈善基金会。这是中国第一个以"关怀企业家心身健康"为宗旨的基金会。每年刘向阳先生用两个月的时间，"把爱传出去"，在北京、郑州、深圳、香港等全国各地组织系列公益活动。

3. 创立"奥伦达部落"品牌

2011 年，刘向阳先生创立"奥伦达部落"，成为专门的"幸福运营商"品牌，旨在为社会创造幸福价值，并让更多的人健康幸福起来。奥伦达部落以一种去工业化价值的角度去思考属于人类本身的幸福价值，回归人类最本我最真实的层面去发现幸福。从而形成了一种新部落概念中的生活方式和社会结构模式：以"实践幸福梦想"为使命，以"幸福生活"为愿景。

4. 在全国多地推广复制"奥伦达部落"

2012 年，奥伦达部落幸福系统开始向全国多地复制，逐步拓展到郑州五云山小镇、北京海坨山谷、黄帝康养度假区、昭平湖小镇、张家口五色天路、上海崇明岛小镇等地。2013 年奥伦达部落荣膺"CCTV2013 中国年度品牌"称号。

（二）健康与幸福系统运营商：2016～2019年

2016 年，奥伦达集团确立定位为"健康与幸福系统运营商"。这是刘向阳先生"追逐幸福"梦想在大健康产业中的实践和展现。在全国多地奥伦达部落中，奥伦达集团的健康与幸福系统运营商角色和作用日益显现。

1. 举办心身医学（国际）高峰论坛

自2016年开始，奥伦达集团连续五年承办心身医学（国际）高峰论坛。历届大会邀请了来自中国、德国、瑞士、加拿大等全球多位康复领域知名学者和500多位专家共同参与，为推动人民心身健康服务进行学术探讨。2016年举办第一届心身医学（国际）高峰论坛暨社区医疗健康服务模式研讨会；2017年举办第二届心身医学国际高峰论坛暨家庭医生服务体系的理念与实践研讨会；2018年举办第三届心身医学国际高峰论坛，并举办第一届AIRS中国康复事业推动与促进国际大会；2019年举办第四届泊爱心身医学国际高峰论坛暨首届全科医学与健康促进大会，并在西班牙巴塞罗那举办第二届AIRS中国康复事业推动与促进国际大会。

2. 控股瑞士Sorehsa AG公司，引进健康技术

2017年，奥伦达集团成立心身健康事业部，并购瑞士Sorehsa AG公司，成为其第一大股东，并将其旗下MTT（医学训练疗法）及AIRS（国际康复标准促进研究所）全面引入中国，在全国多地奥伦达部落生根和成长。

3. 创办全球首个"心身健康（医学）博物馆"

2017年，在奥伦达部落·原乡小镇创办全球首个"心身健康（医学）博物馆"。该馆以生物、心理、社会（社群）为心身健康原点，以家庭医生为核心，融合MTT（医学训练疗法）、PNI（心理神经免疫学）、能量医学、新自然饮食、中医国学等国际化医学疗法，同时提供心身服务和医疗服务，希望从根源上解决个人健康问题并推动家族健康的传承。

4. 首创奥式生活方式和服务体系

2017年，奥伦达集团将全球顶级的心身医学服务体系汇集为一体，首创出奥式生活体系。这套体系诞生于2022北京冬奥地区，源于原乡小镇乡民们的生活。以"同活、同好、同创、同享、同在"的五同理念，业主会员们共同推动建立一种基于小镇的健康幸福的生活方式。通过实践"吃、动、心"平衡、健康促进的生活方式，实现更健康、更年轻、更幸

福的人生梦想。希望通过这套新的服务体系，让人们对健康幸福的追求有标准规则可遵循。

（三）健康幸福生活方式服务商：2020年开始

2020年，奥伦达品牌战略深化升级，确定以"健康幸福生活方式服务商"为定位。奥式生活平台系统正式上线；举办第五届心身健康国际论坛暨全球健康使者HPTO大会；奥伦达集团荣膺"2020年度美好生活服务商"称号。

1. 成立联合国积极老龄化奥伦达中心

2020年10月，奥伦达集团与联合国老龄所达成战略签约，将奥伦达场域打造为联合国老龄所奥伦达中心、积极老龄化生活方式标准模式的探索中心及复制中心，双方将共建大健康产业生态平台，全面落地积极老龄化生活方式，持续推动打造适合中国人也能为其他国家提供借鉴的养老模式，共同推动构建一流康养品牌，助力健康中国。

2. 多家"奥式生活馆、新中医诊所"开业

2020年8月，奥伦达成立健康生活方式分享与同创俱乐部——健康使者俱乐部HPTO CLUB。2020年11月，奥伦达构建出以"心身平衡，健康促进"为核心的"新中医"理念和实践体系，并在奥伦达旗下各特色小镇/度假区、城市社区和城市CBD全面落地奥式生活馆，构建"集康养、旅居、度假、养老为一体的新中式健康生活"，为新中产健康全面赋能。

3. 成立人民心身健康促进研究院

2021年1月，奥伦达集团与人民日报健康客户端《健康时报》达成战略合作关系，联合发起成立人民心身健康促进研究院，以充分发挥双方优势资源，搭建4个国家级健康平台（名医智库平台、健康促进平台、交流平台和传播平台），共同促进人民健康。

2021年1月21日上午，人民日报健康客户端视频发布第十三届健康中国年度论坛榜单，奥伦达集团董事长兼总裁刘向阳荣膺"健康中国十大健康产业人物"；奥伦达部落·原乡小镇荣获"健康中国十大康养项目"奖项，位列榜首。

二 "知己知己"的家庭博物馆

在原乡小镇，一种以心身健康为核心的新型民宿正在诞生，它就是"知己知己"家庭博物馆。

（一）定位："知己知己"

原乡小镇生活着一群以"生活之美、健康之美、幸福之美"为生活品质追求的人，新型民宿的定位就是要建立一座知己们的生活圈，让每一栋民宿都能成为一群有着共同话题、共同爱好者的圈子。这种民宿是民宿主与民宿入住者之间生活信仰的桥梁，民宿主用其生活哲学和生活方式浸入、激发民宿入住者的幸福人生梦想。

居住者不仅仅在原乡小镇上有一个舒适的居住环境，更多的是通过入住民宿，可以全心身地感受到小镇独有的生活方式，看到小镇优越的生态环境和无障碍的生活配套，体验到在大城市生活中绝无的邻里文化、花园文化、节日文化等聚落文化。

基于以上认知，原乡小镇民宿公司与不同兴趣爱好圈层里的大咖们一起，共同打造一种新型民宿——"知己知己"家庭博物馆。它致力于满足人们的社交需求，串联不同兴趣圈层，形成独一无二的聚落文化与艺术博物馆，并构造出有文化涵养的心身健康主题度假体验空间。

在"知己知己"家庭博物馆，人们可以感受不同圈层的聚落文化，感受家庭博物馆打造者们（民宿主）的生活方式与生活哲学，感受原乡小镇诗意般的生活；人们可以寻找到自己的同好圈，感受其所属圈层的精神世界与生活智慧，结交与自己内心契合的知己。

原乡小镇诞生的这种新型民宿，是由一群知己人发起的，他们享受着知己间的美好，并期望遇到更多的知己；正是这些知己，为民宿灌入了生活信仰的灵魂。在这种民宿中，讲求的不只是精致的度假居住体验，更重要的是"遇知己成知己"，从探寻知己到已经发生成为知己的过程。

（二）主要产品类型

"知己知己"家庭博物馆，目前共包含 7 套主题别墅以及 3 套联排别墅，集中分布于梦得惜诺法餐会所旁。

1. 芳华－家庭博物馆

以园艺元素为主题，旨在将主人——糊涂老师在花园中生活的生活方式进行呈现，适合热爱园艺艺术的朋友。

2. 无疆－家庭博物馆

以运动元素为主题，旨在将主人——楚乔老师在户外运动中的生活方式进行呈现，适合热爱马术及其他相关运动的朋友。

3. 童心－家庭博物馆

以亲子元素为主题，旨在将主人——张莉的育儿理念及行为进行呈现，适合有小朋友的家长。

4. 绘心－家庭博物馆

以油画元素为主题，旨在将主人——高子老师与油画艺术相伴的生活方式进行呈现，适合热爱油画艺术的朋友。

5. 乐府－家庭博物馆

以音乐元素为主题，旨在将主人——傅兴老师与音乐艺术相伴的生活方式进行呈现，适合热爱音乐艺术的朋友。

6. 光影－家庭博物馆

以摄影元素为主题，旨在将主人——丁伟老师与摄影艺术相伴的生活方式进行呈现，适合热爱摄影艺术的朋友。

7. 缘份－家庭博物馆

以美食元素为主题，旨在将主人——缘份老师与美食相伴的生活方式进行呈现，适合热爱美食的朋友。

（三）"知己知己"的社会责任实践

"知己知己"民宿在自身发展的同时，也推动了本地域乡村经济的进一步发展。众多城里的人们向往到农村度过一段安静时光，尤其是很多家长希望自己的孩子能到乡村与大自然近距离接触，让孩子感受大自然的美丽，体验农村的生活，陶冶孩子们的情操。对这些诉求的满足，为民宿带动本地域乡村的发展提供了空间和潜力。

1. 结合当地特色产品制定系列度假行程

亲子采摘季：应当地时令采摘不同季节的瓜果蔬菜，使农民的经济收入增加 20% 以上。

家庭日：采购当地集市食材，在当地特色餐厅烹饪农家饭，使农民经济收入增加 35% 以上。

2. 雇用当地人员，提高就业率

民宿运营的安保、绿化、保洁、代驾服务等一系列基础服务人员均为当地人员。这为本地域乡村提供了大量的工作岗位，为农村就业率提高做出了一定的贡献。

3. 保护生态环境

原乡小镇自建设以来就秉承着在不破坏自然原貌的情况下，建设如同在山林中自然生长的旅居建筑的使命。将建筑和本地特色相融合，做到最大化生态环境保护。在提供更优化的"旅居体验"解决方案的同时，也承担起守护生态的责任。以谦逊的态度与山林"同生、同享、同荣"。

4. 对本地域民俗、民风弘扬和传播的作用

当地人文风俗、特色产品通过旅居民宿的人群得到了更大化的弘扬和传播。民宿让更多的人群了解到、认识到、感受到乡村文化浓厚的气息，进而使得当地农民的致富路子更加宽阔。

三　瑞士风格的度假酒店群

海坨山谷位于 2022 冰雪产业黄金一线，地处冬奥区域、北京生态涵养区，背靠海坨山，毗邻大海陀风景区、松山自然保护区，得天独厚的生态自然环境，使其成为一个私藏在京北的瑞士小镇，拥有世界公认的健康海拔高

度。在海坨山谷度假区，奥伦达集团打造了一个度假酒店群。这是奥伦达民宿的又一种形态。

（一）海坨山谷旅游度假区概况

海坨山谷旅游度假区位于赤城县、怀来县和北京延庆交界处，毗邻海坨国家级自然保护区和 2022 年冬奥会高山滑雪场。总占地 6 万余亩，山、水、林、谷等资源组合良好，拥有绝佳的生态系统环境以及天然的绿色屏障。

海坨山谷旅游度假区自 2015 年开始建设，至今完成一期建设（占地 13000 亩）。先后建设了白桦林景区、亚洲最大的房车营地、黑松林骑行主题公园、9 公里半山步道以及山顶徒步道等旅游休闲体验类项目，并打造了游客服务中心、瑞士风情小商街、主题酒店等旅游服务类设施，是一处集合吃、住、玩、游、购、娱等全龄、全时、全季的全家庭度假地。

度假区积极贯彻中央及各级人民政府落实脱贫攻坚的决策部署，率先发挥扶贫发展的带头作用。通过产业帮扶、技能帮扶、就业帮扶、公益捐赠、文化交流、提升基本公共服务等方式，经过短短几年的发展，项目所覆盖的 6 个村子已经全部脱贫。为当地具有一定劳动能力的村民提供了依靠旅游业的发展获得稳定经济收入的机会。

度假区在开发运营过程中，始终坚持生态保护、尊重自然、合理利用的基本原则，杜绝乱采乱挖，最大限度地保护了山体、水体、林相、天际线的原生性，实现了对资源的保护性开发利用。

度假区客流量稳步上升。2018 年约 20 万人次，2019 年达到 25 万人次，2020 年尽管有疫情影响，客流量近 30 万人次。

（二）瑞岚酒店："共创合伙"民宿运营模式

海坨山谷旅游度假区拥有瑞岚酒店、房车酒店、帐篷酒店等国际水准的度假酒店。酒店客房类型多样、设施齐全，可为游客提供全家庭的舒适安逸、宾至如归的度假体验。

瑞岚酒店由张家口冬奥小镇旅游开发有限公司开发建设，并成立张家口瑞岚酒店管理有限公司负责瑞岚酒店的经营。瑞岚酒店全部按照星级配套标准建设，用高标准为游客提供品质化、个性化服务。

目前，瑞岚酒店拥有各类居室房间 228 套，其中包含 60m² 一居室，75m² 小两居室，90m² 大两居室，75m² 带阁楼小三居室，120m² 大三居室，120m² 带阁楼四居室，以及不同居室风格的居家式洋房。

瑞岚酒店在运营模式上采取了返租共创的民宿模式。随着游客对于旅游度假观念的改变，具有文化体验、旅游度假等功能的民宿越来越受欢迎，从而促使更多的投资人想进入民宿行业，海坨山谷在房产销售时就提出"人人都可实现民宿梦"的口号，在住宅销售时征求业主意见是否同意带返租协议。同意的业主将其个人固定资产委托给瑞岚酒店管理公司，业主成为奥伦达部落运营项目的经营合伙人，业主可以将自家的梦想装入民宿，亲自参与到民宿主题客房的软装设计中，并在年底享有一定的度假权益和收益分红。虽然这是一种市场上常见的运营模式，基于奥伦达的会员和一定的消费客户群，这种模式足以支撑瑞岚酒店的经营。

2017 年瑞岚酒店开工建设，2019 年 6 月 6 日正式开始营业。每年 7 ~ 10 月份为酒店运营旺季。2019 年营业额约 1500 万元，2020 年营业额达到 2100 万元，2021 年预计可达 2500 万元。

（三）瑞士风格的中国场景

整个海坨山谷由瑞士格尼斯规划设计公司进行总体规划设计，瑞岚酒店建筑风格和生活方式以瑞士圣莫里茨生活为蓝本，透过瑞士环境的营造和服务体系及精神植入，为度假家庭带来具有当代艺术美感的山居度假生活。

瑞岚酒店建筑追求自然简约，外墙使用的是未经精细加工的原木，保留木材的原始色彩和质感，装饰效果上追求原始质感。为了防止过重的积雪压塌房顶，北欧的建筑都以尖顶、坡屋顶为主，增加了建筑的活泼感和趣味感。

瑞岚酒店软装配饰由香港 IDEE INTERIOR DESIG 公司设计，也是典型的瑞士风格。浅淡的色彩，白色、米色、浅木色给人清洁干净的视觉感受，

材质方面重视自然感受，如木、藤、柔软质朴的纱麻布品等，家具极简风格。

在度假生活方式打造上，瑞岚酒店三居室、四居室等家庭型房间可满足 3 口以上家庭度假休闲，占总房间数的 14%。家庭型住宿房备齐包括床铺被褥在内的居家必须用品，可以按自己的习惯和喜好洗衣做饭、打扫卫生。这是完全私密的独立空间，不受外界干扰，可随意安排自己的行程。

四　5G 智慧的康养民宿标杆

黄帝康养度假区位于"岐黄文化发源地"——郑州新密市苟堂镇。度假区结合区位特点，吸纳地域特色文化，践行"岐黄之源、产业综合体、有机健康度假区"的指导思想，以"康养 +"为核心，形成以黄帝内经为理论基础的"吃、动、心"健康生活体系，探索集旅游观光、休闲娱乐、中医康养、故土记忆、文化传承、文化聚落为一体的发展模式。黄帝康养度假区是河南首家 5G 智慧度假区，打造集全家庭型度假康养与科技为一体、覆盖全生命周期以及全方位智能健康管理服务的度假区。

（一）黄帝康养度假区概况

2016 年，黄帝康养度假区正式启动。项目以"大农旅、大度假、大健康、大教育"为主题，以打造郑州南"康养旅游度假区"为目标。

2017 年，项目首期示范区（内含阳光房、中草药博物院、田园餐厅等）投入使用。通过主题性聚落活动招揽人气，通过以老带新的方式，不但稳固了老客户，还快速吸引了有效新客户。同年首个同创项目——千金方中医生活馆试营业，辐射郑州市区客户及项目度假客户，正式开启以"黄帝内经"为宗旨的居家康养、度假康养时代。

2018 年，首期住宅产品"壹心经舍"投入使用，可满足客户居住，体验奥式生活。通过举办持续性的主题活动迅速地提高了项目的知名度，强化健康及康养属性。通过"黄帝内经"文化的传播，扩大了市场影响力，尤其是一年一度的年货节和主题文化聚落，吸引了大量市区客户，培育了对应的消费客群。

至今，项目先后落地了岐博园、岐乐谷、房车基地、露营基地、家庭农场、素问天穹、灵枢天穹等。黄帝康养度假区已成为距离郑州最近的一个集"康养、度假、娱乐"等多种元素的集合体。

度假区客流量 2018 年约 10 万人次，2019 年达到 20 万人次，2020 年尽管有疫情的影响，客流量仍近 18 万人次。2019 年营业额约 900 万元，2020 年约 800 万元，2021 年预计达 1500 万元。

黄帝康养度假区未来 3~5 年将聚焦于"建设用地的集中康养度假"和"非建地的精品产业运营"两大业务，未来 3 年将通过多类型轻奢旅居酒店、森林健康有氧运动、农旅产业基地、教育研学峰会、心理能量调节等聚焦客户有效需求，丰富小镇业态、产品、文化，开启中国康养度假新风尚。

（二）与途家合作探索智慧型民宿标杆

黄帝康养度假区已与途家民宿及附属上海鑫嵘酒店管理有限公司达成合作，共同探索打造中国智慧型民宿标杆。

1. 定位：全国标杆的顶级乡村民宿

基于历史文化悠久的始祖山，利用奥伦达部落康养品牌，面向注重低密度和康养的本地及休闲短住高端客群，专为入住者提供全管家式体验服务和从田园到餐桌的绿色美食。

2. 线上营销支持

途家民宿拥有的大数据优势（400 个国内和 1037 个全球目的地、2 亿 App 下载量、全球超过 230 万套房源、50 亿元融资规模等）可为项目提供强有力的线上营销支持，包括但不限于流量优势（国内第一流量级入口）、产品展示优势（国内综合平台流量入口）、推广优势（国内最大的民宿类内容和垂直媒体群）、品牌传播导流优势（途家 App 和携程 App）、口碑传播网红矩阵优势（超过 1200 位的美宿家）等。

3. 线下运营支持

上海鑫嵘酒店管理有限公司提供民宿代运营管理和服务。主要内容和方式包括但不限于运营设计与设施配备（突出低密度的人居生活设计理念、合理的私人空间及功能安排等）、完善餐饮客房的配套细节（24 节气菜肴等）、全程管家式服务、精细化收益管理、员工全员培训、经营分析与计划制定等。

参考文献

习近平：《健康是幸福生活最重要的指标》，《人民日报》2021 年 3 月 24 日。

奥伦达部落官方网站（www.orenda.com.cn）。

奥伦达集团：《奥伦达品牌介绍》，2021。

奥伦达集团：《奥伦达品牌大事记》，2021 年 2 月 7 日。

奥伦达集团：《奥伦达创始人刘向阳介绍》，2021 年 2 月 5 日。

奥伦达集团：《奥伦达部落民宿调研资料及补充资料》，2021 年 2～3 月。

专家观察

Expert Observation

B.18

基于网络社群的旅游民宿品牌
塑造与营销创新研究

于 洁*

摘　要：　2020年旅游民宿行业进入重新洗牌的震荡期，如何塑造独
特、有价值的民宿品牌成为行业关注的焦点。社群经济的发
展，促使品牌塑造的基础由产品转变为社群，社群建立了旅
游民宿品牌和消费者之间最短的连接途径。本文对旅游民宿
品牌建设存在的问题进行详细分析，并通过构建"基于网络
社群的旅游民宿品牌塑造模型"，提出旅游民宿与消费者
"共创品牌价值"的营销创新路径。旅游民宿在适合的场景
下，找到特定的社群，将有传播力的内容，通过社群网络结
构触发人与人的连接，并将互动贯穿于旅游民宿品牌塑造
（品牌设计与理念、品牌定位、品牌传播、品牌维护）的整

＊　于洁，上海杉达学院专职教师，讲师，研究方向为企业战略管理、创新与创业管理。

个过程。消费者则在互动中提升认知、形成态度、产生情感、参与分享，与旅游民宿品牌建立深度共鸣。

关键词：　网络社群　旅游民宿　品牌塑造模型

一　引言

旅游民宿将当地闲散资源加以利用，由民宿主人或管家亲自参与接待，向游客提供体验当地历史文化、自然景观、特色饮食、生活方式等一系列服务。民宿在发展初期，主要形式为个人或家庭将自有空房对外运营。伴随旅游消费的转型升级，提供个性化服务的旅游民宿一度成为投资热点，但2020年一场突如其来的疫情，使得减少与他人的聚集成为最基本的卫生安全需求，旅游民宿行业进入震荡期，面临重新洗牌的生存压力，即使随着国内疫情趋缓，收获反弹性消费红利，大多数民宿依然处于淡季运营的举步维艰时期。由于旅游民宿的市场规模增长乏力，一批具有竞争实力的民宿进一步抢占市场份额，民宿经营者越来越意识到品牌价值的重要性。简单模仿、走情怀路线的民宿越来越没有生存空间，如何塑造出独特、有价值的民宿品牌已成为行业关注的焦点。

（一）"互联网＋"时代社群经济的兴起

步入"互联网＋"时代，旅游民宿行业和互联网平台不断融合，将"社会化情怀"转化为"市场化需求"。游客的旅游关注点呈现多元化特征，不再简单地集中在旅游风景或购物，而是更多以民宿为中心安排旅游计划，以获得丰富的旅行感知与体验。通过互联网，游客出发前在各类网站或社交媒体上查找出行目的地的民宿资料，运用各类网络支付手段提前预订民宿。随着手机移动端应用的飞速发展，从出行前的预订，到出行中的购买，直至出行后的点评，整个流程都变得更加高效与便捷。

互联网聚焦于"连接"本身，尤其是随着移动互联和社交网络的普及，极大地拓展了连接对象、连接形式、连接地域、时间与生活情境。沟通不再需要特定的中心，信息的获取也不再依赖于专家意见，这种"去中心化"的信息传播环境扩大了个人影响力，使得网络中的每个人都有机会成为信息的发送者和传递者，他们既是分享者，成为产品分享的重点；也是消费者，成为信息裂变的节点。经济活动由人与人之间的交易过程构成，它与人的连接密切相关，具有相似价值观或者共同兴趣的消费者聚集，在一起互动并产生共鸣，带来裂变式的信息传播以及经济效益，让社群逐渐拓展为一种全新的经济形式。

（二）社群经济催生品牌塑造的新思路

社群（Community）意为"聚焦与义务"，起源于拉丁语。最早提出"社群"这一专有名词的是德国社会学家 F. 滕尼斯，他在著作《社区和社会》中论述，社群是"以人们之间的相互关系和情感联结为标志，以地域为界限而形成的社会网络关系"，但是随着科技进步，社群的构成元素不再是简单的血缘或亲族关系，也不再是居住于附近地域的邻里关系，而是转向成员之间的情感诉求，按兴趣爱好或相似需求各自集合成群，通过互联网的不断扩散而产生连接，最终形成规模，成为信息共享、共担风险、互利共建的社群伙伴。社群经济并不是重返血缘氏族比邻而居的原始部落状态，而是用互联网产品或服务，连接和重构社会与经济。

社群经济的发展，也促使品牌塑造的基础由产品转变为社群。大多旅游民宿的品牌塑造逻辑被逐步颠覆，过去是以民宿产品或服务为主线，先进行前期调研和民宿设计，并结合目标消费者的定位，再通过传统媒体或新媒体的传播，最终完成品牌建构。这样的品牌塑造过程，以民宿产品为中心展开，然而旅游民宿的核心价值点与人文价值密切相关，过分强调民宿产品的性能和使用体验，已经不足以满足不断升级的消费需求，无法完成立体、多维的品牌塑造全过程。旅游民宿需要与消费者建立长久的情感联结，因此，品牌塑造并不是民宿单向传递品牌理念与价值点，而是通过建立社群，将目

光集中在消费者之间的连接、旅游民宿与消费者之间的连接上。同时，随着社群持续追随者的增加，旅游民宿品牌和消费者之间建立了最短的连接，最终赢得了消费者的信任与认可，品牌塑造在这一过程中得以实现。

二　研究概念与理论基础

（一）网络社群与社群营销的相关理论

互联网已彻底改变人们的生活方式，成员之间通过无时无刻、无所不在的信息沟通与交流，完成了海量的信息传送和共享。最早提出"网络社群"（Virtual Community）概念的是美国学者霍华德·瑞恩高德（Howard Rheingold），网络社群是以互联网群体传播为中介进行对话和交流而建立起来的空间环境，是有共同需求和兴趣的人们利用网络传播，与想法相似的陌生人分享社区的感觉，通过网上社会互动构筑新型生存空间[①]。过去建立线下社群限制因素较多，而网络社群的建立则更加便捷、多元、开放与自由，不同个体都可能借助互联网，聚合形成具有较强认同感的社会网络，并且随着群体成员的参与互动程度加深，提供的内容不断丰富，最终形成用户知识分享、情感联结的沟通平台。

"场景"这一概念最初是在传播学领域，由美国学者梅罗维茨（Merowitz）提出的，它是指由特定人物在某一时间或某一地点产生的生活画面。随着虚拟网络的普及，"场景"不再仅被定义为某个物质场所，虚拟网络构建的场景和实体场景基本一致。Kenny 和 Marshall（2000）提出了场景营销（Contextual Marketing）概念，指出移动化无线设备可以帮助企业在任何时间和地点接触其顾客，企业通过移动互联网技术不断创新，抓住基于消费场景的营销机遇，与消费者建立随时随地的紧密联系。"新 4C 营销理

---

① 周琼：《社群经济时代新兴网络社群的特点及其影响》，《浙江工业大学学报》（社会科学版）2018 年第 4 期，第 431 页。

论"由唐兴通在 2016 年提出，是指在适合的场景（Context）下，针对特定的社群（Community），通过有传播力的内容（Content）或话题，随着社群网络结构进行人与人的连接、快速的扩散与传播（Connections），从而获得有效的传播及价值①。

（二）品牌塑造相关概念

品牌理论研究自 20 世纪 50 年代开始不断深化与拓展，民宿品牌是指民宿企业或民宿主以民宿消费者为中心，在主客交流的长期互动过程中塑造出的具有个性特色、有品质保障及情感体验、符号识别性强，传递出人文情怀、家庭氛围的物质载体，用于与消费者建立牢固的情感联系，并能赋予产品或服务附加值的特殊资产，是民宿提供产品与服务的综合标识②。

品牌塑造是通过品牌定位创建品牌理念，并由此展开一系列的品牌传播行动，最终通过品牌维护不断加强最初建立的品牌理念。旅游民宿和消费者之间需要建立长久的情感关联，将品牌塑造贯穿于与消费者沟通的各环节之中。旅游民宿通过品牌战略规划，在消费者心目中确立明确的形象，最终品牌的知名度、美誉度和忠诚度体现了消费者的认可程度。

（三）品牌价值与价值共创的相关理论

关于品牌价值构成，在学术界尚未建立统一认识。戴维·阿克（David A. Aaker）认为品牌价值由创造能力价值、消费者剩余价值、交易价值及内在价值构成，但从企业角度分析，品牌价值反映了企业生产的产品价值。每个企业都在努力为顾客创造更多、更好的价值，包括给予顾客产品差异化的感知、不同产品和品牌体验，这种基于差异化的产品和服务属性形成了品牌价值③。

---

① 唐兴通：《移动互联网时代的 4C 营销》，《清华管理评论》2015 年第 6 期，第 45 页。

② 徐倩文：《关于民宿品牌建设的路径》，《区域治理》2020 年第 4 期，第 69 页。

③ 杨保军：《企业品牌价值共创关键维度与路径案例研究》，《北方民族大学学报》（哲学社会科学版）2019 年第 2 期，第 74 页。

伴随着以消费者为中心的时代的到来，消费者成为市场主导因素。他们不再仅仅满足于产品功能所带来的价值，企业也更加注重顾客的体验需求与情感需求。因此，传统的企业单独创造价值的研究思路，或者以企业为主的价值创造模型逐渐淡出视野。普拉哈拉德（Prahalad）和拉马斯瓦米（Ramaswamy）在2004年正式提出了"价值共创"概念，共创顾客个性化体验成为顾客与企业共创品牌价值的核心，互动是实现共创体验的基本方式①。企业以产品为载体所提供的体验环境已无法满足顾客，顾客希望和其他消费者以及行业专业人士之间产生更多的互动，以实现自己的个性化表达诉求。

三　旅游民宿品牌建设中存在的问题分析

旅游民宿盲目跟风式发展，导致同质化严重，众多号称"有个性、有情怀、有温度"的民宿，反而越来越流于形式，最终难以给住客带来独特的住宿体验与深刻记忆，导致民宿行业发展进入瓶颈。旅游民宿品牌建设的共性问题包括：①品牌理念缺少与当地生活相关的文化精髓、文化底蕴与人文情怀，与消费者缺乏情感共鸣；②品牌设计的视觉形象不够清晰，容易混淆；③品牌定位趋同，缺少对于消费者需求的准确理解，品牌定位和目标市场需求存在偏差；④品牌传播形式与内容单一，没有清晰且成熟的客户管理系统，造成一些错误信息的传递；⑤品牌维护乏力，品牌盲目扩张延伸，没有足够的资源向新领域延伸；⑥创建微信群或QQ群，集聚市场人气，短期成效明显，但是后期未能及时针对目标客户的市场需求及营销环境变化，做出适应性的营销策略调整，导致原先经营的网络社群"名存实亡"；⑦网络社群成员之间关系松散，缺少信息的分享、利益的共享和必要的情感联络，没有共同的兴趣标签，用户黏度逐渐降低，培养品牌的追随者存在较大困难等。

---

① 李华君、张智鹏：《数字时代品牌价值共创的意指内涵、研究视阈和未来展望》，《新闻大学》2019年第12期，第91~92页。

按照旅游民宿的运营模式和注资方式的不同，可将旅游民宿品牌分为三个层次：第一个层次是单体旅游民宿品牌，这类民宿一般采取传统家庭式管理方式，具有盈利水平低、不重视品牌建设、无法与 OTA（Online Travel Agent）平台抗衡、缺乏专业经营人才等特点；第二个层次是连锁旅游民宿品牌，其基本思路主要来自专业化酒店的成熟运营经验，并通过强大品牌影响力和客户管理系统，进行连锁化运营；第三个层次是资本注入的旅游民宿品牌，因单体民宿发展较好而受到投资人关注，为其注入资本，并得到专业管理团队的支持，短时间内迅速扩张，目标是成为连锁旅游民宿品牌，以下从三个层次来分析各自存在的品牌建设问题。

（一）单体旅游民宿品牌

　　单体旅游民宿主要采取粗放式经营管理模式，缺乏专业的管理人员和相关理论知识，具有"小而不精"的经营特点，尚停留在缺乏正确的品牌意识阶段。这类民宿企业或民宿主在经营过程中，并没有花太多精力去研究民宿品牌建设与管理问题，依靠以往经验或盲目跟风，对品牌进行简单的宣传与包装，缺乏对品牌核心价值的思考，没有形成明确的品牌定位，未建立系统化、结构化思维，品牌建设工作难以持续、有效地开展。如何将其升级转化为"小而美"的单体民宿，为消费者提供独特的、具有社群传播性的住宿体验，是亟待解决的问题。

（二）连锁旅游民宿品牌

　　民宿实现规范化管理的手段包括制定行业标准和连锁经营，在行业标准逐步完善的趋势下，连锁经营也成为民宿经营者的选择之一。单体民宿和连锁经营民宿的品牌塑造思路与方法并不相同，与单体民宿相比，连锁民宿品牌拥有更强的资源整合能力，经营管理体系也更为成熟，其品牌名称往往简单直接、易读易记，因此更具有广泛的传播性。但是在实际运作过程中，要既保持品牌个性，又实现连锁化发展，难度很大。一旦连锁旅游民宿实现规模化，则更像是生产流水线上的产品，变得整齐划一，无法保持其个性特

征，并且难以与消费者建立亲近的关系。另外，单店的经营业绩受连锁品牌的服务质量、营销手段、声誉的影响较大，"一荣俱荣"的同时也"一损俱损"。

民宿与精品酒店分属不同的两种业态，所面对的竞争环境与竞争者均有所不同，但在国内，尚未清楚界定连锁民宿和精品酒店，导致民宿行业竞争加剧、定位模糊。民宿与酒店的最大区别在于：不同民宿的差别化与个性化，透过民宿主人所传递的不同文化与生活方式，是吸引消费者不选择酒店而选择民宿的最大原因。即便如此，民宿依然可以连锁化运营，其独特的主人文化可以通过品牌塑造进行复制并传播。

（三）资本注入的旅游民宿品牌

过去网红民宿凭借迅速传播的故事或话题，就能引起消费者的广泛关注，但市场趋于理性，以网络热点元素刺激消费需求的方式不再有效，提升各自品牌价值成为趋势。资本注入旅游民宿，更多是将其作为商品来投资，更注重短期收益，千篇一律地不断复制产品，虽然民宿品牌名称与标识、建筑设计与装修均令人眼前一亮，但往往不重视民宿所传递的核心价值，缺乏与消费者的情感沟通与传递，无法准确与品牌形象形成对接，导致客人对众多形象模糊、趋于雷同的民宿品牌产生审美疲劳。旅游民宿的品牌塑造是长期工程，需要精耕细作。然而投资方与民宿主的理念与诉求很难匹配，追求投资收益的迅速扩张，也容易造成品牌个性稀释，难以保持一致且清晰的品牌定位。从而失去品牌的主动权和经营方向。

四 旅游民宿网络社群的类型与形成影响因素

得益于移动互联网等新一代信息技术的推动，传统旅游民宿在我国迎来了飞速发展，但它们也出现了野蛮式生长。伴随着流量红利的消失，旅游民宿在市场端的增长需求愈发突出，希望投入最小资源，准确链接目标顾客，用独特的创意，建立良好口碑，最终达到刺激消费需求增长的目的。但是在追逐增长的过程中，旅游民宿也体会到增长的难度与成本的逐渐提高，于是将目光聚焦于如何提升利润与品牌价值，尤其格外关注"网络社群"在其中的重要影响。

（一）网络社群的类型

许多专家学者针对我国网络社群如何分类进行研究，由于其展开研究的目的与视角不同，故采取了不同的社群划分标准，最终他们得出的研究结论也不尽相同。根据旅游民宿消费者的需求进行划分，旅游民宿网络社群可分为兴趣爱好型、关系建立型、幻想求新型与实用交易型社群四类，这四类社群不存在排斥现象，可以同时存在。"兴趣爱好社群"因相同兴趣爱好而聚合，并基于这些兴趣爱好而产生更深层次的沟通；"关系建立社群"将有相似社会关系、相似经历的人们集合成群，通过组织不同活动不断维系群内成员关系；"幻想求新社群"则面向喜欢挑战与新奇体验的人们，提供深度探索当地文化与住宿体验的机会；"实用交易社群"更加理性现实，在群内分享各类旅游及住宿资源信息，并提供优惠促销的短期激励。

旅游民宿网络社群在其生命周期的不同阶段，呈现的形态与特点并不相同。从存续时间来看，旅游民宿网络社群可分为短期建立社群和长期建立社群。当最初组建社群的基础一旦瓦解，或者已经实现建群的最初目标而无法继续拓展时，很多网络社群便自然地销声匿迹，短期建立社群最典型的例子就是民宿团购社群。生命周期较长并且不断发展的长期建立社群，会呈现具有较完整的体系、较长期的规划等特点，长期建立社群大多数出现在需求分类当中的兴趣爱好型、关系建立型与幻想求新型社群中。

（二）网络社群形成的影响因素

现实生活中的人们进入网络之后，在新的交往空间不断互动。由于网络自身的虚拟性，同时缺少现实群体中的权威、角色规范、地位等要素，成员之间建立了"弱连接"关系。"弱连接"具有低成本和高效能的传播特点，而想要维系社群稳定而牢固状态，则需要通过"强连接"不断加强巩固。

旅游民宿网络社群形成的影响因素主要包括：动机、信息价值、体验价值、社会认同、社群关系等。

1. 动机

消费者参与旅游民宿网络社群的动机涉及社会心理学、品牌营销等方面，具有复杂多维性和动态多变性的特点，内在动机来源于心理因素，主要包括互惠互利、娱乐、寻找刺激、群体情感、利他主义、品牌情感共鸣、成就感等，外部动机与外部环境有关，包括人际交往、获得职业发展机会、希望被认同、寻求其他人帮助等。

2. 信息价值

越来越多的消费者在选择旅游民宿之前，会使用互联网搜集信息，社群正在成为消费者之间共享旅游民宿住宿体验的重要交流渠道。这些社群呈现"商业化"与"交流性"共存的特征，社群并非简单的信息扩散与传播地，更是依托其信息价值、建立情感沟通的交流平台。

3. 体验价值

体验价值是指消费者在民宿住宿中所体验到的内心情感价值，包括美学感知价值、情感分享价值、文化认同价值和服务质量价值等。社群本质上是小规模的连接体系，社群内部关心个体需求，并能通过适当的方式扩大影响，从而让个体价值得到体现。体验价值很难用"情怀""乡愁""放飞自我"等表述一言以蔽之，消费者入住旅游民宿不再仅仅关注实用价值本身，更追求精神价值。民宿经营者需要构建起柔性化的体验互动网络，以便为消费者创造出属于自己的独特体验。

4. 社会认同

是指个体自我察觉到他属于特定的社会群体，同时也意识到作为群体成员带给他的价值和情感意义①。包括类化、认同和比较三个阶段，在"类化"阶段，消费者因为某种原因加入社群；在"认同"阶段，消费者在社群内部寻求自己与该社群相似的普遍特征；在"比较"阶段，消费者通过

① 曾德国：《国外在线品牌社群研究综述》，《商业经济研究》2016 年第 6 期，第 44 页。

对比，希望获得社群认同感。当社群认同感较强时，消费者便会更愿意参加社群活动并支持社群，反之亦然。社会认同逐步形成社群内群体偏好，逐渐扩大社群内外的差距，同时还倾向于对其他社群赋予更多的消极评价。

5. 社群关系

它是网络社群的存在基础，由各种正式与非正式关系构成，如果社群关系和谐融洽，社群成员更愿意参与正面互动体验，并排斥负面信息，反之亦然。社群的组织成员之间并非一对多的自上而下的单线联络，而是多对多的发散型网状联络。他们在社群内部进行频繁的信息资源交流共享、话题讨论，不断通过信息互换进行价值再创造。

五　基于网络社群的旅游民宿品牌构建思路

（一）旅游民宿品牌建设的发展阶段与目标

发展旅游民宿，需要因地制宜，不断丰富文化内涵，同时关注品牌建设。旅游民宿的品牌建设经过一系列逐步上升的发展阶段（见图1），自下而上分别是：①识别阶段：确保在不同场景中，消费者能识别品牌，能经常和轻易地想到该品牌，并将其与特定需求相联系，提高目标消费者对该品牌的知晓水平；②意义阶段：将大量有形或无形的品牌联想联系起来，在消费者心中持续建立品牌意义，明确本品牌与竞争品牌的共同点与差异点；③反应阶段：根据与品牌相关的判断和感受引出消费者恰当反应，聚焦于消费者自己的个人观点和评价，以及与品牌有关的情绪性响应；④关系阶段：将消费者的品牌反应转化成强烈而活跃的顾客忠诚，顾客与品牌产生深度共鸣。旅游民宿要想创建有效的品牌资产，就必须抵达品牌金字塔的顶端。

（二）基于网络社群的旅游民宿品牌塑造模型

旅游民宿在社群经济背景下塑造自己的品牌，依然涉及品牌理念与设计、品牌定位、品牌传播、品牌维护等诸多品牌管理层面的基本问题。其品

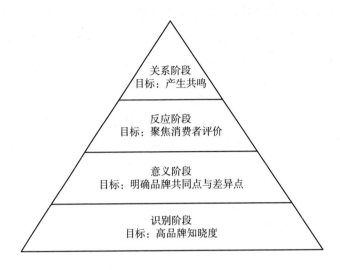

图1 旅游民宿品牌建设的发展阶段与目标

资料来源：作者绘制。

牌价值不再由旅游民宿单独创造，而是由旅游民宿与消费者共同创造，由此形成的品牌更能满足消费者的需求，消费者也更愿意与品牌建立长久的承诺关系。

如图2所示，旅游民宿和消费者通过双向互动的方式，共创品牌价值。对于旅游民宿来说，在共创品牌价值系统里，旅游民宿通过创建场景（context）、找准社群（community）、打磨内容（content），形成连接（connection），与消费者大量频繁互动，这种互动贯穿于旅游民宿的品牌塑造（品牌理念与设计、品牌定位、品牌传播、品牌维护）的整个过程。

对于消费者来说，他们在共创品牌价值的互动中提升认知、形成态度、产生情感、参与分享，最大化地满足自身的需求。具体包括：①"认知度"是指消费者对品牌是否了解，以及了解到什么程度，认知度高不一定是好品牌，许多网红民宿如昙花一现，迅速销声匿迹。②消费者对旅游民宿品牌会形成自己的态度，即消费者如何看待该品牌。旅游民宿需要注意消费者所形成的态度，与自己的品牌定位是否保持一致，两者偏差越大，客户流失率越高。③面对同一品牌，消费者因为经历、认知并不相同，所以可能会产生完全不同的品牌情感，而随着品牌情感的建立与加强，消费者将不再仅仅关注品牌的功能利益，品牌转换成本随之提高，品牌忠诚度也由此建立。④消费者彼此之间会对旅游民宿产品或服务进行讨论，并分享彼此的经验和经历，这关系到消费者体验品牌的深度。

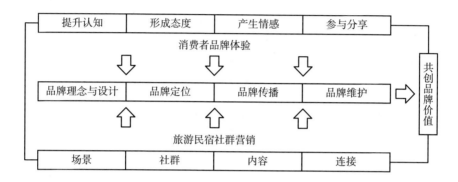

图2　基于网络社群的旅游民宿品牌塑造模型

资料来源：作者绘制。

基于网络社群的旅游民宿品牌塑造模型，认为旅游民宿与消费者在价值创造的过程中处于平等地位，更多地考虑了顾客的个性化需求，超越了"以民宿产品或服务为主导"的品牌逻辑，消费者与旅游民宿品牌之间的深层次关系得到进一步发展。从参与的结果来看，旅游民宿与消费者通过互动的品牌价值共创行为，创造了满足双方需求的价值，实现了互利共赢的目标。

六　社群经济下"共创品牌价值"的营销创新路径

旅游民宿的核心竞争力是差异化，尽管很多旅游民宿经营者已经意识到品牌塑造的重要性，但依然继续沿用传统的品牌建设思路，并没有适应环境而变化。伴随移动互联网和社群经济的发展，消费者对信息的接触习惯、对品牌的审美标准、购买决策方式与过去完全不同，消费者的决策路径发生质的改变，顾客不再被动地接受产品或服务，而是在社群内积极共创价值。以

下将基于网络社群的旅游民宿品牌塑造模型，为打造具有差异化特色的旅游民宿品牌，提供"共创品牌价值"的营销创新路径。

（一）创建场景，确立品牌理念

消费者认知产品无法脱离具体场景，不同的场景之下的产品体验，将产生不同的感受和记忆。相比旅游民宿产品本身，人们更加重视民宿所处的场景，通过旅游民宿所创造的场景与氛围，来满足自己的情感诉求。旅游民宿应当运用互联网手段，找到消费者在各类场景中与购买有关的行为轨迹，并分析其消费偏好、习惯等数据，构筑线上与线下相融合的场景，制造符号化、仪式化的场景元素，以满足消费者富于个性、追求定制的需求，从而加深消费者对于该品牌的认可程度。

无论是创建线上场景还是线下场景，都必须体现以下原则：①直观性原则：致力于给消费者打造直观真实体验，让消费者看到当地的历史人文、传统的建筑之美、民宿主人的审美倾向等。比如，利用 VR 全景等技术手段创造多种感官体验，让消费者在预订前就能获得直观体验，相信自己确实置身于民宿的室内外场景之中。②参与性原则：让消费者充分融入情境、参与其中，从而触发真实感受，不再以单纯推销产品的方式与消费者沟通。比如，提供住宿之外的附加服务，客人可以亲身参与民宿主人家的活动、品尝农产品，甚至体验民宿品牌衍生产品等。

旅游民宿的品牌理念与设计的出发点，是所有民宿业主共同的价值追求，比如：尊重自然并保护自然，回归自然并融入自然，并借由美景、美食等陶冶性情，最终实现美的内化。在此共同价值的前提下，旅游民宿可以通过综合的情景规划，使入住客人达到一种深度的沉浸，包括调动视觉、听觉、嗅觉、味觉、触觉等方面感知，以标明自己品牌的独特个性，体现自己品牌与其他民宿的差异性，提升品牌认知度。

（二）找准社群，明确品牌定位

根据客户细分依据，精准确定目标客户，是旅游民宿明确品牌定位的关键因素。旅游民宿的用户需求不断发生变化，主要体现在：人数多、天数多、个性化。家庭或夫妻出行入住民宿的需求增加，而商业用户的联合办公或小团体出行的比例也不断增加。客户细分依据包括：①客户个人因素：性别、教育背景、年龄、职业、民族、家庭关系等；②客户心理因素：消费习惯、购买动机、兴趣爱好等；③客户行为因素：社交偏好、媒体渠道偏好、使用时间习惯、品牌忠诚度、利益诉求等；④客户来源因素：地域来源、渠道来源等。

与以往企业与客户所建立的关系不同，旅游民宿为建立与目标客户的紧密联系，将运用社交媒体等多种媒介形式，基于客户需求推动，最终形成以客户为核心的多维度社交关系。旅游民宿需要精准识别目标客户所在的社群，并开展一系列的品牌营销活动。首先，重点选择目标消费者的人气聚集社群，并进行分类，比如因美食、旅游等因素而聚集在一起的社群网站；其次，发布消费者感兴趣的热点话题来赢得关注；最后，根据不同社群的特点与氛围，选择有特色的传播策略，并随时关注社群的声音，做到及时反馈。

旅游民宿经营者需要逐步尝试去构建自己的社群，倡导与消费者之间构建更具情感性、弱功利性和弱推销性的关系。社群要成为与用户构建亲密关系的渠道，而不是传统的信息推送工具。旅游民宿根据自己的品牌定位以及社群创建目标，赋予自己的用户互动社群一个能引起用户共鸣的名称，大家共同参与社群建设与交流，以营造群体成员之间的归属感；并设立一些官方账号，让一部分成员成为社群的意见领袖和领导者；再将社群中的角色分为社群创始人、社群管理员、社群成员、社群拥护者、社群合伙人、社群支付费用者等。

（三）打磨内容，推动品牌传播

社群的可持续发展，并不取决于社群规模，内容才是社群运营的基础，如果没有持续优质的内容输出，社群很难维系。旅游民宿在社群里提供的内容，包括图片、文字、动画等介质，要真实、明确体现民宿品牌，内容的语气、主题要有自己独有的特色，通过不断创新的内容创建、发布及传播，向用户传递品牌理念。比如：建立人格化虚拟品牌形象，并持续输出该人格化虚拟品牌形象的相关内容，将其渗透到各种消费场景当中。另外，利用漫画或短视频传播面广的特点，在内容中添加情感，品牌传播效果将更明显。

新媒体赋予了旅游民宿品牌更多的机会，民宿经营者可利用新媒体和消费者进行双向沟通，不断打磨内容的质量。双向有效沟通的内容，应具有以下特点：①内容清晰：简洁明确地讲述消费者能够理解且容易产生共鸣的内容。②内容聚焦：面对特定的目标顾客，内容直接与其关联。③高质量：符合目标受众的语言习惯，生动有趣，制作精良，言之有物。④情感真挚：文字是情感的真实表达，能够感受到内容制作者的心意。⑤内容形式多样：针对不同的社群成员，可采取多种形式，比如漫画、音视频、能产生共鸣或有话题的图片。旅游民宿可以透过社群媒体来倾听消费者的意见，观察消费者的反应以及讨论是否热烈，并接受消费者对于产品的正反意见，借此来协助改进未来品牌营销策略。

（四）形成连接，加强品牌维护

网络社群逐步形成人与人的"连接"，通过新颖有创意的传播内容，促进成员情感体验和深度交互。它所建立的一套小规模范围内的系统，具有自我生长、自我吸收、快速复制能力，其运营的关键在于，旅游民宿和消费者通过建立线上与线下的关系圈子，以及圈子与圈子的中间节点，能够有序、高效地传递品牌以及其他相关信息，品牌价值也将通过这样的传递，在不同的目标顾客中进行传播。

社群用户的内部连接，是指连接首先从内部开始，成员自发地开始输出内容，比如：在社群内询问有经验的其他成员，咨询自身所遇到的民宿或旅游方面的困惑；积极发帖，分享民宿或旅游目的地的相关信息；交流自己选择民宿的经验等。社群用户的外部连接，则主要由社群内成员向外输出，将资源与信息积极分享给社群外人员，并主动吸引社群外部人员加入。旅游民宿经营者需要洞察"连接"的具体方式与动态发展过程，通过技术、数据、情感等要素，与社群内其他成员进行连接与交流，并找到关键节点。在具体操作层面，可通过两种诉求点建立连接：第一种为情感连接，对具有共同价值主张或相同兴趣的人，通过情感共鸣建立关联；第二种为利益联结，细致分析群里成员的利益诉求点，通过社群所产出的实际价值和收益建立关联。

旅游民宿在品牌维护过程，需要加强品牌的独特性，并以品牌理念以及设计为主线，形成不同的场景主题，给入住客人带来每一次都"似乎熟悉却又完全不相同"的生活空间体验。旅游民宿通过网络社群的双向互动，与社群成员分享与协作，不断强化社群成员传播信息、创造话题和自主参与的力度，形成可持续性的情感交流和商业输出，直到建立一个自我进化、自行运转的生态圈，从而最终实现旅游民宿的共创品牌价值。

参考文献

王新新：《品牌社群：形成与作用》，长春出版社，2013。

周琼：《社群经济时代新兴网络社群的特点及其影响》，《浙江工业大学学报》（社会科学版）2018 年第 4 期。

〔美〕约书亚·梅罗维茨：《消失的地域：电子媒介对社会行为的影响》，肖志军译，清华大学出版社，2002。

唐兴通：《移动互联网时代的 4C 营销》，《清华管理评论》2015 年第 6 期。

徐倩文：《关于民宿品牌建设的路径》，《区域治理》2020 年第 4 期。

杨保军：《企业品牌价值共创关键维度与路径案例研究》，《北方民族大学学报》（哲学社会科学版）2019 年第 2 期。

李华君、张智鹏：《数字时代品牌价值共创的意指内涵、研究视阈和未来展望》，《新闻大学》2019 年第 12 期。

曾德国：《国外在线品牌社群研究综述》，《商业经济研究》2016 年第 6 期。

唐兴通：《引爆社群：移动互联网时代的新 4C 法则》，机械工业出版社，2020。

Kenny D. , Marshall J. F. , Contextual Marketing：The Real Business of the Internet ［J］. *Harvard Business Review*, 2000, 78（6）：119 – 125.

B.19
民宿设计与空间布局

——以莫干有家为例

胡凌波*

摘　要：　人们随着消费水平的提高，对旅途相关的居住环境、配套设施及个性化定制服务提出了更高要求。环境优美、氛围静谧的心灵放空之地，会越来越受到人们的青睐。民宿设计需要定位精准、主题明确，并根据定位和主题对民宿空间有一个精准布局与设计。本文主要以民宿设计与空间布局为切入点，以"莫干有家"为例，提出民宿室内外空间如何融合地域文化以提升居住品质、彰显民宿特色，通过对空间的梳理与整合来满足客群的身心需求，并朝着主题化、人性化、智能化的方向发展。

关键词：　民宿选址　户外空间　室内空间布局

一　民宿选址

近些年，国内民宿行业发展迅速，特别是浙江民宿业的发展在国内一直处于领先状态。到 2019 年底，浙江省民宿数量将近 2 万家，其中有成功，也有失败①。决定一个民宿成功的因素有很多，包括先天因素和后天因素，

＊　胡凌波，中国美术学院风景建筑设计研究院空间与环境艺术研究院副院长，研究方向为文化产业、人文景观、乡村旅游的创新和发展。
①　周成功：《2019 浙江旅游民宿发展现状与趋势研究》，载过聚荣主编《中国旅游民宿发展报告（2019）》，社会科学文献出版社，2019，第 65 页。

建设和运营是后天因素，靠后天控制；而天时与地利是先天因素，可以通过寻找有特点的休闲娱乐项目、丰富消费者的体验来把气候的劣势转变为优势。民宿是一个对环境要求极高的项目，良好的地利条件可谓选址的重中之重，一经确定其市场方向就大致确立了。好的选址可给民宿大大加分，可达到事半功倍的效果。选址不理想，后期其他方面做得再成熟也会事倍功半。好的民宿无不具备极佳的地理环境。影响选址的因素很多，重要因素可归纳为以下几类。

（一）区位

随着旅游业整体的发展，有相当一部分地区具有旅游资源优势，或气候宜人或景观奇丽或人文深厚，这些地区通常旅游经济发达，是孕育民宿的绝佳土壤。而有些区域同时具有旅游资源优势和经济发展优势，如德清莫干山地区就是最好的例子。

（二）交通便利

除了有良好的资源优势和经济发展优势外，民宿选址还要考虑交通便利性，1~3小时辐射大城市或者1小时辐射景区。

从大城市周边来说，民宿最好距离城市60~200公里，保证游客能够驾车1~3个小时到达民宿，长于这个时间会产生疲劳感，短于这个时间会缺乏新鲜感。如果民宿离高铁站很近，那么坐高铁＋坐车不超过两个小时也可以考虑[①]。而对在景区内或是周边的民宿，其交通时间建议是公共交通或者驱车1小时内到达。

莫干山是中国四大避暑胜地之一，有众多的文化典故、历史名人资源及256幢形状美观的名人别墅，人文资源和自然资源都十分丰富，而且它拥有全国最大的苏浙沪市场，距离上海、苏州不超过2个半小时车程，距离杭州

[①] 《手把手教你怎么给民宿选址》，https://www.sohu.com/a/112542938_438501，最后检索日期：2021年3月22日。

半小时车程。优美的环境、丰富的资源、便利的交通使其成为民宿主们争相选择的地方，此地逐渐形成全国首屈一指的休闲度假游市场。

（三）地块状况

民宿是一个十分依赖环境的项目，地理位置及周围环境是消费者考量的首要因素，大环境最好有景点，可为游客提供游玩的地方；其次，小环境需要有景色，如依山傍水的位置，有文化遗迹或是推开窗户就能看见优美风景的位置都会给民宿大大加分。地块、景点及交通便利性影响着民宿的品质。

二　民宿设计

（一）功能需求

民宿不同于传统的酒店，虽然其核心功能也是住宿，但民宿除了具备核心住宿功能外，还需要考虑客群的精神需求、情感需求。民宿可以是艺术品，融入文化、情感、怀旧的情节，让游客可以触摸到乡愁，给人带来怀旧舒适的体验感。

主要功能需求方面：各民宿之间最大的差别就是它们各自的独特性和主题性，每个地方的本地文化和地域资源都有所不同。民宿设计需依托人文、地貌等把特殊要素抽取出来做深化，并形成文化元素融入整体设计中，给消费者提供"只有我们这里才有"的东西，提高其附加价值；深层发掘民宿的真正意义，达到建筑与自然、文化的有机结合和相对统一[①]；在赋予民宿文化内涵的同时，在功能性上更要满足现代人的生活需求。

辅助需求功能方面：民宿还可利用太阳能提供热水，增加防潮除湿功能以弥补环境带来的缺陷，配置冷却、取暖设施来保证民宿内具有舒适的温

---

① 杨於树：《关于乡村民宿设计的探讨——以浙江莫干山为例》，《中国文艺家》2019 年 3 月 5 日。

度，民宿可通过配备一系列辅助配套设施来提高游客住宿的舒适性。

功能分区：由于民宿通常位于自然环境之中，在衣食住行方面，受到诸多限制，因此更加需要设计者在设计时提高功能性，除了满足基本功能外，更需要将休闲、商务、度假、生态等一系列的相关配套功能考虑在设计中①。在户外空间与室内空间的规划和分区中，可将两者相互融合，把餐饮、住宿、聚会、活动、阅览，会议等功能融入其中，打造多功能休闲空间，力求给客人带来最舒适便捷的住宿体验。

（二）文化特色

在民宿设计上需通过对地域文化的理解与运用，来体现其独特性。通过在室内装饰、建筑风格、户外景观上运用文化元素，营造具有本土特色的民宿环境；同时还可以引入各种特色体验活动，形成网红地，激发游客发朋友圈，从而达到吸引新游客来此消费的目的；通过多样的体验活动、优质的服务、舒适的环境达到留住老顾客来此重复消费的目的。体验项目可以以自然体验、民俗体验和生态科普为主题，例如：田间劳作、林间探险、手工创意等。让游客在住得舒服的前提下，还能玩得舒心。

三　民宿的空间布局

（一）建筑外立面

在民宿的设计中，建筑外立面的设计要与周围的环境相协调，把建筑对环境的影响降到最低。考虑到客房内的采光和观景需求，在条件允许的情况下可通过增加开窗面积或建造观景阳台等来拓宽室内的观景视野，加强观景效果，让住客坐于室内也可以欣赏自然美景。但在改造过程中需要注意以下两个问题。

---

① 许璇：《浅析民宿室内空间设计——以莫干山民宿为例》，《科技与创新》2020 年第 2 期。

安全问题：目前民宿多数为单层、双层或是三层的低层建筑，但在拓宽窗户大小或者加建阳台时，还是存在一定的安全隐患，会降低安全性能，需要做好相应的安全防护措施，在确保住客安全的前提下，提升观赏界面的效果。

材料选择：外立面材料的选择要考虑到建筑与环境整体的协调性，应该尽量使用乡土材料，用精湛的工艺去平衡原生材料的粗犷，在降低对周围环境影响的同时，让建筑物更好地与自然融合在一起，看上去更加美观、自然。

（二）户外空间布局

好的民宿户外空间能与自然很好地融合在一起，让游客充分地接近自然、感受自然、放松身心，与此同时也能让人感受到当地人文气息与民风民俗。为了让人与环境能够有机融合，在户外空间设计时应考虑以下几个方面：首先要考虑到客人的生理和心理需求，让空间环境能够给客人带来足够的安全感，使其在精神上彻底放松[1]；其次，空间环境需要有适合的大小和配比，能够为客人提供活动聚会、喝茶聊天等休闲娱乐的场所；最后，完善配套设施、休闲设施如小型游泳池、别致的休闲桌椅、互动小品等来丰富消费者的体验感与对美好事物的追求。

在设计时应大量增加绿地、植物，让建筑点缀在绿色中，让游客充分亲近自然、感受自然。地域文化特色的表现，可运用当地材料，提取地域元素，并将这些元素简化、抽象，用现代手法进行表现，或是运用现代的手法结合新材料赋予乡土材料新的活力，提升公共空间的文化感和品质感，以提高客人度假品质。

民宿的庭院作为户外空间的重要组成部分，是民宿的灵魂，能使室内外空间关系更丰富多样。没有院子的民宿在竞争中通常处于劣势。绿意盎然、

---

① 邓剑虹：《文化视角下的当代中国大学校园规划研究》，华南理工大学博士学位论文，2009。

花香满园的院子不仅为客人提供了休憩、聊天、聚会的空间，同时会给人带来愉悦的心情。

庭院的设计要与地形地貌及地域特色相结合，保证庭院的独特性、丰富性、整体性，同时庭院的功能要尽量实现功能最大化，尽量满足不同人群的需求。[①]

（三）室内空间布局

在民宿室内空间设计中，应依据目标受众进行深刻分析，针对目标群体的喜好来进行设计，同时应依据因地制宜、彰显特色、合理布局、有序发展的要求，统筹全局的思想，在符合生态功能规划的前提下，以目标客群的需求、喜好等为指导进行空间布局。[②] 给顾客营造"家"的感觉，把住的元素发挥到极致。

1. 客房

客房是民宿中最重要的一部分，其风格和基调可依据受众的不同进行设计。总体设计思路仍从地域文化与当地特色出发，有主题定位和风格，让客人躺在床上休息的时候也能感受浓郁的自然气息和主题特色。民宿的客房还需注重温馨感和地域感，在装修材料的选择上应就地取材，使室内空间用材与建筑、景观形成统一协调的关系。同时设计时还要考虑经济性。

一般来说，在客房类型上，大床房占80%以上的比例，标间一般占15%~20%，同时还会配有家庭房。几乎所有的客房都会开窗，有条件的房间还有观景阳台，一般这样的房间都面朝绝佳的风景。每间客房都配备有舒适的卫生间，卫生间的房间须以淋浴为主，浴缸作为辅助配置，客房的数量不宜过多，小到四五间，最多不超过十五间为宜[③]。

---

① 刘帅：《浅谈民宿建筑与室内空间设计》，《大众文艺》2018年第8期。
② 张兴建：《浅谈民宿建筑与室内空间设计》，《美术大观》2017年第4期。
③ 《民宿设计很有用，必须知道的细节》，https://wenku.baidu.com/view/5f52f4decec789eb 172ded630b1c59eef9c79a16.html，最后检索日期：2021年3月22日。

2. 大厅

通常民宿一层空间作为大厅及公共空间使用，不仅是民宿的形象和门面，还具有接待、会客、餐饮、聊天、休闲的功能，可起到多功能厅的作用，在满足各种使用功能需求的同时还能体现民宿的主题，可以带给住客赏心悦目的感觉。大部分民宿都十分注重公共空间的打造，会依据实际需求及功能布局来定，有的可达到总面积50%以上。

3. 餐厅

餐厅也是民宿重要的功能区之一，对整个民宿的营业额影响较大，在设计时需要结合自身的规模、流量以及资金的预算等进行规划。考虑的重点包含以下几个方面。

（1）空间：餐厅空间应尽量开阔，可将室内外空间融合在一起，多用"借景"手法，如将门改造成落地式可推拉的玻璃门，方便住客进出的同时还可将餐饮空间引到室外，扩大住客的视野，并可结合室外庭院举办大型活动，提升整体空间的利用率。

（2）动线：要做到便捷，避免交叉且在动线设计上要分主次，入口到服务台距离要短，方便游客登记入住。顾客动线和服务动线应避免交叉，需设置员工通道，保证空间的秩序性。此外动线设计应尽量形成循环，增强空间的灵活性[1]。

四 民宿设计及空间布局案例分析——以莫干有家为例

（一）项目介绍

"莫干有家"坐落于莫干山风景区内，是景区内唯一一家民宿，该项目总用地面积约1350平方米，建筑面积约950平方米，是一家集住宿、餐饮、书吧、咖啡、旅游、休闲娱乐于一体的极具民国风情的主题民宿。

---

① 张兴建：《浅谈民宿建筑与室内空间设计》，《美术大观》2017年第4期。

"莫干有家"的诞生，基于对原有民国老洋房的改造，修旧如旧，同时在原有基础上强化了民国风貌，其建筑格局和室内设计都经过精心设计和布局，外观保留民国小洋楼的调性，复古露台花园、拱形门窗、高大的毛石外墙，无不给人一种置身于民国老院落的感觉，仿佛建筑就是从这里长出来的。站在"莫干有家"的露台上远眺，山峦起起伏伏，身后左右两侧各延伸出一道山脊，将"莫干有家"环抱，这样面朝山谷的地势，风景绝佳，正是一个藏风聚气的好位置。

"莫干有家"的室内非常有范，别具一格的成套桌椅柜子和谐共处，灯饰墙壁风格色调统一，木制家具细致的纹理、简洁大方的色彩，高于正常层高的层高，使室内空间显得更加宽敞明亮。"莫干有家"住宿客房共有 15 间，每间房间的净面积在 40～50 平方米不等，房间呈现多元风格，有日式、简欧、美式乡村、莫干乡野等，配备亲子房、情侣大床房、标间等。

"莫干有家"户外庭院空间在规划允许范围内，尽量做到最大化。使用本地石材并以传统的砌筑方式砌筑毛石挡墙、复古阶梯等，打造美轮美奂的户外聚会场地。精巧别致的户外茶水吧、极具特色的户外烤炉、造型优美的百年超大红枫，品种丰富的花卉、干净的草坪，使得整个园林自然和谐，静雅怡神。

（二）项目选址

1. 场所的选址

"莫干有家"的选址有诸多讲究，为何选择莫干山，又为何是莫干山景区中独独这一处地方，其中深层次的玄妙只可意会，不可言传。莫干山山水秀美，空气中含大量的负氧离子，有益于身体修复等，这些得天独厚的优势，自不必多说。更重要的是"山"在中国的文化中意味着人丁兴旺，加上莫干山是天目山龙脉的分支，而天目山起源于昆仑山脉，自古以来，人们就认为昆仑山是天下山脉之祖、龙脉之源，人们对昆仑山的神秘有敬畏，而它在中国传统文化中的地位，是举足轻重的。几乎中国所有神话中的人物都与昆仑山有或多或少的联系，而在玄学领域，昆仑山更是动关大局的存在。

2. 位置选择

"莫干有家"处于景区中心地带的荫山街上（原称"洋人街"），虽位于繁华地段，却丝毫不见车马的喧嚣。顺着台阶一直往上，爬上108级台阶，"莫干有家"静静坐落在莫干山顶，整个民宿被包裹在枫树林中，自然气息十分浓郁，在这百年民国老别墅内，有舒适独特的天地（见图1）。

图1　坐落于枫树林中的老洋楼（作者自摄）

莫干山占地方圆百里，为何"莫干有家"选这一个位置呢？这里地势面朝山谷，风景绝佳，身处其间的人，得天地精气滋养，将宇宙的能量纳入体内，能最大化地激活身体修复的本能，于吐纳呼吸间通体舒畅。

烧一壶山泉水，泡一杯龙珠茶，吃上"莫干有家"格外清甜的食物，睡在龙脉上的房子里，呼吸着山中新鲜的空气，得到大山的滋养，借助地势之利，恢复身体能量，使机体达到最佳状态，而这，也是"莫干有家"始终坚持的度假意义。

（三）风格定位

1. 莫干山整体风貌

莫干山是风光秀丽的江南名山、避暑胜地，有着得天独厚的自然资源，现保留有各式别墅256座。莫干山别墅群与其自然资源相结合，形成了人文与自然相映成趣的风貌特点。早期莫干山别墅由英、美、法、德、俄各国人士兴建，模仿各国风格，式样繁多。后期以国民党要人、工商富豪的别墅居多。莫干山别墅群与中国近代的重要人物、重要事件有相当密切的联系，曾是蒋宋联姻、国共合作会谈、国民政府币制改革会议的所在地，是研究近代史的重要历史遗存。

2. 民宿风格

为了保护莫干山的整体风貌，莫干山景区管理局对建筑风貌和村落布局有严格的保护与控制，对民宿风格有一定的限制，建筑风貌不能过于时尚，其风格定位要与莫干山整体风貌相协调（见图2）。

图2　民宿一角（作者自摄）

"莫干有家"在改造过程中除了保留浓郁的民国风情外，设计师还在此基础上融入现代文艺、智慧科技元素，以满足顾客高品质生活需求，为客人提供全方位沉浸式民国生活体验。

（四）注重空间布局

"莫干有家"在室内空间规划时充分利用当地材料，因地制宜地进行规划和布局，使其与自然环境相融合。在设计中利用有限空间营造多重空间，通过对空间的多元化利用，来提升空间价值。"莫干有家"在整体空间上做了较为明确的功能划分，一层及户外院子主要是公共活动空间，二层、三层主要为住宿空间。

1. 室外空间布局

"莫干有家"利用地形搭建台地景观，构筑幽静大院、法式露台，营造了多重户外空间，一层的户外大平台面积约300平方米，大约能容纳80～100人聚会、派对、狂欢。客人可在此享用醇香的咖啡和美味的西餐或是办一场秋日草坪party，实在太惬意不过，还有两个充满异域风情的手工砖砌烤炉吸引每一个来此的游客。二层的露台面积约100平方米，设有景观池及休闲活动空间，三五好友在太阳伞下喝茶聊天，远望山景，仿佛被自然拥抱着（见图3）。三层露台面积约为65平方米，可容纳约25～35人，夜晚客人们可以在这里赏月看星、聚会、看露天电影。

2. 室内功能布局

"莫干有家"有2栋洋房，由于空间的局限性，在设计中不可能做到面面俱到，必有取舍，需充分利用室内外空间，尽可能地创建多元空间，使建筑空间及装饰环境具有多样性。

"莫干有家"一层是公共空间，整体充满了浓郁的民国风。共分为两大区域，前厅东侧的公共活动区和前厅西侧的用餐区。前厅东侧的公共活动区设置了服务登记台、茶水吧、休闲书店、手工坊及可容纳12～20人的中小型会议室等，会议室还可以根据客人需求切换为私人餐饮包厢。入住客人可以在服务台登记入住信息，然后乘坐电梯上楼入住；在这里客人们可以根据

图3 户外聚会空间（作者自摄）

自己的喜好选择看书、喝茶聊天、做手工或是简单处理办公事宜等。前厅西侧设置了结合餐饮功能的书咖吧，书咖吧面积约90平方米，与户外庭院无缝衔接，可供35人左右共享休闲时光，客人可在此享用早餐中餐，晚上还可在此看场自己喜欢的电影。

二层三层主要为住宿空间，共有客房15间，每间房间的净面积在40~50平方米不等，房间呈现多元风格，有日式、简欧、美式乡村、莫干乡野等，配有亲子房、情侣大床房、标间等，每间都相当舒适宽敞。同时每一层都设有一处公共客厅，为客人们提供交流活动场所（见图4）。

"莫干有家"的空间可拆复性很强，非常适合几对好友共同出游。每2间或者3间客房有共用的露台，或者是位于公共空间的"小客厅"，在提供给客人更多的共享空间外，也给客人提供了更多便利，只要客人需要，双床房也可以秒变大床房，可依据客人的喜好和需求来巧变空间。客人还可在民国露台上发呆赏景、谈天说事，或是翻开一本书，在看风景的人的眼中，都美成了一幅画卷。

图4 公共客厅（作者自摄）

（五）建筑改造

1. 设计手法

建筑作为民宿的主体带给人最初的印象，需充分尊重和展现地方文化，利用周边人文风情和自然环境，对地域符号进行抽象整合后运用到建筑当中以提高辨识度，使其具有独树一帜的风格。

"莫干有家"采用修旧如故的设计手法，保留了老洋房原有的基础框架，并不断地强化她，使其流露出特有的年代感。让人一走进这里，便仿佛穿越到了民国，处处流淌着时光印记。同时"莫干有家"还加入现代文艺、智慧科技元素，石头砌成的老房子经翻修后焕发新生，使用功能和生活舒适度更符合现代人的需求。

2. 材料的选用

"莫干有家"在材料的选择上秉承节能理念，大量选用原汁原味的乡土材料砌筑挡墙、修筑平台、构建空间，并融合现代手法进行打造，用精细做工平衡原生材料的粗犷。利用石板、老木、竹篱笆等具有代表性的乡情元素打造自然宁静、质朴休闲的民宿环境，衬托出浑然天成的韵味及氛围，营造宁静舒适的乡野生活（见图5）。

3. 面临的问题

如何维持冬日山间室内温度的舒适性？如何应付黄梅时节的潮湿？由于冬日山间温度较低，湿度较大，空调无法正常工作，莫干景区内无法使用壁

图5   用当地生态环保材料构建多功能空间（作者自摄）

炉，"莫干有家"为了解决此问题，在每个空间都安装了地暖，在防潮、防湿、保温、取暖方面都有良好的效果，可为客人提供舒适的居住环境。另外，莫干山景区黄梅时节，多雨潮湿，"莫干有家"贴心地为每个客房配备了除湿器，保证在客人入住之前，整个客房内都是干燥清爽的。

如何解决改造中材料的运输问题？由于"莫干有家"位于山间，由一条窄窄的台阶与荫山街相连，材料无法通过车辆运输至老洋房，为了解决此问题，民宿主在山间设置了一条自制的钢索运输通道，将材料翻过山头运输至莫干有家，有效地解决了材料运输问题。

（六）服务与运营管理

1. 服务管理

在民宿扎堆的莫干山，想要做出好口碑，很大程度上还取决于服务水平。"莫干有家"的服务更倾向人性化及个性化服务。从客人预订开始就提供一系列温情服务，了解客户需求—根据天气情况建议携带衣物及合理的游玩路线—指引上山的交通路线—等候区迎接并提供搬运行李服务等。在客人进门之前，提前开启公共空间和客房的除湿器或空调，邀请客人一起用餐、看电影、喝酒、烧烤、聊天，也可根据客人需求提供一系列个性化服务套餐。"莫干有家"希望给客人的感受永远是温情且温馨的。

2. 运营管理

民宿市场淡旺季差别明显，一般来说夏秋季和周末，民宿游客爆满，但到了初春和冬季，民宿门前车马稀，生意清淡。成本控制成为民宿管理的重要组成部分，而科学合理的团队构建与运营及人员架构体系有助于民宿工作及服务质量的提升，有利于实现成本控制①。

"莫干有家"的管理和运营团队颇有经验，民宿的主理人 AC 与滚烫原是莫干山最早一批做民宿的人，翻开他们的履历，还能窥见中国民宿的"半部发展史"。滚烫被小伙伴们戏称为"莫干山谢霆锋"，曾就职裸心谷的他，是当之无愧的民宿界大佬，性格外向活泼，做得一手好料理（见图6）。而手握高级咖啡师、精杯萃取、感官技能和葡萄酒品鉴师等专业证书的 AC，曾是莫干山法式田园风民宿"白色香墅"的主人，10 余年坚守专业民宿，还曾培训出一大批民宿管家和店长。

图6　精美餐饮（作者自摄）

为了解决淡季的问题，员工需一岗多职：一个人需要担负起很多职能，一个前台不仅能做接待登记，还要会简单的维护、修理，能整理客房，能应付各种突发状况，偶尔还需要配合做运营等②。

---

① 吴文智、王丹丹：《当代民宿行业界定与发展辨识》，《旅游论坛》2018 年第 3 期。
② 王秋蕾：《浅议民宿设计》，《老区建设》2016 年 11 月 25 日。

兼职人员：

（1）清洁人员：客房打扫（负责旺季及入住率高时的房间整理打扫）。

（2）水电网故障维修人员：负责民宿水电网检修及故障维修。

（3）营销推广人员：负责民宿图片拍摄及文字宣传，维护微博、微信公众号、马蜂窝等平台，负责策划营销活动等。

（4）花工：负责店内花草种植维护工作。

B.20
中国民宿评价体系的建设与应用

尤劲 杨虎*

摘　要： 民宿是推动我国区域旅游和经济发展的重要力量，也是地方文化振兴的重要载体。民宿的规范经营有助于积极促进宾客体验与地方财政收入的螺旋式互动提升，是地方综合发展效应的重要支点之一。科学规范的民宿评价指标体系不仅有利于促进地方民宿协会的管理和服务，还可为不同经营形态民宿的管理水平提升提供科学指导。评价指标体系的制定是一项多学科融合的工作，既要关注到民宿有别于宾馆酒店的独特性，又要对评价指标的系统性和发展性给予充分重视。通过应用扎根理论对国内2019~2020年两年内关注"民宿评价"的期刊论文和部分学位论文进行分析研究，归纳推导出中国民宿评价体系，为旅游民宿的管理实践和研究提供了全新的结构化工具。

关键词： 民宿　评价指标体系　管理提升　发展成熟度

一　研究背景

中国民宿经过近30年的发展，已经从粗放快速发展阶段进入注重文化

---

* 尤劲，博士，国脉（上海）管理咨询有限公司总经理，研究方向为行业研究、组织创新与管理咨询；杨虎，博士，法国必维集团大中华区总监，英国皇家特许建造师，国家一级注册建造师，国家注册招标师。

建设内涵的规范经营阶段。民宿在近年来更是成为旅游业创新升级和地方乡村振兴的关键要素之一。从中央到地方各级政府都高度重视民宿的新业态建设。要科学界定中国民宿的评价问题，为中国民宿的建设与发展提供有力的理论支持，需要从梳理民宿在我国的发展和民宿的定义与分类等几个方面入手。

（一）民宿在我国的发展

我国民宿起源于 20 世纪 80 年代的台湾，目前已经成为台湾旅游发展的重要品牌和核心竞争力[①]。90 年代，民宿概念传入大陆。早期的民宿形式以农家乐和家庭旅馆为主。进入 21 世纪以后，随着旅游业的蓬勃发展，旅游民宿在大陆地区获得爆发式增长。

从早期的农家乐和家庭旅馆发展到如今丰富多样的经营模式，从简单模仿客栈宾馆到深入挖掘自身地理优势与人文特色，中国大陆地区民宿逐步走向成熟，成为境内旅游经济发展的重要组成部分。虽然各地文旅市场的开发与管理进度存在一定时差，但从发展阶段来看，大陆地区民宿的发展可划分为四个主要阶段。

1. 早期萌发阶段（20世纪90年代初至90年代末期）

随着中国改革开放的持续深入，城镇居民收入逐步提升的同时工作与生活压力也不断增长。城镇居民开始向往回归质朴的田园生活，感受乡土文化。另外，依托多种经营模式搞活农村经济、提升农户收入的思想正在农村地区开始活跃。农家乐和以垂钓采摘为主要观光休闲形式的郊游模式在城市近郊的农村地区悄然兴起。

此阶段的发展形式多以近郊乡野游览和在农家院落就餐为主，人们追求"吃农家饭，享农家乐"的旅游体验。由于行程时间多为周末和节假日，对于住宿的需求极少。经营方面多以农户自营为主，政府尚未出台相关的管理

---

① 张海洲、虞虎、徐雨晨、郑健雄、陆林等：《台湾地区民宿研究特点分析——兼论中国大陆民宿研究框架》，《旅游学刊》2019 年第 1 期。

制度和规范。

2. 农业观光阶段（20世纪90年代末至2004年）

随着城市近郊旅游和农业观光的发展，各地地方政府积极提升主动监督和管理水平。以北京地区为例：1993年，北京市农业与农村资源区划办公室编制的《北京市农业区域开发总体规划》中提出"观光农业"的概念；1998年北京市政府出台了《北京市观光农业发展总体规划》并成立了北京市观光农业领导小组；2002年，北京市农委和北京市旅游局联合制定了《北京市郊区民俗旅游接待户评定标准（试行）》和《北京市郊区民俗旅游村接待户评定暂行办法》；2004年制定颁布了《北京市观光农业园示范评定标准》。据统计，2004年北京已有11个区县50多个乡镇的331个村开展了乡村民俗旅游接待工作，从业的农业人口达4万人，接待游客8939万人次[1]。

此阶段的特点是数量规模迅速扩大，内容和形式不断丰富。特色经营方面在农家饭、郊野游览与采摘的基础上大量增加了民俗风情体验。经营方式也更多元化，很多地方由农户自主经营转变为村镇集体经营、政府引导经营、混合经营等模式。这一阶段，民宿发展还处于摸索阶段，各地相互模仿复制，这也导致了"千村一面，万村一貌"的问题，地方文化产品缺乏特色。

2004年12月31日，《中共中央国务院关于进一步加强农村工作提高农业综合生产能力若干政策的意见》（中发〔2005〕1号）正式确立了三农政策。党中央、国务院将农业、农村和农民工作列为国家重点工作。我国的三农政策将"农民收入实现较快增长，农村改革迈出重大步伐，农村社会事业取得新的进展"作为主要目标方针。三农政策的提出也为乡村民宿进入快速发展阶段吹响了号角。

3. 发展规范阶段（2005～2016年）

2005年7月15日，中华人民共和国住房和城乡建设部与中华人民共和

---

[1] 邱莉：《北京市休闲观光农业发展研究》，中国农业科学院硕士学位论文，2012年5月；戴湘毅、张鑫：《北京民宿的现状、问题和发展建议》，《中国经贸导刊（中）》2019年第14期。

国国家质量监督检验检疫总局联合发布了 GB50357 – 2005《历史文化名城保护规划规范》，并于同年 10 月 1 日实施。该标准确定了保护原则、措施、内容和重点。伴随着国家对"三农"问题的持续深入关注以及中国城市开发建设进入高速发展期，城中村的拆迁、历史建筑及风景名胜区保护、世界文化遗产申请等诸多保护与发展的冲突问题促使地方政府直面地区旅游品牌的建设难题，城镇民宿作为一种疏导方式正式进入城市旅游发展规划中。2008 年 7 月 1 日，由中华人民共和国国务院颁布的《历史文化名城名镇名村保护条例》正式施行。条例强化了各地政府在关注地方经济发展的同时采取行动保护好地方环境与文化。2008 年北京市奥运会的举办，加速了旅游城市在旅游住宿方面的提升。"奥运人家"在为奥运会观众和游客提供住宿接待服务的同时也让国外游客有机会深入体验北京文化。这一针对奥运接待而特批的短期业态为胡同四合院民宿的发展提供了机会，在较大程度上推进了北京民宿从京郊向城区的发展。2015 年，北京市旅游委对《"北京人家"服务标准与评定》进行了重新修订，"北京人家"已经成为北京旧城民居体验的靓丽名片[①]。2015 年 11 月，国务院办公厅发布《关于加快发展生活性服务业促进消费结构升级的指导意见》，指出"积极发展客栈民宿、短租公寓、长租公寓等细分业态，并将其定性为生活性服务业，将在多维度给予政策支持。"2016 年 1 月，中央 1 号文件《中共中央、国务院关于落实发展新理念加快农业现代化实现全面小康目标的若干意见》提出："依托农村绿水青山、田园风光、乡土文化等资源，大力发展休闲度假、旅游观光、养生养老、创意农业、农耕体验、乡村手工艺等，使之成为繁荣农村、富裕农民的新兴支柱产业……依据各地具体条件，有规划地开发休闲农庄、乡村酒店、特色民宿、自驾露营、户外运动等乡村休闲度假产品。实施休闲农业和乡村旅游提升工程、振兴中国传统手工艺计划。开展农业文化遗产普查与保护。支持有条件的地方通过盘活农村闲置房屋、集体建设用地、'四荒地'、可

---

① 戴湘毅、张鑫：《北京民宿的现状、问题和发展建议》，《中国经贸导刊（中）》2019 年第 14 期。

用林场和水面等资产资源发展休闲农业和乡村旅游。"同年，发改委、中宣部、科技部等十部门联合出台《关于促进绿色消费的指导意见》，文件中首次提及"共享经济"，"支持发展共享经济，鼓励个人闲置资源有效利用，有序发展网络预约拼车、自有车辆租赁、民宿出租、旧物交换利用等"。

中商产业研究院发布的《2018年中国民宿行业市场前景研究报告》表明，到2016年末，线上注册客栈民宿量总共达50200家。

此阶段的民宿发展特点是伴随中国城乡经济建设发展中出现的诸多问题与挑战而逐步规范的过程。旅游民宿的经营以"短租"为主要特征，民宿在建筑空间的改造和建设方面以参考宾馆酒店为主。民宿间同质化现象严重，市场竞争激烈。

4. 特色铸造阶段（2017年至今）

中国社会科学院财经战略研究院、中国社会科学院旅游研究中心、社会科学文献出版社于2017年1月17日共同发布的《旅游绿皮书：2016～2017年中国旅游发展分析与预测》指出：建议各地探索合理合法、高效一体的民宿行业管理政策，推行行业许可经营制度，建立统一的民宿审批与监管机制，提高民宿经营的规范性与稳定性。2017年8月15日，原国家旅游局正式发布了LB/T065－2017《旅游民宿基本要求与评价》国家行业标准，并在浙江和湖北两省开展了试点实施工作。文件的发布标志着旅游民宿已经拥有合法地位。通过历时两年的推广实施，为了更好地促进文旅融合，规范并引导旅游民宿高质量发展，推动工作全面进行，文化和旅游部市场管理司启动了标准修订工作，并于2019年7月3日正式颁布和实施了LB/T065－2019《旅游民宿基本要求与评价》国家行业标准。2018年，国务院办公厅以及文化和旅游部等17个部门联合发布《关于促进全域旅游发展的指导意见》，文件明确指出国家及地方大力支持民宿业的发展。2019年后全国各省区市继国务院2017年10月发布《历史文化名城名镇名村保护条例（2017修正）》行政法规后，先后发布地方性历史文化名城名镇名村保护条例，地方管理工作中文化建设深入夯实落地。随着资本的进入，中国民宿业迎来了一个多元化、个性化的空前发展时期。

此阶段的发展特点是：旅游民宿作为文化和旅游的载体的属性得到政府和学界的关注，民间资本开始进入民宿产业，民宿建设从单纯的宾馆住宿的补充形式发展成为更具浓厚文化色彩的个性化、多元化的地方人文和旅游的载体。各地民宿民间组织蓬勃发展，国家与地方的法律法规体系不断完善。旅游民宿在经营管理与宾客服务方面的能力持续提升。

（二）我国对旅游民宿的定义及分类

1. 民宿的定义

2017 年以前被国内学者引用相对较多的民宿定义来自台湾地区交通主管部门颁布的《民宿管理办法》（2001），其中将民宿定义为："指利用自用住宅空闲房间，结合当地人文、自然景观、生态、环境资源及农林渔牧生产活动，以家庭副业方式经营，提供旅客乡野生活之住宿处所。"该办法还依据位置环境及经营特色对民宿的经营规模进行严格控制："民宿之经营规模，以客房数 5 间以下，且客房总楼地板面积一百五十平方公尺以下为原则。但位于原住民保留地、经农业主管机关核发经营许可登记证之休闲农场，经农业主管机关划定之休闲农业区、观光地区、偏远地区及离岛地区之特色民宿，客房数十五间以下，且客房总楼地板面积二百平方公尺以下之规模经营"。从台湾地区的经验来看，民宿有别于宾馆酒店的差别主要在于强调"自用住宅"的概念，是一种家庭经营的副业。

大陆地区对于民宿的界定则相对较为宽泛。以《北京市旅游条例》为例，其中将民宿界定为"城乡居民利用拥有所有权或者使用权的住宅，为旅游者提供住宿服务的经营场所，确立住宅性质的房屋从事住宿经营的合法性。"不仅包括自有住宅闲置空间的利用，"拥有使用权"将商业化的租赁运营者也纳入其中。

国家市场监督管理总局国家标准化管理委员会于 2020 年 9 月 29 日发布实施的 GB/T 39000 - 2020《乡村民宿服务质量规范》中对乡村民宿（rural homestay inn）的定义为"位于乡村内，利用村（居）民自有住宅、村集体房舍或其他设施，民宿主人参与接待，方便客群体验当地优美环境、特色文

化与生产生活方式的小型住宿场所"。

LB/T065-2019《旅游民宿基本要求与评价》指出，旅游民宿是"利用当地民居等相关闲置资源，经营用客房不超过4层、建筑面积不超过800m²，主人参与接待，为游客提供体验当地自然、文化与生产生活方式的小型住宿设施"；以及较早前的LB/T065-2017《旅游民宿基本要求与评价》的"单栋建筑客房数量不超过14间（套）"，目前被广泛接受为中国旅游民宿的标准定义。

2.民宿的分类

虽然，国家层面已经对乡村民宿和旅游民宿给出了定义，但随着中国大陆地区城镇的高速发展，以及近年来对历史文化名城名镇名村保护的高度重视，中国民宿展现出了多种形态。一般来说，可以从地域和文化价值两个维度进行划分：根据所处地域的不同可分为城镇民宿与乡村民宿两类。从文化价值高低的视角，又可将城镇民宿区分为历史城镇体验型和城镇社区便利型；将乡村民宿分为风景风俗资源型和现代农业体验型（见图1）。

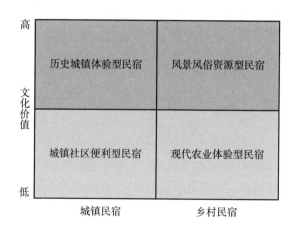

图1 中国民宿分类

3.历史城镇体验型民宿

历史城镇体验型民宿依托历史文化名城中的历史建筑资源，主要分布在我国著名的旅游城市内，如北京的四合院胡同、上海的石库门里弄、厦门鼓浪屿的海岛别墅等都具有鲜明的地方文化特色，能使宾客体验到当地传统文化与历史的厚重，感受当地居民真实的市井生活。随着历史名城保护的逐步深入，历史城镇体验型民宿因其独特的地方文化深度体验的特性将受到越来越多的外地游客的喜爱，是旅游城市星级酒店的有力竞争者。由于我国城市商品房房价高涨，历史文化名城内的历史城镇体验型民宿的开发和运营需要相当实力，对这类民宿的研究还并不多见。

4. 城镇社区便利型民宿

城镇社区便利型民宿主要分布于城市中的老公房或现代高层住宅区内，由"短租房"和"共享经济"的概念衍生而来，是城市经济型快捷酒店的竞争产品。在线短租的形式是我国城镇社区便利型民宿的主要产品模式。此类民宿虽然由城镇居民的自有（自购、投资）闲置住房改造而成，但是宾客与房东并不生活在一起，通过移动互联网平台和智能门锁等技术手段，宾客甚至无须与房东相遇。这类民宿由于缺乏房东互动这一重要因素，大量房源甚至长期被第三方短租平台托管运营，房屋在建筑和装修等方面也普遍缺乏明显的地方文化符号。

5. 风景风俗资源型民宿

风景风俗资源型民宿主要由城市近郊的风景名胜区内的新村建设改造而来。出于历史原因，这些民宿多是原来分布于景区内从事耕种的农户家的农舍，临近知名的景观资源，能够为旅游宾客提供出色的亲近自然、体验传统民俗农事的乐趣。风景风俗资源型民宿也是学者讨论和研究最多的民宿类型。浙江省湖州莫干山地区的大量民宿、位于杭州西湖风景名胜区内的茶园寺院民宿以及北京昌平司马台长城脚下的村落民宿等皆属于此类。农户在自家花圃茶田，安排宾客体验摘茶炒茶等手工农事或是聆听地方民俗趣事等乐趣。风景风俗资源型民宿往往主要吸引的是本省及周边省份的游客，有统计资料显示游客多为自驾游且来自交通时间不超过 3.5 小时的地域范围。

6. 现代农业体验型民宿

现代农业体验型民宿在我国目前还主要集中在一线及省会城市的近郊村镇。这类民宿并非通过风景资源和地方文化民俗来吸引旅游宾客，而是通过

组织城市目标消费群体走入农业生产现场近距离观察现代农业生产环节，进行现代农业生产及养生科普学习、大棚采摘等活动，以推动农产品的宣传与销售。此类民宿建立在现代农业企业的市场营销的基础上，融合传统的"农家乐"产品，一般无法形成长时间的深度旅游体验。与现代社区便利型民宿类似，此类民宿在住宿方面通常游客和房东的互动机会很少，房屋仅供短租住宿使用。

由上述分类，不难看出随着国内城乡建设的持续推进，中国民宿已经从乡村拓展到城市，从浅尝辄止拓展到深度体验。无论是在物质文化还是在非物质文化的传承和宣传等方面，民宿都将担负起地方文化复兴的重要使命。中国民宿最显著的共性在于：文化特色突出和经营形式丰富。

（三）中国民宿评价当前面临的问题

民宿业在大陆地区蓬勃发展，民宿的评价依旧面临大量挑战。

1. 缺乏问题导向的量化指标体系

目前，我国对于民宿业尚未出台强制的行业标准。虽然文化和旅游部于2019年7月3日发布了《旅游民宿基本要求与评价》，对引导市场健康发展发挥了积极的作用，但是当前已有相关文件只是推荐性标准，其内容多是参照酒店行业的基本要求而来，缺乏针对性的量化指标。民宿经营过程中最突出的问题和旅客最关注的问题未能充分体现在现有的评价体系中。中国民宿业需要通过一套量化的、以解决问题为导向的评价体系来引导民宿业健康发展。

2. 网络评价存在明显弊端

通过大量文献研究，目前我国大陆地区民宿的评价主要依托网络平台的游客评价和口碑，评价的内容简单参照"短租房"，评价指标集中在民宿设施、卫生条件和接待服务等方面，民宿自身承载的地方文化传播的使命并未充分体现。这种市场自然形成的评价方法固然对消费者选择民宿具有一定的参考价值，但是缺乏权威性，民宿主人可以通过打点网络平台或雇佣网络水军等作弊行为提升自家民宿的好评度。

3. 现有国家评价标准倾向于乡村民宿

我国民宿存在发展不平衡的现象。国家市场监督管理总局国家标准化管理委员会于 2020 年 9 月 29 日发布的《乡村民宿服务质量规范》仅适用于乡村民宿，标准并未覆盖到各类型的民宿，特别是在城镇民宿的评价方面还存在空白。固然，乡村民宿作为乡村旅游的一部分，因扮演着乡村振兴、新农村建设等至关重要的角色而备受关注，但是作为中国民宿重要组成部分的城镇民宿却没有得到充分重视，简单套用乡村民宿的评价指标不够严谨。

4. 地方管理与评价还存在很多挑战与困难

我国大陆地区民宿经营模式复杂多样，部分地区的村镇和街道的集体利益以及地方国资企业直接或间接介入参与民宿经营，存在主观掩盖民宿经营中的诸多问题和弊端的可能，使得民宿评价中缺乏客观性。我国地方民宿协会于 2019 年以来刚刚起步，很多地区尚未形成具有广泛社会认同度的民宿协会组织，对于经营者和服务者的自律推动力有限，使得评价的客观性和科学性难度增大。此外，虽然部分地方政府已经出台民宿评价的体系和标准，但地方间缺乏统一性，为相互学习和借鉴造成了不小的困难。

上述问题经过民宿业高速发展的放大，促使消费者们对民宿的监管和规范的呼声不断增强。业内需要一个权威、客观、系统、实时的第三方评价指标体系，通过引导宾客消费市场的形式来有效约束和规范民宿的品质。

二　中国民宿评价体系的研究

针对中国民宿评价现存的问题，本项目应用扎根理论和文献总结的方法对 2019～2020 年中国知网上的以"民宿评价"为关键词的 213 篇学术期刊及部分学位论文进行了筛选、分类和研究，学科领域涉及地理学、建筑学、社会学、管理学、旅游学、经济学等近 10 个学科，最终梳理出中国民宿评价体系模型框架。

（一）利用扎根理论进行研究

扎根理论是一种质性研究的方式，其主要宗旨是从经验资料的基础上建立理论。在研究开始之前一般没有理论假设，研究者直接从实际观察入手，从原始资料中归纳出经验概括，然后上升到理论。这是一种从下往上建立实质理论的方法，即在系统收集资料的基础上寻找反映社会现象的核心概念，然后通过这些概念之间的联系建构相关的社会理论。

在哲学思想上，扎根理论方法基于后实证主义的范式，强调对目前已经建构的理论进行证伪。扎根理论的理论思想来源于哲学和社会学两个方面。研究建立在2019年和2020年200余篇中文学术期刊文章的分析研究基础上，从资料中产生模型理论，通过不断比较分类的方式，最终抽象出中国民宿评价体系。

中国民宿评价体系共设六个一级指标：［盈利表现］、［宾客体验］、［服务传递］、［运营保障］、［硬件基础］和［营业基础］。每个一级指标由2～4个二级指标共同组成。每个二级指标再细分出三级解释性指标。例如，二级指标［文化价值］由［物质文化价值］和［非物质文化价值］两个三级解释性指标组成；［物质文化价值］又再细分出评价准则5项：［结构布局］、［独特景观］、［传统建筑］、［历史陈设］、［饮食服饰］。针对每项评价准则又拆分出具体的量化指标层，如［结构布局］的量化指标层包括：自然环境协调度、传统格局完整度。

［盈利表现］是民宿作为经营主体是否获得市场认可的直观结果。中国民宿评价体系将其作为六大指标层级中最高一级，凸显结构导向特性。［入住率］、［收益能力］和［社会效益］分别从年入住实际情况和财务指标等具体结果客观、量化、真实地反映出民宿经营的业绩表现。因此，［盈利表现］也是民宿经营能力和经营好坏的关键结果性指标。

［宾客体验］指标是盈利表现指标的支持性指标，也是国内期刊文献针对民宿评价研究使用较多的（注：主要在于学术研究中很难获得民宿的实际经营数据，只能通过爬虫技术分析OTA平台开源的客户评价关键词进行

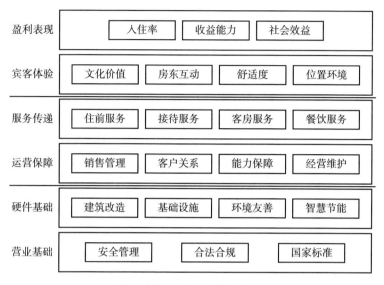

图 2 中国民宿评价体系框架

分析）。很多国内研究[①]通过对 OTA 平台上民宿评价词语的收集和分析得到核心高频词汇：房间、房东、位置环境等。基于穷尽性原则、互斥性原则和分层性原则，宾客体验指标可细分为四项：［文化价值］、［房东互动］、［舒适度］和［位置环境］。其中［文化价值］和［房东互动］是民宿特别是旅游民宿有别于商务宾馆、酒店而独有的指标。

其他四项一级指标的研究过程类似，是民宿经营优劣的过程性指标，不再赘述。值得提及的是，通过回顾中国民宿的发展，除盈利表现以外，自下而上的五个一级指标正好反映出旅游民宿从早期的摸索建设到精品化、人文化的发展成熟过程。具体评价指标体系（至评价准则层）详见表 1。

[①] 刘文博：《城镇民宿顾客满意度影响因素研究——以成都市春熙路为例》，重庆工商大学硕士学位论文，2019 年 5 月；李彬彬、程子赫：《共享经济下游客民宿选择行为研究》，《西部经济管理论坛》2017 年第 3 期；王敏：《基于网络游客评价的林州民宿感知研究》，《商丘师范学院学报》2019 年第 12 期；林育彬、郭伟锋、林开森等：《基于网络文本分析的陶然有山茶文化主题民宿服务质量评价研究》，《西安建筑科技大学学报》（社会科学版）2020 年第 1 期；皮常玲、郑向敏：《基于在线评论的民宿顾客抱怨研究——以厦门鼓浪屿民宿为例》，《旅游论坛》2017 年第 3 期。

表1　中国民宿评价指标体系

一级指标	二级指标	三级指标	项目等级	指标说明（部分评价内容）
盈利表现	入住率	年度入住率	基础项	年度客房销售业绩
		旺季入住率	加分项	当地旅游旺季客房销售业绩
		淡季入住率	加分项	当地旅游淡季客房销售业绩
		常客复购率	加分项	常客占比、复购次数
	收益能力	年度利润率	基础项	利润与总成本比率
		单位面积收益	加分项	单位建筑面积利润日产出
		客房收入占比	加分项	单位客房面积利润日产出
	社会效益	促进本地就业	基础项	本地人员与全体员工占比
		外部荣誉	加分项	地级以上政府或行业协会荣誉
宾客体验	文化价值	物质文化价值	加分项	结构布局、独特景观、传统建筑、历史陈设、饮食服饰
		非物质文化价值	加分项	历史影响、民风民俗、手工技艺
	房东互动	服务态度	基础项	接待热情、穿着清洁、礼仪礼节
		旅行帮助	加分项	旅游资源、公共服务、地方特产
		沟通解答	加分项	语言能力、积极主动
	舒适度	客房配置	加分项	客房面积、生活设施、优化措施
		客房设计	加分项	设计特色、功能布局、客房装饰
		干净整洁	基础项	日常清扫、布草更换、防鼠防虫
	位置环境	地理位置	基础项	毗邻景点、历史环境、城市方位
		交通状况	加分项	公交可达、停车场地、易于寻找
		街巷环境	加分项	商业配套、街巷安全、街巷卫生
服务传递	住前服务	信息服务	基础项	咨询方式、民宿信息、主题特色
		预订服务	基础项	预定方式、推荐周边、订单变更
	接待服务	前台服务	基础项	迎送宾客、正规发票、实名登记
		旅行支持	加分项	行程建议、交通工具、设备租借
	客房服务	医疗服务	加分项	常用药品、紧急送医、呼救电话
		客房准备	基础项	入住赠品、客房环境
	餐饮服务	增值服务	加分项	接送服务、叫醒服务、洗衣服务
		早餐服务	基础项	食材新鲜、菜品丰富、营养美味
		用餐体验	加分项	特种餐饮、送餐服务、自助烹饪
		厨房状态	加分项	食品来源、冷藏消毒、生熟分离
运营保障	销售管理	价格管理	基础项	透明规范、消费提醒、有序调整
		渠道管理	加分项	渠道维护、渠道开拓、渠道评价
		营销宣传	加分项	营销文案、营销记录、IP建设

一级指标	二级指标	三级指标	项目等级	指标说明（部分评价内容）
运营保障	客户关系	客户信息	加分项	分类统计、档案系统、常客管理
		客户评价	加分项	主动收集、定期分析、评价渠道
		投诉管理	基础项	投诉处理、补救预案、结果评价
	能力保障	人力资源	加分项	员工招聘、员工培训、员工激励
		信息化应用	加分项	自有网站、自媒体、平台合作
	经营维护	清扫消毒与修缮	基础项	清扫消毒、定期检查、设备维护
		邻里关系	基础项	维护措施、自我评估、主动改善
硬件基础	建筑改造	建筑格局改造	基础项	房屋安全性、客房数量、优良视野
		建筑设计	加分项	环境融合、理念统一
		附属功能	加分项	布局合理、功能完善、满足接待
		建筑材料与装饰	加分项	室内外装修与用材
	基础设施	室内环境	基础项	采光与通风、隔声、防潮与防水
		建筑设备	基础项	给排水、暖通空调、电气、消防、网络
		功能配套设备	加分项	管理制度、设备状态、系统功能
	环境友善	减少污染	基础项	污水排放、餐饮油烟排放、垃圾分类
		生活用水	基础项	（略）
		能源利用	加分项	可再生能源、能效性能水平
	智慧节能	新能源车辆	加分项	优先车位、充电桩、智慧出行
		节水效率	加分项	节水器具、耐旱景观、雨水回用
		室内空气质量	加分项	空调过滤等级、挥发性装修材料控制
		热舒适	加分项	个性控制、湿度、自然通风
		智能体验设备	加分项	无接触、物联网
营业基础	安全管理	安全责任	门槛项	明确责任人，建立操作规程
		建筑设备安全	门槛项	设备安全有效、定期检查维护
		治安安全	门槛项	实名登记、及时上报、时时管控
		人身财产安全	门槛项	制度明确，措施齐备，人员在岗
		宾客信息安全	门槛项	网络安全、信息保密、定期维护
		食品与卫生安全	门槛项	来源可靠、加工安全、销售透明
		消防安全	门槛项	消防安全制度、危险物品防护
		安全应急预案	门槛项	应急处置预案、应急培训与演练
	合法合规	前置审批	门槛项	政府规划、消防许可、卫生许可
		依法经营	门槛项	食品安全、价格报备、证照齐全
		国家标准	门槛项	（略）

注：表中"项目等级"的含义："门槛项"表示进入评级的前置条件，如有任何一项不达标则不能进入评级体系；"基础项"表示民宿经营必备的关键指标，决定民宿是否可以入选银级民宿的指标；"加分项"表示在达到评价基础上，区分黄金级与铂金级民宿的要素。

（二）国外民宿管理与评价的启示

民宿在国外的发展较早，很多国家已经建立起相对完善的法规与管理标准。虽然各地所推行和沿用的管理标准差异较大，但是对于制定我国旅游民宿评价指标体系具有一定的借鉴意义。分析过程中，可以通过比较分析的方式去验证中国民宿评价体系的系统性和科学性。

1. 英国民宿

20 世纪 60 年代初期，英国西南部及中部地区的农家最早出现了以提供床铺和早餐为经营形式的家庭旅馆服务模式。英国作为早期发展民宿产业的国家，至今已有约六十年的民宿发展历史。当今，民宿已成为英国旅游业的重要组成部分。英国民宿的管理分级制度由英国观光局审查并制定标准，具体设定为四个"皇冠制"等级。由英国观光局在不预先告知的情况下进行年审。年审中，针对食品卫生、消防设施、室内改装许可、税额标准等几个方面进行核查，并根据民宿主人的执业水平提供相应的培训课程（如：《农场住宿设施与农场环境的安全维护》《农场观光旅客的服务》《农场配套运动及休憩设施》等），以提高专业服务水平，对民宿的可持续发展起到推动作用。

2. 法国民宿

法国将民宿产业作为战后重建的主要力量。为了规范民宿行业的良性发展，法国成立了世界上最大的民宿组织：民宿联合会。联合会协助法国民宿从业者，为他们提供专业的培训辅导以及各类民宿运营管理方面的咨询。联合会负责民宿质量的监督及评级。其民宿评级制度采用"麦穗标识"，从一枝到五枝，麦穗的数量和等级成正比。评级体系与酒店评级相似，从住宿环境、内部设施、卫生状况、舒适程度、服务质量等民宿软硬件品质上进行核定评分。在法国，民宿主人具有绝对的自主定价权，因此民宿的等级与住宿价格并无关联。这与我国学者经常将"性价比"作为民宿评价标准有很大的差异。

3. 德国民宿

在德国，民宿普遍以休闲农场的形式出现，非常注重"认证"。民宿认证主要是指民宿主人主动提交申请以后，再由德国农业协会以及地区相关的认证机构来进行认证。民宿本身的相关体验、人员的服务质量、整体环境状况、安全设施配置以及舒适度的评价四个要素是认证评价体系最为侧重的。评价认证有效期为三年，需要后续接受跟踪评审。

4. 日本民宿

日本作为亚洲地区民宿最早兴起的国家，在民宿的评价和管理上已形成一套明确的法规体系。有别于欧洲地区，日本的民宿产业被归入旅馆一类，民宿被纳入专业化的住宿产业进行统一的规范化管理，不限制房间数量，只对人均住宿最低限度进行设定。个性化的体验型服务完全被作为民宿品牌打造的一部分。

中国地域辽阔，乡村地区与城镇地区在旅游资源、住宿环境和经济发展等方面差异显著。国外现有评价体系和先进理念只能作为参考。作为历史悠久、拥有 56 个民族的国家，中国在历史文化和旅游资源方面在全球居首。在中国民宿的评价指标建设过程中，必须对文化价值给予高度重视。

（三）旅游民宿评价指标体系的特征

中国民宿评价体系建立的主要目的在于为各地民宿管理组织/协会提供高效的评价管理工具，同时构建起跨地域的旅游民宿评价标尺。在整个评价指标体系的构建过程中既要充分尊重国家和各地方政府已经出台的文件和法规条例，又要充分考虑到不同省区市经济发展的不均衡性。更为重要的是，作为旅游民宿管理实践和未来学术研究的一种基本工具，评价指标体系应当具备系统性、国际性和动态性三大特征。

1. 系统全面

系统全面是该指标体系的重要特征。本报告在清晰界定了中国民宿定义与分类的基础上，利用扎根理论对近两年不同学科领域的中国民宿研究进行了深入分析，自下而上层层归纳，并最终以民宿的经营管理体系作为总体框

架，共涉及六个维度性一类评价指标。

整个评价指标体系从一级维度性指标、二级构成性指标、三级解释性指标到评价准则，同一级别的指标间相互独立，减少交叉。各子指标与母指标间存在明确的因果或包含的逻辑关系。评价指标体系展现了很强的结构性和自洽性。

2. 整合全球先进理念

对比国际上多个民宿管理相对领先的国家和地区，结合我国旅游民宿自身发展特点，中国民宿评价体系的编制选择了具有深厚历史文化背景的法国的现行民宿评级管理体系和制度作为国际参照体系。邀请法国必维集团一起参与了评价体系的梳理和编制。必维集团成立于1828年，是全球知名的国际检验、认证集团，其服务领域集中在质量、健康、安全和环境管理以及社会责任评估领域。作为行业内被世界各国政府和国际组织广泛认可的认证服务机构之一，必维集团提供专业的检验、分析、审核，产品和设施（建筑、工业现场、设备、船舶等）认证及相关强制性或自愿性管理体系认证服务。在本版的评价体系编制工作中，必维集团除从国际视野提出建设性的意见外，特别在建筑规划、基础设施，安全和合规等多个专业指标上贡献了先进的理念。

此外，参照多个国家在民宿评价过程中并不纳入价格的做法，本项目在一级指标中去除了部分国内学者惯常使用的"性价比"的概念。一方面，"性价比"本身是基于游客自身期望和支付能力的主观感受，受消费阶层影响较大；另一方面，民宿是民宿主人个性化服务和意愿乐趣的体现，价格与品质并不一定成正比。价格是否为市场接受，通过［入住率］和［收益能力］进行测量更为客观和更具有可操作性。

3. 动态属性

评价体系的动态属性体现被评价客体可以在评价体系的不同维度层面找到自身持续进步和发展的轨迹，即发展成熟度可持续提升。按照管理学对组织成熟度的通用模型框架来看，组织的成熟度一般分为五个层面：

• 优化级：可通过改善或创新的方法和技术改进不断提高过程性能；

- 量化级：可以通过统计或其他定量技术控制，带有一定的可预测性；
- 清晰级：相对标准化、程序化，具有明确特征和方法；
- 规范级：建立有一定的管理制度，有计划、有记录、可监控；
- 初创级：混乱的、杂乱无章的，以个体为单位的状态等级。

对照中国民宿评价体系框架，不难看出在一级指标方面，自下而上正好与成熟度自低到高的五个层级相对应，推动民宿经营真正做到"硬件基础规范化、运营保障清晰化、服务传递可量化、宾客感知持续优化"。民宿在参与评价的过程中，同时可获知其自身的发展成熟度，为其有计划地设定清晰的提升目标提供依据。评价指标体系的动态性使其在未来应用过程中更具可操作性，有利于其落地和推广。

三 中国民宿评价体系的开发和应用

中国民宿评价体系的提出，建立在多方专家共同协作努力的基础之上。为顺利推进中国民宿评价体系的开发和落地，民宿蓝皮书编委会发起成立了"中国民宿评价体系标准制定和执行顾问专家委员会"；并在各位专家的推荐和讨论下，成立了"中国民宿评价体系标准评级委员会"，为后期规范评级流程提供专家和智力保障。中国民宿评价体系在具体评级应用中采用通过审核（关键评价指标的得分超过阈值）和未通过审核的形式，在通过审核的民宿中依据评价结果划分铂金级、黄金级和银级三个级别。

中国民宿评价体系在民宿管理实践和学术研究等方面都具有重要价值。具体价值如下。

（一）推进旅游民宿经营的管理水平的提升

中国民宿评价体系从民宿经营的软件和硬件全方位对民宿的状态进行评价。民宿主人可依据评价体系进行自查与提升管理水平。具体表现如下。

1. 以评价促进民宿规范经营和管理能力提升

评价作为专家与民宿主人互动的过程，通过带领民宿主人和核心经营者依托评价指标体系逐项研讨和分析，快速引导民宿主人意识到自身经营管理中的薄弱环节，是非酒店管理专业的民宿主人快速高效提升民宿管理水平的重要机会。在对标过程中，民宿主人也有机会接触到和自身民宿基本条件类似的案例，并从他人的实践中获得启发。通过评价，处于经济相对落后地区的民宿主人有机会接触到顾问专家，并及时获得有价值的咨询服务。

2. 从聚焦住宿的硬件基础向提升运营质量和服务水平转变

评价体系中最下方的两个层级（一级指标）聚焦的是民宿的安全、合规等，是民宿经营前期首先要关注到的关键点。目前，国内依旧有很多地方政府将扶持民宿发展简单等同于村容村貌和农（居）民住宅的硬件升级改造。评价体系的应用，将引导政府部门，特别是村镇基层部门，把扶持民宿的关注点，向着辅导民宿主人提升运营和服务能力转变。

3. 重视宾客感知，提升深层文化内涵

旅游民宿业有序、可持续发展的关键在于持续吸引游客，提升宾客对民宿体验的满意度和复购度。宾客对于"文化价值"和"房东互动"两方面的感知与体验是旅游民宿的个性化标签，也是精品民宿需要在舒适度之外刻意着力打造的。对于民宿运营和服务已经达到相当水平的民宿而言，要做到"优中更优"，优化客户体验指标是提升自身市场竞争力的关键。

（二）为地方旅游民宿协会等组织提供服务与管理框架

自 2019 年以来，我国各地相继成立旅游民宿协会。各地民宿协会的定位基本上都是推动当地民宿行业规范化管理的标准制定、民宿经营企业的信用评估和民宿行业市场推广等方面。各地民宿协会也普遍是产业链上下游企业、民宿主人、OTA 平台、建筑师和酒店管理公司等单位与个人组成的行业性、地方性的民非组织或团体。

指标体系可直接提供给各地民宿协会进行本地民宿状态的自查，助力地方民宿协会在引导民宿发展和评价民宿经营发展的过程中做到更加公平公正。指标体系亦可形成跨地域的民宿协会间的纽带，对不同地域民宿间进行横向评价比较，促进旅游民宿的经营管理经验交流。

（三）为学界跨学科研究民宿发展提供工具和蓝图

采用扎根理论的方法从 2019～2020 年两年的期刊文献中归纳而来的中国民宿评价体系，融合了社会学、管理学、经济学、建筑学等多个学科的既有研究成果与理论模型，是跨学科研究的重要基础。评价体系框架中各指标在体系中进行新的排列组合后的科学性还有待通过全国多个地方的实际数据进行统计分析及验证，也可作为大专院校企业管理、旅游管理和农业经济等专业方向学生进行课程研究和发表论文的模型基础。

参考文献

李燕琴、于文浩、柏雨帆：《基于 Airbnb 网站评价信息的京台民宿对比研究》，《管理学报》2017 年第 1 期。

唐燕、冯晓兵：《基于内容分析法的民宿服务质量网络评价研究——以泸沽湖真美里格客栈为例》，《乐山师范学院学报》2019 年第 9 期。

王梦然：《旅游民宿服务质量评价及区域差异研究——以苏州市为例》，上海师范大学硕士学位论文，2019。

刘念：《游客感知视角下旅游民宿服务质量评价及提升研究——以云南丽江古城为例》，云南财经大学硕士学位论文，2020。

龙飞、刘家明、昌品亮：《国内民宿研究现状与未来展望》，《城市学刊》2019 年第 1 期。

李欣：《国内民宿研究综述》，《旅游纵览》2017 年第 1 期。

何艳冰、张彤、熊冬梅：《传统村落文化价值评价及差异化振兴路径——以河南省焦作市为例》，《经济地理》2020 年第 10 期。

余正勇、陈兴、李磊、毛绮：《民宿对乡村文化传承创新的评价指标体系构建》，《四川旅游学院学报》2020 年第 6 期。

朱颖祯：《溧阳地区民宿成熟度评价及对策研究》，华东交通大学硕士学位论文，2020。

王雨嘉、郑怡、张琪丽、冯超壹：《不同民宿发展模式下城中村空间改造评价研究》，《山西建筑》2019 年第 20 期。

张赫然、左云：《乡村民宿使用后评价体系研究与实证》，《智能建筑与智慧城市》2020 年第 11 期。

向宇欣、刘卫国：《乡村振兴背景下民宿景观评价与设计研究——以张家界市五号山谷民宿为例》，《绿色科技》2019 年第 3 期。

B.21
百万亿级大健康产业与文旅民宿行业融合发展

董万章[*]

摘　要： 2020年初，新冠肺炎疫情来势凶猛，迅速蔓延全球，对各行业都产生了极大的冲击。文旅行业作为消费行业里面的主力军，受到的影响和冲击更加明显；而面对疫情，发展大健康产业则尤为紧迫。人口老龄化是不可逆转的世界趋势，新时代的中国同样面临着这一亟待破解的重大课题。人口进入老龄化时代，我们如何应对健康养老？靠谁养老？如何做到终生备老，终生自力？当我们老的时候如何变得更好？破解这一系列"时代之问""百姓之问"都必须从我国"未富先老""未备先老"的实情出发，正确面对，科学规划，提高工作的预见性和主动性，确保"十四五"规划和中长期发展目标，以及我国社会保障事业发展蓝图如期实现。扎实推进人类卫生健康共同体建设，构建覆盖全民的社会保障体系，创新发展康养产业的支撑体系，解决人民群众关切的健康关联问题，进而实现人口老龄化时代的社会治理保障体系现代化。

关键词： 大健康　文旅　民宿　老龄化

---

[*] 董万章，曾任中国浦东、井冈山、延安干部学院理事会副秘书长、国家民政部养老规划院特聘研究员、中国老年学会和老年医学学会"老龄智库专家"。

一 人口老龄化的时代背景呼唤民宿产业，关乎时代民生

（一）民宿产业是康养民生事业的重要支撑

中国人口老龄化发展的战略目标，要实现"四个转型"。"四个转型"是指"消极→积极、消费→生产、病弱→健康、困苦→幸福"的老龄化社会。在这四个转型中，民宿产业担负着不可或缺的社会职能。民宿资源、人力资源、自然环境等资源，以及人口向城镇集中造成的"几乎空荡"的乡村民宿及生态资源亟待挖掘开发。

（二）民宿产业对经济内循环有着重要的推进作用

我国正处于新旧动能转换和复杂的外部发展环境，社会民生、健康养老的现代服务经济是启动扩大"内循环"，驱动新时代经济社会发展"三驾马车"（深度城市化、消费升级多样化和"一带一路"），开拓国内外市场的重要途径。一方面有利于促进投资外贸消费，另一方面还有利于驱动健康教育养老内需产业发展。这两方面的融合发展体现了国际国内两个循环互济互生，可充分发挥民宿和住宅在国内循环中的重要作用，是积极应对人口老龄化的实践和创新。

（三）民宿和住宅产业深度融入了健康养老

以两百万亿元的"天"字号康养产业①驱动民宿行业，将对中国民宿产业及健康养老事业产生巨大推动力，释放出事半功倍的经济能量和社会效果。

从人的生命周期看，人生前30年拼命赚钱，30年后的人生大致可分为两个阶段：孝老，备老和适老养老，用钱养命。拼命挣钱既是养家糊口所必

---

① 《房产总值超过400万亿人民币》，新浪财经网，2020年2月13日。

需，也是养老的根本所在。但是，多少年来，传统观念支配下的人们往往拼命挣钱，却总是忘记自己适老备老的财产规划，甚至遇到大病重病时没有可用的钱养命，瞬间花尽多年积蓄，因病致贫，"一夜致贫"，如能有效发挥民宿和住宅财产养老的重要作用，就可以从容应对老龄化。

二 大健康产业助推民宿行业大发展，构建现代化的社会综合保障机制

产业集聚、要素集成、运营集约、集成健康养老的机制构成了中国特色"一三三"养老模式①的优势和特点，能为适应养育养生养老刚需、培育健康养老大产业发展提供新动能。

（一）民宿产业是健康地理信息开发运用的重要载体

国家健康地理信息的概念，揭示出人类继续繁衍和发展的动力源泉，中华民族所居住的每寸土地，都蕴含着不同的地磁、地脉、生态环境、气候、人文精神和健康地理的信息元素。健康地理信息学科与地理经济学同源，健康地理信息学科聚焦研究人们生命健康与自然环境的主体和客体的联结关系：一是研究人类生存环境与健康和疾病的影响关系；二是采集不同自然地理环境和不同技术地区的人群生理和健康状态信息；三是建立医学地理学监测系统以指导全民健康；四是对致病污染环境进行分析和评价并建立民族医学体系。民宿产业承载着健康地理信息的开发运用任务。

（二）民宿行业可以有效地防疫和止疫

大疫止于青山绿水之间，民宿行业源于山水田园，美丽乡村将为康养产业提供支持。中国从秦汉到清末，至少发生过 321 次大型疫情②，每次同疾

---

① 董万章：《中国人口老龄化时代战略抉择》，中共中央党校出版社，2020。
② 参见《中国历史上发生过多少次瘟疫》，搜狐网，2020。

疫的博弈都彰显出中华民族的智慧博大精深。中医药经过数千年的积累，对大多数的疾疫都形成了比较成熟的治疗方案。各类中药皆在青山绿水之间，此乃"采天体之精气，取万物之精华"之得天独厚的环境。随着城镇化工业化的推进，国家健康地理的构建遵循人本主义，要回归本源，即从关注人、尊重人、保护人出发，加快实现互联网、行政网和社会保障网的"三网"融合，服务健康养老、社会民生。

（三）民宿产业的发展是社会综合保障机制和现代化治理的组成部分

现代化的国家治理体系必然要求创新老龄化人口的社会生活，反之亦然。居家康养，急病、慢病调养，文化旅游，新创业作为等"五种"康养方式构成了国家治理体系现代化进程中的人口老龄化社会治理的必然要素，其中包含吃住行、游购娱、医养资、产学研等十二个方面，基本生活链、产业链、供应链的聚集效应，都离不开民宿、住宅产业，它们之间的相互作用，形成拉动全龄、全域、全季、全要素的康养产业发展的强大动力。

三 充分认识到民宿行业在大健康产业中的重要地位，大力推进民宿产业与大健康事业和产业融合

（一）返璞归真，重新认知民宿产业的重大价值

发展民宿产业是指就地取材，利用自用住宅空闲房间，结合当地人文、自然景观、生态环境资源及农林渔牧生产活动，以家庭副业方式经营，为旅客提供乡野生活之住宿处所。这是大健康产业的支柱之一，与落实党的十九大提出的坚持在发展中保障和改善民生、生态建设和脱贫攻坚战略紧密相连。

（二）因地制宜，物尽其用

发展民宿产业体现了文旅产业自由行、品特色、个性化的特点，将促进

旅居由小众变为大众。在体验旅游盛行的趋势下，旅游者现在更注重旅游产品给每个游客所能带来的身心体验，全国各地的乡村凭借其特色的资源，满足了大众旅游的多样化需求，游客对乡村旅游不再仅仅满足于走马观花式的观光式旅游，而更趋向于深度民宿体验游，包含住民居、呼吸大自然新鲜空气，品尝当地特色美食、看美景，请本地人陪伴的游览方式，形成"下马看花"的深度休闲体验游模式。

（三）促进消费，提升民宿产业的市场化水平

有专家表示，民宿行业目前仍是一个比较"脆弱"的产业，而且抗风险能力不是太强。"如果不是自有物业，也不是连锁品牌，那么这个行业真的不适合你"。民宿行业品牌口碑入住率融入"阳保通"社会综合保障体系平台＋、互联网＋、产业＋的运营业态是重要途径。非自有物业，也就是众所周知的"二房东"手中通常有多套房源，并且同时雇佣保洁或者管家经营管理，总体租金的成本、人力的成本相对高昂，一旦长时间处于低客流量状态，资金链就会很快断裂，甚至导致倒闭。民宿产业只有处理好"四个关系"，即传承与发展的关系、保护与开发（老破旧与新奇特）的关系、主体与客体（融入产业集群、特色小镇、现代农业综合体、美丽山村、农家乐等，与之合而不同、协同发展）的关系、行业与政府（行业引领标准，政府主导）的关系，促进消费，才能提升民宿产业的市场化水平。

四 将发展民宿产业融入脱贫攻坚、生态建设的经济社会发展战略中，发挥积极推动作用

（一）民宿产业与脱贫攻坚及发展生态经济存在内在必然联系

俗话说，无限风光在险峰。风景奇绝、未被开发的地方往往也是贫困的地方，交通不便、到过的人较少的地方（有很强吸引力）。因此这样的地方也是扶贫主攻的地方，而扶贫正是要重点解决民生、交通、卫生、必要培训

等问题。做好这些工作，民宿经济就搞活了，旅游与短期居住、长期养老就可以结合了。这要政府帮助规划，将扶贫款用于这项工作。

（二）活力民宿搭起城乡供与需之间的"桥梁"

今后若干年，在全球化逆动下，经济要严防通缩。城里老人大多数有旅游消费的愿望和能力，农村山区能提供的民宿是重要产品（当然对卫生服务还是有一定要求的）。民宿业可以拉动消费，农村闲置民宿可以创收。这对防止通缩有重要意义。农村卫生得到改善，小块菜地可以出租，农民进入"三产"服务，可以不必进城务工，农民生活改善，自身素质可以提高。如果长期康养者达到一定数量，还会对农村社区、教育等产生良性影响。

（三）民宿产业融入城乡经济，助力化解城乡"二元"经济结构问题

中国城镇化应双向互动和均衡分布，这是正态分布，而不是扩大城乡二元化。当然，这可能要几十年时间来实现，但这是一个不可小觑的趋势。中国的文化、经济、科技，甚至政治、法律生态，都受到城乡发展的均衡化的影响。社会主义新农村建设并不是盖新房、规模化现代农业那么简单，而是统筹推进"五位一体"、协调推进"四个全面"战略布局、城乡协同的长期改造与建设的问题。

欢迎东西南北客，款待春夏秋冬人。民宿作为一个小而美的业态，承载着都市人回归乡村、寻找乡愁的情怀，去乡村消费将会成为一个大潮流，是满足人们对美好生活需要的一个重要途径。实践证明，随着我国大健康事业和产业的发展，民宿行业将迎来疫后的重要发展机遇期和高质量发展期。民宿行业在新时代新经济背景下将与关联产业共存共兴、发展壮大，在人口老龄化时代的社会治理体系和治理能力现代化进程中，必将发挥推进经济社会全面协调可持续发展和高质量发展的重要作用，有力地推动国务院发布的《"健康中国2030"规划纲要》的贯彻实施，大力促进健康与养老、医疗、文化、旅游、互联网、健身休闲、食品等领域的融合，催生健康新产业、新

业态、新模式，才能有力地推进积极应对人口老龄化国家战略的实施，打造共建共享的社会治理格局。

参考文献

潘颖颖：《浙江民宿发展面临的困难及解析——基于西塘的民宿旅游》，《生产力研究》2013 年第 3 期。

陈春燕：《杭州西湖风景区民宿的现状及发展对策分析》，《中国商论》2015 年第21 期。

附 录
Appendices

B.22
旅游民宿大事记

2019年

11月

2019 年 11 月 1 日　浙皖闽赣国家生态旅游协作区乡村旅游（民宿）发展论坛在衢州举行。此次论坛是首届浙皖闽赣国家生态旅游协作区推进会子会议之一，旨在通过业内专家学者的建言献策、思路交流、观点碰撞，共谋协作区生态经济与乡村振兴转型升级新路径。

2019 年 11 月 3 日　以"冻"感兴安祥和年为主题的"神州北极，大美兴安"2019 大兴安岭民宿项目招商暨冬季文旅产品推介会在杭州隆重举行，向杭州的朋友送出来自北纬 53 度的冬季畅游体验邀请。

2019 年 11 月 7 日　无锡市公安局治安支队会同滨湖公安分局在马山地区核发了无锡市首张民宿业《特种行业许可证》，标志着该市民宿业治安管理试点工作启动。

2019 年 11 月 11 ~ 12 日　"小民宿·大产业"2019 山东省民宿产业发展大会在威海召开。

2019 年 11 月 14 日　由中国旅游协会民宿客栈与精品酒店分会、河南省文化和旅游厅、信阳市人民政府主办的第五届全国民宿大会在河南省信阳市新县召开，吸引了来自全国 28 个省级行政区的 500 多人参加。

2019 年 11 月 16 日　"醉美武夷·向往的民宿"武夷山精品民宿（主题酒店）评选结果在第十三届海峡两岸茶业博览会上揭晓。活动共评选出十佳精品民宿、十佳精品酒店、茶主题民宿（酒店）奖 6 家、网络人气奖 3 家、优秀奖 17 家。

2019 年 11 月 21 ~ 22 日　以"5G 时代·内容为王·面向湾区"为主题的 2019 湖南郴州首届民宿峰会在郴州拉开帷幕。在湖南省文化和旅游厅、郴州市人民政府和郴州市文化旅游广电体育局的大力支持下，在华侨城、巅峰智业、寒舍、浮云牧场等文旅·民宿企业与专家学者的鼎力协助下，峰会聚焦文旅融合乡村振兴，探索民宿产业发展新路径，搭建"产业＋智库＋资本＋运营"四位一体的智慧交流、模式创新与资源整合平台，全面推动郴州民宿品牌化、集群化、产业化发展，共同促进中国民宿行业的健康快速发展。

2019 年 11 月 26 日　由无锡市文化广电和旅游局主办的首届长三角民宿文化旅游节暨无锡民宿与乡村产业融合发展论坛开幕活动在无锡市拈花湾举行。来自长三角地区的文旅主管部门领导、旅游行业协会领导、民宿业主代表出席了开幕式。

2019 年 11 月 29 日　重庆市文化旅游委发布消息，重庆市贫困区县和 18 个深度贫困乡镇乡村游导游及民宿运营管理人员技能提升培训班正式开班，以培养乡村游导游和民宿运营管理复合型人才，全力助推脱贫攻坚和乡村振兴。

12月

2019 年 12 月 2 日　《重庆市物业管理条例》（修订版）经市人大常委

会会议四次审议，在 2019 年 11 月 29 日经市五届人大常委会第十三次会议表决通过。条例自 2020 年 5 月 1 日起施行。利用小区住宅办民宿，须经有利害关系业主同意。

2019 年 12 月 4 日　由北京市文化和旅游局主办，北京产权交易所、北京旅游资源交易平台承办的"2020 年京郊旅游重点投融资项目推介会"在北京产权交易所三层交易大厅举行，现场重点推出 35 个旅游投融资项目，市文化和旅游局透露，近期将会同有关部门发布《关于促进乡村民宿发展的指导意见》和《京郊精品酒店建设试点工作推进方案》等政策文件，为京郊旅游发展进一步提供政策支撑。

2019 年 12 月 7 日　2019 无锡乡村（民宿）文化旅游上海推介会举行，无锡通过展示乡村丰富的旅游资源和特色的乡村民宿，向上海市民和游客展示出无锡旅游的又一张"金名片"。

2019 年 12 月 15 日　国务院办公厅印发《国务院办公厅关于进一步激发文化和旅游消费潜力的意见》。该意见提出了 9 项激发文化和旅游消费潜力的政策举措，要求推动星级旅游民宿品牌化发展，积极发展休闲农业，大力发展乡村旅游，实施休闲农业和乡村旅游精品工程，培育一批美丽休闲乡村，推出一批休闲农业示范县和乡村旅游重点村。该意见的出台和执行有利于推动当前的乡村品牌化进程，助力乡村振兴。

2019 年 12 月 16 日　武汉市已正式印发《关于促进全市旅游民宿规范管理和健康发展的意见》，明确旅游民宿开办基本条件和部门监管职责，优化简化审批流程，解决长期困扰旅游民宿经营者无法办证、管理无章可循等突出问题。

2019 年 12 月 17～19 日　以"探索新时代民宿发展路径，实现大住宿产业跨界融合"为主题的 2019 年广西民宿大会在崇左市召开。400 多名来自全国的民宿产业代表、旅游投资创客、媒体代表及相关行政部门负责人参加会议。

2019 年 12 月 26 日　北京市文化和旅游局联合相关部门发布《关于促进乡村民宿发展的指导意见》《京郊精品酒店建设试点工作推进方案》。两个文件重点解决了北京乡村民宿经营合法性问题和审批监管问题等难点，首次明确了京郊精品酒店项目开发模式，为京郊各区依托资源发展乡村民宿及建设精品酒店提供了指导和依据。

2020年

1月

2020 年 1 月 8 日　2020 OUT OF WHITE 民宿大赛发布会暨多乐美地"不止于白"民宿论坛在北京举办。论坛聚焦国内外数家头部民宿及精品酒店品牌，大乐之野、西坡、墟里、借宿、COCO‐MAT 等品牌的创始人、主理人分享了各自品牌的成长故事。

2020 年 1 月 9 日　2019 浙江省旅游民宿区域协作大会暨浙江省旅游民宿产业联合会第一届第二次代表大会在杭召开，会议旨在共同搭建民宿产业发展资源共享平台，分享发展经验，树立浙皖闽赣区域民宿品牌意识，进一步加强省内外不同特色民宿间的客源互送合作。

2020 年 1 月 13 日　马蜂窝旅游宣布与北京旅游行业协会民宿分会达成战略合作。双方表示，未来将通过线上线下主题活动共同运营民宿优质内容，促进京郊民宿的线上化，帮助民宿企业打造自己的线上资产，推动北京民宿行业向特色化、品牌化发展。

2020 年 1 月 15 日　广西壮族自治区第十三届人大三次会议举行第二场记者会，主要就公众关注的《广西壮族自治区水污染防治条例（草案）》的有关情况答记者问。条例草案提出，将对农家乐等餐饮、民宿经营活动加强水污染防治方面的监管。

2020 年 1 月 21 日　上海市市场监管局第一时间下发了《上海市市场监督管理局关于做好新型冠状病毒感染肺炎防控有关工作的通知》，对系统做好联防联控工作进行了全面部署，重点突出了四个方面的内容。

2020 年 1 月 26 日　青岛市文旅局发布《民宿防控通知》，要求全市各

区（市）文化和旅游局在做好星级饭店等大中型饭店新冠肺炎疫情防控工作的基础上，进一步加强对民宿、家庭旅馆等中小型住宿场所的疫情防控工作，强化防控措施，担当作为，做到守土有责、守土尽责。

2020 年 1 月 26 日　西安旅游协会发布《致全市民宿行业的公开信》。倡议当地民宿行业做好防疫工作，为游客提供免费退订或延期入住服务。

2020 年 1 月 27～29 日　西安市文化和旅游局与市商贸局和市场监督管理局组成 7 个联合检查小组对全市酒店、餐饮、旅馆、民宿防疫情况进行督查，实地察看了酒店消毒、人员登记、体温检测情况，要求民宿全部关停。

2月

2020 年 2 月 1 日　湖南省旅游饭店协会民宿客栈分会携手张家界市旅游协会客栈分会、邵阳市旅游协会民宿分会、郴州市旅游民宿协会、凤凰县旅游行业商会民宿分会、郴州资兴东江湖民宿协会，共同发布《湖南民宿行业致全省民宿业主（房东）的减免租金倡议书》，代表全省数千家民宿客栈经营者，向全省 14 个市州的各位业主（房东）公开呼吁和发布倡议，望其能主动减、免、延租金，共克疫情难关。

2020 年 2 月 6 日　浙江省旅游民宿产业联合会与浙江省休闲学会民宿与客栈专业委员会联合下发《民宿应对疫情安全操作指南》。

2020 年 2 月 10 日　海口市旅游和文化广电体育局 2 月 10 日下发通知，海口所有宾馆酒店、社会旅馆（含民宿）均可正常营业，恢复营业的同时要做好疫情防控，具有餐饮服务功能的宾馆酒店，不得安排在餐厅就餐，只能实施外卖和配送服务。景区、影院、网吧等还不能营业。

2020 年 2 月 14 日　山东省精品旅游促进会民宿和温泉专业委员会联合大众网共同发起"盼你平安归来　请你睡个好觉"山东民宿行业致敬逆行英雄公益活动倡议，倡议专委会会员单位、民宿主为所有山东援助湖北医疗队员免费提供 1 间/夜精品民宿住宿权益。

2020 年 2 月 14 日　为致敬战斗在防控一线的白衣天使，郴州资兴 40 多家精品民宿公布第一批免费名单。名单上的民宿将在疫情结束后，免费提供200多间客房，医护人员凭护士资格证或执业医师资格证可免费入住。

2020年2月15日 为致敬全国医护工作者，云台山正式发起"白衣天使 云宿陪伴"捐赠计划，倡议焦作所有高品质的酒店及民宿，目标是捐赠2000间夜免费住宿（2020年内有效），待疫情结束后，面向那些在一线的白衣战士，愿云台山水洗去他们的疲惫，愿温暖云宿治愈他们的身心。

2020年2月17日 来自丽江市文化和旅游局、丽江市旅游协会的消息，为致敬最美"逆行者"，丽江市文化和旅游局、丽江市旅游协会、大研古城客栈经营者协会、丽江市旅游协会星级饭店分会、古城区星级特色民居客栈协会、相关旅游景区、文旅演艺企业等共同发起倡议，对全国医护工作者等相关人员给予优免政策。

2020年2月18日 途家民宿联手中国平安向平台内所有民宿房东免费提供价值20万元的"新冠保险"，共抗突发疫情。

2020年2月19日 济南市文化和旅游局官网发布《关于公开征求〈济南市民宿业发展专项资金使用管理办法（征求意见稿）〉意见的公告》，面向社会公众征求意见。

2020年2月23日 贵州黔西南州从2月23日起景区景点全部开放，餐饮、酒店、民宿全部恢复营业。到2020年3月31日止，州内所有景区、景点免收门票。

2020年2月25日 温州市出台《温州市农家乐（民宿）有序开放经营工作指南》，通过建立责任机制、预约制度、严格登记机制、健康档案、自控机制等"十条举措"，推动农家乐（民宿）等乡村休闲产业有序复工复产。

2020年2月27日 丽水市农业农村局与人保财险丽水市分公司正式签订"丽水山居"复工安居畅游保险合作协议。标志着全国首个针对乡村民宿复工的保险顺利落地。该保险保费由丽水市财政全额出资，将为全市3612家农家乐民宿提供1000万元涉疫责任保险保障。

3月

2020 年 3 月 2 日 浙江省农办、省农业农村厅、省文旅厅联合下发《关于加快乡村休闲旅游业有序恢复营业的通知》，要求各地高度重视、抢抓时机，切实将乡村休闲旅游业纳入当地复工复产的重要内容通盘考虑，在做好疫情防控工作的前提下，迅速行动起来，采取有效措施，全力支持推动乡村休闲旅游业加快恢复营业。

2020 年 3 月 2 日 广州市消委会重磅发布《广州地区民宿行业服务现状调查报告》。调查结果显示，20 家民宿中有 9 家没有安装及配备相关消防设施或消防器材管理不善、随意摆放，占调查样本总体的 45%。

2020 年 3 月 5 日 山东省文化和旅游厅、山东省发展和改革委员会、山东省教育厅、山东省公安厅等十四个部门联合印发《关于促进旅游民宿高质量发展的指导意见》。

2020 年 3 月 10 日 《广州市促进历史建筑合理利用实施办法》已经市委、市政府同意，即将正式印发，历史建筑可"变身"民宿。

2020 年 3 月 15 日 浙江省消费者权益保护委员会联合浙江省旅游协会、浙江省旅游民宿产业联合会，向浙江省广大民宿、农家乐从业者发出十项倡议，旨在按下旅游行业重启键、快进键。

2020 年 3 月 17 日 为助力复工复产、共享春暖花开，南京推出"金陵乡村踏春行"乡村民宿消费券活动。活动面向消费者发放 1000 万元的"乡村民宿消费券"，每张面值 100 元，共计 10 万张。消费者在线抢券成功后，消费券在结算时可抵扣现金，活动时间为 3 月 17 日至 4 月 30 日。

2020 年 3 月 24 日 黑龙江省文旅厅日前向各市（地）文化（体）广电和旅游局下发《关于全省星级饭店和旅游民宿恢复运营的通知》，各地要尽快恢复星级饭店和旅游民宿正常经营。

2020 年 3 月 26 日 为响应广西壮族自治区的倡议，开展"'疫'过天晴，相约广西"旅游企业优惠促销活动，桂林市多家旅游景区和民宿酒店向游客推出系列优惠活动。

2020 年 3 月 27 日　济南市委市政府召开新闻发布会。介绍济南市疫情期间复产复工情况。《济南市民宿业发展专项资金使用管理办法》即日起正式实施，对联审挂牌的精品民宿，根据标准评定为一、二、三、四、五星级的，分别给予每间客房 5000 元、10000 元、15000 元、30000 元、50000 元的奖补。

2020 年 3 月 28 日　途家自营业务向业主发布《停止业务通知》，通知称，受新冠肺炎疫情影响，公司做出战略调整以求得更好发展，"您托管房屋所在地的途家自营业务将于 2020 年 4 月 26 日停止运营，不再继续提供服务"。途家民宿方面表示，受疫情影响，途家将调整部分地区 20 个城市的 RBA 业务。

4月

2020 年 4 月 1 日　《河南省旅游条例》正式施行。河南省将乡村旅游和民宿旅游作为旅游新业态培育的重点，全面推进全域旅游发展。

2020 年 4 月 3 日　安徽省合肥市住房保障和房产管理局发布了《合肥市促进住房租赁市场发展财政奖补资金管理办法》（征求意见稿），明确了对公共租赁住房项目，宾馆、民宿等用于旅游度假需求的短期租赁住房等，不予奖补。

2020 年 4 月 6 日　全球共享住宿平台 Airbnb 再一次宣布成功募资 10 亿美元。

2020 年 4 月　途家民宿发布 2019 年民宿发展报告，报告显示，2019 年途家民宿整体增长 2 倍左右，高品质民宿和豪华民宿增长了 4 倍，优质有经验的房东备受青睐。

2020 年 4 月 6 日　《人民日报》刊发文章《线下升级改造，线上直播蓄力　民宿业如何更好出发》。文中举例东阳相关部门全力帮扶民宿行业复工复产。

2020 年 4 月 7 日　近日，国内领先的民宿预订平台小猪短租宣布，继续延长"订单佣金减免政策"，对 4 月份平台全国民宿每一笔订单实行佣金

减免政策，并将密切关注疫情防控变化，持续评估延长佣金减免政策调整范围。这也是自疫情暴发后，小猪针对平台房东的第三次佣金减免调整。

2020 年 4 月 14 日 为推进高品质民宿发展，提升民宿服务质量，进一步发挥西安市"十佳最美民宿"的示范引领作用，市文化和旅游局在全市持续开展西安"最美民宿"的评选工作。

2020 年 4 月 15 日 黑龙江省文化和旅游厅发布《旅游民宿设施要求与服务规范》地方标准，这是黑龙江首部省级旅游民宿地方标准。该标准包括旅游民宿的术语和定义、基本要求、环境和设施要求、服务要求、监督与改进等相关细则。

2020 年 4 月 17 日 "威海城投物业 & 烟台久宿酒店管理公司战略合作线上签约发布会"通过网络隆重举行。双方将协力共同打造威海首个公司化运营民宿集群——久宿·悠唐旅游度假民宿。

2020 年 4 月 21 日 济南市政府印发了《关于促进消费扩容提质进一步激发消费潜力的实施意见》（济政字〔2020〕23 号），意见中提到了打造"泉城人家"民宿品牌，安排 2000 万元资金支持民宿业发展。

2020 年 4 月 21 日 小红书支持在站内直接预订民宿，用户可在小红书社区内完成攻略查找、民宿预订的闭环。

2020 年 4 月 22 日 为迎接旅游和民宿行业回暖，爱彼迎推出了早鸟预售活动，万套房源优惠预售，并通过网红房东直播的形式"带货"，促进房东房客的双端复苏。

2020 年 4 月 浙江省文化和旅游厅组织未来旅游景区试点、山地休闲旅游发展试点、民宿助推乡村振兴试点方案评审，全省共有 100 余家单位踊跃参与此次改革试点。

2020 年 4 月 23 日 北京市召开疫情防控有关会议，要求在常态化防控下做好来京人员管理，抓实抓细"五一"期间的防控工作，入住京郊民宿要遵守村防控要求，加强进京检查站筛查。

2020 年 4 月 25 日 第九届南昌"休闲农业·秀美乡村"活动月的子项目之一——十大"醉美"民宿评选活动已启动，评选将通过网络投票、媒体投票相结合的方式进行，按照 4∶6 的权重，最终确定十大"醉美"民宿。

2020 年 4 月 29 日 美团民宿联合环球旅讯发布了《后疫情时代，民宿行业发展趋势展望报告》，对民宿行业的前景进行了整体分析。

5月

2020 年 5 月 5 日 上海市文旅局的最新统计数据显示，在各景区"限量、预约、错峰"的管理措施下，"五一"期间上海市旅游接待总人数 707 万人次，拉动消费 95 亿元。其中，全市 130 家已开放的主要景点景区累计接待游客 285 万人次，外滩、豫园和小陆家嘴、国际旅游度假区等区域依然是游客热衷的去处；此外，2020 年"五一"，乡村民宿异军突起成为新热点。不少市民选择不出上海到崇明、金山、奉贤等郊区"打卡"乡村游。全市乡村民宿平均出租率为 81%，远远高于旅游住宿设施中 27% 的客房平均出租率。

2020 年 5 月 6 日 CCTV - 1 22∶00 晚间新闻报道了近期旅游业加快复苏、全国各地民宿需求旺盛，报道列举了全国主要省市的代表性民宿聚集区。

2020 年 5 月 6 日 上海市政府网站发布了上海市贯彻《中共中央、国务院关于深化改革加强食品安全工作的意见》的实施方案。方案提出，到 2025 年建成国内领先、国际一流的食品安全示范城市。对农村集体办酒场所、农家乐、民宿等高风险农村餐饮场所将逐步按照统一标准进行建设和管理。

2020 年 5 月 6 日 Airbnb 近期宣布全球范围内裁员 1900 人，裁员比例约在 1/4，其创始人兼 CEO 切斯基表示，Airbnb 的业务遭受沉重打击，2020 年的营收预计还不到去年的一半。

2020 年 5 月 8 日 近日，福州市文化和旅游局、福州市财政局共同出台《福州市旅游民宿扶持奖励办法》，向旅游民宿业者推出星级培育、市场开拓、宣传营销等方面的奖补扶持政策，积极引导旅游民宿向规模化、精品化方向发展。

2020 年 5 月 9 日 广西文化和旅游厅网站发布《广西旅游民宿发展规

划（2020～2025年）》。根据规划，到2025年，通过提升改造和新建相结合，全区旅游民宿达到3000家左右，打造八大旅游民宿标杆示范地，旅游民宿消费60亿元以上，成为建设旅游强区的重要支撑以及城乡经济发展的新亮点和增长点。

2020年5月10日　河南省人民政府办公厅印发《关于加快乡村旅游发展的意见》。

2020年5月11日　六盘水市首家民宿行业组织——六盘水市民宿行业协会成立。该协会是在六盘水市文化广电旅游局的关心和支持下，经过2年的组织和筹备，由市内民宿经营单位及上下游产业链上的有关单位自愿组成的专业性、地方性、非营利性社会组织，目前拥有45家初始会员单位。

2020年5月22日　由飞猪联合小猪短租、海南省旅游和文化广电体育厅、海南省住房和城乡建设厅共同启动"乘风破浪de民宿们"海南省特色民宿专场直播推介活动，海南特色民宿集体亮相淘宝直播间，为全国用户实力带货。

2020年5月24日　温州《瑞安市支持民宿产业发展新政策十条》发布。据了解，瑞安计划每年拿出约1亿元专项资金全方位支持民宿产业做大做强，扶持政策涵盖培育发展民宿特色村（群）、鼓励规模化流转、培育发展精品民宿等十方面内容。

2020年5月27～28日　为描绘和宣传平顶山决战脱贫攻坚、决胜全面小康生动实践，营造"出彩鹰城、圆梦小康"良好社会氛围，平顶山市委宣传部组织开展"脱贫攻坚走基层　小康路上看变化"央媒省媒集中采访活动。来自中央和省级媒体的20多位记者先后到鲁山县和叶县现场感受脱贫攻坚"鹰城故事"。

6月

2020年6月3日　2019年6月中旬，济南出台《济南民宿管理办法》支持全市民宿发展，实施一周年后，催生46家民宿，代表济南民宿最高水准的"泉水人家"民宿将于7月正式对外营业。

2020 年 6 月 10 日 携程集团与甘肃省文化和旅游厅、兰州市人民政府、甘肃文旅产业集团有限公司、兰州国资利民资产管理集团有限公司、兰州黄河生态旅游开发集团有限公司签署战略合作协议，多方将全方位开拓文化旅游市场，加快甘肃文旅的产业复苏和消费振兴。作为签约的一大亮点，携程集团旗下途家民宿也与兰州政府就乡村旅游振兴、民宿行业协会建立、智能科技民宿推广等达成深度合作，并与当地文旅企业共同打造甘肃省民宿标杆项目，有效助力当地民宿提质升级。

2020 年 6 月 10 日 临沧举办民宿客栈规划建设及经营管理培训会议，进一步加快云南临沧市民宿客栈的建设步伐，提升乡村旅游的住宿品质，探索临沧旅游产业跨越式发展的方法路径。

2020 年 6 月 10 日 由浙江省旅游民宿产业联合会、瑞安市政府联合举办的瑞安民宿产业发展招商大会日前举行，现场集中签约 13 个民宿项目，发布支持民宿产业发展十条措施。

2020 年 6 月 12 日 由西安市文旅局、灞桥区文旅局主办的 2020 西安市民宿高质量发展论坛召开。目前西安市已有线上民宿商户 1000 余家、客房 5000 余间、床位近 1 万张，其中乡村民宿 150 余家，城市民宿 850 余家，年交易额 1.42 亿元。

2020 年 6 月 13 日 南海之滨，博后村民宿产业集群具有"小而精、优而异、聚而旺"的特点。全村营业的 34 家民宿、1000 多间客房全年入住率超过 65%。受疫情影响，2020 年"五一"小长假，三亚旅游酒店入住率普遍降低，但博后村民宿客房平均入住率仍高达 85.4%。

2020 年 6 月 17 日 北京宣布突发公共卫生事件响应级别调整至二级后，不少游客准备修改原定的出京或入京旅游计划，其中，住宿产品退改需求十分集中。

2020 年 6 月 17 日 井冈山市充分发挥当地的旅游资源优势，依托山清水秀的自然环境和底蕴深厚的乡村人文内涵，相继建设了一批批风格独特的民宿旅游项目。如今，井冈山乡村民宿发展由点及面，形成一个个民宿集群，促进了乡村旅游产业升级，极大地推进了全域旅游的发展。

2020 年 6 月 18 日 昔阳县孔家沟村以民宿拉动旅游新引擎 助力乡村振兴：自实施乡村振兴战略以来，大寨镇孔家沟村抢抓机遇，创新思路，大胆实践，引入社会资本，盘活闲置资产，用民宿旅游增色美丽乡村，留住过往游客，助力全域旅游，赋能乡村振兴。

2020 年 6 月 19 日 江西德安小木屋民宿成乡村旅游新亮点。江西省德安县在发展乡村旅游工作中，充分利用当地山清水秀的自然条件，结合花卉经济，以小木屋为代表的民宿业成为热潮。

2020 年 6 月 20 日 在 2020 湖南文旅扶贫工作交流暨湖南民宿产业发展调研报告发布会上，《2019 湖南民宿产业发展调研报告》发布。报告显示，截至 2019 年底，湖南共有 4709 家民宿（超七成是乡村民宿），共计 106787 个床位，直接带动 2 万多人就业，间接带动旅游扶贫人数千余人；2019 年湖南民宿综合营业额约 60 亿元（人民币，下同），占该省 GDP 的 0.15%。

2020 年 6 月 24 日 小红书上线"民宿榜"，首期榜单以"盛夏避暑"为主题，聚焦苏浙沪精品民宿，根据民宿特征，分为"江南秘境"、"无边泳池"和"遛娃胜地"三个榜单，共有 25 家民宿上榜。

2020 年 6 月 30 日 民宿短租预定平台途家发布《2020 端午小长假民宿出游报告》，报告显示，国内旅游民宿消费市场回暖迹象依旧明显，端午 3 天民宿订单交易额环比 5 月增长超过 70%，周边游、省内游、乡村游广受追捧；成都、重庆、上海、丽江、厦门入选端午假期热门旅游目的地；出于游客对安全防疫的关注，那些专注吸氧休闲，可以看山看水看风景的乡村民宿也迎来了预订高潮。

2020 年 6 月 30 日 "悦岭南、宿佛山"——佛山首届"旅游达人"民宿体验活动于 2020 年 7 月至 9 月举行。活动招募旅游达人体验民宿并撰写入住游记，深度挖掘佛山民宿背后的岭南特色和文化故事，宣传推荐佛山特色民宿，优秀的作品将有机会获得最高 5000 元的现金稿酬。

2020 年 6 月 30 日 爱彼迎宣布萧锦鸿担任爱彼迎中国首席运营官，即日起正式生效。萧锦鸿将全面负责爱彼迎中国业务的日常运营和管理，并向爱彼迎联合创始人、首席战略官兼中国区主席柏思齐汇报。

7月

2020 年 7 月 8 日 自年初疫情发生后，爱彼迎中国迅速行动，宣布长期投入 7000 万元成立专项基金，并推出了"振心计划"，采取了一系列支持房东和房客社区的保障措施，共克时艰。爱彼迎内部数据显示，自公司宣布设立专项基金以及推出"振心计划"以来，已有累计 20 万人次的中国房东从中获得各类帮助。截至 6 月底，爱彼迎在中国的活跃房源数量较 2019 年同期增长超两成。

2020 年 7 月 8 日 近日，位于厦门翔安区大宅火龙果村的大宅厢语香苑民宿登上了世界著名专业建筑设计网站，并被作为典型案例分享。

2020 年 7 月 8 日 近日，浙江省文化和旅游厅、省农业农村厅确定了杭州市临安区月亮桥等 15 家单位为民宿（农家乐）助力乡村振兴改革试点。

2020 年 7 月 9 日 2020 年"广西人游广西"全域旅游大集市媒体说明会在广西广播电视台多功能报告厅召开。据悉，2020 年"广西人游广西"全域旅游大集市将于 2020 年 7 月 17～19 日在南宁市国际会展中心 B2 馆拉开帷幕。据初步统计，活动集合了区直及 95 个县（区）近 300 家文旅企业参展，现场将开展 23 场非物质文化遗产（民俗风情）节目展演、全方位融媒体直播、花山 VR 体验、真人娃娃机互动等系列活动，汇集 266 项文化旅游系列促销优惠措施，涵盖了特色餐饮、酒店住宿、民宿体验、主题景区、文创商品、扶贫商品等文化旅游消费产品。

2020 年 7 月 9 日 近日，Airbnb 即爱彼迎联合浙江省文化和旅游厅、桂林市文化广电和旅游局，宣传当地精品乡村民宿和民宿旅游线路，以乡村游和城市周边游为抓手，共同促进旅游产业恢复活力，发挥旅游业在乡村振兴中的积极作用。

2020 年 7 月 10 日 小猪联合小红书宣布达成战略合作。据了解，小猪已打通小红书的民宿预订入口，并开通直连功能。未来还将为入驻小红书的品牌民宿提供包括管理系统、内容运营、直播带货等全方位服务。此次合作

预计将为小红书带来超 2000 家优质品牌民宿，并为入驻小红书的民宿品牌提供"三免"服务支持，包括免费直连、官方认证以及代运营服务。

2020 年 7 月 12 日 河南省文化和旅游厅邀请省内外知名民宿创始人及运营团队、民宿专家、旅游投融资公司负责人等走进巩义开展"民宿发展走进巩义"活动。

2020 年 7 月 13 日 由北海市旅游文体局、广西旅游协会指导，广西旅游协会民宿客栈与精品酒店分会主办的联动广西·文旅民宿发展论坛在北海举行，广西知名民宿酒店业主及行业人士 180 余人参加论坛。

2020 年 7 月 14 日 文旅部办公厅印发《关于推进旅游企业扩大复工复业有关事项的通知》，恢复跨省（区、市）团队旅游。

2020 年 7 月 15 日 记者从蓟州区获悉，该区实施的农家院三年提升改造工程，目前已取得阶段性成果，乡村旅游整体环境得到极大改善。同时，蓟州区加快了精品民宿打造，蓟州区文旅局建立了民宿设计公司名录，并在整个设计建设过程中把关定向，已建成旅游民宿 36 户，在建旅游民宿 47 户。

2020 年 7 月 16 日 日前，办公套件飞书和小猪民宿宣布达成战略合作，小猪企业版已正式入驻飞书，成为首家入驻飞书的民宿预订平台，双方将充分叠加各自优势，在商旅板块展开深入合作，共同助力企业商旅住宿服务体验升级。小猪民宿商旅业务负责人介绍，数据显示平台用户中，商旅用户出行比例达 36%，仅次于旅游出行，且差旅出行需求更加高频。

2020 年 7 月 17 日 中国首部民宿蓝皮书——《中国旅游民宿发展报告（2019）》在云南丽江正式发布。

2020 年 7 月 17 日 关于统筹做好乡村旅游常态化疫情防控和加快市场复苏有关工作的通知：引导乡村旅游点顺应疫情防控形势和大众旅游消费需求，推出自然观光、亲子陪伴、健康养生等类型服务项目。促进乡村观光向乡村旅居、乡村生活转型，提升乡村民宿品质，开发乡村美食、夜间游览、主题研学等产品。

2020 年 7 月 20 日 木鸟民宿对外发布《2020 年暑期旅游民宿消费趋势

报告》。该报告从游玩主题、出游高峰时间、民宿订单特征等方面对平台订单数据进行了分析和总结。

2020 年 7 月 21 日　北京市新冠肺炎疫情防控工作第 157 场新闻发布会宣布全市将采取十项措施。其中，市民和游客游览公园景区或入住乡村民宿需提前预约。

2020 年 7 月 22 日　市人大常委会有关工作机构和市发改委、市司法局等有关部门，共同研究起草了《北京市生态涵养区生态保护和绿色发展条例（草案）》（征求意见稿），7 月 21 日起面向社会公开征求意见。该条例草案稿还明确，鼓励生态涵养区农村集体经济组织统一组织盘活利用闲置村民住宅发展乡村民宿，为科技、文化、艺术等产业提供配套服务。鼓励具有专业化经营能力的公司企业、农民专业合作社等通过投资、租赁等方式参与乡村民宿的建设和运营，建立利益联结机制，带动农民增收。

2020 年 7 月 22 日　黄山风景区管委会表示，在 9 月 30 日前，对境内所有 18 周岁以下游客实行免门票政策。数据显示，当日途家黄山区域的民宿订单量较前一天增长超过 50%；其中，黄山风景区、西递、太平湖、屯溪老街、光明顶等成为搜索量最高的热门景点；家庭出游占据主流，不少家长趁此机会，带上孩子来黄山"登高望远"。

2020 年 7 月 23 日　近日，宁夏回族自治区文化和旅游厅发布《关于在全区文化和旅游行业进一步加强塑料污染治理的通知》要求，将一次性塑料制品管控纳入 A 级旅游景区（景点）和星级旅游饭店、民宿评定评级复核的范畴。

2020 年 7 月 28 日　北京京郊游正逐渐回暖，市文旅局最新统计数据显示，京郊乡村旅游经营单位（户）逐步复工复产，目前复工率达 67%。市民出游热情高涨，京郊民宿酒店预订持续增长，部分精品民宿酒店在周末"一房难求"。

2020 年 7 月 31 日　成都彭州 34 家民宿院落建成投运。近日，成都市召开企业家座谈会，邀请企业交流经验、交流信息。彭州代表就龙门山民宿产业园打造进行了交流汇报。

2020 年 7 月 31 日 从 11 家到 61 家塔后村民宿的裂变发展：近年来，塔后村以党建为抓手，大力发展中高端民宿，推动农旅产业融合发展。如今，该村的中高端民宿从 2014 年的 11 家增至 61 家，床位 800 多张，是远近闻名的民宿村。

2020 年 7 月 31 日 近年来，浙江省温州市平阳县南麂镇依托海岛旅游资源优势，积极发展海岛特色民宿经济，按照"一村一品"布局，依山面海、临海而居，打造风格多样的小木屋、帐篷酒店、悬崖酒店等特色民宿，同时全面提升道路、沿街商铺、民宿外观设计、民宿服务质量等软硬件水平。目前南麂镇拥有各类民宿 50 多家，2019 年带动餐饮、住宿、零售等各类旅游收入 1 亿多元，全面助推了海岛旅游经济的发展。

2020 年 7 月 31 日 重庆万州：闲置农房变身特色民宿。恒合土家族乡的 50 余家特色民宿，在吸引大批游客的同时，正带动小山村民宿经济健康发展，成为助力乡村振兴的新增长点。

8月

2020 年 8 月 1 日 近日，中国旅游与民宿发展协会发布了《2020 年中国民宿行业消费者画像和市场分析》，其中 2019 年民宿行业多集中在"90 后"男性，"90 后"占比达到 50.1%，男性占比 56.7%，年轻人是消费的主力。

2020 年 8 月 2 日 "2020·江西靖安精品民宿设计大赛（民宿设计大赛·民宿产业高峰论坛·民宿产业招商会）"在江西靖安的宝峰镇毗炉田园综合体隆重举行。

2020 年 8 月 5 日 海岛民宿回温迎"天时人和"：从 4 月份接到春节后第一批住宿订单，到 7 月份见证当地部分民宿入住率回升到 85%，浙江省舟山市旅游协会民宿分会会长丁薇薇直言，海岛民宿终于熬过疫情寒冬，迎来复苏机会。

2020 年 8 月 6 日 江西出台《关于促进民宿健康发展的意见》。该意见提到，到 2023 年，推出一批有故事、有体验、有品位、有乡愁的精品民宿，全省民宿接待能力、就业人数、经营业绩实现翻番，形成特色鲜明、业态多元、服务一流、规模发展的民宿业。

2020 年 8 月 6 日 崇明民宿的热度居高不下，政府也一直在引导、鼓励民宿产业发展。不久前，崇明区文旅局又宣布下半年将集中创建 150 家星级精品民宿，其中五星、四星、三星预计各占 1/3。此轮民宿评定将与市里星级民宿评定实现并轨，区文旅局将结合接待服务能力、自然资源禀赋、文化特色体验等方面进行评选，并给予不同程度的奖励。

2020 年 8 月 6 日 证照不全装不了信息采集系统，广州部分民宿面临"开门难"尴尬。

2020 年 8 月 8 日 雁荡山第八届夫妻旅游文化节通过云发布会盛大启幕。全面推荐了"雁荡山之恋"旅游文化节系列活动。"三山五岳"代表即"黄山""庐山"发来贺信，80 多名旅游销售代表、线上旅游平台代表、媒体代表、直播网红、旅游体验师等为网友解锁"雁荡山十大精品民宿""雁荡山的 N 种玩法"等，还有两路主播通过直播镜头，带网友"玩转"雁荡山的灵峰景区和大龙湫景区。

2020 年 8 月 10 日 江西出台扶持政策促进民宿业高质量发展，鼓励整村连片发展民宿。大力发展"民宿+"新业态，打造"一村一特"等特色民宿产品，在民宿集聚区完善停车场等配套设施，到明年底基本完成现有民宿证照办理。

2020 年 8 月 10 日 北京市住建委、市公安局等部门联合发布的《关于规范管理短租住房的通知（征求意见稿）》，通知中提到，要对利用居住小区内的住房按日或者小时收费，提供住宿休息服务的经营场所，也就是行业俗称的城市民宿进行严格的规范管理。

2020 年 8 月 12 日 近日，斯维登集团宣布推出 RBA（Run by Agency）代运营产品，为分散式房源业主及商户提供代运营服务，助力实现民宿规模化运营管理。RBA 相关负责人表示，RBA 产品是斯维登集团 2020 年全新推出的民宿代运营产品，瞄准分散式房源，将为民宿领域提供专业、优质、可信赖的解决方案。

2020 年 8 月 19 日 木鸟民宿发布《2020 七夕年轻人新玩法指南》，七

夕住特色民宿，游乐园穿婚纱，玩出新花样。

2020 年 8 月 20 日 共享民宿巨头 Airbnb 年内多次推迟上市计划后，终于在当地时间 8 月 19 日宣布，已向美国证券交易委员会（SEC）提交了首次公开募股（IPO）报告。

2020 年 8 月 20 日 海南农行探索"党建 + 信用村"模式助力三亚博后村打造最美民宿村。以党建为先导，将基层党建与信用村创建有效结合，按照该行整村推进、农户建档方案，由村"两委"配合开展信用户推荐，将讲诚信、有资产、有收入、有产业依托的村民作为首选目标，通过强有力的村级党组织推动信用村建设，进而解决农户贷款难问题。

2020 年 8 月 20 日 Airbnb 宣布，禁止全球用户在 Airbnb 提供的房屋内进行任何"派对"和其他大型活动。此外，Airbnb 还规定入住人数不得超过 16 人。

2020 年 8 月 26 日 湖南省首届民族文化与山地度假发展峰会暨新文旅新融合名家沙龙在隆回县大花瑶景区游客中心举行，专家学者共赏云上花瑶盛景，共商山地度假与民族文化旅游发展大计。

2020 年 8 月 27 日 由江苏省文化和旅游厅、新华报业传媒集团、省旅游协会联合主办的"共谋融合创新发展 助推美丽江苏建设"2020 年江苏省旅游星级饭店高质量发展交流研讨会在常州拉开帷幕。

2020 年 8 月 27 日 途家民宿后台数据统计，目前海南省整体民宿交易量已恢复至去年同水平的 90% 以上；2020 年海南民宿的平均间夜价格达到338 元/晚，较去年同期有小幅度提升；游客扎堆住免税店旁。

9 月

2020 年 9 月 2 日 商务部办公厅发布了《关于进一步加强商务领域塑料污染治理工作的通知》，公布了禁塑限塑阶段性任务，要求到 2022 年底，全国范围内星级宾馆、酒店等场所不再主动提供一次性塑料用品。到 2025年底，实施范围扩大至所有宾馆、酒店、民宿。

2020 年 9 月 7 日 大鹏新区文化广电旅游体育局最新统计数据显示，

截至 2020 年 8 月，大鹏新区共有民宿 1038 家，主要集中在较场尾、西涌、官湖、东涌、新大杨梅坑 5 个民宿聚集区，遍布新区各主要热门片区，已有近百家民宿通过 SGS 服务认证。

2020 年 9 月 10 日 由安徽省文化和旅游厅主办的"美好安徽·迎客长三角"系列活动媒体通气会 10 日在合肥举行，标志着安徽文旅惠民系列活动拉开帷幕。安徽将拿出总额超 1 亿元的配套资金惠及旅行机构和游客；举办安徽民宿大会、安徽自驾游大会、长三角康养旅游嘉年华（池州）、黄梅戏展演周（安庆）、李白诗歌节（马鞍山）、全球少年书画艺术大会（宣城）等 19 项活动；面向沪苏浙重点客源城市，举办 30 余场旅游推介活动。

2020 年 9 月 10 日 浙江省文化和旅游厅正式出版发布《浙江民宿蓝皮书 2018～2019》。据悉，截至 2019 年底，浙江公安系统登记在册的民宿近 2 万家，就业人数超 15 万人次，总营收超 100 亿元。浙江省文化和旅游厅副厅长杨建武表示，民宿产业已成为"诗画浙江"的"金字招牌"。

2020 年 9 月 11 日 武夷山实施"民宿新工程"，计划 3 年创建 8 个旅游产业发展示范乡镇，培育 30 个左右旅游风情景区、100 家左右乡村旅游点和特色民宿，加快实现从自然观光旅游向休闲度假旅游、从旅游景区向旅游城市、从以旅游业为支柱向以现代服务业为支撑的三大转变。

2020 年 9 月 15 日 由中共四川成都市温江区委宣传部、成都市温江区总工会、成都市温江区文体旅局、成都市温江区人社局主办，成都市温江区旅游协会承办的"技能成就梦想·服务点亮温江"2020 年温江区文体旅品质提升专项培训暨技能竞赛启动仪式在温江区蜀乐池拉开序幕，全区涉旅酒店、景区、乡村旅游、星级农家乐、民宿及文化、体育等相关行业从业人员和管理人员共计 300 余人参加此次活动。

2020 年 9 月 16 日 新疆维吾尔自治区旅游民宿现场交流会在阿勒泰地区召开。自治区旅游产业发展领导小组成员单位相关负责人，14 个地、州、市文化和旅游部门相关负责人以及各地民宿行业代表、行业协会负责人参加交流会。与会人员还实地参观了喀纳斯景区禾木村西融民宿、新疆礼物·禾

木喀纳斯文创旗舰店、禾木百年老屋等典型民宿和文创店。

2020 年 9 月 17 日 浙江省文化和旅游项目建设暨乡村旅游（民宿）发展推进会在江山举行，总结 2020 年以来文化和旅游项目建设、乡村旅游发展情况。

2020 年 9 月 17 日 新疆维吾尔自治区旅游民宿现场推进会 9 月 16 日在阿勒泰地区举办，据介绍，新疆旅游民宿床位预计 2021 年将突破 10 万张。

2020 年 9 月 17 日 江苏省文旅厅召开"水韵江苏·美好乡村"第十一届江苏省乡村旅游节新闻发布会。本届乡村旅游节是 2020 年疫情发生以来，江苏省促进文旅行业加快恢复、逆境生长的又一力举。

2020 年 9 月 18 日 北京发布 23 项地方标准，涉及民宿旅游、疫情防控等各个方面。其中，落实市委、市政府《关于实施乡村振兴战略的措施》要求，将乡村民宿作为落实乡村振兴战略、促进乡村旅游产业提质升级的重要抓手，促进乡村民宿业态高质量发展，发布《乡村民宿服务要求及评定》《乡村民宿建筑消防安全规范》。

2020 年 9 月 21 日 河南全省民宿工作推进会在济源示范区老兵工酒店隆重召开，会议传达了文化和旅游部全国乡村旅游与民宿工作现场会的会议精神，总结了河南民宿发展情况，启动了民宿蓝皮书《中国民宿发展报告（2020~2021）》的撰写仪式，并对下一步河南民宿工作进行了安排部署。

2020 年 9 月 25 日 《安徽肥东：让民宿经济成为乡村发展新引擎》指出，已盘活利用 36 户 111 间闲置农房，用于发展民宿，其中已运营 8 家，在建 11 家，拟建设 4 家，极大地丰富了肥东县旅游新业态，形成"住民宿，到肥东"的品牌共识。

2020 年 9 月 27 日 广州公布首批 10 家精品民宿名单，依据《广东省民宿管理暂行办法》《旅游民宿基本要求与评价》《旅游民宿等级划分与评定》等标准要求，按照"小而精、小而美、小而特"的评判原则，经过各区推荐、现场评议、专家评审等环节，从增城、从化、花都区等 22 家乡村民宿中评选出了 10 家达标精品民宿。

2020 年 9 月 29 日　成都旅游推介暨招商活动在云南大理举行，彭州市进行了民宿项目招引专项推介，邀约更多"合伙人"参与到彭州民宿的建设和打造中。

10 月

2020 年 10 月 9 日　小红书发布的《2020 "十一"假期出行消费报告》显示，与 2020 年"五一"假期的日均数据相比，小红书平台旅游景点相关笔记发布量增长 105%，本地休闲娱乐相关笔记发布增长 371%，酒店民宿搜索量增长 186%，显示此前受疫情影响的旅游消费正展现出强劲的反弹力。

2020 年 10 月 13 日　挖掘文化底蕴　让民宿变"文宿"。都江堰市青城山镇致力推进历史人文与自然生态融合，构建休闲消费新场景，对当地的民俗植入本土文化元素，推动民宿产业升级换代，满足了游客消费新需求，带火了民宿产业。

2020 年 10 月 15 日　途家国庆乡村民宿报告：疫情下乡村民宿实现价量齐涨，同比增长超 20%。

2020 年 10 月 15 日　2020 年北京乡村民宿发展推进会举行。市文旅局负责人透露，经与市财政局沟通，已将民宿行业纳入北京乡村旅游政策性保险补贴的范围，投保的民宿将能够获得 80% 的保费补贴。

2020 年 10 月 15 日　小民宿大作为，大兴礼贤镇龙头村探索乡村振兴新路径。通过民宿接待、民宿管理、体验农业地等吸纳村内劳动力 100 余人，让村民不离乡、不离土、不离原有的生活环境就能实现增收，提升生活品质，真正做到了"不失房、不失业、不失地、不失力"。

2020 年 10 月 18～19 日　山东省文化和旅游厅在泰安举办山东旅游民宿星级评定培训班。培训班采取课堂教学和实践相结合的方式，邀请来自山东师范大学等高校的专家深入解读《山东省旅游民宿星级评定与管理办法（试行）》《旅游民宿等级划分与评价》，组织全体学员学习考察北张村、里峪村、八楼村、东西门村 4 个民宿群。

2020 年 10 月 19 日　近年来，河北省滦州市教场村在美丽乡村建设中，依托毗邻滦州古城旅游景区的优势，围绕服务京津旅游市场，将农村闲置住宅改造成特色民宿，发展乡村旅游，形成乡村经济增长新亮点。目前，教场村已发展特色民宿及农家乐 100 多家。

2020 年 10 月 21 日　近日，浦东新区乡村民宿规范管理专项行动动员部署会议在新区办公中心举行，《浦东新区促进乡村民宿健康发展的实施办法》正式发布。该文件全面系统地定义了乡村民宿及其适用范围、设立条件、申办程序、监管体系、治安标准、卫生标准等细则，在全市尚属首例。

2020 年 10 月 22 日　全国标准信息公共服务平台显示，由浙江省标准化研究院主持制定的《乡村民宿服务质量规范》国家标准正式发布实施。该项标准对全国乡村民宿建设成果进行总结提炼，填补了我国乡村民宿服务和管理标准的空白。

2020 年 10 月 27 日　2020 年第三届博鳌国际民宿产业发展论坛暨产业资源链接博览会在海南博鳌亚洲论坛国际会议中心开幕。本届会议聚焦"重宿新生——开启疫后文旅城乡融创新时代"，旨在为政府、行业及专家学者提供一个共商产业发展大计的高端对话和服务平台。聚力打造新业态、新模式、新动能，展现民宿产业新活力，对于提振国内文旅投资及消费信心、开启疫后文旅城乡融创新时代、促进文化旅游业平稳健康发展具有重要意义。

2020 年 10 月 28 日　携程与途家在 2020 年成都酒店业全球招商推介会上联合发布了"2020 成都民宿指数报告"。

2020 年 10 月 29 日　为期两天的 2020 年成都酒店行业全球招商峰会暨中国·彭州第三届龙门山民宿发展大会在彭州市宝山会议中心召开。大会主题为"以民宿点亮乡村，用艺术对话世界"，探索民宿发展新格局。

途家 COO 王玉琛公开宣布，将在平台推行新版《民宿分级标准》，针对途家线上售卖的所有民宿和综合信息进行整体评估，并将民宿按照一钻、二钻、三钻、四钻、五钻和金琥珀六个标准进行重新分级。

  2020 年 10 月 30 日 上海市乡村民宿女主人联盟正式成立，来自上海浦东、嘉定、奉贤、松江、金山、崇明等区的 26 位民宿女主人共同将心中的诗情画意打造成一个个旅途中的家，用心经营，创意满满。

Abstract

B&B development is an important move in the implementation of China's rural revitalization strategy and the construction of beautiful China. After years of exploration, with a series of policies in place, the development of rural B&Bs has also become an important grip for precise poverty alleviation. Based on the annual report of *Tourism B&B Development Report 2019*, the editorial committee of China B&B Development Report organizes relevant experts, local industry associations, and B&B practitioners to prepare this report under the background of the impact of the COVID – 19 epidemic, by highlighting the important issues and key areas of B&B development in China during 2020 – 2021 time period. The report provides an overall analysis of the development of B&B based on questionnaire surveys and objective data, and makes recommendations to provide think-tank support for the further development of B&B in China.

This report summarizes the impact of the COVID – 19 epidemic on China's B&B industry, from shutdown, restart, recovery, hot burst to return to normalcy. Around the Spring Festival holidays, the B&B industry was hit by a tidal wave of order withdrawals and a complete shutdown of B&Bs, and B&B owners were faced with the choice of whether to urgently stop losses or struggle to sustain them. With the domestic epidemic gradually under control, the industry had basic conditions to resume, and the whole country except the Hubei region. began to resume work in an orderly manner around April 2020. During the Qingming holidays, the city tour, the provincial tour in some areas showed a good momentum of recovery rebound. After April, the situation of domestic epidemic was getting better, however, the epidemic situation of foreign countries was serious, and the outbound travel completely stopped. With China's cross-province (district, city) group travel liberalization and the arrival of summer holiday, the B&B industry ushered in a small peak in passenger flow. From the beginning of the epidemic when it was "a disaster", to the "recovery" during Qingming Festival, to the "strong rebound" during the May Day, the B&B industry went through changes like a roller coaster in the first half year of 2020. With the arrival of the Mid-Autumn and National Day holidays, not only the tourism market had totally rebound, but the B&B industry also saw a wave of boom in the market. On this basis, the report focuses on the analysis of the basic situation and characteristics of B&B development in China, including the actual development of China's B&B industry, industry trends, industry characteristics and the basic outlook for the B&B industry after the epidemic, interpreting the development of B&B in the post-epidemic era, benefiting from the national conditions of actively fighting the epidemic, the development and popularity of online marketing information technology and big data. At the same time, the report finds that the B&B industry has become an important part of the tourism development framework, and that in the context of rural revitalization, standardized policies introduced at the national level and by local governments at all levels have provided strong support for the development of B&B. The report also points out that the social and cultural environment has undergone new changes, forming a favorable condition for the development of the B&B industry.

The book includes five parts: general report, regional reports, Menognaphic studies, case studies, and expert observation. The general report focuses on summarizing the characteristics, progress, and prospects for the development of B&B from 2020 to 2021. The regional reports focus on the current development status, problems and future development of B&B in typical regions such as Henan Province, Beijing, Jiangsu Province, Zhejiang Province and Yunnan Province, and propose policy recommendations for the development of China's B&B industry. The Menognaphic studies identify problems and make recommendations through expert research on B&B business models. The case studies focus on some characteristic regions in their B&B development and are locally representative cases. Through an in-depth analysis of the health industry, integrating with the research of the development of the cultural tourism B&B industry, the expert observes and

proposes a marketing innovation of "co-creation of brand value" between tourism B&B and consumers by building " network community-based tourism B&B branding model".

Keywords：B&B；B&B Industry；Regional Tourism

Contents

Ⅰ　General Report

B.1　The Analysis and Prospect of China's B&B

Development in 2020　　　*Research Group of Blue Book* / 001

Abstract：Affected by the COVID - 19 epidemic, the global tourism industry suffered a blow in early 2020, and the whole B&B industry was also affected. After the actively fight against the epidemic in China, the market has gradually rebounded, and the domestic B&B industry has been effectively recovered and reshuffled into a stable, orderly and standardized development stage in advance. At the same time, the country's B&B industry has developed favorably under the background of the rural revitalization policy and has become an important part of the tourism development framework. B&B network operation metheds are actively and vigorously developed under the epidemic, becoming a necessary marketing trend. The cultivation of B&B talents has become an area that needs urgent attention under the development of B&B industry and has received attention from all parties. B&B industry becomes one of the happiness industries for people to get a good life.

Keywords：B&B；Marketing；Rural Revitalization

Ⅱ　Regional Reports

B.2　Development Status, Problems and Suggestions of Beijing
B&B Industry

Zou Tongqian, Chen Xin and Li Chenxi / 029

Abstract: In recent years, beautiful rural construction and the sharing economy has penetrated more and more into people's lives. As the carrier of the two, B&B industry shows increasing importance for our country's whole development, thus got a lot of investment and financing. Nowadays, with government policy support and an increase in market demand, the development and prospects of B&B in China are getting better and better. Beijing has rich tourism resources, a high density of population and a large market of tourists from home and abroad. So, it has become a city that gain a lot of attention in recent in the development of B&B industry years. However, although the B&B industry in Beijing seems like growing well, actually it shows the trend of scale, utilitarianism, hotelization and popularization, which will inevitably lead to problems in the B&B industry. This article starts with the development status of B&B industry in Beijing, and points out its existing problems such as potential safety hazard, weak brand awareness and imperfect legislation. In the future, we need to start from industry regulation and operation mode. Grasp the new trend and promote the healthy and orderly development of Beijing B&B industry.

Keywords: B&B Industry; Rural Tourism; Beijing

B.3　Report on the Development of Health & Wellness Homestay
in Jincheng City, Shanxi Province

Research Group of Blue Book / 041

Abstract: The 18th National Congress of the CPC brought the comprehensive economic transform to Jincheng, as a low − carbon city pilot in Shanxi Province. Companied with ecology restoration and tourism market development, Jincheng has gradually explored into an economic development access, which integrates "cultural travel plus" and "Health & Wellness plus" together. During the market operation of Health & Wellness, tourism is the most relative industry. The industrial fuse of Health & Wellness and tourism, is one of the best choices to get breakthrough on the quantity of tourism products and extend the longitude of the tourism industrial chain. Regional capacity for accommodating is the linkage between tourism and Health & Wellness. B&B, as a key component of regional accommodating capacity, plays an important role in national strategy of rural revitalization. Status of B&B can clearly reflect the efforts made by Jincheng in the industrial fuse of tourism and Health & Wellness. Under the time background of the Health & Wellness tourism city image building, lots of research methods, including field visiting, questionnaires, typical managers interview, government seminars, etc. are used to describe the B&B status of Jincheng clearly. Compared to the development path matrix of Health & Wellness tourism industry, the challenges in front of Jincheng to continuously develop Health & Wellness B&B are: the promotion of the Health & Wellness industrial environment, and the improvement of the B&B products and services.

Keywords: B&B; Cultural Travel; Health & Wellness; Industrial Fuse; Jincheng

B. 4 Research on the Development Environment and Current Situation of B & B about Jiangsu Province

Wang Chen, Ma Huihui / 061

Abstract: Affected by the COVID − 19 epidemic, Jiangsu's cultural and tourism enterprises have generally encountered difficulties in their operations, and pant of the industing have suffered heavy losses. Many tourist attractions not only

have no operating income, but also bear labor costs and pre-investment losses on this basis; in Jiangsu, more than 40% of star-nated hotels are not allowed to operate, and 45% of them are in a semi-closed state; some travel agencies have to face both the pressure of refunds and the problem of not being able to recover advance payments. This article investigates the special conditions faced by the development of homestays in Jiangsu Province under the COVID −19 epidemic in 2020, and analyzes the development environment of the homestay industry from various aspects such as the development of tourism in the province, policies and measures, infrastructure, and operation planning; and it is in operation. In addition, talce the tourist homestay as the research object, then discuss about its development foundation, development status, development characteristics and other issues, and summarized its stage characteristics and main problems.

Keywords: Tourism Homestay; Homestay Industry; Jiangsu Province

B.5　The Development of Homestay's Report about
Henan Province　　　　　　　*Research Group of Blue Book* / 077

Abstract: In recent years, under the promotion of policy, Henan Province attaches great importance to the development of homestay, relying on its rich cultural and tourism resources, regional advantages, demographic dividend and so on. It has achieved good development results, which are manifested as the rapid growth of total volume and the trend of high-quality development. Although the COVID − 19 epidemic in 2020 had a certain impact on the occupancy rate, the occupancy rate increased steadily and exceeded that of the same period in the stage of normal epidemic prevention. At the same time, in the context of rural revitalization, the government takes homestay as an important starting point to promote rural revitalization, strengthens top-level design, further improves standardized operation and management level, excavates consumption potential, strengthens talent cultivation of homestay, and promotes the development of digital and intelligent.

Keywords: Tourism Homestay; High Quality Development; Henan Province

B.6   A Study on Zhejiang's B & B after Epidemic Period

Zhou Chenggong / 104

Abstract: In 2020, the homestay industry had experienced a test of life and death. The COVID −19 has caused incalculable damage to economic development around the world, especially the tourism industry. In the past year, Zhejiang tourism homestay suffers the most profound test in history. Based on the background, this study summarizes the development status, characteristics, trends and other aspects of Zhejiang homestay, and analyzes the classification of the homestay in Zhejiang.

Keywords: Classification of the Homestay; Tourism Homestay; Zhejiang

B.7   The Development Report of Yunnan Bed and Breakfast Industry

Yin Xiaoyin / 117

Abstract: Yunnan tourism & culture industry is in the period of high quality leapfrog development, and the B&B (Bed and Breakfast) industry is faced with opportunities and challenges. Based on the 2019 research data, the latest industrial development policies and notices and documents for 2020 have been added. By comparing with the historical data, this paper describes the present situation, characteristics and challenges of tourism B&B industry in Yunnan, and puts forward some countermeasures to predict the future development trend. Yunnan Province has a good foundation of tourism culture industry, the development of B&B industry has characteristics and opportunities. Combined with the requirement of Yunnan to build "three cards", in the important stage of the implementation and development of the strategy of rural revitalization, Yunnan's B&B industry will become an important and effective carrier for the integration and development of the first, second and third industries through the policy dividend. Yunnan B&B industry will achieve brand innovation, category innovation and business

entrepreneurship, leading a new situation of B&B development.

Keywords: B&B; Integration; Innovation; Yunnan

B.8 The Development Report of Chongqing B&B Industry

Song Xinshuo, Gong Na, Zhang Yunyao and Deng Hua / 141

Abstract: With the promotion of the national "rural revitalization" strategy and "rural tourism", the B&B industry in Chongqing is rapidly emerging. The research team analyzed and researched the development of the B&B industry in Chongqing through field visits, phone interviews, and in-depth communication with experts from the Chongqing B&B Industry Association and B&B owners. The study shows that Chongqing's B&B industry has strong government support, obvious quantitative advantages, strong development momentum, and an innovative "Bayu model", but also presents uneven geographical distribution, insufficient profitability, and weak brand effect. Chongqing is B&B is still in a period of regulation and consolidation, and this report puts forward corresponding countermeasures and suggestions. Finally, combined with the new national socio-economic, the analysis shows that the B&B industry in Chongqing has shown the trend of "multi-functionalization, high-end branding, industrial diversification and intelligent wisdom" development.

Keywords: Rural Revitalization; Tourism B&B; Chongqing

Ⅲ Monographic Studies

B.9 The New Trend, Focus and System Innovation of the

Development of Homestay in China

Ma Yong, Tang Haiyan / 163

Abstract: With the long-term stable growth of China's economy, the per capita disposable income of urban and rural residents is increasing, the tourism demand of Chinese residents is rising, and the travel ability is gradually enhanced. In order to comply with the developmental requirements of the times, China's tourism industry must take the road of high-quality development, develop new forms of business, comprehensively improve the quality and level of the industry, continue to provide good-quality tourism products, and promote the in-depth development of tourism. As an upgraded version of the traditional accommodation industry, homestay has become an important content and hot spot in the development of tourism for its "warm accommodation and soul life" concept. This paper analyzes the development trend of homestay industry, focuses on its development direction, explores the systematic innovation path of homestay development to boost China's homestay industry in the new era.

Keywords: Homestay; Innovation; High-quality Development

B.10　Urban-Rural Differences and Accurate Policy Implementation of

the Impact of Homestay Tourism on Residents' Social Life

Guo Yingzhi, Xu Ningning, Li Haijun, Dong Kun and Xu Qianqian / 179

Abstract: Homestay tourism has important significance for the impact of urban and rural residents' lives. On the one hand, from a theoretical point of view, basing on the research of the difference between homestay tourism on urban and rural residents, it has enriched the research field of the impact of homestay tourism residents, while on the other land, the sustainable development of homestay tourism plays an important role. This study showed that there are significantly regional differences on the social life such has local living, family living, recreational living, communication living, security living, leisure living for rural and urban residents by homestay tourism. The regional differences of life level between rural and urban residents could be decreased with the development of homestay tourism so as to effectively solve the problems such as development

unbalance and inefficient contradictory in the rural and urban areas. Regarding the regional differences of social life of rural and urban residents, the exact countermeasures could be taken in the social life such as local living, family living, recreational living, communication living, security living, and leisure living for rural and urban residents by homestay tourism. As a result, the homestay tourism could balance the life differences for urban and rural residents, by which homestay tourism could be one of the most well-being industries in order to satisfy the rural and urban residents. the demand and expectation for them beautiful life.

Keywords: Homestay Tourism; Impact on Social Life; Urban-rural Differences; Accurate Policy Implementation

B. 11　Research on the Development of Agriculture Health
　　　　Preservation Tourism and Bed-and-Breakfast in
　　　　Ch'an Town

Li Beibei, Hou Manping, Peng Weilan and Tian Ye / 205

Abstract: Based on the relevant data collection and field investigation of Ch'an Town in Longnan City, Jiangxi Province, this paper makes a more detailed understanding of its development status. Since 2015, Ch'an Town has won many honors and titles, such as National 4A Tourist Attraction, National Pilot Construction Unit of Forest Health Care Base, National 5 - Star Scenic Spot of Leisure Agriculture and Rural Tourism, and Jiangxi Provincial Tourism Style Town. This paper mainly introduces and analyzes the general situation, development mode, characteristic B&B industry form, future strategy and experience of Ch'an Town, hoping to provide practical reference for the further development of the tourism B&B industry.

Keywords: Agriculture Health Preservation Tourism; Bed-and-Breakfast; Ch'an Town

B.12 Research on the Innovation of Cultural Tourism and

B&B Property Rights in Hong Hua Liang Scenic Area

Wang Xianjun / 219

Abstract: Based on the data collection and field research on the joint development of the four villages in the Hong Hua Liang Tourism Scenic Area of Wutai County, Shanxi Province, this paper provides a detailed understanding and analysis of the current situation of its development. Since 2016, the four villages merged the joint party branch, integrated their collective tourism resources of the whole area, with WuTai County March ditch Tourism Development Company as the main operating body for development and operation, deep excavation of red resources endowment, folklore, residential tourism, based on the investment and development of March story art court project, the natural tourism resources and painting and calligraphy art for in-depth integration, the formation of unique characteristics of The new WuTai County HongHuaLiang property rights innovation development model of "party building leading, integrating resources, whole area culture and tourism, and improving connotation". This paper mainly elaborates and analyzes the general overview, innovative model, collective property rights mode, future focus on cultural tourism IP, formation of network celebrity punch card base, and improvement of passenger flow of the HongHuaLiang cultural tourism project, hoping to provide practical reference for the improvement and development of the tourism B&B industry.

Keywords: Whole Area Culture and Tourism; Painting and Calligraphy Art for In-depth Integration; Four Villages Merged; B&B Property Rights

B.13 Study on the Policies of Homestay for Tourism in China

Liu Linlin, Xu Lingzhi / 229

Abstract: Since 2015, with the rapid development of China's tourist

homestays, the state and local governments lave paid more and more attention to the healthy development and standandized management of the homestay industry. Management methods, plans and standards, incentives and support policies have been introduced one after another. Under the guidance of various levels of homestay policies, China's homestay industry is developing in a healthy and sustainable direction.

Keywords: Homestay Policy; Policy Type; Management Measures; Homestay Standard

IV   Case Studies

B.14   XiaoYouDongTian Mountain Household: the Explorer of "Three Sets of Cars" Mode of Homestay   *Ke Yinbin* / 247

Abstract: Xiao You Dong Tian Mountain Residence is a high-end B&B located in the scenic area of Wangwu Mountain scenic spot in Jiyuan City, Henan Province. Based on the Yingmen villagers' residence in the Xiao You River Valley, it was built with an investment of more than 50 million yuan by Jiyuan City Cultural Tourism Investment Group Co. and operated and managed by the Tu Jia B&B agency operation team throughout the process. On September 27, 2019, Xiao You Dong Tian started to open for business, and so far only 1.5 years, Xiao You Dong Tian's business performance and brand influence have entered the first ranking of B&Bs in Henan Province. The main factor of its success is the "three sets of cars" model of the main structure of Xiao You Dong Tian: Wangwu Mountain Scenic Area as the basic main body, Jiyuan City Cultural Tourism Investment Group as the investment main body, and Tu Jia B&B operation team as the operation main body, with the three types of main bodies cooperating and interacting with each other to jointly drive the miraculous growth of Xiao You Dong Tian.

Keywords: Xiao You Dong Tian Mountain Household; Tu Jia B&B operation; "three sets of cars" model

B . 15   Lingchuan Convalescent Tourism: the Exploration of

"Travel + Stage + Agriculture" Ecosystem

Research Group of Blue Book / 260

Abstract: With the vision of "building a cool, green, beautiful and happy new Lingchuan", Lingchuan County in Jincheng City, Shanxi Province is exploring a new model of recreation tourism based on the natural ecosystem and the travel + stage + agriculture ecosystem as the main content. Based on the cool climate, superior ecological environment, rich Chinese herbal resources and Wang Mang Ling scenic spot, the Lingchuan recreation tourism ecosystem has built three ecological subsystems of travel + stage + agriculture to meet the diversified needs of domestic and foreign tourists by creating the brand of "This Life must be Traveled". It achieved the titles of China's Excellent Tourist Destination and China's Excellent Tourism County, and enriched the county's image of "Cool and Beautiful Land, Recreation and Leisure Lingchuan".

Keywords: Recreation Tourism; Travel + stage + agriculture; Ecological System; Lingchuan County

B . 16   Xipo · Zhongwei: A Brand Road of Local and Open

Integration   *Qian Jiliang, Ma Jie and Zhang Yan* / 274

Abstract: Based on the research of Chinese and Western rural life, Xipo Group combines the Chinese mountain village life rooted in the farming society and relying on the farming multicultural and the western self-sufficient farm and rural life to create a new style of mountain homestay. In this way, Xipo Group provides western modern life and Chinese style mountain life to Chinese and western guests. It makes Chinese people who yearn for western modern life and westerners who are obsessed with the charm of Chinese mountains and rivers find their place and release here.

Keywords: Homestay Tourism; Rural Revitalization; Homestay Cluster

B.17 Orenda: Realize the Dream of a Healthy and Happy Life

Research Group of Blue Book / 286

Abstract: In order to realize the dream of a healthy and happy life, Orenda Group is positioned as "A healthy and happy lifestyle service provider", and has constructed 6 value chains and subdivision positioning: Austrian Lifestyle (Healthy and Happy Lifestyle Platform), Orenda Tribe (the operator of a characteristic town of health care), Orenda Psychosomatic Health (innovative psychosomatic integrated medical service provider), Orenda Vacation (China's high-end health care vacation service provider), Orenda Business (new species of health business) and Orenda Property (healthy and smart property service provider). In the original town, Haituo Valley Tourist Resort and Huangdi comalessent Resort, Orenda Group has developed and operated three distinctive homestay forms, namely, the family museum of "confidant and confidant", the Swiss-style resort hotel group, and a benchmark country house for 5G wisdom.

Keywords: Orenda; the Original Town; Haituo Valley Tourist Resort; Huangdi Corwalescent Resort

V Expert Observation

B.18 Study on the Brand Building and Marketing Innovation of
Tourism Homestay Based on Virtual Community

Yu Jie / 299

Abstract: Since the industry of tourism homestay entered the period of shock reshuffle in 2020, how to build a unique and valuable homestay brand has gained much attention in the industry. The development of community economy drives the foundation of brand building to transform from products to communities, and communities provide the shortest connection way between the tourism vonestay brand and consumers. This paper conducts a detailed analysis on the problems that currently exist in the brand building of tourism homestay, and by constructing the "brand building model of tourism homestay based on virtual community", it proposes the marketing innovation approach to tourism homestay and consumers to "co-create brand value". In the right context, tourism homestay should find the specific community, trigger the connections between people by taking advantage of the content with communication capability through the community network structure, and be involved with interactions throughout the whole process of brand building (brand concept and design, brand positioning, brand communication and brand maintenance) of tourism homestay. In the interactions, consumers will improve their cognition, form attitudes, produce emotions, participate and share, and be resonated on a deep level by the tourism homestay brand.

Keywords: Virtual Community; Tourism Homestay; Brand Building Model

B. 19　Homestay Design and Spatial Layout: A Case Study

　　　of Youhouse　　　　　　　　　　　　　　*Hu Lingbo* / 316

Abstract: With the improvement of consumption level, greater demands were being placed on the living environment, supporting facilities and personalized customized services during the journey. The place with beautiful environment and quiet atmosphere will be more and more preferred by people. The layout and design of homestay need be founded on a precise positioning, explicit theme. Taking this image as a point of departure, making "Mogan you house" as an example, to improve the living quality and highlight the characteristics, by integrating the regional culture with outside and inside spaces. By through combing and integrating the space, to meet the requirements of body and mind, developing

民宿蓝皮书

towards the direction of thematized, humanized and intellectualized.

Keywords: Homestay Location; Outdoor Space; Interior Space Layout

B . 20 Construction and Application of China B&B
Evaluation System *You Jin, Yang Hu* / 332

Abstract: B&B is an important promotion force of regional tourism and economic development, as well as a key solution of local cultural revitalization. High operation effectiveness both accelerates guest experiences and local fiscal revenue spirally, and is good to local comprehensive development. Scientific and standardized Evaluation Index System is in need for local B&B Associations to providing better management suggestions under the concern of species differences. Evaluation Index System establishment is a multi-disciplinary integration. A lot of essentials should be noticed, such as unique differences from hotels and the systematics and development of the evaluation index. Based on the Grounded Theory, almost all Chinese academic journals papers on "B&B Evaluation" in 2019 and 2020 are searched, studied, summed up and deduced. China B&B Evaluation System established in this paper can be used and refined as a structured tool for the future management practice and acdemic research of China's B&B.

Keywords: B&B; Evaluation Index System; Management improvement; Development Maturity

B . 21 The Integration and Development of the 100-Trillion-Level
Health Industry and the Tourism and Homestay Industry
Dong Wanzhang / 353

Abstract: At the beginning of 2020, the COVID - 19 epidemic came fiercely and spread rapidly around the world, which had a great impact on various industries. As the main force in the consumer industry, the cultural and travel industry has been more obviously affected and impacted; while the development of big health industry is especially urgent in the face of the epidemic. Population aging is an irreversible world trend, and China in the new era is also facing this major issue that needs to be solved. As the population enters the age of aging, how do we deal with healthy aging? Who can we rely on when we become old? How can we become better when we grow old? To solve this series of "questions of the times" and "questions of people", we must start from the fact that China is "old before it is rich" and "old before it is ready". Face it appropriately, plan scientifically, solidly promote the construction of human health and health community, build social livelihood, health and elderly career and industry support system, to meet the people's concerns and expectations of health-related issues.

Keywords: Big Health; Cultural Tourism; Homestay; Aging

VI Appendices

B. 22 Events of Homestay / 360

社会科学文献出版社

皮 书

智库报告的主要形式
同一主题智库报告的聚合

❖ 皮书定义 ❖

皮书是对中国与世界发展状况和热点问题进行年度监测，以专业的角度、专家的视野和实证研究方法，针对某一领域或区域现状与发展态势展开分析和预测，具备前沿性、原创性、实证性、连续性、时效性等特点的公开出版物，由一系列权威研究报告组成。

❖ 皮书作者 ❖

皮书系列报告作者以国内外一流研究机构、知名高校等重点智库的研究人员为主，多为相关领域一流专家学者，他们的观点代表了当下学界对中国与世界的现实和未来最高水平的解读与分析。截至2021年，皮书研创机构有近千家，报告作者累计超过7万人。

❖ 皮书荣誉 ❖

皮书系列已成为社会科学文献出版社的著名图书品牌和中国社会科学院的知名学术品牌。2016年皮书系列正式列入"十三五"国家重点出版规划项目；2013~2021年，重点皮书列入中国社会科学院承担的国家哲学社会科学创新工程项目。

S 基本子库
SUB DATABASE

中国社会发展数据库（下设 12 个子库）

整合国内外中国社会发展研究成果，汇聚独家统计数据、深度分析报告，涉及社会、人口、政治、教育、法律等 12 个领域，为了解中国社会发展动态、跟踪社会核心热点、分析社会发展趋势提供一站式资源搜索和数据服务。

中国经济发展数据库（下设 12 个子库）

围绕国内外中国经济发展主题研究报告、学术资讯、基础数据等资料构建，内容涵盖宏观经济、农业经济、工业经济、产业经济等 12 个重点经济领域，为实时掌控经济运行态势、把握经济发展规律、洞察经济形势、进行经济决策提供参考和依据。

中国行业发展数据库（下设 17 个子库）

以中国国民经济行业分类为依据，覆盖金融业、旅游、医疗卫生、交通运输、能源矿产等 100 多个行业，跟踪分析国民经济相关行业市场运行状况和政策导向，汇集行业发展前沿资讯，为投资、从业及各种经济决策提供理论基础和实践指导。

中国区域发展数据库（下设 6 个子库）

对中国特定区域内的经济、社会、文化等领域现状与发展情况进行深度分析和预测，研究层级至县及县以下行政区，涉及省份、区域经济体、城市、农村等不同维度，为地方经济社会宏观态势研究、发展经验研究、案例分析提供数据服务。

中国文化传媒数据库（下设 18 个子库）

汇聚文化传媒领域专家观点、热点资讯，梳理国内外中国文化发展相关学术研究成果、一手统计数据，涵盖文化产业、新闻传播、电影娱乐、文学艺术、群众文化等 18 个重点研究领域。为文化传媒研究提供相关数据、研究报告和综合分析服务。

世界经济与国际关系数据库（下设 6 个子库）

立足"皮书系列"世界经济、国际关系相关学术资源，整合世界经济、国际政治、世界文化与科技、全球性问题、国际组织与国际法、区域研究 6 大领域研究成果，为世界经济与国际关系研究提供全方位数据分析，为决策和形势研判提供参考。

法律声明

"皮书系列"（含蓝皮书、绿皮书、黄皮书）之品牌由社会科学文献出版社最早使用并持续至今，现已被中国图书市场所熟知。"皮书系列"的相关商标已在中华人民共和国国家工商行政管理总局商标局注册，如LOGO（ ）、皮书、Pishu、经济蓝皮书、社会蓝皮书等。"皮书系列"图书的注册商标专用权及封面设计、版式设计的著作权均为社会科学文献出版社所有。未经社会科学文献出版社书面授权许可，任何使用与"皮书系列"图书注册商标、封面设计、版式设计相同或者近似的文字、图形或其组合的行为均系侵权行为。

经作者授权，本书的专有出版权及信息网络传播权等为社会科学文献出版社享有。未经社会科学文献出版社书面授权许可，任何就本书内容的复制、发行或以数字形式进行网络传播的行为均系侵权行为。

社会科学文献出版社将通过法律途径追究上述侵权行为的法律责任，维护自身合法权益。

欢迎社会各界人士对侵犯社会科学文献出版社上述权利的侵权行为进行举报。电话：010-59367121，电子邮箱：fawubu@ssap.cn。

社会科学文献出版社